LES
PEAUX-ROUGES
DE PARIS
II

LIBRAIRIE E. DENTU, ÉDITEUR

ŒUVRES
DE
GUSTAVE AIMARD

Format grand in-18 jésus à 3 francs le volume

Première Série
	vol
Les Trappeurs de l'Arkansas	1
Les Rôdeurs de Frontières	1
Les Francs-Tireurs	1
Le Cœur-Loyal	1
La Belle-Rivière. 2 vol.	
I. Le Fort Duquesne	1
II. Le Serpent de Satin	1
Le Souriquet. 2 vol.	
I. René de Vitré	1
II. Michel Belhumeur	1

Deuxième Série
Le grand Chef des Aucas	2
Le Chercheur de Pistes	1
Les Pirates des Prairies	1
La Loi de Lynch	1
La grande Flibuste	1
La Fièvre d'Or	1
Curumilla	1
Valentin Guillois	1
Les Bois-Brûlés. 3 vol.	
I. Le Voladero	1
II. Le Capitaine Kild	1
III. Le Saut de l'Elan	1

Troisième Série
Balle-Franche	1
L'Eclaireur	1
La Forêt Vierge. 3 vol.	
I. Fanny Dayton	1
II. Le Désert	1
III. Le Vautour Fauve	1
Les Outlaws du Missouri	1

Quatrième Série
Les Chasseurs d'Abeilles	1
Le Cœur de Pierre	1

Cinquième Série
Le Guaranis	1
Le Montonéro	1
Zeno Cabral	1

Sixième Série
Cornelio d'Armor. 2 vol.	
I. L'Etudiant en Théologie	1
II. L'Homme-Tigre	1
Les Coupeurs de Routes. 2 vol.	
I. El Platero de Urès	1
II. Une Vengeance de Peau-Rouge	1

Septième Série
	vol.
Les Gambucinos	1
Sacramenta	1

Huitième Série
La Mas-Horca	1
Rosas	1

Neuvième Série
Les Aventuriers	1
Les Bohèmes de la Mer	1
La Castille-d'Or	1
Le Forestier	1
Les Titans de la Mer	1
Les Rois de l'Océan, 2 vol.	
I. L'Olonnais	1
II. Vent-en-Panne	1
Ourson Tête-de-Fer	1

Dixième Série
Le Chasseur de Rats. 2 vol.	
I. L'Œil-Gris	1
II. Le Commandant Delgrès	1

Ouvrages divers :
Cardenio	1
Les Bisons-Blancs	1
La Main-Ferme	1
L'Eau-qui-Court	1
Les Nuits mexicaines	1
Les Vaudoux	1
Le Roi des Placers-d'Or	1
Le Rancho du Pont-de-Lianes	1
Les Invisibles de Paris. 5 vol.	
I. Les Compagnons de la Lune	1
II. Passe-Partout	1
III. Le Comte de Warrens	1
IV. La Cigale	1
V. Hermosa	1
Aventures de Michel Hartmann. 2 vol.	
I. Les Marquards	1
II. Le Chien noir	1
Les Scalpeurs blancs. 2 vol.	
I. L'Enigme	1
II. Le Sacripant	1
Les Vauriens du Pont-Neuf. 3 vol.	
I. Le Capitaine d'Aventure	1
II. La Vie d'Estoc et de Taille	1
III. Diane de Saint-Hyrem	1
Lucy, histoire américaine	1
Le Missionnaire	2
Mon dernier Voyage. — Le Brésil nouveau	1
Le Rastréador	2
Le Trouveur de Sentiers	1
Les Peaux-Rouges de Paris. (Sous presse.)	3

ÉMILE COLIN. — IMPRIMERIE DE LAGNY

LES

PEAUX-ROUGES

DE PARIS

PAR

GUSTAVE AIMARD

II

PARIS
E. DENTU, ÉDITEUR
LIBRAIRE DE LA SOCIÉTÉ DES GENS DE LETTRES
3, PLACE DE VALOIS

—

1888
Droits de traduction et de reproduction réservés

LES
PEAUX-ROUGES DE PARIS

DEUXIÈME PARTIE

LES FAUVES DES SAVANES

(*Suite*).

XIV

D'UN CONSEIL DE GUERRE QUI FUT TENU A LA FLORIDA ET COMMENT IL SE TERMINA

Don Cristoval de Cardenas et le docteur d'Hérigoyen, intrigués et presque inquiets de la façon dont Julian les avait priés de demeurer, avaient repris leurs sièges.

L'haciendero, circonspect comme le sont en général tous les Indiens de race pure, n'avait laissé paraître aucune surprise.

Il s'était contenté d'allumer une cigarette, et tout en la savourant, qu'on nous passe cette expression, il attendit patiemment qu'il plût au chasseur de s'expliquer.

Il n'en fut pas de même du docteur.

Il se sentait très fatigué par cette longue veille.

Ses yeux se fermaient malgré lui ; aussi se hâta-t-il de dire à son fils avec une moue significative :

— L'affaire dont tu veux nous entretenir est donc si grave que tu ne puisses remettre cet entretien à demain ? Julian, je te déclare que je tombe de sommeil et que je suis capable de m'endormir tout net avant cinq minutes sur le moelleux sopha qui me sert de siège.

— Je n'en crois rien, mon père, répondit Julian, en hochant la tête, car la chose est grave, en effet.

— Ne t'y fie pas, garçon ; mais, voyons, explique-toi en deux mots. De quoi s'agit-il ?

— Qu'il vous suffise de savoir, quant à présent, mon père, qu'il s'agit de vie ou de mort : l'hacienda est menacée.

— Oh ! oh ! s'écria le docteur en se redressant subitement, que me dis-tu donc là ?

— La vérité ; bientôt vous en serez convaincu comme moi.

— Hum ! explique-toi alors sans davantage tergiverser.

— C'est ce que je vais faire avec votre permission, mon père.

Et se tournant vers l'haciendero toujours froid et indifférent, du moins en apparence :

— Senor don Cristoval, êtes-vous sûr de votre mayordomo ? lui demanda-t-il à l'improviste.

— Comme de moi-même, senor, répondit l'haciendero ; le senor Ignacio Torrijos est né dans cette hacienda, il est Indien de race pure ; sa famille est au service de la mienne de père en fils depuis une époque qui remonte plus loin que la conquête du Mexique ; quant à lui personnellement, c'est un homme froid, méthodique, d'une bravoure indiscutable, d'un dévouement à toute épreuve, et doué d'une finesse et d'une sagacité remarquables.

— Malgré l'heure avancée de la nuit vous serait-il possible de le faire venir ? Il serait important qu'il assistât à notre entretien. Sa connaissance approfondie du désert pourrait, je le crois, nous être fort utile dans la discussion que nous allons entamer.

— Rien de plus facile, senor, dit l'haciendero en se

levant. Je vais aller le chercher moi-même. Avant cinq minutes, il sera ici.

Et, sans attendre la réponse du chasseur, l'haciendero quitta le salon.

Les trois hommes, restés seuls, n'échangèrent pas une parole.

Le docteur, complètement réveillé maintenant, réfléchissait profondément, tout en lançant de temps en temps des regards interrogateurs à son fils.

Mais celui-ci ne les remarquait pas.

Il marchait de long en large, d'un air préoccupé, la tête penchée sur sa poitrine.

Quant à Bernardo, il avait allumé son calumet indien, et aspirait la fumée avec une précision mathématique, sans autrement se préoccuper de ce qui allait se passer.

Le moment d'agir venu, il serait prêt : cela lui suffisait.

Le reste ne l'inquiétait pas le moins du monde. D'ailleurs, il se doutait à peu près de la communication que Julian allait faire au docteur et à l'haciendero.

Et puis, nous l'avons dit, depuis longtemps Bernardo avait perdu l'habitude de réfléchir. Il trouvait plus commode de s'en rapporter en tout à son ami.

L'absence de l'haciendero ne se prolongea pas au delà de vingt minutes.

Bientôt il rentra, accompagné de son mayordomo.

Le señor Ignacio Torrijos, ou ñó Ignacio, ainsi qu'on le nommait plus communément, était un homme de quarante à quarante-cinq ans, haut de taille, large d'épaules, aux traits énergiques, à la physionomie intelligente et fine, éclairée par deux grands yeux, rayonnants de volonté et de hardiesse.

Son teint foncé, sa peau tannée par le vent, la pluie et le soleil, ses jambes prodigieusement arquées, en faisaient le type de ces espèces de centaures que l'on ne rencontre que dans les anciennes possessions espagnoles, et auxquels on donne le nom significatif de *hombres de a caballo*, c'est-à-dire d'hommes de cheval, parce que, effectivement, ils semblent passer leur vie entière sur leur selle, galopant sans cesse par monts et par vaux, par tous les temps et à toutes les heures de nuit et de jour; buvant, mangeant et dormant à cheval, et franchissant des espaces considérables sans jamais laisser voir aucune fatigue; durs aux autres comme à eux-mêmes, dans l'exercice de leurs rudes et difficiles fonctions; mais toujours profondément respectés et même aimés de ces *vaqueros*, *tigreros* et gardiens du *ganado*, natures indomptables et plus qu'à demi-sauvages qu'ils ont sous leurs ordres.

On se fera une idée de l'importance des mayordomos, quand on saura ce que sont les haciendas, ces immenses exploitations agricoles où s'exploite en grand non seulement tout ce qui tient aux produits du sol: blé, alfa, maïs, enfin tout ce qui a trait à l'agriculture, mais encore l'élevage en grand des chevaux et des bestiaux, bœufs, moutons, porcs, etc., dont les troupeaux presque innombrables, connus sous le nom générique de *ganado*, sont disséminés et paissent en liberté sous la garde de quelques *vaqueros*, sur un espace souvent plus étendu qu'un de nos départements français.

Le mayordomo, seul responsable de toutes ces richesses éparpillées sur tous les points, est contraint de galoper sans cesse du Nord au Sud et de l'Est à l'Ouest, pour surveiller hommes et animaux, et maintenir partout l'ordre le plus parfait; ce qu'ils font, du reste, avec une énergie et une intelligence au-dessus de tout éloge.

Malgré l'heure avancée, le mayordomo rentrait d'une longue course au dehors, précisément au moment où don Cristoval de Cardenas se mettait à sa recherche.

— Caballeros, dit l'haciendero d'un ton de bonne humeur, je vous présente ño Ignacio, un autre moi-même, mon serviteur et mon ami.

— Je suis entièrement à vos ordres, caballeros, dit le mayordomo en saluant. Mais, señor don Cristoval, cette présentation était inutile. J'ai l'honneur de connaître depuis longtemps ces deux caballeros, ajouta-t-il en échangeant une cordiale poignée de main avec les chasseurs;

nous nous sommes bien souvent rencontrés dans la savane.

— C'est vrai, señor, répondit Julian, et c'est même à cause de notre vieille connaissance que j'ai tenu à vous voir assister à notre entretien.

— Disposez de moi, señor Cœur-Sombre, je vous suis acquis ainsi qu'à tous les amis de mon maître.

Chacun s'installa alors de la façon qui lui sembla la plus commode.

Puis les cigares et les cigarettes ayant été allumés, Julian reprit la parole :

— Caballeros, dit-il, veuillez, je vous prie, me prêter une sérieuse attention, car ce que j'ai à vous apprendre est de la plus haute importance. Aujourd'hui même, le hasard, ou pour mieux dire la Providence, m'a lancé sur la piste d'une machination ou, pour être plus vrai, d'un complot terrible, tramé par un des ennemis les plus acharnés de notre hôte.

— Vous faites sans doute allusion au Mayor, señor don Julian ? interrompit don Cristoval.

— Précisément, caballero ; mais cette fois ce misérable, dont je croyais avoir purgé les savanes, se redresse plus puissant que jamais.

— Ce qui prouve, interrompit vivement Bernardo, que lorsqu'on a blessé un serpent, il faut être sans pitié pour lui, et lui écraser impitoyablement la tête.

— Tu as raison, mais nous ne l'avons pas fait.

— Et nous avons eu tort ; mais sois tranquille, sur ma foi de Dieu ! s'il retombe entre mes mains je réglerai définitivement mes comptes avec lui.

— Et cette fois, je n'arrêterai pas ton bras, sois tranquille.

— Bien ; j'en prends acte.

— Soit. Mais revenons à notre affaire. Cet homme, le Mayor, a retrouvé son ancien complice, ce Calaveras que vous connaissez, don Cristoval.

— Comment, ce misérable n'est pas mort de ses blessures ? s'écria l'haciendero avec surprise.

— Non, malheureusement, dit Bernardo. Il est plus

grouillant et plus endiablé que jamais ! Encore un dont je me promets de régler le compte un jour ou l'autre...

— Bref, reprit le chasseur, ces deux scélérats se sont associés de nouveau ; mais ils veulent, cette fois, faire d'une pierre deux coups. Je m'explique : leur intention est d'abord de s'emparer et d'incendier la Florida après l'avoir pillée, et ensuite d'enlever madame la comtesse de Valenfleurs, contre laquelle, je ne sais pour quelles raisons, le Mayor, paraît-il, éprouve une haine implacable.

— Comment ! s'écria le docteur, cet homme veut enlever la comtesse ?

— Oui, mon père. Lorsque ce matin, madame de Valenfleurs envoyait des Indiens à ma recherche et m'adressait une lettre dans laquelle elle me marquait qu'un grand danger la menaçait, elle disait vrai sans le savoir.

— Voilà, par ma foi ! une singulière coïncidence ! dit le docteur. Pauvre comtesse !

— Rassurez-vous, mon père ; nous la sauverons avec l'aide de Dieu.

— Je l'espère cordieu bien ! Mais comment as-tu appris tout cela ?

— Par un lettre qui est tombée entre mes mains de la façon la plus bizarre, et au moment où je m'y attendais le moins, ce qui fait que je me préparais à me rendre en toute hâte à l'hacienda, au moment même où les Comanches, lancés sur ma piste par ordre de la comtesse, nous rejoignaient, Bernardo et moi, dans une clairière où nous nous étions arrêtés pour déjeuner et faire la *siesta*.

— Voilà qui est bizarre ! mais tu ne nous dis pas comment...

— J'y arrive, mon père. Voici le fait en deux mots : Un aventurier mexicain, poursuivi à outrance par des Indiens Apaches, apparut à l'improviste dans la clairière où nous nous trouvions. Le pauvre diable était blessé ; une dernière décharge des Peaux-Rouges tua le cheval qui se renversa sur son cavalier. Quelques coups de carabine nous débarrassèrent des Apaches qui s'enfuirent en laissant sept ou huit des leurs sur le terrain. Notre premier soin, dès que nous fûmes délivrés de ces bandits, fut de porter secours au pauvre diable d'aventurier, qui gisait étendu sous son cheval. Mais tous nos soins furent inutiles, cet homme était mort, nous ne pouvions plus lui rendre qu'un service, l'enterrer afin de soustraire son corps aux bêtes fauves, ce que nous fîmes immédiatement. Ce fut alors qu'au moment de le descendre dans la fosse que nous avions creusée pour lui servir de sépulture, la pensée m'étant venue de fouiller ses vêtements, pour essayer de savoir qui il était, je trouvai caché dans sa *faja* une lettre, dont je m'emparai et que je lus. Cet homme était un émissaire de vos ennemis ; il portait au Mayor un message pressé de son complice. Du reste, voici cette lettre, son contenu vous renseignera mieux encore que je ne pourrais le faire moi-même.

Julian retira alors la lettre de son portefeuille et la lut à haute voix.

— C'est grave, très grave, dit l'haciendero en hochant la tête.

— Voilà pourquoi je suis revenu en toute hâte, reprit Julian, ne soupçonnant nullement la joie immense qui m'attendait ici.

— Comme toujours, caballero, je vous retrouve près de moi à l'heure du danger, dit l'haciendero avec une profonde émotion. Comment pourrai-je jamais m'acquitter envers vous ? Hélas ! je suis impuissant à vous prouver ma reconnaissance, je ne puis que vous remercier !

— Pourquoi me remercier, cher don Cristoval ? ce que je fais est tout simple, je remplis un devoir d'honnête homme, voilà tout.

— C'est encore une nouvelle dette que je contracte envers vous, cher seigneur.

— Allons donc ! vous plaisantez, señor don Cristoval ; est-ce que tous les honnêtes gens ne doivent pas se soutenir et s'aider entre eux ?

— Parbleu ! fit Bernardo ; et quant au Mayor et à ce misérable Calaveras ou, pour le nommer par son vrai nom, Felitz Oyandi...

— Comment ! s'écria à ce nom le docteur au comble de l'étonnement, ce Calaveras n'est autre que cette chenille de Felitz Oyandi ! Il vit encore ! Le bruit a couru, il y a quelque temps, dans l'armée, qu'il avait été tué et scalpé par les sauvages.

— Malheureusement il a échappé, vous le voyez, mon père : hideux, méconnaissable, boiteux, avec un bras de moins, mais plus féroce, s'il est possible, qu'il ne l'était auparavant.

— Cette fois, je te le répète, reprit Bernardo, s'il me tombe sous la main, je l'écrase comme une vipère ; c'est une duperie d'épargner de tels misérables !

— Oh ! sois tranquille, ami, dit Julian avec ressentiment, je ne lui ferai plus grâce ! Denizà est près de moi à présent !

— A la bonne heure, dit le docteur. Tu dois avant tout défendre ta fiancée. Qui sait si ce misérable n'a pas appris l'arrivée de Denizà au Mexique, et sa présence à l'hacienda, et si le but caché du coup de main qu'il médite n'est pas de prendre de toi une revanche éclatante en enlevant ta fiancée ?

— Tout est possible quand il s'agit d'un tel misérable, mon père ; toute supposition est juste ; mais Bernardo et moi nous veillerons.

— Oui, sur ma foi de Dieu ! s'écria Bernardo, qu'il y prenne garde !

— Nous veillerons tous, dit l'haciendero : tous, nous sommes menacés. Le temps nous presse ; ces bandits peuvent nous attaquer d'un moment à l'autre, quand nous y penserons le moins.

— Oui, reprit Julian ; aussi il importe que des mesures énergiques soient prises le plus tôt possible, afin de ne pas être surpris.

— Je me charge d'avoir du renfort à Urès, dit le docteur, ou à *Paso del Norte*, où se trouve un bataillon de chasseurs à pied.

— De mon côté, je ferai venir du monde de mes pacages, dit l'haciendero. Si ces misérables osent se présenter, ils auront à qui parler !

Julian écoutait la tête basse et l'air pensif, mais sans se mêler par aucune observation pour ou contre aux paroles du docteur d'Hérigoyen et de don Cristoval de Cardenas.

— Voyons, dit le docteur, donne-nous ton avis, fils, que penses-tu que nous devions faire ?

— Je ne pense rien encore, mon père, puisque aucune proposition sérieuse n'a encore été faite...

— Comment ! aucune proposition sérieuse ! se récria le docteur. N'as-tu pas entendu que je me fais fort d'amener des renforts soit d'Urès, soit de Paso del Norte ?

— Si, mon père, j'ai parfaitement entendu cela.

— Eh bien, tu ne trouves pas cette proposition sérieuse ?

— Pas le moins du monde, excusez ma franchise.

— Très bien, maintenant dis-nous ta raison ?

— Il y en a plusieurs.

— Soit, dis-nous-les toutes.

— Je vous obéis. D'abord, mon père, vous oubliez que nous sommes ici dans l'*Arizona*; après cela, peut-être l'ignorez-vous ?

— Non, je sais parfaitement où nous sommes, mais qu'importe cela ?

— Beaucoup, mon père, parce que si sauvage et si inconnu que soit l'Arizona, ce pays, ancien Etat mexicain, appartient actuellement aux Etats-Unis, et que si les Français venaient à la Florida autrement qu'en visiteurs et qu'en amis, c'est-à-dire pour défendre l'hacienda contre les bandits des savanes, par ce seul fait, ils violeraient le territoire des Etats-Unis ; ce qui pourrait amener une déclaration de guerre du gouvernement de Washington.

— Ah ! diable ! c'est vrai. Je n'avais pas songé à cela. Les espions américains ne manquent pas sur la frontière.

— J'admets pour un instant que le gouverneur français d'Urès passe outre, se réservant d'expliquer plus tard comment et pourquoi ses troupes ont été expédiées à

Florida, explication qui, probablement, serait admise par le gouvernement américain...

— Ah! ah! c'est très juste, ce que tu dis là! interrompit vivement le docteur en se frottant les mains; le gouvernement américain se trouvant, par le fait, dans l'impossibilité de protéger nos compatriotes, nous sommes contraints d'intervenir en leur faveur ; et, par suite, nous rendons un grand service aux États-Unis en les débarrassant d'une troupe redoutable de bandits ne vivant que de meurtres et de pillages. Continue.

— J'admets donc, pour un instant, l'intervention des renforts. Mais ces troupes, partant d'Urès ou de Paso del Norte, ont un long trajet à faire, trajet qu'elles ne peuvent accomplir sans être aperçues ; et, sachez-le, mon père, dans la savane, chaque feuille d'arbre, chaque brin d'herbe, chaque motte de terre cache un espion.

— Bon, j'admets cela, moi aussi; qu'en résultera-t-il?

— Tout simplement ceci, mon père, que, à peine le détachement français aura-t-il franchi la frontière et se sera-t-il engagé dans la savane, que le Mayor sera averti. Si bandit qu'il soit, le Mayor n'est pas un homme ordinaire; il est fin comme un opossum et rusé comme un jaguar. Il comprendra tout de suite que les soldats français ne violent pas la frontière américaine pour l'innocent plaisir de faire une promenade militaire ; il saura bientôt qu'ils se rendent à la Florida ; il comprendra alors que son complot est éventé, d'autant plus que la mort de son messager l'aura mis en défiance ; il fera faire demi-tour à sa troupe, se tiendra coi, et attendra tranquillement le départ des Français pour tenter son coup de main ; et ceux-ci partis, par une nuit sombre et sans lune, il nous attaquera à l'improviste.

— Tu as raison, fils, je suis contraint de l'avouer.

— Oui, oui, vous avez parfaitement posé la question, señor, dit l'haciendero ; nous ne devons, sous aucun prétexte, mêler les Français à notre querelle.

Quant au mayordomo, toujours impassible et froid, il approuvait par des hochements de tête, mais sans prononcer une parole, n'ayant pas été, jusque-là, invité à donner son avis.

— Mais que faire, alors ? reprit le docteur avec animation ; comment nous mettre à l'abri d'une attaque de ce misérable Mayor ? Nous ne pouvons cependant pas nous livrer à sa merci et nous laisser assassiner par lui...

— Dieu nous en garde ! mon père ; mais avec votre permission, je crois que cette affaire doit être menée à la mode des frontières, en luttant de ruses avec ces maîtres en fourberie. Qu'en pensez-vous, don Cristoval ?

— Mon avis est le vôtre, señor.

— Et vous, ño Ignacio Torrijos !

— Señor Cœur-Sombre, dit le mayordomo, votre réputation est trop bien établie dans la savane pour que je me permette de discuter une aussi grave question avec vous ; mon opinion est absolument semblable à la vôtre, je crois comme vous que nous devons agir par nous-mêmes, et selon les usages du désert.

— Très bien ! je ne demande pas l'avis de mon ami......

— C'est parfaitement inutile, interrompit Bernardo ; dis-nous seulement si tu as un plan, et développe-le sans plus longtemps discuter, ce qui nous fait perdre un temps précieux.

— Tu as raison, cher ami. Dites-moi, ño Ignacio Torrijos, combien avez-vous de vaqueros sur les pacages ?

— Sept cent cinquante, señor, répondit le mayordomo.

— Pouvez-vous répondre d'eux ?

— De tous ; ce sont des hommes dévoués, d'anciens chasseurs de bisons pour la plupart, fort braves et sachant admirablement se servir de leurs armes.

— Bon, cela ! Il nous faut agir dans l'hypothèse d'une attaque double, de front et à revers, et peut être de flanc, faites toutes spontanément par au moins deux cents ou deux cent cinquante hommes, peut-être plus, parce que le Mayor voudra en finir une fois pour toutes avec nous, comme nous sommes résolus à en finir avec lui.

— C'est l'habitude du Mayor, en effet, de procéder par attaques furieuses sur plusieurs points à la fois, afin de dérouter ses ennemis et de les affaiblir en les obligeant à se diviser, dit le mayordomo.

— Bien ! C'est cela. Combien avez-vous dans l'hacienda même d'hommes en état de bien se servir de leurs armes ?

— De cent dix à cent vingt.

— Mettons cent. Mieux vaut prendre un minimum pour ne pas nous tromper sur nos chiffres. Et dans laRanchéria ?

— Plus de deux cents.

— Ce qui nous fait trois cents au moins.

— Oui, Cœur-Sombre.

— Vous choisirez parmi vos vaqueros des pacages, deux cents hommes solides ; vous aurez soin de leur donner vos ordres individuellement, et vous les dirigerez isolément vers l'hacienda. Vous les ferez entrer de différents côtés, de façon à ne pas être remarqués, vous leur recommanderez surtout d'avoir la bouche cousue, toute indiscrétion pouvant, vous le comprenez, être mortelle.

— C'est compris, chasseur, rapportez-vous en à moi, tout sera exécuté comme vous le dites.

— Je le sais et je vous en remercie. Nous voilà donc déjà à la tête de cinq cents hommes dévoués et ceci est un minimum, car le nombre de nos défenseurs est évidemment supérieur à ce chiffre. Vous êtes venu avec une escorte, n'est-ce pas, mon père ? ajouta Julian en s'adressant au docteur. Comment est composée cette escorte ?

— Oui, j'ai amené avec moi trente chasseurs d'Afrique et autant de chasseurs à pied, ce qui, en comptant les deux sous-officiers commandant chaque détachement, les sergents, maréchaux de logis, caporaux et brigadiers, complète un effectif de soixante-quatorze hommes.

— Vous comptez vous rendre incessamment à Urès ?

— Tu le sais bien ; j'ai même l'intention de partir demain, ou pour mieux dire, aujourd'hui, car il est près de trois heures du matin.

— C'est juste ; vous laisserez ici la moitié de votre escorte, cavalerie et infanterie ; vous n'avez à redouter aucune attaque sur votre chemin, puisque les tribus indiennes sont alliées des Français ; seulement, au moment de quitter Urès pour revenir ici, vous recompléterez votre escorte, c'est-à-dire que vous l'augmenterez de trente-six hommes, moitié chasseurs d'Afrique et moitié chasseurs à pied ; m'avez-vous compris, père ?

— Certes, ces trente-six hommes passeront ainsi inaperçus et renforceront la garnison de l'hacienda.

— Ce qui nous donnera le chiffre respectable de cent dix soldats résolus de plus ; nous atteindrons donc facilement le chiffre de six cent quarante ou six cent cinquante hommes pour la défense de l'hacienda ; ces six cent cinquante hommes seront établis, un tiers dans l'hacienda, un second tiers dans le parc et la huerta, et le reste dans la Rancheria.

— Avec des forces aussi considérables, nous n'avons plus rien à redouter ! s'écria l'haciendero.

— Pardon, ce n'est pas tout, senor don Cristoval, nous voulons écraser définitivement ces bandits, n'est-ce pas ?

— Certes.

— Alors, il ne faut rien laisser au hasard ; demain, Charbonneau, Bernardo et moi, nous quitterons l'hacienda.

— Mais !... s'écria l'haciendero.

— Comment !... dit le docteur.

— Très bien ! dit le mayordomo ; je comprends.

Julian sourit.

— Laissez-moi m'expliquer, reprit le chasseur. Nous quitterons l'hacienda, et voici pourquoi : Nous comptons de nombreux amis dans la savane parmi les trappeurs, les chasseurs et les coureurs des bois, blancs et brûlés canadiens ; tous, j'en suis convaincu, ne demanderont pas mieux que de se mettre à notre disposition pour nous rendre service. Nous en réunirons le plus possible, et, comme l'époque des grandes chasses approche, nous les dirigerons isolément de ce côté à un rendez-vous général ; nous les embusquerons dans une position sûre, et, le moment d'agir venu, c'est-à-dire quand le Mayor tentera l'assaut général, nous l'attaquerons par derrière, nous l'envelopperons, et nous ne ferons pas quartier aux bandits, cette fois, je le jure. Que pensez-vous de ce plan ? Il est bien simple ; mais je crois que, bien exécuté, il réussira par sa simplicité même.

— Fils, ton plan est magnifique. Sur ma foi ! tu étais né pour être général ! s'écria le docteur avec enthousiasme.

— Oui, dit Bernardo en riant, ce plan est magnifique ; seulement il pêche sur un point.

— Allons, bien, fit Julian avec bonne humeur, voilà ce que tu fais de la critique.

— Dame ! pourquoi pas ? Une fois n'est pas coutume ; d'ailleurs, je suis certain que tous vous reconnaîtrez que j'ai raison, et toi-même le premier.

— Alors, explique-toi, car il est très tard.

— C'est de très bonne heure que tu veux dire ; mais n'importe, passons. Tu as dit que nous quitterions l'hacienda, Charbonneau, toi et moi.

— Eh bien que trouves-tu à redire à cela ?

— Pas grand'chose si ce n'est que tu t'es trompé : Charbonneau et moi nous partirons ; mais toi tu resteras ; tu ne peux, sous aucun prétexte quitter l'hacienda. Tu es notre chef, on ne sait pas ce qui peut se passer ici pendant notre absence ; d'ailleurs, quand ce ne serait que pour rassurer notre chère Denizà, que ton absence désespérerait, tu ne dois pas t'éloigner.

— Vous avez raison, Bernardo, dit vivement le docteur. Fils, tu ne peux pas t'absenter d'ici.

— En effet, appuya don Cristoval, votre place est à l'hacienda, señor don Julian, et non autre part. Si vous vous éloigniez seulement pour un jour, nous ne saurions plus que faire en votre absence.

Julian d'Hérigoyen demeura pendant un instant silencieux.

Mais bientôt il eût pris son parti, et, tendant avec un bon sourire la main à Bernardo :

— Merci, ami, lui dit-il affectueusement, tu me rappelles mon devoir ; je resterai.

— J'en étais sûr, dit gaiement Bernardo, tu me donneras les instructions avant mon départ; et, sois tranquille, tout ira bien.

— J'en suis convaincu, je connais ton dévouement de longue date, répondit Julian.

— Ah ça! reprit Bernardo, maintenant que tout est convenu et arrêté, je crois, sauf avis contraire, que nous n'avons plus rien à nous dire, et que nous pouvons nous séparer et essayer de dormir deux ou trois heures, car si je ne me trompe, la journée sera rude.

En effet, tout avait été discuté et réglé à la satisfaction générale.

Chacun se leva.

Mais au moment où, après avoir pris congé les uns des autres, les membres de ce conseil de guerre improvisé allaient quitter le salon, une détonation assez rapprochée se fit entendre tout à coup au milieu du silence.

D'un bond, le mayordome s'élança au dehors.

— Qu'est-ce cela ? demanda le docteur avec surprise.

— C'est un coup de feu, dit paisiblement Bernardo, en saisissant sa carabine posée dans un angle de la pièce.

— Serions-nous donc attaqués ! s'écria don Cristoval avec agitation.

— Ce n'est pas probable, dit froidement Julian, la nuit est trop avancée; dans tous les cas, mieux vaut attendre ici le retour de ño Ignacio, qui ne tardera pas à nous apporter des nouvelles.

— Oui, il est plus prudent d'attendre le retour du mayordomo dans ce salon, dit le docteur.

— Attendons donc, reprit don Cristoval.

Julian et son ami, après s'être assurés que leurs armes étaient en état, s'étaient, prêts à tout événement, rapprochés de la porte.

Un quart d'heure s'écoula ainsi sans qu'un mot fût prononcé entre les quatre personnages, qui n'osaient se communiquer leur inquiétude.

Mais soudain un bruit de pas assez nombreux se fit entendre, se rapprocha rapidement, et bientôt le mayordomo parut, précédant Moucharaby, le domestique du docteur et plusieurs soldats; ils conduisaient au milieu d'eux un homme jeune encore, aux traits assez beaux et à la physionomie intelligente, portant avec une certaine désinvolture le costume pittoresque des rancheros.

Il est vrai que ce costume déchiré et souillé de boue et de poussière en maints endroits ressemblait fort à une guenille.

Cet homme avait sans doute été désarmé par Moucharaby; car celui-ci avait les mains chargées d'un fusil, de deux longs revolvers, d'un couteau et d'un *machette*, qu'il agitait d'un air triomphant.

— Qui est cet homme et comment se trouve-t-il ici? demanda don Cristoval à ño Ignacio.

Celui-ci se préparait à répondre, mais Julian l'arrêta d'un geste, et s'adressant à l'haciendero :

— Señor, lui dit-il, permettez-moi de commencer dès à présent le rôle que vous m'avez donné et que j'ai accepté.

— Soit, señor, répondit courtoisement don Cristoval; agissez comme vous le jugerez convenable; je m'inclinerai toujours le premier devant les ordres que vous donnerez et les mesures qu'il vous conviendra de prendre.

Le chasseur s'inclina en signe de remercîment, et s'adressant aux soldats :

— Mes amis, leur dit-il, retirez-vous et retournez à votre poste; nous sommes assez nombreux pour empêcher cet homme de s'échapper, si la pensée lui en venait. Quant à vous, Moucharaby, demeurez.

Les soldats firent demi-tour et se retirèrent avec cette obéissance passive que donne la discipline.

Chacun avait repris place sur les fauteuils et les divans.

Sur l'invitation de Julian, Moucharaby se débarrassa des armes qu'il tenait et s'assit près du mayordomo.

Il y eut un court silence.

Julian réfléchissait les yeux fixés sur le prisonnier.

Celui-ci, debout au milieu du salon, tordait une fine cigarette entre ses doigts, de l'air le plus indifférent.

— Veuillez me dire, señor don Ramon, ou si vous préférez que je vous donne votre nom de guerre, señor *Na-*

vaja, comment il se fait que vous ayez commis l'imprudence de vous introduire de nuit dans cette hacienda, et faites-moi connaître pour quels motifs si impérieux vous n'avez pas hésité à jouer ainsi votre vie sur un coup de dé. Ignoriez-vous donc ma présence ici, supposiez-vous pouvoir nous surprendre ?

L'aventurier sourit ; et, aspirant à deux ou trois reprises la fumée de sa cigarette, il répondit d'un air dégagé, en rendant cette fumée à la fois par le nez et par la bouche :

— Señor Cœur-Sombre, nous vous connaissons de longue date, vous m'avez même, je m'en souviens, sauvé une ou deux fois la vie. Je connaissais parfaitement votre présence dans cette hacienda ; mais avant de répondre à vos autres questions, interrogez cet homme et demandez-lui ce qui s'est passé entre nous, cela facilitera, je le crois, les explications que j'aurai à vous donner ensuite.

Malgré le nom espagnol de l'aventurier, Julian lui avait adressé la parole en français, et celui-ci avait répondu dans la même langue, d'une façon correcte et sans le plus léger accent.

Le chasseur se tourna alors vers Moucharaby :

— Vous avez entendu ? lui dit-il.

— Parfaitement, monsieur Julian, répondit l'ancien spahis, faut-il parler ?

— Oui, et tout dire franchement et loyalement.

— Oh ! pour lors, il n'y a pas de soin, monsieur Julian, je n'ai jamais su mentir.

— Nous vous écoutons.

— Pour lors, reprit Moucharaby, en se levant, sans doute pour parler plus à son aise, depuis que le major nous a amenés dans ce magnifique *gourbi*, comme je suis un vieux soldat et que je me méfie comme de la peste des naturels de l'endroit, qui me font l'effet de singuliers chrétiens, je me suis entendu avec mes camarades ; sans vous en rien dire, bien entendu, parce que peut-être vous vous y seriez opposé ; je dis donc que je me suis entendu avec mes camarades à seule fin de faire, d'heure en heure, des rondes dans cette forêt qu'ils nomment une *huerta*, on n'a jamais su pourquoi.

— Au fait! au fait! dit le docteur avec impatience; au fait donc, bavard?

— Bavard, peut-on dire? puisque c'est M. Julian que m'a ordonné de parler. Pour lors, nous faisions donc une ronde avec les camarades, lorsque j'entraperçois au clair de lune un particulier qui s'avançait tranquillement vers nous, le fusil sous le bras gauche, marchant sans comparaison comme s'il avait été chez lui. Pour le coup, c'était un peu fort de café. Je lui crie : « Qui vive? » L'autre me répond sans s'arrêter : « A moins d'être aveugle, ou d'avoir la berlue, vous voyez bien que je suis un homme. » Je lui recrie : « Qui vive? » « Vieil entêté, qu'il me répond, vous le voyez bien! » Et il se met à me rire au nez.

Pour lors, la colère me galope; je ne fais ni une ni deux, et je lui lâche un coup de revolver. « Maladroit! qu'il me crie alors, vous avez manqué m'éborgner. » Puis il reprend d'un air goguenard : « *Dulciter*, papa, je ne suis pas un malfaiteur; je viens faire une visite à un chasseur de mes amis, Cœur-Sombre. Voyons, ne vous fâchez pas; je me rends : voici mes armes. » Et, en disant cela, il les jette par terre. « As pas de soin, allons-y! que me dit le caporal Piton; le particulier est jovial. »

Pour lors, il s'est laissé prendre, en répétant : « Conduisez-moi à mon ami Cœur-Sombre. — Qu'est-ce que vous lui voulez? que je lui ai répondu; il dort. — Alors il s'éveillera. — Pour lors, que je lui insinue, c'est donc bien important ce que vous avez à lui dire? — Je crois bien, qu'il me fait, en me riant au nez, je veux lui demander pourquoi les laines ont si fort renchéri depuis les dernières tontes en Californie. »

Pour lors, comme il persévérait à se moquer de nous, sur l'avis subséquent du caporal Piton, je l'ai arrêté, et j'allais le conduire à la *calabousse*, quand le mayordomo est arrivé tout courant et nous a ordonné de le conduire ici. Pour lors, voilà, monsieur Julian.

Et fort satisfait de s'être si bien tiré de son récit, il salua militairement et se rassit.

— Très bien, mon cher Moucharaby, lui dit Julian avec un sourire de bonne humeur ; maintenant vous pouvez aller rejoindre vos camarades et continuer à faire des rondes ; vous vous en acquittez dans la perfection.

L'ancien spahis se leva, tourna les talons et sortit, enchanté de l'effet qu'il croyait avoir produit.

— D'après ce que vient de dire ce brave soldat, reprit Julian en s'adressant à l'aventurier, je crois être certain maintenant que vous n'aviez pas de mauvaises intentions. Mais si véritablement vous désiriez me voir, pourquoi, au lieu d'escalader les murailles, n'êtes-vous pas venu tout simplement par la porte ?

— Parce que je ne voulais pas être vu, cette entrevue devant être secrète pour certaines personnes que je connais.

— Soit. Que me voulez-vous ?

— Je serai franc avec vous, Cœur-Sombre ; je veux vous rendre un service et en même temps vous proposer une affaire.

— Une affaire, à moi ?

— Ou à don Cristoval de Cardenas, ce qui, je le suppose, est à peu près la même chose.

— Parlez ! s'écria vivement don Cristoval.

— Je ne demande pas mieux, répondit l'aventurier en souriant. Mais vous le savez, señor, les affaires sont les affaires ; j'ai une dette de reconnaissance à acquitter envers le Cœur-Sombre, il est vrai, mais cela n'aurait pas suffi à me faire risquer ma vie, car c'est ma tête que je joue si je suis pris, sans le vif désir que j'éprouve de retourner en Europe ; en un mot, j'ai le mal du pays ; c'est absurde, je le sais bien, mais c'est comme cela ; je veux retourner riche dans ma patrie ; et je n'ai encore que des économies insuffisantes ; il me faut une somme ronde ; c'est vous dire que cela vous coûtera cher, mille onces d'or, — environ 85,000 francs en monnaie française — pas un ochavo de moins.

— Je suis riche, répondit l'haciendero ; l'argent n'est rien pour moi. Si cette affaire dont vous parlez en vaut la peine, je doublerai cette somme.

— Tope, est-ce convenu ?

— Oui. Parlez maintenant.

— Vous allez juger de l'importance de l'affaire. Je suis un des lieutenants du Mayor. J'ai reçu l'ordre de venir rôder autour de l'hacienda, en un mot, je suis chargé de vous espionner ; est-ce clair ?

— Très clair, dit Julian en imposant d'un regard silence à l'haciendero ; seulement, ce que vous voulez nous vendre nous le savons aussi bien que vous, et nos mesures sont prises en conséquence.

— Peut-être ? fit-il avec un sourire ironique.

— A votre tour, vous allez en juger : lisez cette lettre !

Et il la lui présenta toute ouverte.

L'aventurier prit la lettre, la lut avec une grande attention, puis la rendant au chasseur :

— Cette lettre ne vous apprend rien, dit-il froidement en haussant les épaules ; elle parle d'une attaque contre l'hacienda de la Florida, qu'on veut piller et brûler, d'une dame que l'on prétend enlever ; mais tout cela vous le saviez depuis longtemps, Cœur-Sombre. Vous avez deux fois mis le Mayor aux abois, vous avez fait de Calaveras, qui était si fier de sa beauté, la risée et presque le jouet de ses camarades ; vous connaissez trop bien ces deux hommes pour ne pas savoir qu'ils essaieront par tous les moyens de se venger de vous, que c'est entre eux et vous un duel à mort. Donc, je le répète, cette lettre ne vous apprend rien que vous ne sachiez déjà.

— Votre raisonnement est spécieux, j'en conviens.

— Il est juste. Moi, je vous propose autre chose.

— Voyons, expliquez-vous nettement.

— Deux mots me suffiront : je m'engage à vous révéler le jour et l'heure de l'attaque ; le nombre exact des aventuriers qui composeront la troupe du Mayor ; les mesures qui seront prises contre vous, et de quelle façon le coup de main sera exécuté ; n'est-ce donc rien cela ? C'est tout bonnement vous livrer votre ennemi pieds et poings liés ; s'il vous échappe avec de tels renseignements, vous n'aurez à vous en prendre qu'à vous-même.

— Vous feriez cela ?

— Oui, sur ma parole d'aventurier, pour deux mille onces !

— Mais qui m'assure que vous ne me trahirez pas ?

— Mon intérêt d'abord ; deux mille onces ne se trouvent pas tous les jours dans la savane, sous le pas d'une mule ; puis ceci, ajouta-t-il, en arrachant de sa poitrine un sachet pendu à son cou par une chaînette d'acier.

— Qu'est cela ? demanda Julian.

— Regardez !

Le chasseur se leva, s'approcha d'une table, ouvrit le sachet et en versa le contenu dans une coupe.

Le sachet était presque plein de diamants.

— Estimez ces diamants, reprit-il, il y en a pour soixante-cinq mille piastres : ce sont toutes mes économies ; je vous les laisse en dépôt. J'ajouterai enfin, comme preuve de ma bonne foi, que je vous dois la vie, et que pour aucun prix, je ne consentirais à vous trahir.

Il y eut un assez long silence.

— C'est bien, j'accepte, dit enfin Julian. Aujourd'hui même, ce sachet et la somme promise partiront pour Hermosillo, où ils seront déposés chez un banquier, sur lequel, après la bataille, si vous avez été loyal, on vous donnera une lettre de crédit. Cela vous convient-il ?

— Oui, mais un mot encore : lorsque l'attaque commencera, vous me recevrez dans l'hacienda, où je resterai en otage. Maintenant que je suis riche, je ne me soucie pas d'être assassiné par le Mayor, ce qu'il ne manquerait pas de faire si je restais près de lui, lorsqu'il s'apercevra qu'il est trahi. J'ai toute sa confiance, et par conséquent c'est moi qu'il soupçonnera tout d'abord.

— Ce que vous demandez est juste : vous avez ma parole qu'on vous recevra dans l'hacienda.

— Je n'ai pas besoin d'autres garanties. Dans trois

quarts d'heure le soleil sera levé ; faites-moi, je vous prie, sortir au plus vite ; je ne dois être vu par personne, et il y a force espions autour de l'hacienda.

— Un mot encore. Nous aurons besoin de nous voir. Comment le pourrons-nous ?

— Je ne le sais pas encore, mais je trouverai un moyen, soyez tranquille ; avant trois jours, vous aurez de mes nouvelles.

— Bien, j'attendrai.

Et, s'adressant au mayordomo, Julian ajouta :

— Pouvez-vous faire sortir cet homme de l'hacienda sans qu'on le voie ?

— Oui, du côté de la huerta, répondit le mayordomo.

— C'est précisément dans cette direction que j'ai caché mon cheval, au milieu d'un fourré.

— Alors, hâtons-nous.

— Me voici à vos ordres, répondit l'aventurier, qui, tout en échangeant ces derniers mots avec ño Ignacio, avait repris ses armes.

Il salua les quatre personnes qui avaient assisté à cette singulière entrevue, et il sortit précédé par le mayordomo.

— Croyez-vous que nous puissions compter sur cet homme ? demanda l'haciendero aussitôt que l'aventurier eut franchi le seuil de la porte.

— Oui, répondit Julian, son intérêt l'empêchera de nous trahir ; d'ailleurs je le surveillerai.

— En somme, dit le docteur, nous ne risquons pas grand'chose en nous fiant à lui.

— Enfin, à la grâce de Dieu ! qui vivra verra ! dit Bernardo, avec son insouciance habituelle.

La discussion fut close ainsi.

On se sépara, et chacun se retira dans son appartement.

La nuit s'était écoulée tout entière.

Le soleil se levait radieux à l'horizon.

XV

DANS LEQUEL IL EST PROUVÉ QU'EN AMÉRIQUE ON PEUT APPRENDRE BIEN DES CHOSES ET FAIRE DE SINGULIÈRES RENCONTRES, QUAND ON SE PROMÈNE DANS UN JARDIN AVANT LE LEVER DU SOLEIL.

Cependant, ainsi que cela avait été convenu dans le conseil dont nous avons rendu compte dans notre précédent chapitre, un peu après quatre heures de l'après-dînée, le docteur, après avoir pris congé de l'haciendero, embrassé sa fille adoptive et serré la main de son fils, s'étais mis en route pour Urès, capitale de l'état de Sonora, où le général X..., nommé par le général en chef gouverneur de l'Etat, faisait sa résidence.

Vers huit heures du matin du même jour, Bernardo, après une longue conversation confidentielle avec son ami, avait quitté l'hacienda en compagnie de Charbonneau.

Tous deux s'étaient enfoncés dans la savane, pour remplir la mission dont ils avaient été chargés.

Presque à la même heure ño Ignacio, le mayordomo, s'était éloigné, lui aussi.

Enfin, les trois guerriers comanches avaient été expédiés en batteurs d'estrade par Julian.

Ils avaient ordre de revenir au plus vite, dès qu'ils découvriraient une piste suspecte se dirigeant vers l'hacienda.

Les dames, bien entendu, avaient été laissées dans la plus complète ignorance des dangers terribles dont elles étaient menacées, ainsi que des mesures prises pour les conjurer.

Quelques jours s'écoulèrent.

La vie que l'on menait dans l'hacienda était assez monotone.

Les dames vivaient très retirées.

Julian maudissant secrètement les soins dont il avait assumé l'écrasante responsabilité, soins qui l'empêchait de voir sa fiancée et de causer avec elle autant qu'il l'aurait voulu.

A l'heure des repas seulement, Julian avait l'éphémère plaisir de voir Denizà et d'échanger quelques douces paroles avec elle.

Et souvent même il ne pouvait que le soir, au dîner, se donner ces quelques instants de joie.

La journée tout entière, sous prétexte de chasser, était occupée à parcourir les dépendances de l'hacienda en compagnie de don Cristoval, afin de surveiller les travaux de défense qu'il faisait exécuter sur différents points, soit dans la Rancheria, dont il avait fait un véritable camp retranché, soit dans l'immense parc, et même dans la huerta, où l'on élevait des redoutes en terre et même des blokhaus, en même temps que l'on creusait de larges et profondes tranchées, et qu'on établissait çà et là des pièges et des chausses-trappes pour arrêter l'ennemi, au cas où il réussirait à franchir les murailles, fort élevées cependant et très solides, dont l'hacienda était ceinte sur toute son étendue.

Les dames ne comprenaient rien à cette activité déployée par les deux hommes, et à cette rage de chasse dont il avaient été pris aussi subitement.

Elles raillaient impitoyablement les deux Nemrod improvisés, qui les délaissaient pour se livrer à la poursuite d'un gibier problématique ; car bien souvent ils revenaient bredouille et harassés de fatigues.

Julian et don Cristoval répondaient en riant à ce feu roulant d'épigrammes, qu'ils supportaient avec une patience exemplaire.

Mais comme ce prétexte de chasse était excellent et empêchait les dames de soupçonner leurs occupations véritables, ils s'obstinaient à chasser quand même.

Armand de Valenfleurs et don Pancho de Cardenas, abandonnés à eux-mêmes, chassaient véritablement dans toute l'étendue du parc et abattaient force gibier.

Comme il était impossible de cacher aux deux jeunes gens les travaux que l'on exécutait de tous les cotés, Julian et l'haciendero, tout en leur recommandant le secret, leur avaient fait une demi-confidence, qui les avait rendus leurs complices.

De sorte que, grâce à eux, ils revenaient quelquefois à l'hacienda chargés de gibier, et alors ils prenaient des airs de triomphateurs qui prêtaient beaucoup à rire aux dames.

Cependant quinze jours s'étaient écoulés depuis le départ du docteur d'Hérigoyen, des deux chasseurs et des batteurs d'estrade.

On n'avait reçu aucunes nouvelles ni des uns, ni des autres.

Les travaux de défense intérieure étaient complètement terminés.

Julian, n'ayant plus rien à faire, avait eu la pensée de construire en bois une immense salle de bal, communiquant avec le principal corps de logis de l'hacienda par une grande porte de derrière, et donnant entrée dans la huerta.

Julian prenait un plaisir d'enfant à orner et à embellir cette salle de bal, placée au milieu d'une pelouse.

Un plancher volant avait été établi, et un énorme velum disposé de façon à laisser circuler l'air, et que l'on pouvait enlever au besoin, servait de couverture et de toit à cette bâtisse élégante et d'architecture mauresque.

Cette fois, les dames ne raillaient plus.

Elles trouvaient charmante l'idée de cette salle de bal en plein air.

Elles n'avaient pas assez de compliments à adresser aux architectes improvisés.

Un matin, un peu avant le jour, Julian, ne pouvant pas dormir, s'était levé, et, après s'être muni de ses armes, qu'il ne quittait jamais, il avait allumé un cigare, et s'était nonchalamment dirigé vers la huerta.

Après avoir traversé le jardin d'un pas de promenade, il entra dans le parc, dans le but de s'assurer que l'on faisait bonne garde.

Depuis l'achèvement des travaux de défense, toutes les nuits, depuis le crépuscule jusqu'à l'aube, des sentinelles étaient posées dans le parc, de distance en distance, de façon à pouvoir se soutenir en cas de besoin, et à se réunir à la première alarme.

Ces sentinelles se composaient partie de chasseurs à pied et de peones bien armés.

D'heure en heure, des rondes de chasseurs d'Afrique parcouraient le parc et fouillaient les buissons, les halliers et les fourrés.

Il n'y avait donc pas à redouter de surprise. D'autant plus que les soldats et les peones, hommes d'une discrétion reconnue, savaient quels dangers terribles planaient sur l'hacienda.

Ainsi que Julian s'y attendait, tout était en ordre.

Le service des sentinelles et des rondes se faisait avec une discipline et une régularité irréprochables.

Après avoir affectueusement félicité ces braves gens, le chasseur continua sa promenade, et bientôt il disparut au milieu des fourrés.

Il longeait les murs du parc et se laissait aller à ses pensées, lorsqu'un bruit assez léger lui fit subitement dresser l'oreille.

Le chasseur s'arrêta subitement, s'embusqua derrière un énorme *mahogany*, et après avoir armé sa carabine, il regarda attentivement du côté où le bruit s'était fait entendre.

Presque en face de lui, à vingt pas au plus de l'endroit où il se tenait, se trouvait une petite porte perdue dans la muraille.

Tout à coup il entendit un léger grincement, comme si l'on eût essayé du dehors à ouvrir cette porte.

Julian se tint prêt à tout événement.

Deux ou trois minutes s'écoulèrent, puis la porte s'ouvrit et roula lentement et sans bruit sur ses gonds.

Presque aussitôt la silhouette noire d'un homme s'encadra dans la porte ouverte et resta un moment immobile, comme si l'inconnu hésitait à entrer, le corps à demi tourné vers le dehors.

Julian pensa que le moment d'agir était venu, il épaula sa carabine et mettant en joue l'inconnu, il lui cria d'une voix ferme et menaçante mais contenue, car il ne voulait donner l'alarme qu'à la dernière extrémité :

— Qui vive ! répondez, ou vous êtes mort !

— Oh ! on fait bonne garde, dit l'inconnu d'un ton de bonne humeur, tant mieux ! ne tirez pas ; je suis un ami, ño Ignacio Torrijos.

— Ah ! pardieu ! s'écria le chasseur en désarmant sa carabine et s'avançant vers le mayordomo, voilà une excellente surprise. Soyez le bienvenu, ño Ignacio ; je vous attendais avec une vive impatience.

— Eh ! qui êtes-vous donc pour me parler ainsi, *amigo* ? répondit l'autre. Il me semble reconnaître votre voix ?

— Je suis don Julian d'Hérigoyen, ou le Cœur-Sombre, si vous préférez ce nom.

— Oh ! oh ! c'est vous, mon maître ! répondit joyeusement le mayordomo. Attendez un peu ; je suis à vous dans un instant.

Tout en parlant ainsi, ño Ignacio avait pénétré dans le parc, doucement et avec précaution, car il conduisait son cheval par la bride.

Derrière le cheval, une douzaine de vaqueros entrèrent l'un après l'autre, silencieux et sombres, faisant passer, eux aussi, leurs chevaux après eux.

Lorsque ce singulier défilé fut terminé, ce qui exigea un temps assez long, la porte étant étroite et assez basse, le mayordomo donna l'ordre aux vaqueros de se rendre dans les *corales* pour y placer leurs chevaux.

Mais alors Julian intervint.

— Non, dit-il, ils s'établiront ici dans le parc, tout est préparé pour les recevoir, eux et leurs chevaux. Mais prenez garde qu'ils ne s'écartent à droite et à gauche, parce qu'il pourrait leur arriver malheur. Pendant votre absence, cher don Ignacio, nous avons exécuté d'importants travaux de défense ; je conduirai moi-même ces braves gens à l'endroit où il doivent camper, afin d'éviter tout accident.

— Bon ! Mais puisqu'il en est ainsi, ne pourriez-vous pas les cacher pour quelques instants dans un endroit où l'on ne pourrait pas les voir ?

— Certes, rien n'est plus facile ; mais pourquoi pas les conduire tout de suite à leur campement ?

— Non, il faut qu'ils attendent un peu, car nous n'aurions pas le temps nécessaire.

— Bon, pourquoi cela, señor ?

— Je ne puis vous le dire, Cœur-Sombre, mais bientôt vous le saurez, et vous reconnaîtrez que j'ai raison.

— Soit, je n'insiste pas, señor. Que ces braves gens me suivent ; à dix pas d'ici se trouve une clairière où ils pourront se reposer tout à leur aise, sans risquer d'être aperçus

— Très bien. Allez donc les conduire à ce campement provisoire, je vous attends ici.

Sur l'ordre de Julian, les vaqueros se rangèrent en file indienne, et ils le suivirent.

Le chasseur, après s'être fait reconnaître par les sentinelles et une ronde de nuit qu'il croisa sur son passage, établit ces braves gens dans la clairière.

Puis, après leur avoir recommandé de ne pas s'éloigner jusqu'à son retour, Julian, assez intrigué par les paroles ambiguës du mayordomo, se hâta de le rejoindre.

No Ignacio avait allumé une cigarette et il se promenait de long en large devant la porte restée entre-bâillée.

— Ah ! ah ! vous voici déjà ? dit-il dès qu'il aperçut le chasseur.

— Oui ; nos hommes sont en lieu sûr. Maintenant, me voici tout à vous.

— Oh ! excusez-moi de vous avoir paru si mystérieux, mais l'affaire dont il s'agit vous intéresse beaucoup plus que moi; et d'ailleurs mieux vaut, je crois, que personne ne voie cet homme.

— De quel homme parlez-vous, senor?

— De celui que vous allez voir dans un instant, et qui attend probablement, embusqué derrière cette muraille.

— Allons, dit le jeune homme.

Ils se rapprochèrent de la porte.

— Restez un peu de côté, afin qu'il ne vous voie pas tout de suite; cela pourrait l'effaroucher.

— Que de précautions! dit le chasseur tout en faisant ce que le mayordome lui demandait.

— On ne saurait trop en prendre, dit sentencieusement ño Ignacio.

— C'est juste. Je vous donne carte blanche. Agissez donc à votre guise; je ne me montrerai que sur votre ordre.

— A la bonne heure!

Le mayordomo entr'ouvrit alors la porte, avança la tête au dehors et examina pendant quelques instants les environs.

Tout était calme, silencieux et solitaire, on était à cette heure mystérieuse où le ciel commence à se rayer de larges bandes blanchâtres; où les étoiles s'éteignent les unes après les autres dans l'éther; où l'atmosphère chargée des brumes grisâtres qui s'élèvent de terre comme une fumée légère, estompe l'horizon et ne permet de distinguer les accidents du paysage que comme à travers un prisme.

Ce n'est plus la nuit, ce n'est pas encore le jour.

C'est l'aube.

La nature semble tressaillir tout entière à l'approche du réveil.

De vagues et étranges frémissements passent à travers les branches des arbres.

Des senteurs fraîches et âcres s'exhalent du sol et dilatent délicieusement les poumons.

On se sent revivre.

L'air s'imprègne de ces émanations.

L'eau des ruisseaux semble fuir plus joyeusement en babillant sur les cailloux de son lit.

Des bruits presque indistincts et sans causes appréciables se font entendre sous les frondaisons.

Les buissons et les fourrés s'agitent.

Sous la feuillée emperlée de rosée, les oiseaux, frileusement blottis, commencent à pépier.

C'est le jour nouveau qui s'annonce.

Des lueurs rouges empourprent les derniers lointains de l'horizon.

Le soleil va paraître.

No Ignacio, n'entendant et n'apercevant rien, imita à deux reprises le cri triste de la hulotte bleue.

Un cri semblable lui répondit aussitôt.

Un bruit de pas se fit entendre dans les halliers et un homme, semblant surgir de terre, apparut soudain à dix pas au plus du mayordomo.

Cet homme demeura un instant immobile et bien en vue, puis il posa la crosse de son fusil à terre, ôta son sombrero, passa deux fois le revers de sa main droite sur son front, et il reprit son immobilité de statue.

Le mayordomo imita le sifflement railleur du serpent fouet, et se reculant en arrière il démasqua complètement la porte.

L'inconnu s'élança. En deux bonds il se trouva dans le parc.

Le mayordomo se hâta de refermer la porte derrière lui.

— Eh bien? demanda ño Ignacio.

— Puis-je voir le Cœur-Sombre? j'ai des choses importantes à lui révéler.

— Vous le verrez quand vous voudrez.

— Tout de suite alors, si cela est possible.

— Vous entendez, chasseur, dit le mayordomo en élevant un peu la voix.

— Me voici! répondit aussitôt Julian, en sortant de derrière l'arbre où jusque-là il était resté embusqué. Soyez le bienvenu, señor Navaja; vous avez bien tardé.

— Ce n'a pas été de ma faute. Je crois m'être aperçu à certains indices que le Mayor me soupçonne; vous connaissez sa méfiance. Il m'a fallu redoubler de prudence; rien ne m'ôtera de l'idée que j'ai été suivi. J'ai, à plusieurs reprises, entendu des bruits inquiétants dans les fourrés; j'ai même cru, à un certain moment, entendre derrière moi les pas d'un cheval; ne restons pas ici plus longtemps.

— Vous avez raison, venez; mais il importe d'éclaircir cette affaire qui me semble fort grave.

— Elle l'est en effet, si je ne me suis pas trompé.

— Laissez-moi faire; nous saurons bientôt à quoi nous en tenir.

Les trois hommes entrèrent alors sous le couvert, mais au lieu de s'éloigner ils se cachèrent au milieu d'un buisson de goyaviers sauvages.

— Pas un mot, pas un geste, dit Julian à voix basse. Soyez prêts, mais ne faites rien sans mon ordre.

— Quelle est votre intention ? demanda ño Ignacio à voix basse.

— Si, comme le croit le señor Navaja, il a un espion à ses trousses, cet espion l'aura vu entrer dans le parc; il voudra savoir ce qu'il fait ici. En conséquence, nous ne tarderons pas à avoir de ses nouvelles. Seulement, soyons prudents.

Les deux hommes firent un geste d'assentiment.

Dix minutes environ s'écoulèrent; aucun bruit, si léger qu'il fût, ne troublait le silence.

Tout à coup une chouette, sans doute blottie dans un trou de la muraille, s'envola en jetant un cri strident.

Les trois hommes redoublèrent de vigilance.

Tout à coup Julian se pencha vers ses deux compagnons et d'une voix faible comme un souffle :

— Eh bien, que vous avais-je dit? murmura-t-il. Regardez.

Presque au-dessus de la porte, apparaissait, perdu et comme noyé dans les feuilles d'acanthe qui garnissaient à profusion le faîtage du mur, le sommet d'une tête, dont on ne voyait que l'épaisse chevelure, le front et les yeux ardents, dont les regards inquiets interrogeaient le couvert.

Il fallait posséder la vue perçante de ces hardis coureurs des bois pour distinguer une tête humaine au milieu du fouillis qui l'enveloppait de tous les côtés.

Quel que fût l'individu à qui cette tête appartenait, il semblait n'être que médiocrement rassuré, cela était visible.

Il hésitait et ne savait quelle détermination prendre.

A plusieurs reprises il se souleva jusqu'à laisser paraître presque la moitié de son torse au-dessus de la muraille; puis soudain, sans raisons apparentes, il plongea et disparut presque tout entier.

Enfin après un laps de temps assez long, rassuré sans doute par le silence et le calme qui régnaient autour de lui, il se décida.

En moins d'une seconde, il se trouva à califourchon sur la crête du mur, et d'un seul bond, malgré la hauteur considérable de la muraille, il sauta dans le parc avec une légéreté telle qu'il ne fit aucun bruit en tombant sur le sol, les genoux pliés en gymnaste émérite, et qui certes n'en était pas à son coup d'essai en semblables exercices.

Mais le pauvre diable, malgré toutes ses précautions, fut reçu assez brutalement sur le sein de notre mère commune.

A peine touchait-il le sol, que deux hommes, l'un à droite, l'autre à gauche, s'élançant d'un fourré, se ruèrent sur lui et pesèrent si lourdement sur ses épaules que, malgré la vigueur athlétique dont il était doué et qu'il déploya pour se défendre, il fut en un instant étendu sur la terre et garrotté solidement, sans qu'il pût faire le plus léger mouvement.

— Mille tonnerres! s'écria-t-il en français en se voyant si subitement réduit à l'impuissance.

Ce fut tout. Il ferma les yeux, devint immobile et ne

donna plus d'autre signe de vie que de souffler comme un phoque.

Sur l'ordre de Julian, le mayordomo se débarrassa en un tour de main de son *zarape* et en enveloppa le bandit de façon à le rendre sourd et aveugle.

Cela fait, les chasseurs le laissèrent étendu provisoirement dans l'endroit où il avait été pris, et ils regagnèrent le couvert.

Ils s'arrêtèrent, par surcroît de précaution, hors de la portée de la voix.

Le señor Navaja les avait suivis.

Tous trois s'assirent alors sur le gazon, mais de façon cependant à ne pas perdre de vue leur redoutable prisonnier.

Le soleil se levait.

— Caraï! s'écria en riant le señor Navaja, c'est affaire à vous, Cœur-Sombre; vous n'avez pas votre pareil dans la savane pour dresser une embuscade. Vous avez bien fait de prendre ainsi ce misérable à l'improviste, car c'est un rude mâtin, et si vous lui en aviez donné le temps, il vous aurait donné fort à faire.

— Quel est cet homme? le connaissez-vous? lui demanda Julian.

— Certes, je le connais, et il me connaît aussi : c'est l'âme damnée du Mayor; il est Français, je le crois Basque.

— Ah! fit Julian en tressaillant, qui vous fait supposer cela?

— Voici : lorsque le Mayor, Calaveras et Sébastian, — cet homme se nomme Sébastian, c'est un ancien matelot, — lorsque, dis-je, ces trois hommes causent ensemble, ils n'emploient jamais ni le français ni l'espagnol, mais un jargon incompréhensible, que je crois avoir entendu bredouiller dans les Pyrénées par les naturels du pays, à une époque, ajouta-t-il avec un sourire étouffé, où je ne pensais guère à traverser la mer et à passer en Amérique!

— Vous ne savez rien de particulier sur le compte de cet homme?

— Non ! Son caractère est sombre, silencieux ; il reste des journées entières sans prononcer une parole. Il doit exister entre lui et le Mayor un secret terrible qui les lie l'un à l'autre. Parfois, lorsqu'ils se croient seuls, ils laissent échapper des paroles étranges. Il y a quelques jours, Sébastian, au moment de partir, je ne sais pour quelle expédition, prononça cette phrase : « A tout prix, je veux la revoir ; je suis certain que c'est elle. — Tu es fou ou tu deviens idiot, répondit le Mayor en haussant les épaules ; oublies-tu donc que toi-même l'as enterrée là-bas. » En ce moment Calaveras parut ; Sébastian hocha la tête d'un air de doute et s'éloigna à franc étrier...

— Croyez-vous qu'on puisse réussir à faire parler cet homme ?

— Non, c'est un dogue ; il est évident pour moi qu'il craint le Mayor plus qu'il ne l'aime, cependant il lui est dévoué. Pourtant peut-être réusssirait-on en le faisant boire ; il est ivrogne. J'ai souvent entendu le Mayor lui reprocher de ne pas savoir résister au plaisir de boire avec excès.

— Je verrai, murmura Julian entre haut et bas.

Et, changeant de ton subitement :

— Occupons-nous de nos affaires, dit-il.

— A vos ordres.

— Que se passe-t-il chez vous ?

— Les choses sont loin d'aller comme le Mayor le désirerait : les deux échecs qu'il a subis coup sur coup lui ont nui beaucoup dans l'esprit des aventuriers ; il éprouve de très grandes difficultés pour recruter sa troupe et la mettre sur un pied respectable. Il a beau prodiguer l'argent et les promesses, c'est à peine si, jusqu'à présent, il a réussi à enrôler une centaine d'hommes ; de son côté, Calaveras en a recruté une soixantaine. Les deux troupes réunies ne dépassent pas deux cents hommes. Le Mayor ne veut rien entreprendre avant d'en avoir au moins trois cents.

— Où trouvera-t-il le cent qui lui manque, puisque les aventuriers de la savane refusent de se joindre à lui ?

— Je l'ignore; tout ce que je sais, c'est que Calaveras, qui est un drôle délié comme un fil de soie, lui a affirmé qu'il lui amènerait cent cinquante hommes au moins avant huit jours.

— Oh! oh! ceci est grave.

— Oui, surtout si ces hommes sont, comme je le suppose, des déserteurs français, allemands et mexicains, dont le nombre, vous le savez, est déjà si considérable que les autorités françaises et mexicaines commencent à s'en préoccuper sérieusement. Ces déserteurs, pour la plupart, sont des hommes de sac et de corde qui, pour de l'or, feront tout.

— Enfin, nous les verrons à l'œuvre. Quand le Mayor compte-t-il tenter son coup de main?

— Dans quinze jours au plus tard; avant, s'il est en mesure. Mais il ne veut rien laisser au hasard.

— Peu nous importe! nous sommes prêts à le recevoir quand il se présentera.

Tout à coup, Julian se frappa le front, et, se tournant vers le mayordomo, qui assistait à cet entretien, calme et froid comme toujours :

— Nous avons commis une faute impardonnable pour des hommes au fait des choses du désert, dit-il en désignant le prisonnier : cet homme n'est pas venu à pied, il a caché son cheval sous le couvert de la forêt, à une courte distance probablement de l'endroit où nous sommes.

— En effet, dit le mayordomo. Que faudra-t-il en faire?

— Vous fouillerez les alforjas, les fontes et la monture, et vous m'apporterez ce que vous aurez trouvé, si vous trouvez quelque chose; ensuite, vous enleverez le mors à l'animal, et vous lui rendrez la liberté.

— Peut-être serait-il préférable de nous emparer du cheval, non pas que nous en ayons besoin, grâce à Dieu, nous n'en manquons pas, mais si nous le laissions en liberté, vous connaissez l'instinct infaillible de ces intelligents animaux, le cheval retournerait à son coral toujours courant; le Mayor serait aussitôt averti. Cette découverte pourrait avoir des conséquences graves pour nous, à cause des circonstances dans lesquelles nous sommes en ce moment; qu'en pensez-vous, Cœur-Sombre?

— Je suis entièrement de votre avis, señor; mieux vaut laisser le Mayor dans le doute.

Et s'adressant au señor Navaja :

— Cet homme faisait-il parfois de longues absences? lui demanda-t-il.

— Presque toujours ses absences se prolongeaient; elles duraient ordinairement un mois; les courtes étaient de quinze jours au moins.

— Était-il auprès du Mayor quand vous avez quitté son camp?

— Il y était, j'en suis sûr; il ne l'a quitté qu'après moi, et sans doute pour se mettre sur ma piste, d'après l'ordre exprès du Mayor; je n'ai pas le moindre doute sur ce point; aussi, en vous quittant, je pousserai une pointe sur Tubac, et je me mettrai à la recherche de Calaveras; de cette façon, j'établirai un alibi, et, à mon retour au camp, je n'aurai rien à redouter du Mayor; si fin qu'il soit, je lui donnerai le change.

— Très bien raisonné. Allez, ño Ignacio, et amenez-nous le cheval.

— Ne vous trompez pas, vous connaissez le mien, dit le señor Navaja.

— Soyez tranquille, une erreur n'est pas possible.

Le mayordomo s'éloigna aussitôt, ouvrit la petite porte et sortit du parc.

— Le plan du Mayor est-il fait? reprit Julian.

— Oui, l'attaque aura lieu vers onze heures du soir, par une nuit sans lune. Vous serez attaqués sur trois points à la fois. L'un de ces points est la Rancheria, les deux autres ne sont pas encore désignés; j'ai été envoyé ici non seulement en batteur d'estrade, mais encore avec mission de dresser un plan le plus exact possible de l'hacienda et de ses environs.

— Hum ! voilà une rude besogne ; êtes-vous donc ingénieur ?

— Non, mais ma famille me destinait à la carrière militaire, et j'ai fait toutes les études nécessaires ; et, pour vous dire la vérité tout entière, je suis sorti avec le numéro 21 de l'école Polytechnique. Un bel avenir s'ouvrait devant moi ; la fatalité en a décidé autrement. Le Mayor, sous les ordres duquel j'ai servi pendant deux ans en Afrique, sait tout cela. Voilà pourquoi il m'a donné cette mission.

— Comment ! que me dites-vous là ? Vous avez servi en Afrique sous les ordres du Mayor, dans l'armée française !

— Certes.

Julian se recueillit un instant.

— Ecoutez, reprit-il d'une voix ferme : il y a longtemps que je vous soupçonne de jouer un rôle, comme du reste presque tous les proscrits qui errent dans la savane, et de cacher sous des dehors grossiers et parfois repoussants, passez-moi ce mot, une personnalité peut-être plus élevée qu'il vous convient de le laisser deviner. Je ne vous demande pas votre histoire ; elle ne me regarde en aucune façon ; mais, malgré les fautes que vous pouvez avoir commises, je sais qu'il vous reste encore quelques bons sentiments... J'ai un très grand intérêt à soulever le masque derrière lequel se cache le Mayor ; don Cristoval de Cardenas s'est engagé à vous compter deux mille onces d'or ; je vous donne, moi, ma parole de vous en donner mille ; avec ces trois mille onces et la somme que vous avez déposée entre nos mains, vous vous ferez au moins quarante mille livres de rente, ce qui est une fort jolie fortune. Vous pourrez quitter le désert et vous organiser une existence nouvelle, très agréable, quel que soit le pays où il vous plaira de vous fixer. Mais j'exige que vous me rapportiez tout ce que vous savez sur le Mayor. Que pensez-vous de cette proposition ? Réfléchissez avant de me répondre.

— Toute réflexion est inutile, monsieur, dit l'aventurier, reprenant aussitôt le langage et les manières d'un homme comme il faut; j'accepte votre proposition. Quand même vous ne m'auriez rien offert, je n'aurais pas hésité à vous faire cette confidence. Voici pourquoi : le Mayor, je vous l'ai dit, se méfie de moi; il me hait en secret, parce que je connais une partie de sa vie passée, et que peut-être il me suppose beaucoup plus instruit de ses affaires, qu'il tient surtout à laisser dans l'ombre, beaucoup plus que je ne le suis réellement. Depuis deux ou trois mois surtout, sa haine, que jusque-là il avait su assez bien dissimuler, éclate malgré lui dans ses regards à chaque instant, et même dans ses paroles; il me charge comme à plaisir des missions les plus difficiles, espérant sans doute que je serai tué dans l'une ou dans l'autre. Il est évident pour moi que si je continue à échapper ainsi à la mort, dès qu'il croira pouvoir se passer de moi, il fera naître un motif quelconque de querelle et me poignardera ou me brûlera la cervelle en trahison, comme il a l'habitude de le faire avec les hommes dont il veut se débarrasser. Mais je veille et je suis sur mes gardes; il n'en est pas encore où il croit avec moi. Je serai donc franc avec vous, et je vous dirai tout ce que je sais. Malheureusement, ce n'est pas grand'chose.

— Dites toujours, peut-être ce peu sera beaucoup pour moi.

— Soit. En sortant de l'école Polytechnique, sur ma demande, je fus incorporé en qualité de sous-lieutenant dans le ... régiment d'infanterie, alors en garnison à Constantine. Le colonel de ce régiment était, dit-on, un officier remarquable, auquel l'étoile de général était assurée; ce colonel se nommait Tancrède Illibury, marquis de Garmandia.

— Le marquis de Garmandia! s'écria Julian en tressaillant et devenant livide. J'avais le pressentiment que vous prononceriez ce nom.

— Vous le connaissez donc?

— Jamais je ne l'ai vu, répondit évasivement le chasseur. Continuez, je vous prie.

— Je reprends, monsieur. Le colonel de Garmandia était non seulement un officier du plus haut mérite, mais encore un bon compagnon, grand et beau joueur ; aussi, officiers et soldats, tout le monde l'adorait dans le régiment. Lorsque je me présentai à lui à mon arrivée, il me fit le plus chaleureux accueil : il connaissait ma famille de nom, il me savait riche. Je devins en peu de temps son favori ; du reste, je dois confesser que nos rapports furent toujours excellents tant que je demeurai sous ses ordres. Nous étions revenus depuis deux ou trois jours d'une longue et fatigante campagne en Kabylie ; un matin, le vaguemestre remit au colonel une lettre de France. J'étais présent lorsque cette lettre arriva ; elle parut produire une vive émotion sur lui, il semblait en proie à une vive colère ; il prononçait en langage basque des mots entrecoupés que je ne comprenais pas, mais qui, par l'intonation qu'il leur donnait, devaient être des menaces et des imprécations. Il froissa la lettre dans ses mains crispées, et finalement il la brûla. Cependant, peu à peu il se remit, et même il parut ne plus y penser ; il alla jusqu'à rire avec moi de son emportement, qui, me dit-il, n'avait pas le sens commun, et il ne fut plus question de cet incident, qu'il traitait de ridicule. Le colonel de Garmandia possédait une des plus belles santés de l'armée : rien n'avait prise sur lui, ni le chaud, ni le froid, ni la fatigue, ni les privations ; il se riait de tout, et quand un officier était malade, il le traitait de soldat à l'eau de rose. Je fus donc très étonné lorsque le lendemain de la scène dont je vous ai parlé, au rapport, le lieutenant-colonel nous annonça que le colonel se trouvant indisposé, et ayant obtenu un congé de convalescence d'un mois, il prenait le commandement du régiment. Cette subite indisposition, que je rattachai malgré moi à la lettre reçue la veille, m'inquiéta. Je vous l'ai dit : j'aimais beaucoup le colonel, dont j'avais toujours eu à me louer, et dont, malgré la différence de nos grades, j'étais devenu l'ami. Je résolus d'en avoir le cœur net, d'aller le voir et de savoir ainsi si cette maladie était sérieuse ou non. Je m'informai de l'endroit où il s'était retiré; on m'apprit qu'il habitait une ferme située non loin d'Arzew, dont il avait fait obtenir la concession à un ancien matelot nommé Sébastian, qui avait longtemps servi sa famille.

— Comment, interrompit Julian, il serait possible? Ce Sébastian serait donc?...

— Votre prisonnier; oui, monsieur.

— C'est étrange.

— Non pas, c'est logique, au contraire: ne vous ai-je pas dit qu'un lien mystérieux attachait ces deux hommes l'un à l'autre: un crime peut-être.

— C'est malheureusement probable. Continuez, monsieur, je vous prie.

— Je me rendis à cette ferme. Le colonel et Sébastian étaient partis depuis deux jours, me dit-on avec un visible embarras, pour chasser la panthère, on ne savait dans quel douar; dans tous les cas, on ne pouvait me préciser la date de leur retour. Je me retirai assez décontenancé et sans laisser mon nom, malgré l'insistance de l'individu qui m'avait reçu. Un mois plus tard, son congé étant expiré, le colonel reprit le commandement de son régiment, mais il n'était pas reconnaissable. Il était maigre, pâle, avait les traits tirés comme s'il fût relevé d'une grave maladie. Son humeur était changée; il était sombre, inquiet, nerveux, tressaillait au moindre bruit insolite, tremblait et semblait près de s'évanouir quand il recevait une visite à laquelle il ne s'attendait pas. Bref, ce n'était plus le même homme. Il était plongé dans une inexplicable apathie, ne s'intéressait à rien, et la plupart du temps n'entendait pas ce qui se disait. Cependant, peu à peu cette irritation nerveuse, que personne ne savait à quoi attribuer, commençait à se calmer. Il devenait plus communicatif et le sourire reparaissait sur ses lèvres, lorsqu'un matin, un peu après le rapport, Sebastian arriva. Il était en sueur, son cheval se soutenait à peine; tout faisait deviner qu'il avait fait une longue course à franc étrier. Le colonel pâlit en l'apercevant. Il l'entraîna dans sa tente, où ils restèrent seuls; d'autres officiers et moi, nous étions allés chez un colon, dont la concession n'était qu'à deux lieues du camp ; ce colon était Provençal. Depuis longtemps il nous avait promis de nous faire manger une bouillabaisse, cette soupe si chère à tous les Marseillais ; nous en étions tous très friands, et ce fut un véritable régal pour nous. La soirée s'écoula à jouer et surtout à boire, car la bouillabaisse et l'ayoli sont très épicés et excitent à de copieuses libations. Nous ne nous en fîmes pas faute. Vers une heure du matin, nous regagnions le camp ayant chacun une fort jolie pointe d'ivresse, lorsque, à l'embranchement de deux routes, à une portée de fusil de notre campement, deux cavaliers, galopant à bride avalée, passèrent devant nous comme une trombe et disparurent dans la nuit. Si rapidement qu'ils passèrent, je ne sais pourquoi il me sembla reconnaître le colonel, et surtout son matelot Sébastian. Cependant, comme je pouvais m'être trompé, je gardai pour moi mes soupçons ; dix minutes après, nous arrivâmes au camp. Il était en rumeur : tout le monde était debout ; la consternation était peinte sur tous les visages. J'appris presque aussitôt que le colonel s'était, une demi-heure auparavant, brûlé la cervelle. Cette nouvelle m'atterra ; ce n'était donc pas lui que j'avais croisé sur la route ! Je me retirai sous ma tente. Mon ivresse avait subitement disparu. Je passai toute la nuit sans fermer l'œil une seconde, me répétant sans cesse : Cependant je l'ai bien reconnu ! Un peu après le lever du soleil, plusieurs individus à mine suspecte arrivèrent au camp. Un de ces hommes fit appeler le lieutenant-colonel, et il lui dit qu'il était porteur d'un mandat d'amener contre le le colonel marquis de Garmandia, accusé d'avoir, sept semaines auparavant, assassiné sa femme en l'enterrant vive, après l'avoir obligée à boire un narcotique. Tout le monde fut saisi en entendant articuler une aussi odieuse accusation contre le colonel, si aimé à juste titre au régiment. Le lieutenant-colonel répondit que le colonel, coupable ou non, s'était fait justice en se brûlant la cervelle ; et il conduisit l'agent de police à la tente du colonel, gardée par un cordon de sentinelles. Chacun fut alors libre d'entrer, j'en profitai pour pénétrer un des premiers dans la tente. Le colonel était en uniforme, avec tous ses ordres, et gisait étendu sur son cadre de campement; il s'était tiré deux coups de pistolet en pleine figure, et cela de telle sorte qu'il était complètement méconnaissable : tout était broyé, il n'avait plus pour ainsi dire de visage ; on ne le reconnaissait qu'à son uniforme et à une chevalière à ses armes qu'il portait constamment à l'annulaire de la main gauche. Seulement, je fis alors une remarque qui échappa à tous les assistants : le colonel de Garmandia avait eu la première phalange du doigt auriculaire broyée à la suite de je ne sais quelle circonstance, alors qu'il était enfant : l'opération avait été faite, de sorte que cette phalange manquait; mais comme le colonel portait presque constamment des gants, personne ne s'était aperçu de ce défaut; moi seul peut-être le connaissait; le hasard m'avait un jour fait le remarquer. Au premier coup d'œil je reconnus que la blessure du petit doigt n'existait pas à la main gauche du mort; cela me prouva que je ne m'étais pas trompé, et que l'homme que j'avais croisé la nuit précédente était bien le colonel. Je n'avais nul intérêt à divulguer ce secret; je ne fis donc aucune observation et je laissai l'agent de police se désespérer de voir lui échapper ainsi le coupable qu'il croyait si bien tenir. Le lendemain le colonel fut enterré; et huit jours plus tard toute cette affaire était, sinon oubliée, du moins complètement mise de côté. Trois mois plus tard, je passai lieutenant dans un régiment en garnison à Tours. Je partis pour la France et je ne songeai plus à tout cela.

— Mais lorsque le hasard vous remit en présence de votre ancien chef?

— Il me fit raconter ce qui s'était passé, et il en rit beaucoup; il n'avait pas à se gêner avec moi : la position dans laquelle il me voyait le mettait à son aise et lui enlevait tout scrupule. Mais, depuis, il n'est jamais revenu avec moi sur cette affaire; il ne se souciait pas, sans doute, de m'en parler, et, de mon côté, je ne demandais pas mieux que de me taire. Voilà, monsieur, tous les renseignements que je puis vous donner sur le Mayor.

— Je vous remercie de votre franchise. Ces renseignements sont précieux pour moi; mais, un mot encore, je vous prie.

— Parlez! monsieur.

— Savez-vous si, depuis que le Mayor est en Amérique, il s'est marié, et s'il a des enfants?

— Je ne puis, à mon grand regret, rien vous dire à ce sujet. Le Mayor ne confie ses affaires particulières à âme qui vive, pas même à Sébastian! Mais il me semble bien impossible que, avec la vie d'aventure qu'il mène, la pensée lui soit venue de se marier.

— Vous devez avoir raison; dans tous les cas, je vous remercie, et vous pouvez compter sur ma parole.

— Jamais je n'ai eu le plus léger doute à cet égard, monsieur, soyez-en bien convaincu.

— Quant au plan que vous avez ordre de lever, comment vous arrangerez-vous?

— Oh! que cela ne vous inquiète pas, monsieur, je ferai un plan de fantaisie, très exact en apparence, mais qui ne pourra, en aucune façon, nuire à la défense de l'hacienda.

— Bien; mais il est important que je sache positivement quels seront les points d'attaque du Mayor, et quel jour ou plutôt quelle nuit il tentera son coup de main. Après ce qui s'est passé ce matin, il est presque impossible que nous nous rencontrions de nouveau; ce serait jouer trop gros jeu, et peut-être perdre tout le bénéfice de tout ce que nous avons fait; et pourtant, il est très important que je sois tenu au courant de toutes les mesures prises par le Mayor.

— C'est vrai; mais je crois très facile de remédier à ces embarras et de correspondre entre nous sans nous voir. Voici comment: sur le bord du Rio-Grande, à une distance d'une lieue et demie environ de l'hacienda, à l'endroit nommé le Gué des Guanacos, se trouve un ancien tumulus indien.

— Je connais l'endroit ; ce tumulus, que j'ai visité plusieurs fois et au sommet duquel est planté une croix, est entouré de mahoganys géants ; on les aperçoit très distinctement du mirador de l'hacienda.

— C'est cela même. Eh bien ! envoyez chaque jour un batteur d'estrade adroit au tumulus, un peu avant le lever du soleil. Peut-être fera-t-il dix voyages inutiles, mais lorsque le plan du Mayor sera définitivement arrêté, et que la date de l'attaque sera fixée, je vous donnerai tous les renseignements dont vous aurez besoin par une lettre enfermée dans une petite boîte en fer-blanc que j'enfouirai au pied même de la croix, et afin que votre batteur d'estrade ne perde pas son temps à creuser pour rien, quand j'aurai enfoui la boîte, j'attacherai un bouquet de folle avoine fanée au bras droit de la croix ; ce bouquet signifiera cherchez ; de plus, je ferai flotter un mouchoir au sommet de l'un des mahoganys.

— C'est parfait ; de cette façon, nous évitons toute rencontre compromettante, et nous défions les plus fins espions.

En ce moment, la petite porte du parc s'ouvrit, et le mayordomo parut, amenant par la bride le cheval du matelot.

Le señor Navaja — nous continuerons à lui donner ce nom, puisque nous ignorons son nom véritable — profita du retour du mayordomo pour prendre congé de Julian, après lui avoir répété tout ce qui se rapportait à la croix du tumulus ; puis il sortit du parc et disparut presque aussitôt sous le couvert.

— Eh bien ? demanda Julian à ño Ignacio, lorsqu'il se retrouva seul avec lui.

— Rien, répondit laconiquement le mayordomo ; j'ai tout visité, mais je n'ai rien trouvé.

— Bah ! nous serons peut-être plus heureux quand nous fouillerons ses poches. En attendant, aidez-moi à attacher solidement ce drôle sur son cheval ; puis j'irai installer vos vaqueros dans leur campement définitif. Quand arriveront les autres ?

— Après-demain soir, ils seront tous à l'hacienda. Comme nous en sommes convenus, ils viennent isolément, par un et par deux.

Tout en échangeant ces paroles, les deux hommes avaient enlevé le matelot dans leurs bras et l'avaient attaché en travers sur la croupe du cheval.

— Attendez-moi, dit Julian, avant un quart d'heure je serai de retour.

En effet, dix minutes plus tard il revint.

Le mayordomo conduisit le prisonnier dans la prison de l'hacienda, où il l'écroua après lui avoir enlevé le zarapé dans lequel il avait été roulé, mais on ne lui ôta pas ses liens que l'on se contenta de relâcher un peu.

En entrant dans la maison d'habitation, Julian aperçut Moucharaby pérorant au milieu d'un groupe nombreux de soldats.

Le docteur d'Hérigoyen était depuis une heure revenu d'Urès.

Julian se hâta de se rendre auprès de lui.

XVI

COMMENT LE DOCTEUR D'HÉRIGOYEN ET BERNARDO ZUMETA REVINRENT A L'HACIENDA, ET CE QUI S'ENSUIVIT

Lorsque Julian se présenta chez son père, celui-ci en pantoufles et en robe de chambre, et commodément assis dans un large fauteuil, causait avec Deniza, assise près de lui et occupée de se broder un col.

— Eh! arrive donc, lambin! s'écria joyeusement le docteur en apercevant son fils; depuis une heure je t'appelle à cor et à cri!

— Me voici, mon père, répondit Julian en l'embrassant affectueusement, et bienheureux de vous voir gai et bien portant; aussitôt que j'ai été informé de votre retour, je me suis empressé de me rendre près de vous.

3.

— Je n'en doute pas : mais où étais-tu donc, que personne n'a pu me renseigner sur ton compte ?

— J'ai beaucoup d'occupation ; vous savez que tout repose sur moi. D'ailleurs vous n'étiez pas à plaindre, vous aviez près de vous ma chère Denizà, qui certes vous a fait oublier mon absence.

— Tout au moins j'ai essayé de faire prendre patience à notre père, mon cher Julian, répondit en souriant la jeune et charmante femme.

— Et vous avez parfaitement réussi, ma mignonne : ah ! j'avais hâte de vous revoir, mes enfants ; vous me manquiez ; je ne suis heureux qu'auprès de vous.

— Aussi nous ne vous quitterons jamais, mon père, dit Denizà en l'embrassant.

— Denizà a raison, père, il nous faut réparer le temps que nous avons perdu, en ne nous séparant jamais.

— Voilà qui est bien parler : je vous remercie, mes enfants, car mon bonheur sera de passer mes derniers jours auprès de vous. Mais laissons cela, quant à présent ; je suis sûr de votre amour pour moi, et c'est ce qui me rend si heureux. Parlons de vous, de vos affaires.

— Eh bien, père, qu'avez-vous fait, voyons ?

— J'ai réussi, pardieu ! J'aurais voulu voir qu'il en fût autrement. Le général X... a été charmant ; tu le verras, c'est un vieux soldat tout franc et tout rond, ennemi-né de l'arbitraire, qui n'a pas approuvé le coup d'Etat et ne professe pour l'homme qui nous gouverne qu'une estime très modérée. Il a trouvé ta déclaration très nette et très digne ; il m'a même dit en particulier qu'il la trouvait plus que suffisante ; de sorte que tout est arrangé, réglé et fini ; il n'y a plus à s'en préoccuper : Bernardo et toi, vous êtes rentrés définitivement dans tous vos droits civils et politiques, et par conséquent libres comme l'air : donc, plus de crainte, de tristesse, ni de fronts soucieux.

— Merci, père ! s'écrièrent les deux fiancés.

Et comme d'un commun accord, ils serrèrent le vieillard dans leurs bras et l'embrassèrent à qui mieux mieux.

Nous n'avons pas besoin d'ajouter que l'excellent homme était aux anges de se voir si chaleureusement remercié d'un succès qui, peut-être, lui tenait plus au cœur qu'aux intéressés eux-mêmes.

— Bien, bien, dit-il en riant, ne m'étouffez pas sous vos caresses et laissez-moi terminer, mes enfants, ce que j'ai à vous dire.

— Parlez, parlez, père chéri, dit Denizà avec un délicieux sourire.

— Nous écoutons, ponctua Julian en s'asseyant près de sa fiancée.

— Le général X... viendra tout exprès à la Florida pour assister à votre mariage ; il amènera avec lui, outre ses aides de camp, M. Duchemin, l'intendant militaire, excellent homme, et mon ami particulier ; il remplacera l'officier civil et vous mariera civilement, ainsi que l'exige la loi.

—. Définitivement, père, vous êtes un messager de bonnes nouvelles, dit Julian.

— Un peu boiteux, n'est-ce pas ? reprit le docteur d'un ton de bonne humeur ; car je suis resté plus longtemps à Urès que je ne l'aurais voulu. Mais, bien que je n'aie pas perdu mon temps, j'ai été retenu malgré moi ; nous avons beaucoup de malades ; le service se fait mal quand je ne suis pas là. Il m'a fallu tout réorganiser. Enfin j'ai fixé définitivement la date de votre mariage.

— Comment ! s'écrièrent les deux fiancés.

— Pas de reproches, mes enfants, s'écria-t-il en se hâtant de couper la parole aux deux jeunes gens ; je ne pouvais point imposer mes conditions, n'est-ce pas ? Je devais, avant tout, me conformer aux exigences du service et consulter le général X... ; c'était avant tout une question de convenance. Le général a fort à faire ; il n'est pas, comme vous, libre de son temps ; j'ai été contraint d'accepter la date qu'il m'a indiquée.

— Et cette date est assez éloignée sans doute ? dit Julian les lèvres serrées.

— Mais non, pas trop ; nous sommes aujourd'hui jeudi, n'est-ce pas ?

— Oui, mon père.

— Eh bien, mes enfants, le général arrivera à l'hacienda en compagnie de l'intendant militaire, samedi en huit, c'est-à-dire dans dix jours, et le mariage sera célébré le lendemain dimanche ; il repartira le soir même après le coucher du soleil pour Urès ; trouvez-vous donc que dix jours à attendre ce soit trop.

— Non, mon père, dit Denizà en souriant, vous avez fait pour le mieux, nous devons donc nous incliner ; d'ailleurs, nous avons attendu quatorze ans, ajouta-t-elle avec sentiment, il nous sera facile de patienter encore pendant dix jours.

— A la bonne heure ! fit-il en se frottant joyeusement les mains, vous êtes charmante, mignonne ; tu ne dis rien toi, fils ?

— Je ne dis rien, mon père, répondit gaiement Julian, parce que Denizà a répondu pour nous deux.

— Là, maintenant que cette grande affaire est terminée, parlons d'autre chose, reprit le docteur. Comment passez-vous votre temps ici ? qu'y a-t-il de nouveau ?

— Bien des choses, mon père ; répondit Julian en redevenant sérieux, une surtout qui m'inquiète fort et sur laquelle je ne serais pas fâché d'avoir votre avis.

— De quoi s'agit-il donc ?

— D'une affaire de la plus haute gravité et qui intéresse surtout madame la comtesse de Valenfleurs.

— Une affaire qui intéresse la comtesse ; je ne vois pas trop...

— Quand vous saurez, mon père...

— C'est juste. Parle, je t'écoute.

— Suis-je de trop ? demanda Denizà en faisant un mouvement pour se lever.

— Non pas, chère Denizà ; restez au contraire ; votre excellent jugement nous aidera sans doute à sortir de l'impasse dans laquelle nous a jetés à l'improviste la fatalité. En un mot, et pour ne pas vous laisser plus longtemps en suspens, apprenez que le marquis de Garmandia non seulement n'est pas mort, mais encore que le Mayor et lui ne font qu'un seul et même personnage.

— Voilà une rude nouvelle! s'écria le docteur avec une surprise touchant presque à l'épouvante. Mais es-tu bien certain que cela soit vrai?

— Malheureusement, le doute n'est pas possible, mon père, répondit-il tristement.

— Pauvre cher Leona! s'écria Denizà en joignant les mains avec douleur.

— Voyons, ne nous laissons pas abattre ainsi, dit le docteur en se redressant. Raconte-nous, fils, de quelle façon tu as appris ce secret terrible, surtout n'oublie rien, ne néglige aucun détail. Quand nous saurons tout, nous verrons ce qu'il conviendra de faire pour épargner cette honte et cette immense douleur à cette chère comtesse.

Une des portes du salon s'ouvrit tout à coup, et Bernardo parut.

— Me voilà! dit-il gaiement en tendant la main à son ami.

Les deux hommes s'embrassèrent, puis Bernardo salua affectueusement Denizà et le docteur.

— Excusez-moi, dit-il en riant, et pardonnez-moi mon impolitesse. Dans le premier moment, je n'ai vu que Julian.

— Vous êtes tout pardonné, monsieur Bernardo, dit Denizà en souriant. Je sais depuis longtemps combien est vive votre affection pour votre ami.

Le docteur lui serra la main et l'engagea à s'asseoir, ce que le chasseur fit aussitôt.

— Pardieu! lui dit Julian, tu arrives bien.

— Tant mieux, répondit-il, d'autant plus que c'est une chose rare que d'arriver à propos.

— Qu'as-tu fait dans ta longue tournée? as-tu réussi?

— Dans les limites du possible, oui.

— Qu'entends-tu par là?

— J'entends que quatre-vingt-sept de nos amis, coureurs de bois et chasseurs, Américains, Canadiens, Bois-

Brûlés, Français et Mexicains, hommes honnêtes, braves et dévoués, m'ont donné leur parole. Une quarantaine d'entre eux sont déjà réunis et campés par petits groupes séparés aux environs du *brulis* de l'Antilope, où je leur ai donné rendez-vous en pleine forêt vierge, à quatre ou cinq lieues d'ici, et où ils seront admirablement cachés : que t'en semble ?

— C'est un beau résultat.

— N'est-ce pas, fit-il en se frottant les mains ; eh bien ! ce n'est pas tout.

— Bon ! qu'y a-t-il encore ?

— Tu vas voir. Charbonneau, qui m'a été fort utile pendant notre expédition, a été adopté par la grande tribu comanche du Bison-Blanc.

— Je savais cela depuis longtemps.

— Laisse-moi finir. Charbonneau est très aimé par tous les sachems et les guerriers de cette tribu ; elle est nombreuse, bien armée, aguerrie, et depuis un mois, elle est campée pour ses grandes chasses d'hiver, à une dizaine de lieues d'ici. Charbonneau et moi, nous sommes allés visiter cette tribu. Il paraît que le Mayor s'est, à plusieurs reprises, assez mal conduit avec les chefs du Bison-Blanc, et que ceux-ci ne cherchent qu'une occasion de faire payer au Mayor tous les tours qu'il leur a joués. Charbonneau savait tout cela ; mais il ne m'en avait rien dit ; il voulait me ménager une surprise. En effet, je ne sais comment il s'y est pris pendant les deux jours que nous sommes restés avec eux ; mais il les a si bien endoctrinés qu'un grand conseil de médecine a été tenu, et que les chefs ont décidé que la hache serait déterrée contre le Mayor et une alliance contractée avec don Cristoval de Cardenas, qu'ils considèrent comme un de leurs sagamores, et pour lequel ils ont un profond respect. Trois chefs ont été désignés pour se rendre auprès de don Cristoval et conclure l'alliance décidée par le conseil de médecine ; ces trois chefs arriveront ce soir à l'hacienda, un peu après le coucher du soleil.

— Tu as réussi à faire cela ? s'écria Julian avec joie.

— Entendons-nous, cher ami, c'est Charbonneau qui a tout fait. A chacun son dû. Moi, je me suis contenté d'approuver, voilà tout. Seulement, je te ferai observer que cette alliance contractée avec une des tribus les plus guerrières des prairies nous donne l'appui de cinq cents guerriers bien armés et d'une valeur éprouvée. C'est pour nous un précieux et puissant renfort.

— Si puissant que cette fois, quoi qu'il fasse, le Mayor est perdu, et que rien ne le pourra sauver.

— Je le crois, dit Bernardo.

— Moi, j'en suis certain, ajouta le docteur.

— Que Dieu ait pitié de ce malheureux ! dit doucement Denizà.

— Vous le plaignez? dit Bernardo avec surprise.

— Je le plains d'autant plus que ses crimes sont plus odieux, et qu'il ne peut implorer ni la pitié des hommes, ni celle de Dieu.

— Hélas! chère Denizà, dit Julian, vous ne connaissez pas encore ses crimes les plus abominables. Mais le moment est venu de tout vous dire. Je puis parler devant Bernardo, c'est mon ami le plus fidèle ; je n'ai et n'aurai jamais de secrets pour lui. Ecoutez-moi donc, et lorsque vous saurez tout, nous aviserons aux mesures qu'il conviendra de prendre envers madame la comtesse de Valenfleurs.

Et Julian raconta dans les plus minutieux détails la confidence que le señor Navaja lui avait faite au sujet du Mayor, et il termina en rendant compte de la capture de Sebastian, l'âme damnée du féroce aventurier.

Lorsque le chasseur se tut, il y eut un assez long silence.

Les auditeurs de ce singulier récit étaient frappés de stupeur.

Ils commentaient dans leur esprit troublé les péripéties émouvantes de cette étrange histoire et ne savaient à quoi s'arrêter.

— Il est évident, dit enfin le docteur, que ce Navaja, quel qu'il puisse être d'ailleurs, a dit la vérité: on n'invente pas de pareils faits. D'ailleurs, ce que nous savons déjà, toi et moi, fils, de cet événement mystérieux, se rapporte entièrement, et complète le récit de cet homme. Evidemment, le marquis de Garmandia a joué la comédie odieuse d'un suicide pour échapper au châtiment du crime qu'il avait commis. Tout cela est bien dans le caractère de ce monstre. Qu'il ait réussi à s'enfuir et à passer en Amérique, cela n'a rien d'extraordinaire ; que, mort pour tout le monde, mis au ban de la société et privé de ressources, il se soit retiré au désert et que, caché au milieu des bandits de toutes nations qui le parcourent dans tous les sens, il ait cherché dans le crime l'argent qui lui manquait pour satisfaire ses vices et ses passions, tout cela est d'une logique incontestable ; le remords ni le repentir n'existent pas pour une organisation physique et morale de cette trempe. Ce parti était certainement le seul qu'il devait et pouvait prendre. Donc, il n'y a pas à en douter, cet homme est bien véritablement le marquis de Garmandia ; ce qui, du reste, suffirait à le prouver, ce serait non seulement son intimité avec ce misérable Felitz Oyandi, qu'à la rigueur il peut ne pas avoir connu en Europe, et avec lequel le hasard l'aura sans doute fait rencontrer dans la savane, par cette attraction mystérieuse qui attire les bandits les uns vers les autres et les fait se reconnaître au premier regard, mais surtout avec ce Sebastian, cet ancien matelot, que tu as arrêté ce matin, au moment où il escaladait le mur du parc et que, m'as-tu dit, tu as reconnu pour l'avoir vu dans la maison hantée la nuit du crime.

— Malgré les quatorze ans qui se sont écoulés depuis cette nuit néfaste, mon père, cet homme n'a pas changé ; le temps n'a pas eu de prise sur lui ; il est resté tel qu'il était alors : quand vous le verrez, vous le reconnaîtrez au premier regard.

— Donc, reprit le docteur, l'identité du marquis de Garmandia est bien établie pour nous ; il a changé de nom, voilà tout. Mais il est une chose qu'il nous importe de découvrir, car elle est d'une importance extrême : sait-il que sa femme a été sauvée, et qu'elle existe encore ?

— Les renseignements que nous possédons sur cette affaire me portent à croire que si le Mayor n'a pas acquis la certitude de l'existence de sa femme, tout au moins il la soupçonne. Pour un scélérat de cette trempe, les obstacles n'existent pas ; il tentera les plus grands efforts pour découvrir la vérité.

— Cela est certain, si nous lui en laissons le temps ; c'est à nous à l'en empêcher, dit vivement Bernardo.

— Sans doute, et nous y mettrons tous nos soins. Mais, jusqu'à preuve du contraire, j'ai la conviction intime que le Mayor n'attache qu'une importance médiocre aux confidences que son complice Sebastian a pu lui faire. Certain de l'efficacité des moyens qu'il a employés pour faire disparaître sa malheureuse femme, connaissant, de plus, le procès-verbal dressé lors des recherches faites dans la maison hantée et l'exhumation du cadavre de sa victime, si complètement reconnue à sa chevelure, ses vêtements marqués à son chiffre, et surtout à son alliance, retrouvée dans un de ses gants, tout me fait supposer qu'il attribue ce que lui a dit son complice à une ressemblance fortuite, et surtout aux remords qui se sont éveillés dans l'âme de boue de l'ancien matelot et lui ont tourné la tête.

— Cela est possible, en effet, mon père, dit Julian.

— Mais s'il ne croit pas encore, et comment pourrait-il croire ? la curiosité s'est éveillée en lui, et il veut s'assurer que cette ressemblance est aussi frappante que Sebastian le soutient.

— Pensez-vous donc, mon père, que cette curiosité, si forte qu'elle fût, aurait suffi pour le décider à essayer de s'emparer de l'hacienda ?

— Je ne dis pas cela, fils ; cette curiosité dans tous les cas, ne saurait être qu'accessoire ; d'ailleurs, ce n'est pas à lui qu'est venue la pensée de cette expédition, mais à son complice Oyandi, qui, lui, connaît la présence de notre chère Denizà à l'hacienda, et dont le but avoué est de s'emparer d'elle pour se venger enfin de toi.

— Moi ! s'écria Denizà avec horreur ; moi tomber entre

les mains de ce misérable ! Oh ! mon père, plutôt mourir que subir un tel outrage !

— Rassurez-vous, mon enfant, cela n'arrivera jamais, dit le docteur en l'attirant vers lui et l'embrassant.

— N'ayez pas cette crainte, chère Denizà, s'écria Julian avec feu, jamais, tant que je vivrai, cet homme ne vous approchera, je vous le jure !

— J'en fais mon affaire, dit froidement Bernardo, je le tuerai comme une bête puante qu'il est, à notre première rencontre ; d'ailleurs, Julian et moi nous ferons bonne garde près de vous.

— Oui, dit Julian avec ressentiment, il a déjà senti nos griffes ; qu'il ne se retrouve plus sur mon chemin !

— D'ailleurs, le Mayor ne manque pas de motifs pour tenter sa hasardeuse expédition, reprit le docteur : d'abord, le magnifique butin dont il espère s'emparer ici, et ensuite la vengeance éclatante qu'il espère obtenir contre vous deux.

— Ces deux motifs sont plus que suffisants pour le pousser aux expéditions les plus folles, dit Bernardo. Le Mayor n'estime au monde que l'or et les diamants, tout le reste lui est égal ; je crois que dans son for intérieur, il se soucie fort peu que sa femme soit morte ou vivante.

— Cela peut être, dit Julian, et je ne suis pas éloigné de partager ton opinion à ce sujet, mon cher Bernardo. Mais la comtesse de Valenfleurs n'est pas dans ce cas. Quel est notre devoir dans cette circonstance ? Devons-nous lui révéler l'existence de son mari et lui apprendre ce qu'il est devenu, ou bien convient-il de garder le silence sur cet horrible secret et la laisser dans son ignorance et dans sa quiétude ? Voilà les deux questions qui se présentent à mon esprit et que nous devons résoudre, soit par l'affirmative, soit par la négative.

— Oh ! s'écria Denizà avec âme, est-il possible que vous hésitiez un instant à décider cette question, messieurs ? Le marquis et la marquise de Garmandia n'existent plus ni l'un ni l'autre, aux yeux du monde comme à ceux de Dieu : le marquis, par un crime horrible,

a assassiné sa femme, puis il s'est fait sauter la cervelle :
voici le fait brutal, patent, indéniable ; le bandit exécré,
la terreur des savanes, n'a rien de commun avec la comtesse de Valenfleurs, qui, de son côté, est et doit être
complètement étrangère au proscrit odieux nommé le
Mayor. Quel tribunal oserait décider que ces deux êtres,
si dissemblables et dont tous les liens ont été rompus par
une double mort tragique, doivent être réunis l'un à l'autre :
tout les repousse et les sépare. Révéler ce secret horrible
à la comtesse, ce serait la tuer ou la rendre folle ; qui de
vous, messieurs, oserait prendre la terrible responsabilité
de ce crime ? La comtesse a assez souffert, hélas ! pour
avoir conquis le droit d'être heureuse : l'honneur et le
devoir vous imposent l'obligation d'enfouir ce secret redoutable au plus profond de votre cœur et de jamais ne l'en
laisser échapper. Si le malheur voulait qu'un jour ces
deux ennemis se trouvassent en présence et se reconnussent, c'est que telle serait la volonté de Dieu, et alors
ce serait à lui de décider ! Quant à vous, messieurs, je
vous adjure, par tout ce qu'il y a de plus sacré au monde,
de garder le silence et de rester neutres !

— Messieurs, dit le docteur avec sentiment, notre chère
Denizà, avec cette sagesse et cette délicatesse de sentiments
que nous admirons tous en elle, a tranché la question
comme elle devait l'être. En effet, à mes yeux et aux
vôtres, j'en suis certain, ce serait un crime que de troubler par cette affreuse révélation la quiétude dont jouit
enfin une femme que tous nous aimons et nous respectons.

— Tel était mon avis, dit Julian ; mais la question devait
être posée.

— D'autant plus que la poser, c'est la résoudre, et ta
charmante fiancée l'a admirablement compris ; donc, n'en
parlons plus, et taisons-nous.

— Encore un mot, messieurs ; nous avons un prisonnier
fort gênant, reprit Julian.

— Tu veux parler de Sébastian ? dit Bernardo.

— Oui, qu'en faisons-nous ?

— Pardieu ! c'est bien simple, pendons-le.

Denizà se leva.

— Messieurs, dit-elle, il est onze heures et demie, dans une demi-heure la cloche du déjeuner sonnera, permettez-moi de me retirer, j'ai quelques changements à faire à ma toilette. D'ailleurs, vous allez entamer une discussion à laquelle je désire ne pas assister : cédant aux élans de mon cœur, je vous prierais probablement d'être cléments pour le misérable dont vous allez vous occuper, et peut-être aurais-je tort. Dans les circonstances présentes, d'après ce que nous avons appris sur son compte et ses relations avec le Mayor et avec l'amie que vous aimez comme moi, mon devoir est de rester neutre.

La jeune femme embrassa le docteur, présenta son front à son fiancé, et elle se retira légère et gracieuse comme un sylphe.

— Sur mon âme ! s'écria le docteur en riant, cette chère Denizà est femme de pied en cap. Rien ne lui échappe. Elle ne pouvait nous dire plus clairement d'être implacables ; en effet, si, par hasard, la comtesse apercevait ce misérable, ou si seulement son nom était prononcé devant elle, un malheur pourrait arriver, et alors notre secret serait à tous les diables !

— Oh ! les femmes ! s'écria Bernardo d'un air tragique, ces charmants petits démons aux ongles roses, quelles jolies griffes elles possèdent et comme elles savent bien égratigner quand elles le veulent !

Le docteur et Julian ne purent s'empêcher de rire de cette singulière boutade de l'honnête chasseur.

— Donc nous le pendons ? reprit Bernardo.

— Je serais de ton avis si nous étions dans la savane, répondit Julian, le juge Lynch nous adsoudrait de cette exécution ; mais ici, c'est impossible, malheureusement.

— Bon ! reprit Bernardo ; s'il n'y a que cela qui t'inquiète, laisse-moi faire, je me charge de tout.

— Que feras-tu ?

— Justice ! Cet homme est un scélérat couvert de crimes : il a cent fois mérité la mort ; sa présence ici peut être cause de grands malheurs ; il faut qu'il disparaisse et il disparaîtra, cette nuit même. Donne seulement l'ordre au mayordomo que le prisonnier me soit livré quand je le réclamerai.

— Que pensez-vous que nous devions faire, mon père ?

— C'est une extrémité terrible, répondit le docteur, mais cet homme, comme l'a dit Bernardo, a cent fois mérité la mort et sa présence ici est excessivement dangereuse : je me range à l'avis de Bernardo.

— C'est bien ; qu'il en soit donc ainsi, je t'accompagnerai.

— Comme il te plaira, seulement je tiens à prendre sur moi la responsabilité de cette exécution.

— Bah ! fit le chasseur, en riant, est-ce que tout n'est pas toujours commun entre nous ?

En ce moment la cloche du déjeuner sonna.

— Plus un mot, et à table ! dit le docteur.

Ils passèrent alors dans la salle à manger, où déjà tous les autres convives étaient réunis et les attendaient.

Le déjeuner fut très gai.

Les dames témoignèrent une joie véritable du retour des voyageurs.

Ceux-ci furent contraints l'un après l'autre de raconter les incidents de leur voyage.

Le succès obtenu par le docteur à Urès combla de joie la comtesse, qui ne comptait pas sur une réussite aussi prompte et aussi complète. Elle en félicita affectueusement les deux chasseurs.

Bernardo raconta alors, avec un entrain qui fit pâmer d'aise ses auditeurs, les diverses péripéties comiques ou sérieuses de son excursion dans la savane, sans, bien entendu, dire un seul mot qui pût compromettre le secret qu'il devait garder sur ses opérations.

Quand on se leva de table, la plupart des convives se retirèrent pour faire la siesta.

Quant à Julian et à son ami, ils firent de compagnie la visite des nouvelles fortifications et des campements établis par Julian.

Un peu avant le coucher du soleil, don Cristoval de Cardenas, prévenu à l'avance par Julian qu'il désirait lui faire une communication intéressante, vint rejoindre les deux amis dans l'appartement qui leur avait été assigné et qu'ils partageaient fraternellement.

Bernardo rapporta alors à don Cristoval, mais sérieusement, cette fois, ce qu'il avait fait pendant les quinze jours de son excursion dans le désert, et il n'eut garde d'oublier ce qui s'était passé entre lui et Charbonneau avec la tribu comanche du Bison-Blanc.

L'haciendero le félicita de ce résultat.

— Je suis, dit-il, considéré non seulement par la tribu du Bison-Blanc, mais encore par toute la nation comanche, c'est-à-dire les Comanches des lacs et les Comanches des prairies, comme leur premier sagamore ou chef suprême, comme étant le dernier des Incas de la branche de Moctecuzoma, l'avant-dernier empereur du Mexique, Guaytay-Mocktzin, qui fut pendu, comme vous le savez, par les Espagnols d'Almagro, ayant été le dernier empereur mexicain. C'est afin de pouvoir être utile à mes frères rouges que j'ai accepté le titre de *corregidor mayor de Sonora, Arizona et Sinaloa*, pour les affaires indiennes. Et, en effet, j'ai été assez heureux, à plusieurs reprises, pour leur rendre d'assez grands services. Ils sont fiers de moi et me témoignent en toutes circonstances un dévouement à toute épreuve. Je vous avouerai même qu'ils caressent secrètement l'espoir que je rétablirai un jour l'empire des Incas du Mexique à leur profit. Je n'ai pas besoin de vous affirmer que jamais je n'ai eu la pensée de tenter une entreprise aussi désespérée, et qui n'aboutirait pour moi qu'à un désastre.

— Oh ! répondit Julian en riant, nous en sommes convaincus, et vous n'avez pas besoin, cher don Cristoval, de nous faire votre profession de foi à ce sujet.

— Mais, m'avez-vous dit, les ambassadeurs comanches doivent arriver une heure après le coucher du soleil.

— Oui, répondit Bernardo.

— Les Peaux-Rouges sont très méticuleux et à cheval

sur l'étiquette. Permettez-moi de donner quelques ordres pour qu'ils soient bien accueillis. Venez avec moi ; ño Ignacio doit être à l'hacienda : je vous laisserai avec lui, et j'irai me préparer à la réception.

Les trois hommes sortirent alors et se mirent à la recherche du mayordomo, qu'ils ne tardèrent pas à rencontrer.

Après lui avoir donné ses ordres, don Cristoval s'excusa auprès des deux chasseurs de leur fausser ainsi compagnie et il se retira en leur annonçant que bientôt ils le reverraient.

Le mayordomo appela plusieurs peones, avec lesquels il s'entretint à voix basse pendant quelques instants, puis il se rapprocha des deux chasseurs.

— Eh bien, lui demanda Julian, comment se comporte notre prisonnier ?

— Ni bien, ni mal, répondit ño Ignacio ; il n'a pas desserré les dents, si ce n'est pour manger de très bon appétit les vivres que je lui ai fait porter. Que comptez-vous en faire ?

— Cette nuit même, vous en serez débarrassé.

— Avez-vous donc l'intention de lui rendre la liberté ? se récria la mayordomo : songez que c'est un scélérat endurci, indigne de toute pitié.

— Soyez tranquille sur ce point, dit Bernardo, nous le tenons, nous ne le lâcherons plus.

— Que comptez-vous donc en faire ?

— Pas grand'chose, tout simplement lui procurer une entrevue avec le juge Lynch.

— Vous aurez raison ; malheureusement ici, vous le savez, c'est impossible, le gouvernement des États-Unis...

— Le gouvernement des États-Unis, interrompit vivement Julian, n'a rien à voir avec ce qui se passe sur le territoire indien, et c'est dans la savane que nous conduirons notre prisonnier ; nous ne voulons pas l'assassiner : il sera jugé loyalement et aura toute liberté pour se défendre.

— Voilà une excellente idée. Je vous avoue que je donnerais beaucoup pour assister à cet acte de justice.

— Vous y assisterez. N'avez-vous pas à déposer contre lui pour ce qui est arrivé ce matin dans le parc.

— Caraï ! c'est vrai ! Ah ! sur ma foi, cela me fera plaisir !

En ce moment, les chasseurs engagés par la comtesse de Valenfleurs, ayant Charbonneau à leur tête, entrèrent dans la cour d'honneur où se trouvaient les trois hommes.

Tous étaient à cheval et armés comme pour une expédition.

Les peones conduisaient en bride les chevaux de Julian, de Bernardo et du mayordomo.

— Pourquoi ce déploiement de force ? demanda Julian.

— Pour faire honneur aux Sachems comanches ; nous allons au-devant d'eux, répondit en riant le mayordomo.

— Allons ! dit gaiement Bernardo.

— Mais où les recevra-t-on ? reprit Julian.

— Dans ce grand bâtiment que vous voyez là, à l'extrémité de l'aile droite de l'hacienda. Il a été construit tout exprès pour des occasions semblables à celle de ce soir ; ce bâtiment communique avec les appartements intérieurs de cette partie de la maison d'habitation.

— Très bien, dit Julian en se mettant en selle, ce que son ami avait fait déjà, nous partirons quand il vous plaira.

— Vous êtes prêts ? partons !

Les cavaliers quittèrent alors l'hacienda et se lancèrent sur la pente conduisant à la Rancheria.

On fut obligé de prendre certaines précautions et de ne marcher qu'avec prudence pour éviter les accidents.

La route avait été défoncée en plusieurs endroits, coupée par des tranchées profondes et des chausse-trappes.

De distance en distance on avait élevé des épaulements en terre et fait des amas de bois considérables, afin de pouvoir, s'il était besoin, établir en un instant de solides barricades.

Grâce aux précautions prises, on n'eut aucun accident à déplorer.

La Rancheria se gardait militairement.

Au coucher du soleil, des sentinelles étaient posées tout autour des fortifications en terre qui avaient été réparées avec soin.

Un large fossé avait été creusé et un pont-levis établi du côté de la savane.

Le mayordomo échangea le mot d'ordre avec le vaquero chargé du commandement de la petite garnison, fit connaître le motif de sa sortie, et ordonna de baisser le pont-levis.

Dix minutes plus tard, toute la troupe galopait en pleine campagne.

Deux chasseurs avaient été lancés en avant à la recherche des Comanches.

Ces éclaireurs revinrent presque aussitôt, annonçant l'arrivée de trois ambassadeurs avec une suite d'une quinzaine de guerriers.

Tous étaient à cheval et armés de fusils de fabrique américaine.

La troupe des chasseurs fit halte.

Bernardo et Charbonneau s'avancèrent seuls au-devant des arrivants.

Le ciel, d'un bleu profond, était couvert d'un semis d'étoiles brillantes, au milieu desquelles étincelait la magnifique croix du Sud.

La lune, à son deuxième quartier, se levait et répandait une clarté qui permettait d'y voir comme en plein jour.

Les Comanches avaient imité la manœuvre des chasseurs : ils avaient fait halte.

Seuls les trois ambassadeurs avaient continué à s'avancer.

Arrivés à une vingtaine de pas les uns des autres, les deux blancs et les trois Peaux-Rouges s'arrêtèrent.

Charbonneau fit les salutations d'usage, auxquelles répondirent aussitôt les chefs.

Puis les deux groupes se rapprochèrent au petit pas de leurs chevaux jusqu'à ce qu'ils se trouvassent presque à se toucher.

— Mon père, le grand *sagamore* des Comanches, dit

alors Charbonneau, a appris avec joie l'arrivée de ses fils à son *calli* en pierre. Voici les paroles que souffle sa poitrine : « Mes fils sont les bienvenus ; il n'y a aucune peau entre mon cœur et celui de chacun de mes enfants. Les visites qu'ils me font sont trop rares ; parfois plusieurs lunes s'écoulent sans que je les voie. Ils savent que je les aime ; j'envoie mes guerriers faces-pâles à leur rencontre pour faire honneur à d'aussi puissants guerriers. Mes fils sont les bienvenus. J'ai dit. »

Charbonneau salua en se courbant sur le cou de son cheval et attendit.

Alors le plus âgé des trois chefs, après quelques instants de silence, prit la parole à son tour.

— « Je sais, l'Epervier, dit-il — l'Epervier était le nom indien du chasseur canadien — je sais que vous êtes un digne enfant adoptif des Comanches du Bison-Blanc ; que le sang de votre cœur est rouge et que vous n'avez pas la langue fourchue ; je vous remercie des paroles bienveillantes que vous avez prononcées au nom de notre grand-père, le sagamore puissant des hommes rouges ; sa chevelure est noire encore, mais le *Wacondah* — dieu — lui a donné sa sagesse pour le bonheur de ses enfants ; nous venons donc vers lui avec joie, et puisqu'il vous l'a dit, nous savons que nous sommes les bienvenus. J'ai dit. »

Il y eut un court silence, puis le chef prenant son *ikitchota* ou sifflet de guerre, fait d'un tibia humain pendu sur sa poitrine par une chaîne d'or, siffla à deux reprises.

A ce signal les Comanches s'élancèrent à toute bride et firent une *fantasia* brillante en poussant de grands cris de joie, déchargeant leur fusil en l'air et faisant exécuter à leurs chevaux tous les exercices les plus difficiles de la haute école la plus raffinée.

Les chasseurs, excités par cette fantasia, en exécutaient une semblable de leur côté.

Pendant près de dix minutes, à la façon dont les cavaliers galopaient, se croisaient et se poursuivaient en criant et déchargeant leurs armes, on eût supposé qu'ils se livraient un combat acharné ; tandis qu'au contraire ils ne songeaient qu'à se réjouir et à se faire honneur réciproquement.

Le chef siffla dans son *ikitchota*.

Aussitôt, tout s'arrêta instantanément, comme si les pieds des chevaux se fussent subitement soudés au sol.

Un silence profond remplaça le tumulte, les cris et les coups de feu.

Puis, sur un geste du chef, les deux troupes se réunirent et n'en firent plus qu'une seule.

Les trois chefs comanches prirent la tête de cette troupe, ayant près d'eux Charbonneau, Bernardo, Julian et le mayordomo, et ils reprirent ainsi le chemin de la Rancheria, où ils ne tardèrent pas à arriver.

Le pont-levis était baissé.

Plusieurs peones à cheval et armés de torches brûlantes, partirent alors en avant pour éclairer le chemin pendant le trajet de la Rancheria à l'hacienda.

Comme celui de la Rancheria, le pont-levis de l'hacienda était baissé.

De chaque côté, quinze cavaliers armés étaient rangés en bon ordre, ayant à leur tête don Pancho de Cardenas, le fils de l'haciendero.

Le jeune homme avait revêtu pour cette circonstance le costume semi-indien des coureurs des bois canadiens.

Il était nu-tête; ses longs cheveux bouclés tombant sur ses épaules étaient retenus sur son front par un mince cercle d'or, ayant enchâssé par-devant un diamant magnifique et d'un prix très considérable.

Lorsque les Indiens et leur suite eurent pénétré dans la cour d'honneur, don Pancho s'avança à leur rencontre en faisant caracoler son cheval et, après les avoir salués, il dit aux chefs :

— Les Sachems sont les bienvenus; veulent-ils mettre pied à terre et m'accompagner jusqu'au grand Calli-Medecine, où mon père les attend.

Le chef répondit :

— Le fils du Grand-Aigle est digne de son père, les Comanches l'aiment, ils sont heureux de le voir fort et vaillant, eux qui l'ont vu naître et l'ont connu faible aiglon, ne sachant pas encore se servir de ses ailes ; les chefs le remercient de l'honneur qu'il leur fait, et ils l'accompagneront avec joie jusqu'au grand Calli-Medecine, où ils salueront le grand Sagamore de leur nation.

Après ces paroles prononcées avec toute l'emphase indienne, les Comanches mirent pied à terre, et sans s'occuper de leurs chevaux, ils suivirent le jeune homme.

Les chevaux, abandonnés à eux-mêmes, restèrent immobiles comme s'ils eussent été attachés au piquet.

Les chasseurs mirent pied à terre, eux aussi, mais ils ne quittèrent pas la cour d'honneur, sauf Julian, Bernardo, Charbonneau et ño Ignacio, qui, sur un geste muet de don Pancho de Cardenas, suivirent les ambassadeurs.

XVII

OU IL EST PROUVÉ QUE LES RÉCEPTIONS SE SUIVENT, MAIS NE SE RESSEMBLENT PAS

Don Cristoval de Cardenas, dont les rapports avec les Indiens étaient pour ainsi dire journaliers, et qui, par conséquent, avait un grand intérêt, non seulement à entretenir de bonnes relations avec eux, mais surtout à augmenter son prestige sur ces nations barbares et guerrières, qui le reconnaissaient pour être un des derniers descendants directs des anciens souverains du Mexique, avait fait établir à l'extrémité de l'une des ailes de l'hacienda un vaste bâtiment de forme ronde, construit tout entier en troncs d'arbres, et dont l'architecture avait été rigoureusement copiée sur les Calli-Medecine, ou maisons du conseil, qui existent dans tous les *Atepelt*, ou villages d'hiver des diverses nations peaux-rouges, résidant sur les immenses prairies auxquelles on est convenu de donner le nom de « territoire indien. »

Lorsque les Indiens se rendaient à l'hacienda, soit pour faire une visite de politesse, soit pour traiter une question grave, ou demander justice de quelques vexations dont ils se prétendaient victimes, c'était dans ce *calli-medecine* que don Cristoval de Cardenas recevait les visiteurs, les ambassadeurs ou les délégués, et les traitait selon tous les us de l'étiquette indienne.

Les Peaux-Rouges des prairies ont poussé l'étiquette à un point où Henri III et Louis XIV, ces deux fastueux monarques, n'ont jamais en France osé l'établir.

Nous avons dit que le *calli-médecine* affectait une forme complètement ronde : tout l'intérieur était garni de gradins montant presqu'aux deux tiers de la hauteur du bâtiment.

Le centre était libre : là se trouvait le foyer ou « feu du conseil », autour duquel les chefs s'accroupissaient pour discuter en fumant le calumet.

Un trou percé dans la toiture laissait échapper la fumée, peu épaisse, du reste, qui s'élevait du feu, quand il était allumé.

Tout avait été préparé pour la réception des Sachems.

Le feu du conseil avait été allumé.

Un peu à l'écart, sur une table grossièrement façonnée, des quartiers de venaison rôtis, du *pennekann*, des patates cuites sous la cendre, des poissons bouillis étaient entassés, ainsi que des jarres en argile poreuse, pleines d'eau; car les Comanches sont une nation sobre et ne boivent jamais de liqueurs fortes.

Lorsque les Peaux-Rouges, précédés par don Pancho de Cardenas, ne furent plus qu'à quelques pas du Calli-Medecine, la peau de bison servant de portière fut soulevée de l'intérieur, et don Cristoval sortit au devant des visiteurs.

Don Cristoval était vêtu du grand costume des sagamores indiens :

Un large cercle d'or, tout constellé de pierreries, ceignait son front; il tenait de la main droite la longue canne en bambou à pomme d'or des *corregidores mayores*; à la main gauche, il tenait un magnifique éventail fait d'une seule aile d'aigle; une peau de bison blanc, attachée sur ses épaules par une agrafe de diamants, lui servait de manteau; un calumet indien, dont le tuyau était incrusté de diamants, était placé à sa ceinture près de *son tomahawk* à lame brillante.

Derrière lui venait dona Luisa et dona Mercédès, sa fille, vêtues et parées à l'indienne.

Puis marchaient sans ordre déterminé : la comtesse de Valenfleurs, son fils, Denizà, le docteur et les autres personnes de marque en ce moment à l'hacienda.

En apercevant don Cristoval, entouré de serviteurs indiens *mansos*, ou convertis et civilisés, armés de torches ardentes, les Peaux-Rouges s'arrêtèrent et firent une profonde et respectueuse salutation en posant la main droite sur le cœur mais sans prononcer un mot.

Il y eut un court silence.

Puis don Cristoval, après avoir fait encore trois pas en avant, prit la parole :

— Le Wacondah, dit-il, est seul grand et seul puissant; je le remercie d'avoir inspiré à mes enfants le désir de me faire visite dans mon calli en pierre. Mes enfants sont les bienvenus, mon cœur se réjouit de les voir près de moi; mais la route est longue des *Atepelts* de leur nation pour venir ici. Mes enfants sont fatigués de leur course à travers la savane ; ils goûteront les rafraîchissements qui leur sont nécessaires, puis ils prendront place autour du feu du conseil, et ils me feront connaître les motifs graves qui les ont conduits près de moi. Ils savent que je les aime, et que je mettrai tous mes soins à les satisfaire et à leur être agréable, quoi qu'ils me demandent, si cela est en mon pouvoir : tout ce que je possède ne leur appartient-il pas ?

— Père, répondit le plus âgé des sachems, tu es bon et ta sagesse est grande, le Wacondah est avec toi; nous te remercions parce que nous savons que les paroles soufflées par ta poitrine sortent directement de ton cœur, il sera fait comme tu le désires.

Après cet échange de politesse, exigé par le cérémonial, don Cristoval se plaça entre les deux plus âgés sachems, et l'on pénétra dans le calli-medecine, magnifiquement éclairé par une grande quantité de torches, attachées de tous les côtés à la muraille par des mains de fer.

Deux tables avaient été préparées.

La première destinée aux chefs, la seconde aux simples guerriers.

A la première s'accroupirent l'haciendero, les trois Sachems, Julian, Bernardo et Charbonneau.

A la seconde prirent place don Pancho, le mayordomo et les guerriers comanches.

Ces tables, fort basses selon la coutume indienne, n'admettaient aucun siège; les convives s'accroupissaient autour, sur le sol même.

Seul, don Cristoval était assis sur un tabouret en bois de mahogany, élevé seulement d'un pied.

Les autres personnes du cortège, hommes ou femmes, s'assirent sur les gradins et restèrent ainsi spectateurs de ce qui se passait.

Sur l'ordre muet de don Cristoval, les vivres préparés à l'avance furent servis à profusion sur les deux tables par des peones.

Les Peaux-Rouges supportent les plus grandes fatigues et les plus dures privations avec un stoïcisme véritablement admirable.

Ils passent, quand il le faut, plusieurs jours sans boire ni manger avec une insouciance qui leur fait le plus grand honneur : jamais ils ne se plaignent et ne laissent voir les souffrances que leur cause cette abstinence forcée.

Mais, en revanche, lorsqu'ils ont des vivres, ils mangent, ou plutôt ils engloutissent tout ce qu'ils peuvent, avec une gloutonnerie et une voracité vraiment dégoûtantes.

Rien ne saurait les retenir et les empêcher d'agir ainsi.

Ils trouvent cette manière de procéder toute naturelle,

et prétendent qu'ils se mettent par là en garde contre les privations à venir.

Les Sachems assis à la table de l'haciendero, retenus par le respect, conservaient un certain décorum et mangeaient de fort bon appétit, mais sans excès, en hommes qui, dans les circonstances sérieuses, savent se maintenir dans les limites exactes du savoir-vivre.

Quant aux guerriers groupés autour de la seconde table, n'étant retenus par aucune considération d'aucune sorte, ils ne mettaient aucun frein à leur gloutonnerie.

Les plats semblaient fondre devant eux, tout disparaissait avec une rapidité vertigineuse. Tant qu'il resta quelque chose, ils mangèrent, et ne s'arrêtèrent que lorsque tout fut dévoré.

Ils étaient littéralement gavés.

Nous ajouterons, car il faut être juste, que c'est un point très sérieux d'étiquette parmi les Peaux-Rouges de manger tout ce qui est servi devant soi.

On considère comme une impolitesse et presque comme une insulte à l'hôte qui reçoit de laisser des reliefs.

Ainsi, que l'on ait faim ou non, il faut manger jusqu'à n'en pouvoir plus. Coutume fort agréable aux gourmands, mais qui souvent place dans une situation fort pénible et presque ridicule les étrangers accoutumés à ne prendre que le nécessaire.

Lorsque tous les mets eurent disparu, l'haciendero se leva. Tous les convives imitèrent aussitôt ce mouvement ; et les chefs allèrent s'accroupir autour du feu du conseil.

Les guerriers, sauf un qui resta debout à quelques pas en arrière, prirent place sur les gradins inférieurs, étagés tout autour de la case.

Huit personnes entouraient silencieusement le feu du conseil.

Ces huit personnes étaient :

Don Cristoval, son fils don Pancho, Julian, Bernardo, Charbonneau, et les trois sachems Comanches.

L'haciendero retira son calumet de sa ceinture, puis il fit un geste.

L'Indien resté debout auprès des chefs s'approcha respectueusement, reçut le calumet que lui présentait don Cristoval, puis, après l'avoir chargé avec du « morrhichée » ou tabac sacré, il le rendit à l'haciendero.

— Faites votre devoir, *hachesto*, dit don Cristoval.

Le hachesto, ou héraut, car tel était le titre de cet Indien, se baissa, prit un tison du foyer et jeta dessus quelques pincées de tabac sacré, ce qui produisit une assez grande fumée.

Le hachesto se tourna alors vers les quatre points cardinaux, en disant d'une voix haute et gutturale :

— Wacondah ! Dieu invisible et tout-puissant, que tes narines sacrées se dilatent en aspirant aux quatre coins du ciel cette odeur précieuse de la plante sacrée que tu as donnée aux hommes rouges, tes enfants bien-aimés. Ceci est un conseil-médecine, où tes enfants vont discuter de graves intérêts ; sois en esprit avec eux ; fais descendre ta sagesse dans leur cœur. Wacondah, suprême puissance, prescience incommensurable et justice ineffable, je t'adjure ! Wacondah ! Wacondah !

Après avoir fait cette conjuration, le hachesto replaça le tison dans le feu pour le sanctifier ; puis, au moyen d'une baguette-médecine, il posa un charbon ardent sur le foyer du calumet de don Cristoval.

L'haciendero aspira deux ou trois fois la fumée, puis il passa le calumet à son voisin.

Le calumet fit ainsi trois fois le tour du feu du conseil, chacun aspirant la fumée à son tour sans qu'un mot fût prononcé.

Lorsque le calumet revint pour la troisième fois à l'haciendero, celui-ci le conserva jusqu'à ce que tout le tabac fût brûlé, alors il le remit au hachesto.

Celui-ci vida la cendre dans la paume de sa main, puis il jeta cette cendre dans le feu, en disant seulement ces quelques mots :

— Retourne, poussière impalpable, vers le maître de

la vie, qui saura de nouveau te féconder lorsque l'heure en sera venue.

Puis il rendit le calumet à l'haciendero et se retira respectueusement de quelques pas en arrière.

Cinq minutes s'écoulèrent encore.

Un silence profond régnait dans cette immense salle, remplie cependant de monde.

L'haciendero fit un geste.

Le plus âgé des Sachems se leva et s'adressant à don Cristoval.

— Tu sais, père très bon et très juste, dit-il, l'affection et le respect de tes fils rouges : ils ont appris, par leur fils adoptif l'Epervier, que les chiens coyotes des prairies se sont armés et ont résolu d'attaquer ton calli en pierre pour s'emparer de toi, de ta *ciualt* et de tes enfants pour vous attacher au poteau. Ces chiens à face pâle, qui n'appartiennent à aucune race et que toutes les nations répudient, ont soif de ton sang et de tes richesses ; les Comanches du Bison-Blanc les connaissent bien ; et depuis longtemps ils les ont chassés souvent dans la savane comme des coyotes ; mais ces faces pâles, lâches et traîtres, ont eu peur ; ils ont imploré la pitié des Comanches. Les guerriers de notre nation sont des hommes braves, ils ne combattent pas les femmes ; ils ont dédaigneusement donné des jupons à ces misérables, et ils leur ont fait grâce ; la hache fut donc enterrée entre les coyotes des savanes et les Comanches du Bison-Blanc.

» Mais cette paix apparente cachait une noire perfidie : Les Comanches en eurent la certitude ; ils apprirent, grâce à leur fils l'Epervier, que les lâches faces pâles n'avaient imploré la bonté des Comanches que pour mieux les tromper, et être libres d'attaquer en toute sûreté, et sans avoir à redouter la vengeance terrible des Comanches, leur père, le grand Sagamore des nations rouges des prairies de l'Arizona. Un grand conseil-médecine se réunit aussitôt, et les sachems décidèrent que les Comanches-Bisons ne laisseraient pas lâchement assassiner leur père, le grand Sagamore, par ces lâches et perfides coyotes à face pâle ; que la hache de guerre serait déterrée, et que cinq cents guerriers, l'élite de la tribu, viendraient au secours de leur père et le défendraient par tous les moyens contre ses ennemis, qui ne sont que des chiens-voleurs. Le grand conseil-médecine décida, en outre, que trois chefs renommés pour leur vaillance dans le combat et leur sagesse autour du feu du conseil, seraient envoyés vers leur grand Sagamore, et lui diraient, au nom de tous ses enfants : « Père, nous venons te défendre et mourir avec toi s'il le faut... Le Wacondah, maître de la vie, dont la justice est toute-puissante, nous donnera la victoire sur tes ennemis ; Père, ordonne ; tes enfants t'obéiront en tout ce que tu leur ordonneras pour le succès de ta défense contre les coyotes faces pâles. Père, j'ai parlé au nom de mon peuple : les paroles soufflées par ma poitrine sont l'expression des sentiments de tes enfants rouges ; ma langue n'est point fourchue, il n'existe aucune peau sur mon cœur. J'ai dit ; ai-je bien parlé, hommes puissants ? »

Après avoir prononcé le discours dans lequel il expliquait la politique suivie chez les Comanches dans cette affaire épineuse, le Sachem s'inclina respectueusement et reprit sa place.

Un murmure flatteur des assistants accueillit son discours.

Puis le calme se rétablit.

Quelques minutes s'écoulèrent, pendant lesquelles un silence profond régna dans l'assemblée.

Enfin don Cristoval se leva, et après avoir promené son regard sur les assistants, il prit la parole :

— Sachem des Comanches du Bison-Blanc, dit-il, je savais depuis longtemps la grande amitié de mes enfants rouges et leur dévouement au dernier descendant des souverains du Mexique ; mais mon cœur s'est dilaté de joie quand j'ai écouté les paroles soufflées par votre poitrine, paroles qui m'ont prouvé que je ne me trompais pas en mettant ma confiance tout entière dans le courage de mes enfants rouges. Je suis heureux de la détermination prise dans leur grand conseil-médecine ; je les en remercie et j'accepte le secours puissant qu'ils mettent à ma disposition, et qui me donnera la victoire sur les lâches et traîtres ennemis qui, contre toutes les lois de justice et d'honneur, se préparent à m'attaquer, parce qu'ils me croient faible, abandonné et incapable de me défendre contre leur lâche agression. Mes fils les Comanches du Bison-Blanc n'ont pas à déterrer la hache de guerre contre les coyotes faces pâles ; ils n'ont point à leur envoyer les flèches sanglantes, car la paix n'a jamais été faite entre eux et les coyotes. Ceux-ci ont imploré la pitié de mes enfants ; eux, braves et vaillants guerriers, ils ont eu pitié de ces misérables, ils leur ont envoyé des jupons et leur ont fait grâce ; mais ils n'ont pas fait la paix avec ces chiens voleurs et assassins ; ils les ont dédaignés, voilà tout !

» Mais, en fait, ils se sont toujours réservé le droit de les châtier s'ils osaient, en trahison, attaquer un de leurs amis. La guerre existe donc toujours contre eux.

» Voici l'époque des grandes chasses d'hiver ; mes enfants viennent chasser le bison dans les savanes du Rio Gila. Ils savent la trahison que les coyotes faces-pâles méditent contre leur père ; ils prennent les armes pour le défendre. La justice est de leur côté ; le Wacondah, maître tout-puissant de la vie, sourit à leur généreuse résolution, et il les protège, parce que ce n'est pas la guerre que font alors les Comanches du Bison-Blanc, c'est un acte de justice qu'ils accomplissent. Je remercie mes enfants : ils me trouveront toujours prêt à les servir et à me dévouer pour eux quand les circonstances l'exigeront.

» J'ai dit.

» Ai-je bien parlé, hommes puissants ? »

Don Cristoval de Cardenas reprit sa place, au milieu des rumeurs les plus flatteuses.

Après un instant d'un religieux silence, le plus âgé Sachem se leva de nouveau, et reprit la parole.

— Mon père a bien parlé, dit-il, ses paroles sont vraies,

elles sont justes ; aucune paix réelle n'existe entre les Comanches du Bison-Blanc et les coyotes faces-pâles ; la paix se fait avec des ennemis braves et loyaux, jamais avec des chiens voleurs ; ceux-ci on les dédaigne, on les méprise, on en a pitié même ; mais on se réserve toujours le droit de les punir ou de les châtier si, au mépris du droit libre de la savane, ils commettent une infamie et une trahison ; tel est le cas des Comanches du Bison-Blanc vis-à-vis des coyotes de la savane : donc, la guerre existe toujours ; le hachesto n'ira pas porter les flèches sanglantes. Les Sachems du Bison-Blanc remercient leur père de son hospitalité ; ils vont se retirer. La lune sera bientôt à la moitié de sa course, et les sachems ont une longue traite avant que d'apercevoir les tentes de leurs frères ; ils vont partir ; mais la troisième lune après celle-ci, cinq cents guerriers d'élite seront campés près du Rio Bravo del Norte, à la passée du Guanajo. Que mon père nous pardonne et qu'il nous permette de reprendre le chemin de notre campement.

— La loi indienne, dit l'hôte, est envoyée par le Wacondah : il est maître, répondit l'haciendero. La porte du calli est ouverte pour entrer comme pour sortir : remerciez ceux qui entrent, faites des souhaits pour le bonheur de ceux qui sortent ; mais mes enfants ne me quitteront pas sans emporter avec eux les présents de bienvenue. Douze mules attendent : huit sont chargées de fusils, une de couteaux à scalper, et trois de caisses de poudre et de rouleaux de plomb pour fondre des balles. Ces présents sont les seuls qui puissent convenir à de grands guerriers comme mes enfants. Je prie les Chefs et les guerriers de ne pas se lever encore, à chacun d'eux je désire offrir un souvenir de cette visite.

L'haciendero fit alors un signe de la main au mayordomo.

Celui-ci s'avança aussitôt, plusieurs peones le suivaient.

Sur l'ordre de don Cristoval, les Sachems et les guerriers reçurent chacun un fusil, un couteau à scalper, un tomahawk, une poire à poudre et un sac de balles.

Les armes étaient de luxe et de premier choix ainsi que la poudre.

Malgré cette impassibilité indienne que rien ne peut démonter, les yeux des Peaux-Rouges étincelaient de joie, et l'on voyait sur leurs traits les efforts qu'ils faisaient pour ne pas la laisser éclater.

En effet, ils ne pouvaient recevoir de plus magnifiques et plus précieux cadeaux.

— Quand sommes-nous venus au grand calli en pierres de notre père le Sagamore sans nous en retourner les mains pleines? dit le plus ancien Sachem avec une émotion qu'il essayait vainement de maîtriser : le remercier serait presque lui faire une injure ; il lit dans les cœurs de ses enfants, cela lui suffit.

Les Peaux-Rouges se levèrent alors, et on échangea les compliments du départ.

Les ambassadeurs se préparaient à quitter le calli-médecine, lorsque le mayordomo qui, après sa distribution faite, s'était retiré, rentra, et s'approchant de don Cristoval de Cardenas, il lui dit, de façon à n'être entendu que de lui :

— Un parlementaire envoyé par le Mayor demande à vous entretenir d'une affaire pressante.

— Un parlementaire du Mayor? fit l'haciendero avec surprise.

— Oui ; il attend.

— Où est-il ?

— Dans le salon rouge, gardé par quatre hommes; d'ailleurs, lorsqu'il s'est présenté à la Rancheria, on lui a enlevé ses armes, et ce n'est que les yeux bandés qu'on l'a laissé pénétrer dans la Rancheria et dans l'hacienda.

— Bien ! qu'il attende, et surtout qu'on ne lui enlève pas son bandeau, il est important qu'il ne voie pas les Peaux-Rouges, et qu'il ne sache pas qu'ils sont venus ici...

— Oh ! soyez tranquille, il n'a rien vu et ignore tout.

— Retournez près de cet homme et surveillez-le, tandis que je vais congédier les Indiens.

Le mayordomo salua et se retira aussitôt.

L'échange de ces quelques paroles rapides n'avait duré que deux ou trois minutes.

Don Cristoval se tourna de nouveau vers les Peaux-Rouges, qui n'avaient attaché aucune importance à ce colloque.

Il prit congé d'eux de la façon la plus affable.

Il les accompagna dans la cour d'honneur, les vit monter à cheval, ordonna à son fils de les conduire jusqu'à la Rancheria, pour leur faire honneur, et il ne les quitta que lorsqu'il les eût vu sortir en bon ordre de l'hacienda, en emmenant au milieu d'eux les douze mules chargées d'armes et de munitions, dont il leur avait fait présent.

Lorsque le pont-levis eût été relevé et la herse baissée, l'haciendero appela à lui les trois chasseurs et les informa de l'étrange visite qu'il venait de recevoir, en leur demandant leur avis.

— C'est un coup d'audace, dit Julian sans hésiter. Le Mayor essaie de nous intimider; mais il se trompe, nous saurons lui prouver que nous ne sommes pas accessibles à la crainte. Ce matin même, j'ai fait prisonnier un des bandits de la troupe de cet homme, un de ses plus dévoués complices. Permettez-moi de prendre votre place pour cette fois et de répondre en votre nom à ce soi-disant parlementaire; j'espère que nous le ferons repentir d'être venu ainsi se livrer sottement entre nos mains.

— Faites, mon ami, répondit don Cristoval, n'êtes-vous pas notre chef? J'approuve d'avance toutes les mesures que vous trouverez à propos de prendre; les circonstances sont trop graves pour que nous n'agissions pas avec vigueur.

— C'est votre avis?

— Certes; et je n'en changerai pas, quoi qu'il arrive.

— Alors tout va bien; allons!

— Permettez-moi de changer de costume, dit l'haciendero en souriant ; celui que je porte était fort bon pour recevoir des ambassadeurs indiens, mais je crois qu'il serait peu convenable dans le cas présent.

— C'est juste, faites vite ; nous vous attendons ici. Pendant votre absence, j'interrogerai ño Ignacio ; si peu qu'il sache, les quelques renseignements que j'obtiendrai de lui me seront peut-être utiles.

Tandis que l'haciendero se retirait dans son appartement pour changer de costume, Julian fit appeler le mayordomo par un peon, et il eut avec lui, à l'écart, une conversation de quelques minutes.

Au bout d'un quart d'heure environ, l'haciendero reparut.

Il était en coureur des bois.

— Suis-je bien ainsi ? demanda-t-il à Julian.

— Très bien ! répondit celui-ci en riant ; ce costume vous aidera à conserver votre incognito, à moins que, ce qui n'est pas probable, ce drôle ne vous connaisse. Allons maintenant voir ce singulier parlementaire.

Les quatre hommes entrèrent alors dans le principal corps de logis ; et après avoir traversé plusieurs pièces, ils pénétrèrent enfin dans celle où l'aventurier attendait, debout et les yeux bandés, gardé par quatre peones armés, et surveillé par le mayordomo.

Après avoir fait baisser les stores, pour empêcher que l'on ne vît du dehors ce qui allait se passer, les quatre chasseurs prirent place sur un divan, et Julian ordonna que le bandeau fût enlevé au prisonnier.

Le chasseur eut soin d'appuyer avec intention sur le dernier mot.

Cet ordre fut aussitôt exécuté.

L'aventurier était un sang-mêlé, taillé en hercule, aux traits sombres et repoussants.

Il paraissait ne pas avoir plus de trente ans, son regard était faux, son sourire cynique, et l'ensemble de sa physionomie basse et ignoble.

Lorsque le bandeau qui l'aveuglait lui eut été enlevé, son premier mouvement fut de promener un regard louche autour de lui, comme pour reconnaître l'endroit où il se trouvait.

— Qui de vous est le maître de l'hacienda? dit-il d'une voix sourde avec arrogance.

— Silence! répondit Julian, c'est à nous d'interroger et à vous de répondre à nos questions.

— Bah! reprit-il en ricanant, est-ce que vous ne savez pas ce que c'est qu'un parlementaire?

— Nous savons aussi ce que c'est qu'un prisonnier, répondit froidement Julian.

— Bon! qu'est-ce que cela me fait? je ne suis pas votre prisonnier, moi!

— C'est ce qui vous trompe, fit Julian d'un accent glacé.

— Tout ça, c'est des bêtises, reprit-il en haussant les épaules: vous ne m'avez pas pris, je suis venu de moi-même, sur l'ordre du Mayor, qui a des propositions à vous faire. Qui de vous est le maître de la Case, afin que je m'acquitte de ma mission?

— Le propriétaire de cette hacienda est absent, c'est moi qui le remplace.

— Cela m'est égal, s'il vous a donné des pouvoirs réguliers pour le remplacer.

— J'ai tous les pouvoirs nécessaires: voilà pourquoi je vous répète que vous êtes mon prisonnier. Vous êtes venu sottement vous livrer entre mes mains, tant pis pour vous! vous en subirez les conséquences. Les honnêtes gens ne reçoivent pas de parlementaires de *salteadores* et de misérables de votre espèce. Ceci dit une fois pour toutes, préparez-vous à répondre aux questions que je vais vous adresser.

— Laissez-moi donc tranquille avec toutes vos histoires! reprit l'aventurier en ricanant. Je n'ai pas à faire à vous; je ne vous connais pas. Puisque l'individu avec lequel je suis chargé de traiter est absent, tant pis pour lui! je m'en vais.

Et il fit un mouvement comme pour sortir.

Mais, sur un signe de Julian, les peones l'arrêtèrent.

— Voyons, finissons cette plaisanterie! reprit-il en riant faux. Je ne la trouve pas amusante du tout. Je n'ai rien à voir avec vous, quand je vous dis que je ne vous connais pas!

— C'est possible! mais je vous connais, moi, señor Masamora! et il y a assez longtemps que je désire vous parler et vous tenir entre mes mains pour que je ne vous laisse pas me fausser ainsi compagnie, lorsque le hasard vous livre si bénévolement à moi, au moment où je désespérais presque du succès de mes recherches. Nous avons un vieux compte à régler, cher señor!

— Ah? vous me connaissez, vous? répondit l'aventurier en lui lançant un regard louche. Au fait, c'est vrai : moi aussi, maintenant, je vous reconnais ; vous êtes ce chasseur nommé le Cœur-Sombre, auquel j'avais volé son cheval, et qui m'a logé une balle dans l'épaule pendant que je me sauvais avec. Eh bien, après? Vous avez repris votre cheval, et c'est moi qui aurais le droit de vous en vouloir à cause de la blessure que vous m'avez faite ; mais ajouta-t-il, avec un sourire sinistre, je ne vous en veux pas.

Julian sourit avec dédain :

— Passons, dit-il, êtes-vous disposé à me répondre?

— C'est selon ce que vous me demanderez.

— Pourquoi êtes-vous venu ici?

— Me considérerez-vous comme parlementaire si je vous réponds?

— Les voleurs de grand chemin n'envoient pas de parlementaires. Vous êtes prisonnier, voilà tout. Selon que vous répondrez, votre situation deviendra meilleure, ou plus mauvaise.

— Tout ce que je vois de plus clair dans tout cela, c'est que je suis victime d'une trahison ; je ne répondrai pas.

— Peut-être saurai-je vous y contraindre.

— Je voudrais bien savoir comment! répondit-il avec insolence.

— Oh! les moyens ne manquent pas, j'en connais

plusieurs très efficaces, reprit froidement le chasseur. Tenez, par exemple, celui que vous avez employé vous-même, il y a quinze jours à peine, au Saut-de-l'Ours, avec un négociant, don Pedro Castez, qui refusait de répondre à vos questions, et que vous avez réussi, en moins de dix minutes, à rendre bavard comme un *lorot* (perroquet).

L'aventurier tressaillit.

Son visage se couvrit d'une pâleur terreuse, ses yeux lancèrent un éclair de haine.

— Ah ! vous savez cela aussi ? murmura-t-il presque à voix basse, tant pis pour vous, vous l'aurez voulu !

Et rapide comme la pensée, il se rua sur le chasseur en brandissant un couteau que jusque-là il avait tenu caché.

— Tu vas mourir, chien ! s'écria-t-il avec fureur.

Mais Julian n'était pas un de ces hommes que l'on peut surprendre facilement.

Il ne perdait pas le bandit du regard.

Au moment où celui-ci levait son couteau avec un rugissement de tigre, le chasseur lui détacha un formidable coup de poing dans l'estomac.

Le Sang-Mêlé fit ouf ! se plia presque en deux, laissa échapper son couteau et s'abattit sur le sol comme un bœuf assommé à l'abattoir.

Cette scène fut si rapide que les assistants, frappés de stupeur, n'eurent pas même le temps d'essayer une intervention, qui serait arrivée trop tard.

Le bandit avait perdu connaissance.

Sur l'ordre du Julian, les peones se hâtèrent de le garrotter solidement après l'avoir fouillé.

Mais cette fois, il n'y avait plus rien à craindre.

Il avait perdu sa dernière arme.

Julian, toujours froid et impassible, examina attentivement le misérable.

Celui-ci râlait sourdement.

— Détachez son bras droit, dit le chasseur, en retirant sa trousse de médecin de la poche de son dolman, cet homme va mourir s'il n'est pas immédiatement saigné.

— Bah! laisse-le trépasser, puisqu'il est en train, dit Bernardo en riant, ce sera un bon débarras pour nous. Le mot potence est écrit en toutes lettres sur son front, c'est lui rendre service, car il sera pendu tôt ou tard.

— C'est possible, répliqua froidement Julian, mais sa mort ne nous servira à rien, tandis que sa vie peut nous être utile.

— Comme tu voudras, dit Bernardo avec indifférence, mais je doute que tu tires quelque chose de bon d'un tel misérable.

— C'est ce que nous verrons bientôt.

Par les soins du mayordomo, tout ce qui était nécessaire pour une saignée avait été préparé en un tour de main.

— Quel formidable coup de poing! dit ño Ignacio avec admiration.

— Oui, il n'est pas mal, répondit en souriant le chasseur, c'était le coup préféré du vieux Daniel O'Carty, de New-York, notre professeur de boxe; n'est-ce pas Bernardo?

— C'est vrai, répondit celui-ci gaiement, il le recommandait à ses élèves : bien appliqué, il tue roide l'homme le plus vigoureux.

— Caraï! je le vois bien; c'est un joli exercice que la boxe. Quel malheur que je ne sois pas assez jeune pour l'apprendre! cela peut rendre de grands services, à l'occasion.

— Comme ce soir, par exemple, hein? fit Bernardo en ricanant.

— Ma foi, oui, répondit le mayordomo sur le même ton.

Tout en bavardant, nos personnages ne perdaient pas leur temps.

Julian avait fendu la manche du dolman de l'aventurier dans toute sa longueur, avait fortement serré le bras et avait aussitôt pratiqué une saignée.

Mais le sang ne vint pas tout de suite.

Cependant, après quelques instants, une goutte d'un sang noir apparut à la lèvre de la blessure, puis une seconde, puis une troisième, le sang commença à couler doucement, puis plus vite, enfin il s'élança noir et écumeux.

Quelques minutes s'écoulèrent ainsi.

Enfin le bandit eut un frisson qui secoua tout son corps; il poussa un soupir douloureux, et ses yeux s'entrouvrirent faiblement.

Cependant peu à peu il revint à lui : ses lèvres tremblèrent, et après quelques efforts, il murmura d'une voix basse et entrecoupée :

— Je ne suis donc pas mort?

— Pas encore pour cette fois, dit Bernardo en riant; mais il s'en est fallu de peu.

Bientôt le bandit reprit toute sa connaissance.

La mémoire lui revint, et avec la mémoire le souvenir de ce qui s'était passé, et la douleur aiguë du coup qu'il avait reçu.

Il restait plongé dans ses réflexions et semblait sortir d'un rêve.

Julian lui avait fait une copieuse saignée.

Il arrêta le sang et banda solidement la plaie.

— Voilà qui est fait, dit Julian en essuyant sa lancette et la replaçant dans sa trousse. Eh bien, ajouta-t-il en s'adressant au blessé, maintenant serez-vous raisonnable, ami Masamora?

— Vous pouviez me tuer! grommela le bandit avec ressentiment.

— Très facilement, si je l'avais voulu, répondit froidement le chasseur : si j'avais frappé un demi-pouce plus haut, vous étiez tué roide; mais je ne voulais que vous donner une leçon.

— Elle est rude; je m'en souviendrai longtemps.

5.

— C'est probable.

— Et moi, qui me figurais que personne ne m'égalait en force dans les savanes, dit-il avec un soupir de regret; vous m'avez rudement prouvé combien je me trompais.

— Souvent l'adresse vaut mieux que la force, répondit en riant le chasseur.

— Dites ce que vous voudrez, reprit-il d'un air honteux ; je ne vous démentirai pas, et je n'essaierai plus de lutter avec vous : je ne serais pas de force, vous m'avez brisé l'estomac.

— Non ! déformé seulement ; cela se remettra bientôt.

— Ah ! puissiez-vous dire vrai ! Mais, c'est égal, voilà une affaire qui ne me fait pas honneur, reprit-il en soupirant. Pourquoi m'avez-vous ficelé comme une carotte de tabac ? Craignez-vous donc que je fasse encore quelque sottise ?

— Si vous me promettez d'être sage, on vous détachera.

— Quand même je ne le voudrais pas, je serais bien forcé de rester tranquille ; je suis plus faible qu'un enfant. D'ailleurs, j'ai mon compte ; je ne bougerai pas.

Les assistants ne comprenaient rien au changement opéré si brusquement dans cet homme, qu'ils avaient vu si insolent et si emporté quelques instants auparavant.

Julian ordonna qu'on lui enlevât ses liens.

Lorsqu'il se vit libre, il fit un mouvement de joie et poussa un soupir de satisfaction.

— Maintenant que je vous ai fait rendre la liberté de vos membres, consentirez-vous à répondre de bonne volonté à mes questions ?

— Oui, si je puis répondre aux demandes que vous m'adresserez.

— Qu'entendez-vous par là ?

— Je veux dire que je répondrai, si je sais les choses que vous me demanderez.

— Bien ; dites-moi pourquoi vous êtes venu ici ?

— Un des amis du Mayor, nommé Sébastian, a disparu depuis hier au soir. Il devait aujourd'hui revenir au camp, vers quatre heures de l'après-dîner ; cet homme n'a pas reparu ; certains renseignements, recueillis je ne sais où par le Mayor, lui font supposer que Sébastian a été arrêté par vous, et que vous le gardez prisonnier dans l'hacienda.

— Après ?

— Le Mayor, fort inquiet de son ami, m'a chargé de me rendre en parlementaire à la Florida. Je ne me souciais pas de cette commission, c'était un pressentiment ; mais le Mayor n'est pas un homme auquel on puisse désobéir. Après m'avoir assuré que ma qualité de parlementaire me ferait respecter par vous, voyant que j'hésitais encore, il a pris un revolver à sa ceinture, et il m'a menacé de me brûler la cervelle si je n'acceptais pas la mission dont il me chargeait : comme je savais que je n'avais pas de grâce à espérer de lui, je partis, et je suis venu ici pour mon malheur.

— Bien ; le Mayor ne vous a pas chargé de nous dire autre chose ?

— Si, voici ses propres paroles : Je sais que Sébastian est entre les mains de don Cristoval de Cardenas ; s'il ne rend pas immédiatement la liberté à mon ami, je m'emparerai de son hacienda ; j'y mettrai le feu et j'égorgerai hommes, femmes et enfants, tous les individus qui tomberont entre mes mains, et je vengerai ainsi mon ami traîtreusement assassiné par don Cristoval de Cardenas.

— Est-ce tout ?

— C'est tout, oui, Cœur-Sombre.

— Fort bien. Où est campé le Mayor ?

— A douze lieues d'ici, à vol d'oiseau, au *Canon de Marfil*, — au défilé d'Ivoire, — mais demain il doit lever le camp et se retirer à sept ou huit lieues plus loin ; j'ignore à quel endroit.

— Peu importe, vous sentez-vous assez fort pour vous

tenir à cheval et rejoindre vos six compagnons, campés à trois lieues d'ici, dans le *chaparral* — espèce de mâquis — de San Antonio.

— Comment, vous savez que j'ai des amis campés au chaparral de San Antonio ! s'écria-t-il avec surprise.

— Vous le voyez bien, répondez.

— Je crois qu'en marchant doucement je pourrai les rejoindre ; mais vous me laisserez donc véritablement partir ? Vous ne me garderez pas prisonnier ?

— Que diable voulez-vous que je fasse de vous ici ? à moins de vous pendre, et je ne m'en soucie pas ; cependant...

— Non pas, non pas ! s'écria vivement le bandit ; vous m'avez promis de me rendre la liberté.

— Eh bien, c'est convenu, vous partirez.

— Ah ! fit-il avec un soupir de soulagement.

— Mais vous vous chargerez de ma réponse au Mayor ?

— Je lui rapporterai vos paroles textuellement, comme je vous ai rapporté les siennes.

— Voilà qui est bien. Ecoutez donc avec attention.

— Soyez tranquille, je n'oublierai pas un mot.

— A la bonne heure ! Vous direz au Mayor qu'il ne s'est pas trompé ; qu'il ne verra plus Sébastian, que cet homme a parlé, qu'il a confessé tout : le meurtre de la maison déserte, le nom de l'assassin et celui de la victime, et qu'il a terminé ses révélations par le faux suicide du camp de Gebel-Al-Tarik ; que cette confession, écrite sous la dictée de Sébastian et signée par lui et les personnes qui ont assisté à ce sombre récit, a été adressée aux autorités françaises pour y donner les suites qu'il peut prévoir ; que, quant à ses menaces d'incendie et d'assassinat, s'il essaye de les mettre à exécution, nous le recevrons comme il le mérite. Vous souviendrez-vous bien de tout ce que je vous ai dit ? Voulez-vous que je vous le répète une seconde fois ?

— Oui, cela vaudra mieux.

Julian répéta mot pour mot ce qu'il venait de dire.

Le bandit l'écouta avec la plus sérieuse attention.

— C'est bien, dit-il, lorsque le chasseur se tut ; maintenant, je n'oublierai rien.

— A présent, un nouveau conseil avant de nous séparer.

— Parlez, chasseur...

— Ne vous retrouvez plus sur mon chemin, je vous ai fait grâce aujourd'hui ; mais, à notre prochaine rencontre, je serai sans pitié pour vous... Vous m'avez compris n'est-ce pas?

— Parfaitement ; je vous promets de faire tous mes efforts pour vous éviter.

— Cela vous regarde.

Cinq minutes plus tard, le bandit, les yeux bandés, fut porté par quatre peones à la Rancheria, où il retrouva son cheval et ses armes.

On le mit à cheval et il s'éloigna au petit pas.

— Maintenant, dit Julian, occupons-nous de Sébastian ; il est temps d'en finir avec ce drôle. Charbonneau, faites monter vos camarades à cheval ; vous nous suivrez.

— Je vous accompagnerai, dit don Cristoval.

— Soit ; cher ño Ignacio, veuillez, je vous prie, faire sortir le prisonnier de la calabousse, et donner l'ordre qu'il soit solidement attaché sur son cheval, qu'un peon montera pour plus de sûreté.

Charbonneau et le mayordomo sortirent.

— A propos, don Cristoval, avez-vous assisté jamais aux assises du juge Lynch? dit Julian d'un air dégagé.

— Jamais, cher don Julian, bien que j'en aie entendu souvent parler, répondit l'haciendero.

— Eh bien, cher señor, s'écria Bernardo en riant, demain vous saurez à quoi vous en tenir : c'est très curieux, vous verrez.

Sur ces derniers mots, les trois hommes quittèrent le salon rouge et se dirigèrent vers la cour d'honneur, où les chasseurs les attendaient.

XVIII

CE QUI SE PASSA DANS LE BRULIS DE LA HULOTTE BLEUE A PROPOS DE SÉBASTIAN.

Les chasseurs étaient en selle, prêts au départ.

Après avoir recommandé au mayordomo la plus grande vigilance pendant son absence, l'haciendero se mit, en compagnie des trois chasseurs, en tête de la petite troupe, et l'on quitta l'hacienda.

Mais cette fois, au lieu de descendre du côté de la rancheria, ce qui aurait considérablement allongé le trajet, les cavaliers traversèrent plusieurs cours intérieures, franchirent deux *corales* et ils sortirent définitivement par une porte de dégagement, récemment fortifiée et débouchant sur le revers de la colline.

Les chasseurs descendirent lentement dans la plaine et se dirigèrent vers le brûlis de la Hulotte bleue, où les coureurs des bois étaient campés.

Charbonneau et Bernardo servaient de guides à leurs compagnons.

Sébastian, s'obstinant dans son mutisme farouche, n'avait pas prononcé une parole depuis son arrestation.

Quand on vint le sortir de la prison où on l'avait provisoirement déposé, il dormait.

Mais la lueur des torches tenues par les peones l'avaient éveillé.

Il n'opposa aucune résistance à ceux qui le firent lever, et ils l'emportèrent dans leur bras pour le conduire au dehors.

Pendant le trajet jusqu'à la cour d'honneur et même quand on l'attacha sur son cheval, il affecta la plus complète indifférence.

Malgré la solidité des liens qui lui interdisaient tout mouvement et la surveillance incessante du peon, monté sur son cheval, Julian, connaissant l'énergie de ce misérable, le fit placer entre deux chasseurs bien montés, le revolver à la main, avec la consigne de ne pas le perdre une seconde de vue, et de lui brûler la cervelle si, par un moyen quelconque, le prisonnier réussissait à rompre les lassos ou *reatas* avec lesquels on l'avait garrotté au lieu de cordes.

La nuit était magnifique, bien que très froide.

On voyait clair presque comme en plein jour.

Mais c'était une lumière blanche avec des reflets bleus qui avait quelque chose de fantastique.

Il n'y avait pas ces dégradations de teintes qu'aux rayons du soleil on admire pendant le jour dans les accidents du paysage.

Les teintes étaient crues, pour ainsi dire brutalement tranchées, ou une clarté éblouissante, ou des masses d'ombres profondes, qui confondaient tous les accidents et empêchaient de les distinguer.

Les arbres échevelés allongeaient démesurément leur ombre sur le sol.

Les cours d'eau que l'on rencontrait reflétaient les étoiles et la lune dans un glacis d'argent.

Si complets que soient le silence et le calme, certaines rumeurs mystérieuses persistent quand même au désert : tels que le frissonnement de la brise à travers les hautes frondaisons des forêts vierges ; les pas furtifs et rapides des fauves courbant les hautes herbes en se rendant à quelque abreuvoir lointain ; les glapissements stridents et railleurs des coyotes et des loups rouges chassant un élan qu'ils ont lancé de son fort, et enfin ce susurrement incessant qui s'élève du sol, et qui n'est autre chose que le travail continu des insectes invisibles qui accomplissent, sans jamais s'arrêter, leur œuvre mystérieuse.

S'il eût été possible qu'une horloge quelconque se trouvât aux environs, cette horloge aurait sonné la demie après dix heures au moment où les chasseurs avaient quitté l'hacienda.

Dès que la petite troupe avait pris pied dans la savane, trois chasseurs avaient été lancés en avant en batteurs d'estrade, afin d'éclairer le terrain.

Derrière eux, le reste de la troupe s'avançait au galop de chasse, se dirigeant, autant que faire se pouvait, en droite ligne, afin d'atteindre le plus promptement possible le but de leur course nocturne.

Les chasseurs, aguerris à tous les bruits de la savane, causaient entre eux à voix basse sans se préoccuper le moins du monde des miaulements saccadés des jaguars, des aboiements des loups rouges, des bramements des élans, non plus que des beuglements des bisons couchés dans les hautes herbes, et à dix pas desquels ils passaient souvent.

Mais, tout en causant, ils avaient constamment l'œil et l'oreille au guet; et, pour surcroît de précautions, ils tenaient le fusil sur la cuisse.

Après une course d'environ trois quarts d'heure, le mot de : halte! circula à voix basse dans les rangs, et chaque cavalier devint immobile.

Depuis vingt minutes environ, les chasseurs s'étaient engagés sous bois, et à la lueur d'une lumière crépusculaire ils suivirent les méandres enchevêtrés les uns dans les autres d'une sente de bêtes fauves, où l'instinct infaillible des deux guides réussissait seul à les diriger sûrement.

Après avoir pendant un instant soigneusement examiné l'endroit où il se trouvait, et s'être consulté à voix basse avec Bernardo, Charbonneau imita, à deux reprises différentes, le cri de l'orfraie.

Presque aussitôt le même cri fut répété à une courte distance.

Une masse sombre surgit du milieu d'un buisson, à dix pas à peine en avant des chasseurs.

Depuis que la petite troupe avait abandonné la savane pour se lancer sous bois, les batteurs d'estrade s'étaient repliés, et s'étaient réunis à leurs compagnons.

— Qui vive! cria une voix rude en français, en même

temps que l'on entendait le craquement sec de la batterie d'un fusil que l'on arme.

— Main de Fer et l'Epervier, répondit aussitôt Charbonneau.

— Vous êtes bien nombreux, reprit la voix.

— Cœur-Sombre et quelques chasseurs nous accompagnent, reprit le Canadien.

— Ah! c'est vous, Castor, dit alors Julian, je suis heureux de vous retrouver, mon vieux camarade. Belhumeur est-il au camp?

— Il est arrivé ce soir, au coucher du soleil. Soyez le bienvenu parmi nous, Cœur-Sombre, répondit l'homme auquel Julian avait donné le nom de Castor. Avancez, personne ne vous barrera le passage ; je vais aller moi-même vous annoncer.

— Allez, compagnon, nous marcherons doucement, reprit Julian.

Le Castor disparut au milieu des fourrés, et la petite troupe se remit en marche.

Bientôt les chasseurs aperçurent à travers les arbres les lueurs de plusieurs feux allumés de distance en distance, sur un assez grand espace, et autour desquels plusieurs hommes étaient accroupis ou couchés, roulés dans leurs couvertures.

Cinq minutes plus tard, ils atteignirent la limite du couvert et débouchèrent dans une immense clairière de cinquante ou soixante acres au moins d'étendue.

C'était le brûlis de la Hulotte bleue.

A l'entrée de la clairière, une dizaine de chasseurs attendaient, la crosse en terre et les mains croisées sur l'extrémité du canon de leurs longs rifles américains.

Nous avons trop souvent eu l'occasion de décrire à nos lecteurs le costume pittoresque des coureurs des bois pour faire ici une redite inutile.

Le Canadien Belhumeur, vieux coureur des bois, mais très vigoureux et très vert encore, avait quitté depuis deux mois à peine les Terres-Chaudes de l'Atlantique, où il avait servi pendant quelque temps dans la *contre-*

guerilla du colonel Dupin, qui rendit de si grands services à l'armée française, pour retourner dans les savanes et reprendre la vie libre et indépendante du coureur des bois et du chasseur de bisons.

Avec Belhumeur se retrouvaient là plusieurs de nos anciennes connaissances du désert.

Sans compter le Castor, il y avait entre autres le Jeune Aigle, Berger, le Cœur-Loyal, la Main-Ferme et d'autres encore.

Les coureurs des bois, en ce moment campés dans le brûlis, étaient soixante-dix. Tous hommes intrépides et jouissant d'une grande réputation dans la prairie.

Quinze ou vingt manquaient encore, mais ils devaient arriver le lendemain.

Les chasseurs furent accueillis de la façon la plus cordiale par Belhumeur et ses compagnons, qui, d'ailleurs, ne s'étaient réunis en cet endroit que par amitié pour Julian et Bernardo, et dans le but de leur rendre service.

Sébastian fut descendu de cheval et attaché au pied d'un arbre, sous la garde de deux chasseurs.

Cela fait, les trois chasseurs et don Cristoval suivirent Belhumeur, et allèrent avec lui s'asseoir auprès d'un feu où les coureurs des bois les plus célèbres et les plus estimés prirent place avec eux.

Après avoir bu un coup de bonne eau-de-vie de France et avoir allumé les calumets, on causa.

La curiosité des chasseurs était excitée au plus haut point par l'arrivée de ce prisonnier, que quelques-uns d'entre eux avaient reconnu au premier coup d'œil pour un des plus farouches bandits des savanes.

— A quel événement imprévu devons-nous le plaisir de votre visite? demanda Belhumeur. Nous ne comptions pas vous voir avant un jour ou deux.

— C'est ce misérable de Sébastian qui est cause de mon arrivée cette nuit. Ce matin, avant le lever du soleil, il a essayé de s'introduire dans l'hacienda de don Cristoval de Cardenas, en escaladant les murs du parc. Je l'arrêtai à l'improviste. Dans le premier moment, je ne l'avais pas reconnu, mais, en le regardant bien, je vis à qui j'avais affaire, c'est-à-dire à l'âme damnée du Mayor, l'instigateur et le complice de tous les crimes odieux que cet horrible bandit a commis depuis quinze ans dans les savanes. Je vous avoue que dans le premier moment, je fus assez embarrassé de ma capture.

— Je comprends cela, répondit Belhumeur.

— Il y avait de quoi, fit le Castor.

— Quel parti avez-vous pris définitivement? demanda le Cœur-Loyal.

— Deux raisons m'ont engagé à prendre la détermination à laquelle je me suis arrêté. Je dois vous dire tout d'abord que le Mayor, qui sans doute a de bonnes raisons pour craindre les révélations de ce misérable, a eu l'audace de m'envoyer un de ses bandits en parlementaire pour m'ordonner, en me faisant les menaces les plus atroces, si je n'obéissais pas à ses injonctions impérieuses. de rendre la liberté à mon prisonnier.

— Ce bandit ne doute de rien, dit le Cœur-Loyal; est-ce que nous n'en débarrasserons pas enfin la savane?

— Nous tâcherons, dit Belhumeur.

— Ce sera dur, fit le Castor en hochant la tête.

— Bah! ajouta Berger. *Quien sabe?* Qui sait? comme disent les Mexicains.

— Alors? demanda Belhumeur.

— Ce parlementaire voulut parler haut, faire l'insolent; je le traitai comme il le méritait, et il devint subitement doux comme un agneau.

— Je le crois bien, tu as failli l'assommer d'un coup de poing, dit Bernardo en riant.

— C'est ainsi qu'il faut traiter ces brutes immondes, dit Belhumeur; c'est le seul moyen d'en venir à bout.

— Bref, après cette leçon donnée, reprit Julian, je renvoyai le parlementaire à demi mort. Sébastian est un scélérat couvert de crimes et indigne de pitié; dans l'hacienda je ne pouvais rien faire sans exposer don Cristoval à des embarras et à des tracas à n'en plus finir avec les autorités américaines. Livrer ce bandit au gouvernement des Etats-Unis, c'était impossible; le livrer aux Français, qu'en résulterait-il? Un long procès qui peut-être n'aboutirait à rien et pendant lequel le misérable trouverait peut-être une occasion de s'échapper.

— Oui, la situation était hérissée de difficultés, dit Belhumeur en hochant la tête; mais il y avait un moyen cependant.

— Lequel? demanda Julian avec un fin sourire.

— Pardieu! la loi du désert, le juge Lynch!

— Nous sommes les maîtres dans les Prairies, et notre justice est expéditive et loyale, dit Berger.

— Vous auriez dû y songer, Cœur-Sombre? dit la Main-Ferme.

— Je ne vois pas d'autre moyen d'en finir avec ce misérable, ponctua le Cœur-Loyal.

— Ainsi, c'est votre avis, compagnons?

— Certes, répondirent-ils d'une seule voix.

— Eh bien, je suis heureux de vous entendre parler ainsi, parce que cet avis est aussi le mien; et voilà pourquoi j'ai amené mon prisonnier dans votre camp, où nous pourrons le juger en toute sûreté de conscience et sans craindre qu'il nous échappe.

— D'ailleurs, reprit la Main-Ferme, cet homme est notre justiciable; la plupart de ses crimes les plus odieux ont été commis dans le désert sur des chasseurs, ou sur la frontière: donc, son jugement nous revient de droit.

— Si coupable qu'il soit, je crois que les tortures sont inutiles et que la mort sera pour lui un châtiment assez sévère; à moins qu'il ne s'obstine dans son mutisme et refuse de nous révéler certains secrets qu'il possède, et qui touchent une famille estimable à laquelle je porte un vif intérêt.

— Rapportez-vous-en à nous, Cœur-Sombre, nous avons malheureusement été trop souvent contraints de tenir les sinistres assises du juge Lynch pour ne pas savoir toute la responsabilité que cet acte terrible fait retomber sur nous, dit Belhumeur avec une nuance de tristesse, et toutes les formalités que nous devons remplir.

— Je le sais, mon compagnon, répondit Julian, aussi je vous laisse pleine liberté d'action, agissez donc selon votre conscience.

— Nous serons impartiaux, mais justes, fermes et inexorables si notre conscience l'exige, repartit Belhumeur ; attendrons-nous le lever du soleil, ou bien ferons-nous comparaître immédiatement l'accusé devant nous ?

— Dans les circonstances où nous nous trouvons actuellement, il m'est fort difficile de quitter l'hacienda, menacée à chaque instant d'une surprise par le Mayor, répondit Julian ; ensuite il me semble qu'il y aurait presque de l'inhumanité à laisser pendant plusieurs heures encore ce misérable en proie aux appréhensions terribles qui doivent lui tordre le cœur, et que mieux vaut en finir avec lui, soit qu'il soit reconnu coupable, ou déclaré innocent.

— Vous avez raison, compagnon, mieux vaut en finir... Il sera donc fait comme vous le désirez ; et s'adressant aux autres chasseurs :

— Amis, reprit-il, veuillez éveiller nos compagnons et les convoquer tous au grand acte qui va avoir lieu.

Plusieurs chasseurs se levèrent aussitôt sans répondre, et allèrent en toute hâte s'acquitter de la mission que Belhumeur leur confiait.

En effet, se partageant la besogne, on les vit bientôt allant à tous les feux, éveillant les dormeurs et les adjurant de se rendre au feu de Belhumeur pour assister aux assises du juge Lynch.

Les chasseurs ainsi convoqués, se levaient, prenaient leur fusil, et, sans faire la moindre observation, ils se dirigeaient vers le point désigné pour le rendez-vous général.

Vingt minutes plus tard, quatre-vingts chasseurs, y compris ceux venus de l'hacienda, hommes taillés en athlètes pour la plupart, aux traits sombres et énergiques, appuyés sur leurs fusils, étaient rangés en cercle autour du feu.

Aux reflets des flammes du foyer agitées par la brise nocturne, ces sombres visages prenaient des apparences fantastiques qui auraient comblé de joie et d'admiration le vieux Salvator Rosa ou Bruggel d'Enfer, ces peintres des scènes terribles et émouvantes.

Un silence profond régnait dans cette formidable assemblée.

On sentait que les rudes mais loyales natures se recueillaient pour accomplir honnêtement la tâche terrible, mais essentiellement honorable, qui leur était imposée dans cette contrée sauvage, où toute justice est inconnue et qui ne reconnaît que la loi sanglante du talion : Œil pour œil, dent pour dent.

— Compagnons ! dit Belhumeur en élevant la voix, vous êtes réunis en assemblée plénière pour appliquer la loi de Lynch à l'un des principaux complices de ce monstre à face humaine qui s'est donné le nom de Mayor et dont les crimes depuis quinze ans épouvantent les prairies, cependant si peuplées de fauves de toutes races et de toutes couleurs. Et s'adressant à quatre chasseurs plus rapprochés de lui que les autres : Allez prendre le prisonnier et amenez-le ici.

Les chasseurs obéirent.

Julian, Bernardo, don Cristoval de Cardenas et Charbonneau formaient un groupe à part.

Ils étaient les plaignants.

— Quelques-uns de vous ont-ils des plaintes à articuler ? demanda Belhumeur.

— Nous ne connaissons pas encore le prisonnier, répondit la Main-Ferme ; attendons qu'il soit arrivé.

— C'est juste, fit Belhumeur assez naïvement ; je n'avais pas songé à cela.

Bientôt on vit revenir les chasseurs.

Ils amenaient au milieu d'eux le prisonnier qu'ils étaient obligés de soutenir par dessous les bras.

Garrotté depuis plus de quinze heures, le pauvre diable était comme paralysé.

Ses membres n'obéissaient plus à sa volonté.

Chaque pas qu'il faisait lui causait des souffrances horribles, car le sang, pendant si longtemps comprimé, reprenait son cours et se précipitait violemment aux extrémités.

Le prisonnier était livide.

Son regard avait quelque chose d'égaré, une écume blanchâtre suintait aux commissures de ses lèvres, un tremblement nerveux secouait tout son corps.

Mais il demeurait froid, impassible, et souffrait sans articuler la plainte la plus légère.

Sur l'ordre de Belhumeur, qui, à cause de son âge et de sa longue expérience avait été nommé président de ces sanglantes assises, on fit asseoir le prisonnier sur un crâne de bison, et on lui accorda un quart d'heure pour se remettre.

Avant d'amener le prisonnier devant ses juges improvisés, les chasseurs lui avaient enlevé tous ses liens.

De là les douleurs cuisantes qu'il éprouvait.

Sébastian avait été assis de façon à être facilement vu de tous les assistants.

Aussi, après quelques instants, cinq ou six chasseurs quittèrent leurs rangs et vinrent se joindre au groupe des plaignants.

Ils l'avaient reconnu.

Parmi ces chasseurs se trouvaient Berger et la Main-Ferme, deux des coureurs des bois les plus estimés dans les prairies de l'Ouest lointain.

Pendant un quart d'heure, tous ces hommes réunis demeurèrent immobiles et silencieux comme des statues de bronze, les regards fixés sur le prisonnier.

Celui-ci sentait son sang reprendre son cours normal ; l'engourdissement diminuait rapidement ; ses douleurs n'étaient plus aussi fortes ; elles s'apaisaient de plus en plus.

Bientôt elles cessèrent complètement, et le prisonnier rentra enfin en pleine possession de ses membres, ce qui lui fit pousser un soupir de soulagement.

Lorsque le quart d'heure de grâce accordé au prisonnier

fut écoulé, mais seulement alors, Belhumeur lui demanda avec intérêt :

— Vous sentez-vous mieux ?

— Oui, répondit sourdement l'ancien matelot.

— Croyez-vous avoir assez de force pour vous tenir debout et répondre aux questions qui vous seront adressées ?

— Je le crois.

— Levez-vous.

Sébastian se leva sans difficulté.

— Savez-vous où vous êtes ?

— Il me semble être dans une clairière, au milieu d'une forêt, dans un campement de coureurs des bois.

— Cela est vrai ; savez-vous pourquoi l'on vous a amené ici ?

— Je l'ignore.

— Pour vous juger... Vous êtes en présence du juge Lynch.

— Ah ! fit-il avec indifférence, en regardant autour de lui.

— Acceptez-vous la compétence du tribunal appelé à vous juger ?

— Je n'ai ni à accepter ni à refuser la compétence du juge Lynch ; je ne puis que le subir, comme je subirais tout autre tribunal, car je me reconnais justiciable de tous, moi qui, pendant ma vie entière, ai vécu en dehors de toutes les lois divines et humaines, en véritable *outlaw*.

— C'est bien. Votre nom, votre âge ?

— Je me nomme Sébastian Iltegury. Je suis né en 1808 : j'ai donc cinquante-huit ans.

— Où êtes-vous né ?

— En France, à Saint-Étienne-de-Baigorry, dans le département des Basses-Pyrénées.

— Quelle est votre profession ?

— J'ai d'abord été matelot, puis j'ai été colon en Algérie ; maintenant, je suis un bandit.

— Connaissez-vous le Mayor ?

— Oui, malheureusement pour moi, je fais partie de sa bande.

— Depuis combien de temps?

— Depuis toujours.

— Expliquez-vous.

— Je le veux bien : mais, si cela était possible, je voudrais que tout cet interrogatoire fût écrit pour servir plus tard, s'il y a lieu. Je sais que je suis coupable et que j'ai cent fois mérité le châtiment que je vais enfin recevoir; je suis fatigué de cette existence de crimes que je mène depuis si longtemps, je suis bourrelé de remords, ma vie est un supplice; mais si j'ai vécu en brigand, je veux mourir non en honnête homme, cela est impossible, mais au moins me disculper de quelques-uns des crimes que j'ai commis, non pas ici, en Amérique, j'étais presque dans le cas de légitime défense, j'étais un bandit, on me pourchassait comme une bête fauve, je me défendais comme je pouvais, rendant le mal pour le mal; mais là-bas, de l'autre côté de l'eau, en France, quand j'étais encore honnête relativement, et qu'un mauvais génie, qui avait tout pouvoir sur moi, me contraignait malgré ma volonté, à commettre les actions les plus atroces.

— Ce que vous demandez est juste, et prouve que tous les bons sentiments ne sont pas éteints dans votre âme, répondit Belhumeur. Vous allez être satisfait. Cœur-Loyal, vous chargez-vous de la rédaction de ce procès-verbal?

— Oui, j'ai tout ce qu'il me faut pour cela dans ma valise, répondit le Cœur-Loyal, mais il est indispensable que toutes les demandes et les réponses faites jusqu'à présent soient écrites.

— Faites donc, nous attendrons, pour reprendre l'interrogatoire, que vous vous soyez mis au courant.

— Cela ne sera pas long, répondit le Cœur-Loyal.

Il ouvrit sa valise, en tira papier, plumes et encre, et il se mit aussitôt à écrire, avec une rapidité qui témoignait d'une longue habitude.

— Connaissez-vous assez bien la langue française pour

rédiger ce procès-verbal en français ? Cela serait préférable, puisque nous sommes tous pour la plupart Français d'Europe ou du Canada et que l'accusé est Français, lui aussi.

— Ne vous inquiétez pas de cela, répondit en souriant le Cœur-Loyal ; le procès-verbal sera rédigé en français.

— A la bonne heure ! dit Belhumeur avec une visible satisfaction.

Sébastian s'était de nouveau assis sur le crâne de bison qui lui servait de siège ; et, les coudes sur les genoux, la tête dans les mains, il réfléchissait profondément.

Julian et ses amis étaient en proie à une vive surprise.

Tout en s'en félicitant, ils ne comprenaient rien au changement subit et si complet de l'ancien matelot.

Ce changement semblait tenir du prodige.

Les chasseurs commentaient entre eux cet événement bizarre.

Ce fut, comme toujours, Bernardo qui peut-être s'approcha le plus de la vérité.

— Ne perdez pas votre temps, dit-il, à chercher bien loin les motifs qui ont poussé ce misérable à agir comme il le fait : il est pourri jusqu'aux moelles, aussi incapable d'un bon sentiment ou de remords qu'un jaguar ou un ours gris. Il n'est poussé que par un seul sentiment, et c'est le plus exécrable de tous : la vengeance !

» Il a pendant toute sa vie tremblé devant le Mayor, qui, le considérant comme une chose lui appartenant, l'a constamment traité comme un chien, et lui a fait souffrir toutes espèces d'avanies. Fasciné par cet homme auquel il était pour ainsi dire inféodé, il a tout supporté, tout subi sans se plaindre ; mais en amassant au fond de son cœur toutes ses rages et tous ses désespoirs, en guettant sans cesse le moment d'une éclatante vengeance.

» Ce moment n'est pas venu ; cette occasion lui a sans cesse manqué. Aujourd'hui qu'il est entre nos mains il se sent perdu ; car il sait que sa mort est certaine ; mais il ne veut pas mourir sans obtenir cette vengeance si longtemps caressée et, ne pouvant l'obtenir pendant sa vie, il espère que plus tard elle éclatera comme un coup de foudre sur son ennemi, et précisément lorsque celui-ci se croira à l'abri de toute attaque et de tout soupçon, par une nouvelle et dernière incarnation.

» Donc, croyez-moi, ne cherchez pas davantage les causes de ce changement prodigieux ; il est tout entier dans l'espoir de cette vengeance posthume. D'ailleurs, vous vous en apercevrez bientôt, lorsqu'il commencera l'histoire de sa vie, à laquelle celle du Mayor est intimement liée, et quand il nous fera l'historique de tous ses crimes.

— Je suis assez de cet avis, dit la Main-Ferme en hochant la tête, ce misérable ne me semble pas avoir l'encolure d'un homme capable de remords ou de repentir ; c'est un scélérat de la pire espèce, une brute essentiellement méchante, lâche et cruelle : dans les mains d'un bandit comme le Mayor, ce devait être un admirable instrument ! Il y a en lui du bouledogue et du coyote ; du reste, comme dit Main-de-Fer, nous saurons bientôt à quoi nous en tenir sur son compte.

— C'est juste, dit Julian, ne préjugeons rien : mais je ne serais nullement étonné que mon ami nous eût donné le mot de l'énigme.

— Le Cœur-Loyal a terminé le commencement du procès-verbal, reprit Bernardo ; l'interrogatoire va recommencer.

En effet, le Cœur-Loyal avait achevé sa besogne.

Il lut ce qu'il avait écrit.

Sébastian l'approuva sans réserves.

Alors l'ancien matelot se leva, sur l'ordre de Belhumeur, et celui-ci, après avoir réclamé le silence, reprit l'interrogatoire en demandant à Sébastian où, comment et à quelle époque il s'était pour la première fois rencontré avec le Mayor.

— Pardon, répondit l'ex-matelot, ceci nous entraînerait trop loin, et nous ferait perdre beaucoup de temps. Peut-être vaudrait-il mieux que je vous racontasse d'une haleine ma vie tout entière, sans être interrompu.

Belhumeur consulta ses amis du regard.

— Soit, dit-il après un instant, parlez ; nous vous écoutons ; mais soyez bref.

— Ne craignez rien, dit-il avec un sourire sinistre : je suis aussi pressé que vous d'en finir.

Et il commença son récit d'une voix posée et un peu lente, afin de permettre au Cœur-Loyal de tout écrire, ce que du reste celui-ci accomplissait avec une remarquable habileté.

On aurait dit qu'il n'avait fait autre chose de sa vie.

Cette histoire, nous ne la raconterons pas.

C'était un tissu de crimes plus horribles les uns que les autres, dont naturellement la responsabilité appartenait, au dire de l'ancien matelot, tout entière au Mayor, et voici pourquoi :

Depuis des siècles la famille de Sébastian avait constamment servi, avec un dévouement à toute épreuve, la famille du Mayor.

Élevé tout enfant près de celui-ci, Sébastian, habitué à lui témoigner un profond respect et suivant les traditions de dévouement de sa famille, s'était accoutumé à obéir sans résister à toutes les volontés et aux caprices de son jeune maître.

Avec l'âge, ce dévouement s'était accentué et avait pris des proportions telles que, quoi que lui disait le Mayor, il le faisait, persuadé que c'était son devoir.

Quelles que dussent être les conséquences de cette obéissance à toute outrance, devenu homme, Sébastian eut certaines velléités de résistance, mais le pli était pris, le Mayor le brisa d'un seul coup et le mit pour toujours dans son entière dépendance

Tout cela était vrai jusqu'à un certain point ; mais on aurait pu faire bien des observations sérieuses à cette obéissance féodale dont, s'il l'avait véritablement voulu, Sébastian se serait facilement libéré.

Mais dans son récit, plus que passionné, il importait qu'il appuyât le plus fort possible, afin de se disculper, sur l'ascendant que son maître avait pris sur lui ; et il ne s'en fit pas faute.

Il continua donc son récit dans cette voie, essayant de prouver qu'il n'avait jamais été que le complice passif et inconscient de son maître dans tous les crimes qu'ils avaient commis ensemble.

Il raconta dans ses plus minutieux détails le meurtre de la maison hantée et en révéla les motifs.

Puis il passa à la scène du suicide, à la fuite du Mayor que lui, Sébastian, avait préparée par son ordre.

Il dit comment ils étaient arrivés à la Nouvelle-Orléans avec une soixantaine de mille francs que le Mayor avait perdus, en deux soirées, au jeu avec des planteurs ; leur fuite de la Nouvelle-Orléans, après avoir assassiné un banquier français, dont ils avaient volé la bourse pleine d'onces d'or, et comment ils s'étaient réfugiés dans les prairies, où ils s'était résolûment faits bandits.

Ce récit écœurant de meurtres et de débauches donnait des nausées à Julian.

Il allait prier Belhumeur d'interrompre le bandit et d'en finir avec lui, lorsque tout à coup il se trouva intéressé, malgré lui, par un fait que l'ex-matelot s'avisa de raconter.

Ce fait était celui-ci :

— Le Mayor, dit Sébastian, avait été fait prisonnier dans les Montagnes-Rocheuses, chez un Canadien bois-brûlé nommé la Frambroise. A la suite de cette arrestation, faite nul ne savait par qui, la troupe du Mayor s'était dispersée, lui-même avait disparu, et la croyance générale était qu'il était mort. En effet, depuis assez longtemps personne n'entendait plus parler de lui : or, quelques années auparavant, moi qui toujours avais fui obstinément tout commerce avec les femmes, je devins, à Hermosillo, amoureux fou d'une toute jeune fille, nommée dona Luz Allaquesta y Morales. Son père était banquier, et passait pour posséder une très grande fortune. Cet amour me faisait perdre la tête. J'avais eu quelques rendez-vous sans conséquence à l'église avec cette jeune fille, elle semblait assez bien disposée pour moi ; mais c'était en vain que je m'ingéniais à avoir entrée dans sa maison, la porte demeurait obstinément fermée pour moi, le père

6.

de doña Luz, je ne sais pourquoi, m'avait pris en grippe : ma vue seule le mettait dans des fureurs épouvantables ; j'étais désespéré, et je me demandais si je ne ferais pas bien de me débarrasser de ce père intraitable avec un bon coup de couteau, et d'enlever ensuite la jeune fille, lorsque la pensée me vint de confier mon chagrin au Mayor.

Il interrompit un instant ce récit, qu'il faisait avec une désinvolture et un cynisme effrayants, et se tournant vers le chasseur :

— Cœur-Sombre, lui dit-il, c'est surtout pour vous que je raconte cette histoire ; vous comprendrez bientôt pourquoi.

— Je le comprends déjà, répondit Julian ; mais continuez, le temps passe.

— C'est vrai, et vous avez hâte d'être débarrassé de moi, fit-il en ricanant. Écoutez donc, j'aurai bientôt fini. Je reprends : le Mayor rit beaucoup de ma confidence ; il me dit que j'étais un imbécile et un maladroit, mais qu'il verrait ce qu'il pourrait faire pour me servir.

» Ce qu'il fit, le voici :

» Quelques jours plus tard, le Mayor me dit : Mon garçon, ne pense plus à cette jeune fille, jamais tu n'arriveras à rien avec elle ; elle ne t'aime pas et sa famille ne veut pas entendre parler de toi, ton atroce figure a produit son effet ; il faut en faire ton deuil ; mais, comme cette jeune fille est fort jolie, que je lui plais et que je l'aime, je t'annonce que je l'épouse demain. Je l'ai demandée à son père, qui me l'a accordée avec une fort jolie dot.

» Je restai atterré ; il me rit au nez et me tourna le dos. Le lendemain, comme il me l'avait annoncé, il épousa la jeune fille, et un mois plus tard il l'emmena à Santa Fé, où il loua pour elle et pour lui une magnifique maison sur le plaza Mayor. Ne pouvant me venger, je rongeai mon frein sans oser me plaindre : je fis plus, je me moquai de moi-même, de ma sotte passion ; bref, je fis si bien que je réussis à tromper le Mayor lui-même et à le convaincre que j'avais tout oublié.

» Je souffris ainsi pendant dix longues années, sans

laisser deviner, ni par un mot, ni par un geste, ni par un regard, la blessure toujours saignante que j'avais au cœur.

» Or, après l'arrestation du Mayor dans la hutte de la Framboise, lorsque je vis qu'il ne reparaissait pas, je commençai à reprendre espoir. Je réunis une troupe de bandits, ce qui n'est pas difficile dans la savane ; je leur promis monts et merveilles, et je m'introduisis, de nuit, dans Santa Fé.

» La maison fut prise d'assaut, incendiée et livrée au pillage ; ce que je voulais, c'était m'emparer de doña Luz et me venger sur elle de ce qu'elle m'avait fait souffrir ; mais elle réussit, je ne sais comment, à m'échapper, en enlevant sa fille avec elle.

» Voyant que je ne pouvais l'atteindre ni la retrouver, je me joignis aux pillards, ce que jusque-là j'avais dédaigné de faire, je m'emparai de sommes considérables. Cette maison était pleine d'or et de diamants ; c'était là que le Mayor cachait toutes ses richesses mal acquises : je déposai ma part de butin dans une *cache* profonde, et, après m'être séparé des bandits, qui ne me connaissaient pas, je retournai machinalement au rendez-vous habituel du Mayor qui, deux heures après moi, arriva dans un état déplorable. Bref, la petite fille que vous savez est l'enfant du Mayor ; quant à la mère...

— Elle est morte dans la savane, interrompit Julian.

— Non pas, fit vivement Sébastian avec un éclair de haine dans le regard ; on l'a crue morte, mais elle n'était qu'en catalepsie. Elle fut trouvée par ce misérable Calaveras au moment où elle revenait à elle ; il la sauva, et la reconduisit au Mayor.

— Elle est donc avec lui, maintenant ?

— Non ; il est trop jaloux d'elle pour la garder près de lui ; il l'aime toujours avec fureur, il lui a loué une maison presque aussi belle que la première, où il va la voir aussi souvent que cela lui est possible.

— Où a-t-il loué cette maison ?

— Vous tenez à le savoir ?

— Oui.

— Pourquoi ?

— Pour lui rendre son enfant qu'elle pleure sans doute.

— C'est vrai, pauvre femme, sa fille était sa seule joie.

— Vous ne la haïssez donc plus ?

— Que m'importe tout cela maintenant que je vais mourir !

— En effet ; alors dites-moi où je puis la voir ?

— Je ne demande pas mieux. Elle habite à...

Soudain une explosion se fit entendre, et Sébastian roula sur le sol en poussant un horrible cri d'agonie.

Les chasseurs sautèrent sur leurs armes et s'élancèrent dans la forêt, en se dirigeant sur la fumée qui, à un certain endroit, s'élevait en spirale vers le ciel.

Les recherches durèrent longtemps ; mais elles furent inutiles.

Ils ne trouvèrent rien.

L'assassin avait disparu, sans laisser de traces.

Les coureurs des bois se croyant, à cause de leur nombre, à l'abri d'une attaque, le campement n'était pas gardé.

Les sentinelles avaient été rappelées pour assister au jugement du prisonnier.

De guerre lasse, les chasseurs regagnèrent le brûlis.

— C'est le Mayor qui a fait le coup pour arrêter la faconde compromettante de son complice, dit Bernardo.

— C'est probable, mais il a trop tardé, répondit Julian ; nous avons le procès-verbal où son nom est écrit vingt fois tout au long.

— C'est vrai, dit Bernardo en riant. Pauvre Sébastian ! ce que c'est que de nous : il croyait être pendu, et pas du tout, il a été fusillé.

Lorsque les chasseurs furent de retour dans la clairière, leur surprise fut grande en s'apercevant que le corps du bandit avait disparu.

Pendant leur absence, on l'avait enlevé.

— Tout cela n'est pas clair, murmura Julian d'un air pensif ; il faudra bien qu'un jour ou l'autre je trouve la clef de tous ces honteux mystères; mais, patience, nous avons des preuves maintenant, grâce à cette confession.

Le procès-verbal, dont une copie avait été faite par le Cœur-Loyal, fut clos, et signé en double par tous les assistants.

Ceux des chasseurs qui ne savaient pas écrire, et ils étaient nombreux, firent leur croix.

Julian plia le papier, après l'avoir lu attentivement, puis le serra avec soin dans son portefeuille.

Il prit alors congé des chasseurs, et il retourna avec ses amis à l'hacienda.

Le trajet se fit rapidement et sans qu'un mot fût échangé.

Tous étaient en proie à une vive préoccupation.

Seulement, arrivé à l'hacienda, Julian dit à ses amis au moment de se séparer d'eux :

— Surtout, pas un mot à qui que ce soit de ce qui s'est passé cette nuit au brûlis de la Hulotte bleue; que la comtesse surtout ne sache rien ! Charbonneau, recommandez le silence aux autres chasseurs.

— Ils étaient trop éloignés pour avoir compris quelque chose à ce long récit, répondit le Canadien; mais, c'est égal, soyez tranquille, je vous réponds de leur discrétion.

— Merci ! et bon sommeil, répondit Julian en lui serrant la main.

Sur ces derniers mots, on se sépara.

Il était trois heures du matin.

XIX

COMMENT NAVAJA FIT SON RAPPORT AU MAYOR, ET CE QUI S'ENSUIVIT

Nous reviendrons maintenant à l'un de nos principaux personnages, sinon le plus sympathique, mais tout au moins un des plus importants de cette histoire, que nous avons trop longtemps négligé, c'est-à-dire au Mayor.

Le Mayor ne perdait pas son temps tandis que l'haciendero et ses amis faisaient leurs préparatifs de défense pour résister à l'attaque furieuse dont ils étaient menacés.

Le Mayor, malgré sa scélératesse et ses instincts sanguinaires, était un homme remarquable sous beaucoup de rapports.

Comme militaire surtout, ses capacités hors ligne étaient généralement reconnues et appréciées des connaisseurs en pareille matière.

Ses magnifiques états de service faisaient foi de ses talents véritablement extraordinaires.

Une splendide carrière s'ouvrait devant lui ; et probablement, il serait arrivé jeune aux plus hautes distinctions militaires, si malheureusement pour lui, ses vices honteux et ses instincts essentiellement mauvais ne s'étaient pas jetés à la traverse, et n'avaient détruit à jamais cet avenir de gloire et d'honneur, pour le plonger au fond de l'abîme, où, aveuglé par ses passions, il s'était, pour les satisfaire à tout prix, précipité les yeux fermés.

Ne pouvant plus être ni un citoyen honorable, ni un officier distingué, il était tout naturellement devenu un grand scélérat et un bandit émérite.

Il y avait en cet homme quelque chose de puissant qui faisait que, quoi qu'il arrivât, il ne devait jamais rester confondu avec le vulgaire, mais, au contraire, être placé de prime saut au premier rang, dans tout ce qu'il voulait entreprendre.

Sa réputation était immense dans toutes les hautes savanes et les mystérieuses prairies de l'Ouest lointain.

Les bandits, et ils sont nombreux dans ces régions presque inconnues encore, ne juraient que par lui et se faisaient une gloire de servir sous ce chef redouté.

Sa générosité, car il laissait couler l'or comme de l'eau entre ses doigts, lui amenait force adhérents, malgré ses façons d'agir plus que brutales et la discipline sévère qu'il maintenait dans sa troupe.

On le redoutait beaucoup, on le haïssait en secret ; mais malgré cela, son bonheur était si grand, ses expéditions si bien conduites et toujours si heureuses, que les hommes ne lui manquaient jamais.

Il exerçait une fascination irrésistible sur tous ceux qui l'entouraient, et il se faisait obéir des plus redoutables coquins d'un geste, ou même d'un simple clignement d'yeux.

Jusqu'au jour où le hasard l'avait mis face à face avec le Cœur-Sombre, tout lui avait constamment réussi. Le succès avait suivi toutes ses entreprises.

Mais, par une fatalité étrange et inexplicable, dès qu'il eût entamé la lutte contre les deux célèbres coureurs des bois, Cœur-Sombre et Main-de-Fer, la *chance* inouïe qui jusqu'alors l'avait favorisé l'abandonna tout à coup.

Tout changea pour lui et, ainsi qu'il en convenait lui-même, une *déveine* effroyable s'était abattue sur lui.

Le Mayor était joueur, et naturellement comme tous les joueurs il était superstitieux : ces deux hommes lui portaient malheur.

Chaque fois qu'il avait eu maille à partir avec eux, non seulement il avait été vaincu, mais encore il avait essuyé de véritables désastres.

Que signifiait cela ?

D'où provenait cette malechance ?

C'était en vain qu'il en cherchait les causes.

Elles lui échappaient, bien qu'il n'eût aucun doute sur leur existence.

Mais, avec la persistance et l'entêtement des joueurs de profession, que rien ne décourage jamais, il s'obstinait quand même dans cette lutte inégale, espérant toujours un retour de fortune impossible, qui lui donnerait le dernier mot dans cette partie formidable engagée contre ses ennemis redoutables.

Aussi, ne pouvant les vaincre, et sentant intérieurement leur puissance et l'avantage indiscutable qu'ils avaient sur lui, il leur avait voué une haine implacable.

Chaque défaite l'accentuait davantage.

Blessé, meurtri, réduit presque aux abois, au lieu de reconnaître la folie de cette lutte, il n'hésitait pas à la recommencer bravement et à se jeter le premier dans la mêlée.

C'était un duel à mort, sans trêve ni merci.

Il se trouvait ainsi pris fatalement entre les cornes de ce dilemme terrible :

Ou il aurait, par n'importe quels moyens, raison de ses ennemis, les renverserait et les foulerait pantelants sous ses pieds, ou son cadavre mutilé, abandonné dans la savane, deviendrait la proie des fauves ou servirait de pâture aux vautours et aux urubus.

Il n'y avait pas d'autre alternative pour lui : leur mort ou la sienne !

Il ne se faisait donc aucune illusion.

Il se préparait à jouer une partie suprême et décisive.

Mais il s'y préparait froidement, avec cette duplicité féline qui était en lui ; ne négligeant aucun détail, si indifférent qu'il fût en apparence ; mûrissant lentement et patiemment ses projets, et prenant des dispositions véritablement formidables, afin de mettre si bien cette fois la force et la ruse de son côté, que ses ennemis fussent irrémissiblement perdus sans espoir possible de revanche.

Il semblait se multiplier, tant il déployait d'activité ; et, par suite, il obtenait des résultats imprévus et véritablement extraordinaires.

Lorsque sa troupe, considérablement augmentée, lui avait paru assez forte pour commencer ses opérations préliminaires, il avait quitté le souterrain de la cascade dont il avait fait son quartier général ; il était venu s'établir à la fourche du *Rio Gila* et du *Rio Puerco*, dans un camp retranché, de dimensions considérables, entouré d'épaulements en terre et d'abatis de bois.

A en juger par les nombreux feux de bivouac allumés de distance en distance, et les sentinelles chargées de garder les retranchements, ce camp devait renfermer une troupe importante de bandits.

Sur une légère éminence, située à peu près au milieu du camp, le Mayor avait fait construire un *jacal* en branchages.

C'était là qu'il avait fait sa demeure.

Du haut de cette éminence, il dominait la campagne à la ronde, et rien ne lui échappait de ce qui se passait dans la savane.

Le jour où nous le retrouvons, vers sept heures du soir, le Mayor, retiré dans son jacal comme un tigre dans son antre, était en proie à une de ces colères froides qui le rendaient si redoutable, même pour ses plus intimes affiliés, que personne n'osait l'approcher.

Il marchait d'un pas saccadé dans le jacal, se livrant à un monologue furieux, ne s'interrompant par instants que pour frapper du pied avec rage, lancer quelque blasphème, ou braquer sa longue-vue de nuit sur la savane, plongée dans les ténèbres.

Au reste cette colère furieuse était amplement justifiée.

Depuis son établissement à la fourche du Gila, tous ses efforts avaient tendu et tous ses regards s'étaient opiniâtrement fixés sur l'hacienda de la Florida, qui naturellement était son seul objectif.

Il lui importait surtout de savoir ce qui se passait derrière les murs de l'hacienda, de quelles forces disposaient ses ennemis, quels étaient leurs moyens de défense, enfin d'obtenir tous les renseignements précieux et indispensables, pour assurer le succès d'une expédition comme celle qu'il préparait.

Malheureusement les résultats n'avaient pas été tels qu'il l'avait espéré.

Il n'avait rien pu apprendre.

C'était en vain qu'il avait lancé ses meilleurs batteurs d'estrade et ses plus fins espions dans la savane.

Semblable aux mystérieux palais des contes orientaux, l'hacienda demeurait pour lui sombre et muette.

Rien de ce qui se passait derrière ses murailles ne transpirait au dehors.

Depuis dix jours il attendait vainement des nouvelles, bien que ses plus fins limiers eussent été par lui envoyés à la découverte.

Navaja, Masamora, Sébastian, n'avaient pas encore reparu.

Calaveras, qui lui avait promis un secours de cent cinquante sang-mêlés et bandits de la Louisiane, ne donnait pas signe de vie, et pourtant ce secours aurait dû être arrivé depuis au moins quatre jours.

Le Mayor avait réussi à enrôler deux cent soixante-dix-sept hommes.

Ce chiffre était assez respectable; l'appoint des cent cinquante hommes de Calaveras, en élevant sa *cuadrilla* à quatre cent vingt-sept hommes, le mettrait à même, pensait-il, de tenir sérieusement la campagne et de tenter un coup de main sur l'hacienda avec toutes les chances de succès.

Mais il était important que cet appoint rejoignît son camp au plus vite; sans lui il ne pouvait rien tenter de décisif.

Le Mayor en était là de ses réflexions, qui devenaient plus sombres à chaque minute; sa colère croissait, prenant des proportions touchant presque à la folie, lorsque tout à coup il s'arrêta haletant et prêta anxieusement l'oreille.

Les sentinelles avaient crié : Qui vive !

On avait répondu du dehors ; plusieurs cavaliers avaient pénétré dans le camp.

Le Mayor se redressa.

Il épongea son front couvert de sueur, rendit presque subitement le calme à ses traits bouleversés par la colère et l'inquiétude, et un sourire d'une expression singulière entr'ouvrit ses lèvres.

— Enfin ! murmura-t-il avec un soupir de soulagement.

Et comme un pas pressé se faisait entendre au dehors, il alla s'asseoir près d'une table encombrée de papiers, et appuyant la tête dans sa main gauche et le coude sur la table, il sembla s'absorber dans la lecture d'un papier qu'il avait pris au hasard.

Le Mayor était un comédien achevé et un *poseur* émérite.

Il posait sans cesse devant ses gens, même devant ses plus intimes.

Ces habitudes étaient tellement invétérées chez lui que souvent, sans s'en douter, il jouait la comédie et posait devant lui-même, quand il était seul et que personne ne pouvait le voir.

Quelques instants s'écoulèrent ; la couverture servant de portière au jacal fut soulevée du dehors, et un homme entra.

— Ah ! c'est vous, Navaja, dit le Mayor avec une feinte indifférence. Vous avez bien tardé, je n'espérais plus vous revoir.

— Il s'en est fallu de peu que je ne revinsse pas, Mayor.

— Oh ! oh ! mais vous êtes sain et sauf, il me semble ?

— Oui, grâce à Dieu ! mais la campagne a été rude.

— Enfin, avez-vous des nouvelles ?

— Oui, Mayor.

— Bonnes ou mauvaises ?

— Des unes et des autres.

— Ah !... Vous semblez fatigué ?

— J'ai crevé deux chevaux pour arriver plus vite ; j'ai

fait trente-cinq lieues dans ma journée, sans même prendre le temps de boire ni de manger.

— Cela presse donc ?

— Vous en jugerez, Mayor !

— C'est juste ; voulez-vous partager mon souper. Nous causerons en mangeant.

— Je vous remercie et j'accepte, Mayor, car je tombe littéralement d'inanition.

Le Mayor prit son sifflet sur la table, et en tira à deux reprises un sifflement strident.

Le jacal était assez grand, et partagé par des claies faisant cloisons en plusieurs compartiments ou chambres.

Une portière intérieure s'écarta à demi et une tête ébouriffée passa dans l'entrebâillement.

— Mon souper et deux couverts, dit le Mayor.

Le tête disparut ; presque aussitôt la portière fut relevée et deux hommes entrèrent, portant une table toute servie.

Un troisième portait un panier contenant une douzaine de bouteilles, qu'il posa à terre, près de la table.

— Allez, dit le Mayor et ne rentrez pas sans être appelés.

Les trois hommes saluèrent et sortirent par où ils étaient venus.

— A table, ajouta le Mayor en s'adressant à Navaja.

Les deux hommes se placèrent en face l'un de l'autre.

Le souper commença.

Les plats étaient nombreux, copieux et bons ; les vins étaient des meilleurs crus de France.

Les deux convives, munis d'un formidable appétit, y firent largement fête.

Les commencements du repas furent silencieux. Mais lorsque la première faim fut calmée, la conversation s'engagea.

— A votre santé ! dit le Mayor ; goûtez-moi de ce château-margaux.

— A la vôtre, Mayor ; il est exquis. Le château-margaux est, à mon avis, le seul vin que l'on puisse boire toujours avec le même plaisir, et sans être jamais incommodé, surtout quand, comme celui-ci, il est retour de l'Inde.

— Vous êtes connaisseur, dit le Mayor en riant : c'est un souvenir d'une razzia faite à Paso del Norte, et dont les Français ont payé les frais.

— Je me rappelle cette expédition.

— Au fait, c'est vrai, vous y étiez. Encore un verre?

— Avec plaisir.

— Vous êtes le premier qui m'apportiez des nouvelles.

— Comment cela?

— Oui, j'attends encore Sébastian, Masamora et Calaveras.

— Les deux premiers, il est inutile de les attendre plus longtemps, ils ne reviendront pas. Quant à Caleveras, c'est autre chose; il sera ici demain au lever du soleil.

— Oh! oh! que m'annoncez-vous là! Ni Sébastian, ni Masamora ne reviendront?

— Non, Mayor.

— Ils sont donc morts?

— Tous les deux.

— Vous en êtes sûr?

— J'ai assisté à la mort de l'un et j'ai tué l'autre.

— Voilà, sur ma foi, de rudes nouvelles! s'écria le Mayor dont les traits se rembrunirent. Ceci demande explication, compagnon.

— C'est pour vous donner plus tôt cette explication que j'ai crevé deux chevaux.

— Vous avez tué Sébastian?

— Oui, et à ma place vous en auriez fait autant, Mayor.

— Oh! oh! et Masamora?

— Celui-là, c'est différent; il a été presque assommé d'abord par le Cœur-Sombre, et il a été ensuite achevé par son cheval qui l'a lancé dans une fondrière.

— Et vous avez vu Cavaleras?

— J'ai passé trois jours avec lui; je l'ai quitté ce matin, et j'ai pris les devants afin de vous faire mon rapport. Ai-je eu tort?

— Je ne dis pas cela ; seulement j'ai hâte de vous entendre.

— Je suis prêt.

— Attendez.

Le Mayor frappa sur la table avec le manche de son couteau.

— Le café, dit-il en même temps.

Après un instant, un aventurier entra, apportant le café, des liqueurs et des cigares.

— Que tout le monde quitte le jacal, dit le Mayor, j'ai besoin d'être seul avec Navaja, et je ne veux pas d'oreilles aux écoutes.

— C'est bien, répondit l'aventurier.

Il s'approcha de la portière intérieure : trois hommes parurent.

Sur un signe du Mayor, les quatre bandits quittèrent le jacal sans prononcer un mot.

— Nous sommes seuls, dit le Mayor. Nous pouvons causer à notre aise et sans craindre d'être entendus ; allez, je vous écoute. Un mot avant tout : avez-vous réussi à pénétrer dans l'hacienda ?

— J'y ai passé trois jours, Mayor.

— Hum ! alors vous avez dû apprendre bien des choses.

— J'ai appris tout ce qu'il vous était nécessaire de savoir.

— Voyons.

— Interrogez-moi ; cela ira plus vite.

— C'est juste. S'attendent-ils à être attaqués ?

— Parfaitement.

— Sont-ils nombreux ?

— Trois cent vingt-trois en tout.

— Tant que cela ?

— Pas un de moins ; je les ai comptés moi-même. Ce sont des péones indiens, les vaqueros de don Cristoval.

— Tristes soldats, fit le Mayor en allongeant les lèvres avec dédain.

— Oui, assez tristes ; mais ils se battront.

— Vous croyez ?

— J'en suis sûr; don Cristoval leur a promis une once d'or à chacun après la bataille; les plus à redouter pour nous sont les chasseurs amenés par la comtesse de Valenfleurs.

— C'est vrai, mais ils sont une poignée d'hommes.

— Dix-huit en tout, Cœur-Sombre et la Main-de-Fer compris.

— Peuh! nous en viendrons à bout.

— Je le crois, d'autant plus que si je suis bien informé, ils ont très peu de munitions; c'est à peine si don Cristoval de Cardenas a pu se procurer deux cents livres de poudre, les Français ayant prohibé sur la frontière la vente des armes et des munitions de guerre.

— Quel est leur plan de défense?

— Très simple: ils redoutent une attaque surtout du côté de la rancheria, à cause des grands amas de poudre d'or et des lingots d'argent qu'elle renferme.

— Que dites-vous donc-là? interrompit vivemement le Mayor, ils ont de la poudre d'or et des lingots d'argent?

— Vous l'ignoriez?

— Complètement.

— C'est singulier; il faut que vous sachiez que je me suis introduit dans l'hacienda sous un costume de vaquero; personne n'a fait attention à moi, d'autant plus que j'ai eu soin de ne pas me laisser voir, ni par les chasseurs, qui auraient pu me reconnaître, ni par l'haciendero : j'ai donc passé là trois jours sans qu'on ait soupçonné ma présence, ce qui m'a permis de tout voir et de tout entendre sans être inquiété. Depuis l'arrivée des Français sur la frontière, don Cristoval, craignant probablement que ces convois fussent enlevés par les maraudeurs français, a pris la résolution d'enmaganiser les produits de ses mines d'or et d'argent, au lieu de les expédier à Hermosillo et de là à Guyamas ainsi qu'il le faisait avant la guerre; de sorte qu'il a, bien malgré lui, d'immenses richesses amoncelées à la rancheria. Aussi deux cents de ses plus braves vaqueros doivent-ils défendre la rancheria en cas d'attaque pour mettre ses richesses à l'abri d'un coup de main.

— Hum ! voilà qui est bon à savoir.

— N'est-ce pas? Du reste, je n'ai pas perdu mon temps là-bas : j'ai réussi à lever un plan exact de l'hacienda et de la rancheria.

— Sacrebleu ! vous avez fait cela ?

— Mais oui, répondit simplement Navaja.

— C'est un coup de maître! Vous avez ce plan ?

— Pardieu ! le voici.

Et, fouillant dans la poche de son dolman, il y prit un vieux et graisseux portefeuille qu'il ouvrit, et duquel il retira une grande feuille de papier pliée en quatre, qu'il présenta toute dépliée au Mayor.

Celui-ci s'en saisit avec un vif mouvement de joie.

Il posa cette feuille de papier sur la table en repoussant brusquement les plats, les verres, les assiettes et les bouteilles qui auraient pu le gêner, et dont une partie se brisa avec fracas sur le sol, et il se mit à examiner attentivement ce plan, en suivant les indications et les explications que Navaja lui donnait avec l'apparence de la plus entière bonne foi.

— Cordieu ! s'écria le Mayor en frappant avec joie sur le plan étendu devant lui; maintenant, je suis certain de réussir, et c'est à vous que je le devrai, mon cher Navaja. Vous êtes un habile et précieux ami.

— J'espère, Mayor, que ce n'est pas de ce soir seulement que vous vous en apercevez.

— Non, non, il y a longtemps que je vous connais, mon ami, et que je sais ce que vous valez.

— A la bonne heure ! vous me rendez justice, Mayor, je vous en remercie.

— Est-ce que vous avez communiqué ce plan à Calaveras ? demanda-t-il avec une nuance d'inquiétude.

— Je m'en serais bien gardé ; non, Mayor, je ne lui en ai pas soufflé mot; d'ailleurs, ceci est une chose qui vous regarde seul.

— Très bien; ont-ils établi quelques défenses dans l'intérieur de l'hacienda ?

— Aucunes; ils comptent sur la hauteur et l'épaisseur peu ordinaires de leurs murailles.

— Ils ont tort ; je me charge de le leur prouver. Ce n'est pas avec une centaine d'hommes, si résolus qu'ils soient, qu'ils peuvent espérer de défendre efficacement une si grande étendue de murailles.

— Certes, cela est impossible ! mais ils croient qu'ils ne seront attaqués que par une centaine d'hommes tout au plus.

— Ils se trompent, ami Navaja, dit le Mayor en se frottant gaiement les mains; bien que je n'aie pu réunir autant de monde que je l'aurais voulu, cependant, lorsque Calaveras se sera joint à moi avec les hommes qu'il m'a promis, ma *cuadrilla* se composera de quatre cent vingt-sept hommes résolus et aguerris : jamais aucune troupe aussi nombreuse n'aura été réunie dans le désert.

— C'est vrai, Mayor; c'est admirable ! sur mon honneur ! vous avez fait des miracles.

— Ah ! c'est que, cette fois, je veux en finir avec mes ennemis ! dit-il avec ressentiment.

— Voyez-vous ce point rouge, là, sur le plan, dans le parc ?

— Oui, que signifie-t-il ?

— A cet endroit, le mur a été ébranlé par suite d'infiltrations, lors des dernières pluies, sur une étendue de plus de vingt mètres, la muraille ne tient plus que par artifice ; elle cédera à la première secousse vigoureuse qu'elle recevra, je m'en suis assuré.

— Bon ! cela nous fait une entrée toute trouvée. Pendant que nous ferons deux fausses attaques: l'une contre la rancheria, et l'autre contre les corales de l'hacienda, le gros de notre troupe entrera tranquillement de ce côté dans le parc.

— Oui, et sans coup férir, car nos ennemis seront alors pris à revers; mis entre deux feux, nous en aurons bon marché.

7.

— C'est cela même; allons ! ajouta-t-il gaiement, je vois que vous vous rappelez encore notre ancien métier.

— Oh ! cela ne s'oublie pas, Mayor.

— C'est vrai, c'est vrai, mon ami. Ah çà ! vous m'avez dit comment vous étiez entré dans l'hacienda, dites-moi donc maintenant comment vous en êtes sorti.

— Oh ! c'est toute une histoire, Mayor.

— Dites-la moi, compagnon, cela finira sans doute de me mettre de bonne humeur.

— Je ne le crois pas. Voici la chose en deux mots : je me suis, vous ai-je dit, introduit dans l'hacienda déguisé en vaquero.

— En effet, vous me l'avez dit.

— C'était vers quatre heures du matin; le temps était sombre, il tombait une pluie fine, glacée et pénétrante; je rôdais depuis près de trois heures au pied des murailles du parc, cherchant un endroit facile à escalader; je m'arrêtai définitivement à l'endroit marqué en rouge sur le plan : c'était une inspiration, ou plutôt un pressentiment, car ce fut en escaladant cette partie de la muraille que je m'aperçus qu'elle était minée par les eaux, et qu'elle ne tenait debout que par artifice.

— C'est admirable ! dit le Mayor en avalant d'un trait un verre de rhum.

— Je crus entendre un léger bruit derrière moi, et supposant qu'une ronde quelconque rôdait au dehors, je sautai de la crête du mur dans le parc, où, sans me faire mal, je tombai sur des feuilles sans produire le moindre bruit. Mon premier soin fut de me jeter sous le couvert et de me blottir au milieu d'un fourré presque impénétrable. Bien m'en prit, car presqu'aussitôt j'entendis un bruit de pas, et bientôt j'aperçus deux hommes qui s'approchaient du mur. Ces deux hommes, que quelques instants plus tard je reconnus, étaient le Cœur-Sombre et le mayordome de l'hacienda.

— Diable ! c'était jouer de malheur !

— Dans le premier moment, je crus qu'ils m'avaient aperçu et que c'était à moi qu'ils en voulaient : je retirai tout doucement mes revolvers de ma ceinture et je me tins prêt à une vigoureuse résistance. Les deux hommes causaient à voix basse, mais ils ne s'occupaient nullement de moi; ils passèrent à trois pas du buisson où j'étais caché, sans même tourner la tête de mon côté; je respirai alors.

— Il y avait de quoi, dit le Mayor en riant.

— Les deux rôdeurs continuèrent à se diriger du côté de la muraille; soudain ils s'arrêtèrent et se jetèrent vivement derrière un arbre. Vous comprenez que je regardais, moi aussi : je vis alors une tête émerger du sommet de la muraille, puis un corps, puis un homme tout entier. Qu'est-ce que cela signifie? me demandai-je à moi-même. Je ne restai pas longtemps en suspens, l'énigme me fut bientôt expliquée.

— Qu'était-ce donc? demanda le Mayor qui, depuis quelque temps, écoutait plus attentivement.

— Cet homme, reprit Navaja, s'assura qu'il était seul, puis il sauta dans le parc; mais au moment où il touchait le sol, une *reata*, lancée par le mayordome, s'abattit sur ses épaules, et il roula à terre à demi évanoui; les deux hommes coururent au prisonnier, et après l'avoir solidement garrotté, ils le regardèrent au visage : — Bonne prise ! s'écria le Cœur-Sombre; ce drôle, que je connais bien, est l'âme damnée du Mayor; il se nomme Sébastian. Il est venu probablement pour nous espionner. — Son compte est bon, répondit le mayordome. Le prisonnier fut roulé dans un *zarapé*, puis le mayordomo le chargea sur ses épaules en disant : — Mettons-le en lieu de sûreté; nous verrons plus tard ce que nous ferons de lui; et les deux hommes s'éloignèrent. Je restai seul, très intrigué par cette scène, à laquelle je ne comprenais rien. La présence de Sébastian dans les mêmes parages que moi et en même temps, c'était ce qui m'étonnait le plus.

— Pardonnez-moi, ami, j'ai eu tort, dit le Mayor en lui tendant la main avec les marques de la plus apparente franchise. Vous savez combien peu je puis avoir confiance dans les hommes qui m'entourent. Sébastian, dont vous connaissez le caractère atrabilaire et soupçonneux, m'avait dit contre vous certaines choses fort graves, qu'il est inutile de répéter maintenant, et dont il s'était vanté de me fournir les preuves, si je lui laissais carte blanche. J'y consentis; vous savez le reste.

— Ainsi, Sébastian m'avait accusé de trahison ?

— Positivement, oui, mon ami.

— Je ne puis vous en vouloir, Mayor ; tout autre à votre place aurait agi comme vous l'avez fait, mais peut-être n'aurait pas reconnu son erreur aussi franchement que vous l'avez reconnue tout à l'heure.

— Merci, compagnon ; maintenant c'est entre nous à la vie et à la mort.

— Vous avez dit le mot, Mayor. Bientôt, croyez-le bien, vous ne conserverez plus aucun doute sur mon compte.

— Je n'en conserve plus, mon ami ; donc, brisons là et continuez, je vous prie.

— Soit, Mayor. D'ailleurs, avec le temps tous les nuages se dissipent, et la vérité se découvre, quoi qu'on fasse pour l'empêcher. Je reprends : Sébastian fut mis dans la prison de l'hacienda ; mais bientôt Cœur-Sombre et ses amis reconnurent que le prisonnier qu'ils avaient fait était très gênant pour eux ; il s'agissait de se débarrasser de lui, soit en le tuant, soit en le livrant aux Français. Mais aucun de ces moyens n'était praticable : les Français ne pouvaient se charger, sans ordre d'extradition, d'un prisonnier fait sur le territoire des Etats-Unis ; d'un autre côté, tuer cet homme dans l'hacienda était impossible ; don Cristoval se serait attiré de la part des autorités américaines un procès criminel.

— Oui, le cas était embarrassant. Comment s'en sont-ils tirés ?

— Par un biais assez adroit ; le Cœur-Sombre apprit par hasard qu'une troupe de coureurs des bois était arrivée pour les grandes chasses d'hiver et campait à quelques lieues de l'hacienda, au brûlis de la Hulotte bleue.

— Oui, j'ai entendu parler de cette troupe. Calaveras

m'avait conseillé d'entamer des négociations avec elle ; mais après mûres réflexions, j'y ai renoncé, convaincu que je n'arriverais à rien avec ces brutes canadiennes.

— Je pense que vous avez eu raison. Les hésitations de Cœur-Sombre durèrent assez longtemps ; enfin, le troisième jour, il se décida à faire conduire le prisonnier au brûlis de la Hulotte bleue et de le livrer aux chasseurs pour lui faire infliger la loi de Lynch.

— Vous êtes certain de cela ?

— Vous en aurez bientôt la preuve ; n'ayant plus rien à faire à l'hacienda, je m'évadai une heure après le coucher du soleil, et je me rendis au brûlis, non pas pour m'aboucher avec les chasseurs, mais afin de surveiller ce qui se passerait ; je réussis à m'approcher du brûlis sans être dépisté ; les chasseurs, n'étant pas sur les entier de la guerre, ne se gardaient point ; j'avais caché mon cheval dans un fourré, et je lui avais attaché les naseaux afin de l'empêcher de hennir. Arrivé presque sur la lisière de la clairière, je grimpai dans un mahogany géant et je me blottis au milieu du feuillage ; tout en étant complètement invisible, je pouvais voir et presque entendre tout ce qui se faisait et se disait dans la clairière.

— Hum ! C'était jouer gros jeu, compagnon.

— Peut-être ! mais j'avais mon idée ; je vous avoue que je n'ai jamais aimé Sébastian, qui, du reste, me le rendait bien, vous le savez ; de plus, j'étais convaincu, je ne sais pourquoi, qu'il n'était pas aussi votre ami qu'il feignait de le paraître, en un mot, que le dévouement à votre personne, dont il faisait parade, n'était qu'une haine déguisée.

— Je commence à croire que vous pouviez avoir raison, dit le Mayor en hochant la tête.

— Attendez la fin.

— Soit ; continuez.

— Je restai ainsi perché comme un perroquet sur une branche pendant plus de trois heures, je croyais déjà que peut-être le Cœur-Sombre avait changé d'idée, et fatigué de cette longue attente et transi de froid, j'allais me retirer, lorsque, un peu avant minuit, une petite troupe, composée de six à huit hommes, et commandée par un chasseur canadien nommé Charbonneau, pénétra dans la clairière.

— Je connais ce Charbonneau, j'ai un compte à régler avec lui.

— Sébastian, bientôt garrotté et attaché sur un cheval, se trouvait au milieu des chasseurs ; le Canadien causa pendant assez longtemps à part avec quelques-uns des coureurs des bois, puis tous se réunirent, et il fut convenu que le pauvre diable serait jugé, mais, comme il mourait à peu près de faim, on lui donna à manger et surtout à boire.

— Ah ! il but ? fit le Mayor en fronçant le sourcil.

— Considérablement, oui ; mais aussitôt qu'il fut rassasié, alors tout changea. Sébastian déclara qu'il avait mérité la mort, mais qu'il ne voulait pas la recevoir avant que d'avoir confessé tous ses crimes ; il fit plus : il exigea que sa confession fût écrite et procès-verbal dressé et signé par tous les assistants.

— Oh ! cela n'est pas possible ?

— Je vous affirme que cela est ainsi.

— Oh ! le démon, s'écria le Mayor en frappant sur la table de telle sorte que verres et bouteilles se choquèrent les uns contre les autres.

— Alors, ce qu'il dit, je ne vous le répéterai pas ; d'ailleurs, j'entendais mal ; qu'il vous suffise de savoir que, sous prétexte de confesser ses crimes, il a raconté votre histoire dans tous ses détails, sans oublier de révéler votre nom véritable. Les coureurs des bois frissonnaient en écoutant ce misérable. Bref, les choses furent poussées si loin, il allait laisser échapper de si horribles aveux, car tout en parlant il continuait à boire, et la haine l'enivrait encore plus que ce qu'il buvait à plein verre, que, n'y pouvant tenir davantage et ne sachant comment imposer silence à cet énergumène, au risque de tout ce qui pourrait m'arriver, mais oubliant tout pour ne songer qu'aux calomnies effroyables qu'il débitait contre vous, je le couchai en joue et l'abattis raide mort.

— Ah ! le misérable ! s'écria le Mayor, en proie à une rage indicible, il a été justement châtié. Merci, Navaja, merci, mon ami, ce service me rend éternellement votre débiteur.

— J'ai fait mon devoir, Mayor, voilà tout.

— Peut-être ; mais comment cela a-t-il fini ?

— Par un tumulte effroyable, et une chasse désespérée ; mais, blotti heureusement au plus épais du feuillage, j'échappai à toutes les recherches ; et, lorsque les coureurs des bois, fatigués de leur inutile poursuite, eurent regagné la clairière, je m'évadai au plus vite et sans regarder derrière moi, je vous le jure...

— Vous avez risqué votre vie pour moi, je ne l'oublierai pas ; mais le procès-verbal, que, dites-vous, on a dressé sous la dictée de ce misérable traître, qu'est-il devenu ? Le savez-vous ?

— Je l'ignore, Mayor ; je vous avoue même que je n'y ai pas songé ; peut-être aurais-je pu rester encore dans ma cachette, mais la nuit s'avançait, je craignais que les coureurs des bois ne se ravisassent et ne me surprissent dans mon arbre, où j'aurais fait une très sotte figure, et je ne pensai qu'à fuir au plus vite

— Vous avez eu raison ; mais ces maudits chasseurs me le paieront, je vous le jure ; je tirerai d'eux une vengeance exemplaire.

— Me permettez-vous de vous parler franchement, Mayor ?

— Oui, parlez.

— Eh bien, à mon avis, je crois que vous ferez bien, surtout en ce moment, de ne pas vous attaquer à eux. Vous avez déjà une rude besogne sur les bras, ne vous en mettez pas une autre qui, peut-être, serait plus rude encore. Ces chasseurs sont braves, nombreux, leur nombre s'accroît chaque jour, à cause des grandes chasses d'automne ; ils sont neutres en ce moment ; ne vous en faites pas des ennemis. Qui sait ? si vous les attaquiez, peut-être les Peaux-Rouges se mettraient-ils avec eux. Nous ne sommes pas en odeur de sainteté dans les savanes et les prairies de l'Ouest ; si ces démons se liguaient contre nous, nous aurions fort à faire, et peut-être y laisserions-nous notre peau sans aucun bénéfice pour nous.

— C'est juste. Vous avez parlé en homme sage et en véritable ami, Navaja. Je vous remercie, et je suivrai votre conseil. Plus tard, quand je trouverai ma belle, je me vengerai d'eux ; quant à présent, je dissimulerai. Terminons d'abord notre expédition contre l'hacienda, après nous verrons.

— A propos de cette expédition, ne pensez-vous pas que plus tôt nous la tenterons, plus nous aurons de chance de réussite.

— C'est aussi mon opinion ; les choses qui traînent ne réussissent jamais. Je n'attends pour tenter mon coup de main que l'arrivée des renforts promis par Calaveras.

— Il sera ici au lever du soleil.

— Combien d'hommes amène-t-il ?

— Deux cents hommes au moins.

— Deux cents hommes ! s'écria le Mayor avec joie.

— Oui, plutôt plus que moins ; mais entre nous, ils ne me semblent pas valoir grand'chose, ainsi que lui-même me l'a dit. Calaveras a fait flèche de tous bois ; je crois que vous ferez bien de ne pas trop compter sur eux.

— Bah ! ils feront nombre ; et, bien encadrés dans mes aventuriers, je suis certain qu'ils se battront courageusement.

— Dieu le veuille ! quant à moi, je n'y compte guère. Vous parlez en soldat, Mayor, et vous oubliez que ces hommes sont des voleurs, poltrons et ivrognes pour la plupart ; vous n'en ferez rien.

— Je ne les ai pas vus encore ; je ne puis donc émettre une opinion sur eux ; demain quand ils seront arrivés, nous verrons ce que je dois en penser. A propos, où en sommes-nous de la lune ?

— C'est demain le dernier quartier.

— Ah ! diable, le temps nous presse alors ; quoi qu'il advienne, nous tenterons sans rémission la surprise le dernier jour de la lune.

— Dans huit jours alors ?

— Oui, dans huit jours, c'est dimanche aujourd'hui, n'est-ce pas?

— Oui, Mayor.

— Eh bien, dimanche prochain ; c'est une date que j'aime, une surprise est plus facile le dimanche que les autres jours, parce que les peones des haciendas se divertissent et sont ivres presque toujours ce jour-là. Asseyez-vous là, près de moi, et mettons-nous à étudier sérieusement ce plan qui me paraît fort bien établi, afin de pouvoir prendre en toute sûreté nos mesures pour le succès de notre campagne ; vous vous y connaissez, Navaja, mon ami. Mettons-nous à l'œuvre.

— A vos ordres, Mayor.

Les deux hommes, assis côte à côte, se penchèrent sur le plan dessiné par Navaja et étendu devant eux sur la table.

XX

DANS LEQUEL LE MAYOR TOMBE DE FIÈVRE EN CHAUD MAL

Le soleil, en émergeant du milieu des ténèbres, surprit les deux aventuriers courbés encore sur le plan qu'ils étudiaient depuis onze heures du soir : mais tout était définitivement arrêté entre eux, et le programme de la surprise de l'hacienda dressé d'une façon irrévocable.

Le camp s'éveillait.

Les aventuriers s'occupaient activement du pansage des chevaux et des préparatifs du premier repas.

Les uns conduisaient les chevaux à l'abreuvoir dans le

Gila, d'autres en revenaient, certains portaient des seaux de toile pleins d'eau.

Les cuisiniers fendaient le bois, allumaient le feu, épluchaient les légumes ou embrochaient les quartiers de gibier.

Quelques-uns fourbissaient leurs armes ou raccommodaient leurs vêtements.

D'autres enfin se promenaient gravement la cigarette ou le cigare à la bouche.

C'était un bruit, un brouhaha continu de cris, de jurons, de chants mêlés aux aboiements des chiens et aux hennissements des chevaux.

On changeait les sentinelles et on procédait au nettoyage du camp, ce qui n'était pas une mince affaire.

Le temps était magnifique, le ciel d'un bleu indigo.

Des senteurs balsamiques s'échappaient de terre, mêlées à une buée intense qui formait une espèce de nuage au-dessus des rivières.

Une brise rafraîchissante faisait trembler les feuilles emperlées de rosée.

Les grands oiseaux de proie commençaient leurs larges vols circulaires au plus haut des airs, tandis que les oiseaux chanteurs, blottis sous les frondaisons, chantaient à plein gosier un hymne matinal au Créateur.

On apercevait de mystérieuses ondulations dans les hautes herbes sur le passage précipité des fauves regagnant leurs postes en toute hâte.

A l'extrême limite de l'horizon, un peu sur la droite, on apercevait un groupe presque indistinct de cavaliers; tandis que, sur la gauche, mais beaucoup plus rapprochée, on voyait une troupe nombreuse de cavaliers bien montés et portant le costume mexicain, se dirigeant à toute bride vers le camp, qu'ils ne devaient pas tarder à atteindre.

En ce moment, le Mayor et Navaja se levèrent, et, fatigués d'une longue et laborieuse veille, sortirent sur le seuil du jacal pour respirer l'air frais et bienfaisant du matin.

— Eh! dit tout à coup Navaja en étendant le bras dans

la direction de la troupe la plus rapprochée, le diable m'emporte ! pour la première fois de sa vie peut-être, notre ami Calaveras a été fidèle à sa parole : si je ne me trompe, c'est lui qui nous arrive là-bas avec tout son monde.

— Pardieu ! dit le Mayor en braquant sa longue-vue vers le point indiqué par Navaja, il n'y a pas à en douter, c'est lui ; ma foi, qu'il soit le bienvenu ; il ne pouvait pas arriver plus à propos. Motus, n'est-ce pas, sur Sébastian et ce pauvre diable de Masamora : au fait, vous ne m'avez pas dit ce qui s'était passé entre vous et lui ?

— Il ne s'est rien passé du tout.

— Cependant, vous avez dû le rencontrer ; comment, sans cela, sauriez-vous qu'il est mort ?

— C'est ce que je vais vous apprendre en deux mots, si vous y tenez.

— Je l'aimais assez ; il était brutal, mais brave comme un lion ; je le regrette. Mais vous me conterez aussi bien cela en marchant ; descendons au-devant de Calaveras.

— Soit, je suis à vos ordres, Mayor.

Ils descendirent de l'éminence et se dirigèrent au petit pas vers l'entrée du camp.

— Après m'être échappé du brûlis, dit alors Navaja, je lançai mon cheval ventre à terre, sans suivre aucune direction, voulant, avant tout, dépister les chasseurs si l'idée leur venait de se mettre sur mes traces. Tout à coup, au moment où je m'y attendais le moins, je tombai au beau milieu d'un groupe de cinq ou six hommes, qui avaient mis pied à terre, et prodiguaient des soins à l'un des leurs à demi couché sur le sol. Il ne me fallut qu'une seconde pour reconnaître ces individus comme faisant partie de notre cuadrilla : de leur côté, ils me reconnurent. L'homme blessé et mourant n'était autre que Masamora, il agonisait. Je demandai des explications à nos camarades ; ils ne savaient presque rien : tout ce qu'ils purent m'apprendre, ce fut que vous aviez envoyé Masamora à l'hacienda de la Florida, afin de réclamer la liberté de Sébastian, que vous saviez être prisonnier dans l'hacienda.

— En effet, j'avais été informé de cette arrestation par un péon qui avait tout vu par hasard. Malheureusement, cet imbécile ne put réussir à me fixer le jour exact où Sébastian avait été fait prisonnier ; cependant, je me décidai à faire quelque chose en sa faveur. Si j'avais su alors ce que je sais maintenant, je me serais bien gardé de tenter cette malheureuse démarche.

— Et Masamora vivrait encore.

— Peut-être ; chaque homme a sa destinée écrite d'avance sur le grand-livre de la fatalité !

— Cela est possible, après tout. Bref, il paraît que Masamora fut introduit dans l'hacienda, que là il s'était pris de querelle avec le Cœur-Sombre, et que même il avait essayé de jouer du couteau ; mais le chasseur qui, paraît-il, possède une vigueur remarquable, lui asséna un si furieux coup de poing dans l'estomac, qu'il le lui défonça ; puis, après qu'on eut fait reprendre connaissance à ce pauvre diable à demi assommé, sur l'ordre du Cœur-Sombre il avait été remis sur son cheval et chassé de l'hacienda. Masamora rejoignit ses compagnons comme il put, au bout de deux jours. Ceux-ci, le croyant mort, allaient retourner au camp, lorsqu'il arriva à l'endroit où ils l'attendaient ; mais après avoir pris à peine une heure de repos, bien que sa faiblesse fût extrême, Masamora voulut absolument se remettre en route ; son cheval était difficile, et comme il le guidait mal et le tourmentait sans trop savoir ce qu'il faisait, l'animal impatienté fit un saut de mouton et le lança par-dessus sa tête dans une fondrière ; cette dernière mésaventure l'acheva, car il trépassa sans avoir repris connaissance, pendant que l'on me donnait les renseignements que je vous transmets. Je donnai l'ordre de creuser une fosse, où on l'enterra ; cela fait, comme rien ne nous retenait plus à cette place, on se remit en route pour le camp : voilà tout ce qui s'est passé. Comme vous le voyez, ce n'est pas grand'chose, ou, pour mieux dire, ce n'est rien.

— Enfin, il est mort ; que le diable ait son âme ! C'est égal, je le regrette. Comme je vous l'ai dit, pas un mot à Calaveras.

— Soyez tranquille, Mayor, je serai muet.

— Merci. Ah ! voici notre homme, parlons d'autre chose. Quelle singulière tournure il a à cheval !

— Le fait est qu'il n'est pas élégant, répondit Navaja en riant.

Les deux hommes étaient arrivés à l'entrée du camp, tout juste pour assister à l'arrivée de la cuadrilla, si singulièrement commandée par Calaveras.

Les cavaliers avaient assez bonne apparence ; mais, ainsi que Navaja l'avait annoncé au Mayor, les nouveaux venus, malgré leurs efforts, faisaient très piteuse mine auprès des hommes du Mayor.

Le bandit ne laissa rien paraître sur son visage de la mauvaise opinion qu'il conçut de ces nouveaux aventuriers ; au contraire, il prit son air le plus riant, alla au-devant de Calaveras, le félicita sur la bonne tenue de ses hommes, l'aida à mettre pied à terre, lui serra affectueusement la main et, passant son bras sous le sien, il l'entraîna de la façon la plus amicale vers le jacal, en le remerciant de lui avoir si bien tenu parole.

Félitz Oyandi faisait la roue à tous ces compliments.

Il riait et se redressait avec importance, en homme qui se croit indispensable.

— J'espère que cette fois, tu ne m'objecteras pas que tu manques de monde ? dit-il avec un sourire railleur au Mayor qui, lui aussi, riait dans sa barbe.

— Non, mon ami, tu m'as trop fermé la bouche pour que je te fasse la moindre observation, répondit celui-ci.

— Tu n'en as pas à me faire, reprit vivement le manchot : je t'avais promis cinquante hommes, tu t'en souviens, n'est-ce pas ?

— Parfaitement.

— Je t'en amène plus de deux cents ; je crois que c'est beau, cela ?

— C'est magnifique ! Il n'y a que toi pour faire de telles surprises à tes amis.

— Enfin, tu me rends justice. Eh bien, là, franchement, maintenant que rien ne te retient plus...

— Rien absolument.

— A quand l'expédition ?

— Demande à Navaja ce que nous disions avant ton arrivée ?

— Le Mayor me disait, fit Navaja en se mêlant à la conversation : si Calaveras arrive comme il nous l'a promis avec les hommes que j'attends, l'expédition aura lieu dimanche prochain.

— Dimanche prochain ? Oh ! oh ! fit Félitz Oyandi en ricanant, caraï ! voilà une singulière coïncidence.

— Que veux-tu dire ?

— C'est vrai, tu ne sais pas !

— Quoi ? parle donc, au nom du diable !

— C'est que la plaisanterie est excellente ! s'écria-t-il en riant.

— Veux-tu t'expliquer, oui ou non ?

— Allons, ne te fâche pas, m'y voici. Sache donc que c'est précisément dimanche prochain que notre ami le Cœur-Sombre doit enfin épouser sa chère Denizà ; comprends-tu l'à-propos ?

— Pardieu ! si je le saisis ! s'écria le Mayor en pouffant de rire. Ah ! sur ma foi ! la plaisanterie est excellente. Il faut avouer que le hasard fait bien des choses ! Nous nous inviterons au bal, et nous ferons danser la mariée ; ce sera charmant !

Si, en ce moment, le Mayor avait eu la pensée de regarder Navaja, l'éclair de haine qu'il aurait vu jaillir des regards de celui-ci lui aurait donné fort à penser.

Mais il ne vit rien. Navaja, qui s'était oublié une seconde, éteignit subitement le feu de son regard, composa son visage, et, de l'air le plus joyeux, il fit chorus avec ses deux compagnons.

— Ah ça ! comment as-tu appris la date de ce mariage ? reprit le Mayor.

— Comme j'apprends tout ce que j'ai intérêt à savoir, répondit évasivement Félitz Oyandi, avec ce ricanement de hyène qui lui était particulier, et dont il ponctuait toutes ses phrases quand il était joyeux.

— Bon ! toujours des mystères ?

— Pas le moins du monde : c'est tout simplement une question d'argent placé à gros intérêts ; je paye, et on me renseigne, voilà tout.

— Comme il te plaira. Après tout, cela t'intéresse plus que moi ; si je ne me trompe, tu en tiens toujours pour la Denizé ?

— Je ne dis pas non ; mais, sois tranquille, tu reconnaîtras bientôt que tu n'es pas aussi désintéressé dans cette affaire que tu te l'imagines.

— Hum ! qu'est-ce que tu as encore ?

— Rien, rien ! Ainsi, c'est bien entendu, c'est pour dimanche.

— Pour dimanche, oui.

— Tu ne changeras pas d'avis ?

— Pour rien au monde, je te le jure sur l'honneur de mon nom !

— C'est bien, je retiens ta parole, et alors dimanche...

— Eh bien ?

— Je te promets une surprise.

— Une surprise ?

— Oui.

— Agréable ?

— Ah ! tu m'en demandes trop. Tout ce qu'il m'est permis de te dire, à présent, c'est que tu es loin de te douter de ce que je te ménage.

— Ainsi, tu ne veux rien me dire ?

— Je m'en garderai bien, mon effet serait manqué.

— Alors, va au diable, toi et ta surprise !

— Cela pourrait bien nous arriver à tous trois.

— Comment ! à tous trois ?

— Dame, toi, moi et la surprise ; tu verras, je ne te dis que cela...

— Tu m'ennuies à la fin ; veux-tu déjeuner ; tu vois, nous sommes servis.

— Je ne demande pas mieux, je meurs de faim.

— Tant mieux ; seulement, si tu tiens à m'être agréable, tu changeras de conversation, hein ?

— Parbleu ! je n'ai plus rien à te dire. Dimanche tu verras ; voilà tout.

— Encore !

— Non, c'est fini. Mettons-nous à table.

— Vous déjeunez avec nous, n'est-ce pas, Navaja ?

— Avec plaisir, Mayor.

Les trois convives s'assirent alors autour d'une table admirablement servie.

— A propos, dit Félitz Oyandi la bouche pleine ; où donc est Sébastian ? Tu me l'avais annoncé et je ne l'ai pas vu.

— C'est vrai, répondit imperturbablement le Mayor, en jetant un regard à la dérobée à Navaja ; il est parti il y a deux jours pour un voyage qu'il n'a pu remettre, et qui, je crois, durera assez longtemps, n'est-ce pas, Navaja ?

— Oui, dit celui-ci, je crois que nous resterons fort longtemps sans recevoir de ses nouvelles.

— Est-ce pour affaires qui nous regardent ? demanda Félitz Oyandi avec intérêt.

— Tout particulièrement, répondit le Mayor avec un sourire d'une expression singulière ; cette mission ne pouvait pas être confiée à un autre que lui.

— Le fait est, reprit Félitz Oyandi, que ce démon de Sébastian a un talent particulier pour les missions scabreuses.

— Et celle-ci l'est considérablement, s'écria le Mayor en riant.

— Il est certain, ponctua Navaja, que s'il réussit, il ne sera pas maladroit.

Félitz Oyandi n'était pas un sot ; il comprenait vaguement que ses deux compagnons se moquaient de lui, bien qu'il ne devinât pas le but de cette plaisanterie prolongée à propos de Sébastian, auquel, quoi qu'il en eût dit, ne portait qu'une amitié plus que problématique, et ne s'intéressait que très médiocrement.

Les coquins n'ayant en général que peu de sympathie les uns pour les autres, leurs relations sont toujours basées, non pas sur l'amitié, mais essentiellement sur l'intérêt.

Cependant il commençait à ouvrir les oreilles et à interroger ses compagnons du regard. Il importait donc de ne pas éveiller davantage son attention ; mais, au contraire, de lui donner le change et de couper court ainsi à toutes les suppositions, que son esprit soupçonneux, et toujours sur le qui-vive, pourrait faire.

— Eh ! mon maître, dit le Mayor, avec un gros rire, tu es tout interloqué, il me semble ?

— Hein, que veux-tu dire ? se récria Félitz Oyandi.

— Dam ! c'est visible.

— Oh ! il est pris, ajouta Navaja avec un rire railleur.

— Ah ça ! vous moquez-vous de moi ?

— Pardieu ! depuis une heure, cher ami ! toi qui t'entends si bien à railler les autres, avec les soi-disant surprises que tu leur ménages, comment trouves-tu que nous nous y entendons, nous aussi ?

— C'est donc une plaisanterie ? fit-il avec un regard inquisiteur.

— Que veux-tu que ce soit ? mon pauvre ami, nous avons voulu te rendre la monnaie de ta pièce, voilà tout.

— Pas autre chose, fit Navaja en riant.

— Qu'en penses-tu ?

— Je pense que vous êtes des niais de croire que j'ai été votre dupe.

— A la bonne heure, tu t'en tires mieux que je ne l'aurais supposé. Sache donc que notre ami Sébastian est tout simplement et tout bêtement parti pour Guaymas, afin de surveiller certain navire français que tu sais, faire causer l'équipage autant que possible, et cela, dans ton intérêt, ou plutôt dans celui de tes amours. Me comprends-tu maintenant ?

— Eh! eh! fit Félitz Oyandi avec un hideux sourire, il y a peut-être une idée là.

— Il y en a une certainement, et tu t'en apercevras aussitôt que nous nous serons emparés de la Florida et de ceux qu'elle renferme.

— Parles-tu sérieusement? fit le boiteux en lui lançant un regard singulier.

— Je ne plaisante jamais quand il s'agit d'intérêts sérieux.

— C'est vrai, je dois en convenir.

— Merci; tu me rends justice, mais ce n'est pas tout.

— Oh! oh! tu es en verve, cher ami.

— Tu en jugeras : en revenant de Guaymas, après ses affaires terminées, Sébastian a l'ordre de passer par Hermosillo.

— Et pourquoi à Hermosillo? fit-il avec intérêt.

— Ne sais-tu pas qui habite là ?

— Doña Luz.

— Allons donc! tu as la compréhension bien dure aujourd'hui !

— Dam! c'est que je ne vois pas...

— Allons, je crois qu'il faut que je m'explique, car tu ne devinerais jamais.

— Oui, je pense que cela vaudra mieux.

— C'est cependant bien simple. Enfin, puisqu'il le faut, écoute-moi donc.

— Je ne perds pas un mot.

— Tu n'ignores pas que j'ai des sommes considérables déposées chez don Luis Allacuesta, le père de ma femme.

— Tu parles de doña Luz?

— De qui diable veux-tu que je parle? fit le Mayor en fronçant les sourcils.

— Pardonne, je ne savais ce que je disais ; oui, tu as, si je suis bien informé, environ un million de piastres placé dans cette maison.

— Un peu plus, mais cela ne fait rien à l'affaire ; or, l'attaque et la surprise de l'hacienda, ainsi que ce qui s'ensuivra, ne laissera pas que d'avoir un certain retentissement. Bref, le sol sera brûlant sous nos pieds, et, si nous ne prenons pas bien nos mesures, nous risquerons d'éprouver de sérieux désagréments.

— Tout cela est exact, j'y avais pensé déjà, et je me promettais de t'en parler.

— Tu sais que j'ai tout prévu.

— Continue, je te ferai après connaître mon opinion.

— Or, comme je ne me soucie pas, après avoir réussi à me venger de ceux que je hais, de tomber aux mains des Américains, des Mexicains ou des Français, car ils se mettront tous à nos trousses, nous aurons des relais préparés à l'avance jusqu'à Guaymas, où nous arriverons à franc-étrier. Nous nous embarquerons sur le navire français, où nous nous cacherons ; et nous serons en pleine mer avec nos richesses et nos amours, ajouta-t-il en riant, avant même qu'on se doute que nous avons quitté la savane. Que dis-tu de ce plan ?

— Je dis qu'il est admirable.

— Et comme nous avons le même banquier...

— L'affaire ira toute seule.

— Il n'y a pas la plus légère objection à faire.

— Ainsi, tu m'approuves ?

— Des deux mains. J'avoue que je n'étais pas sans inquiétude sur les suites de notre expédition.

— Et maintenant, tu es rassuré ?

— Il serait singulier que je ne le fusse pas. Et Sébastian ?

— Il est parti ce matin un peu avant le lever du soleil.

— Est-ce qu'il nous attendra là-bas ?

— Certes ; mais pas à Hermosillo, à Guaymas : il faut que rien ne nous arrête, que nous puissions nous embarquer aussitôt après notre arrivée, et être sous voiles une demi-heure plus tard.

— Allons, dit joyeusement Félitz Oyandi, je vois que tu n'as rien oublié. Sur ma foi, tu es un grand homme !

— Merci, dit-il en riant ; c'est en sachant tout prévoir à l'avance que l'on ne compromet jamais le succès d'une opération, si épineuse qu'elle soit.

— Tu as toujours raison. Ah ! nous rirons, ajouta-t-il avec son ricanement habituel.

— Je l'espère, répondit le Mayor avec un sourire que son complice ne remarqua pas.

Voyant les deux hommes engagés dans une conversation particulière, Navaja s'était assis sur le seuil du jacal et avait allumé sa pipe, dont il aspirait la fumée avec une régularité mathématique, feignant ainsi de ne pas attacher la moindre attention à la conversation de ses deux compagnons, bien qu'il n'en perdît pas un mot, et qu'il s'y intéressât vivement.

Car ce colloque, commencé sur le ton de la plaisanterie, n'avait pas tardé à perdre son apparente frivolité et avait pris une teinte sérieuse, qui donnait beaucoup à penser à l'aventurier.

Navaja était surtout frappé de l'accent de vérité avec lequel le Mayor expliquait à son complice le plan diabolique qu'il avait conçu, et les mesures qu'il avait jugé à propos de prendre, pour exécuter sans encombre sa fuite, aussitôt sa vengeance satisfaite contre les habitants de l'hacienda.

Les détails qu'il donnait, et dans lesquels il se complaisait, semblaient si positifs et, en somme, étaient si logiques, qu'ils éveillèrent l'attention de Navaja.

Ils lui mirent de telle sorte la puce à l'oreille, qu'il arriva bientôt à la presque certitude que, tout en plaisantant, le Mayor disait la vérité ; que le plan dont il parlait, loin d'être fantastique, existait véritablement, et avait été depuis longtemps mûri dans sa pensée, bien que la forme qu'il lui donnait fût fictive.

Depuis plusieurs jours déjà, Sébastian était mort, ou du moins tout portait à supposer qu'il en était ainsi. L'ancien matelot n'avait donc pu servir d'intermédiaire au Mayor dans les conditions que celui-ci le prétendait.

Mais ce que le pauvre diable était dans l'impossibilité de faire actuellement, rien ne prouvait qu'il ne l'avait pas fait antérieurement.

Navaja savait, de source certaine, que deux mois auparavant, l'ancien matelot avait, sur l'ordre du Mayor, fait une longue absence dont les motifs étaient demeurés secrets.

Il était plus que probable que cette absence mystérieuse se rattachait à l'exécution du plan de fuite qu'en ce moment le Mayor exposait si complaisamment à son complice, et peut-être en était la cause unique.

Mais pourquoi le Mayor faisait-il cette confidence tardive à son complice ?

Quel parti espérait-il en tirer ?

Avec un homme tel que le Mayor, habitué aux machinations souterraines et aux menées occultes, on était en droit de tout supposer.

Car tout était possible de sa part, et surtout la trahison, même envers ses complices les plus dévoués.

Quoi qu'il en fût, dans les circonstances présentes, cette affaire prenait avec raison, aux yeux de Navaja, des proportions formidables.

C'était tout un mystère de surveillance secrète à organiser autour du Mayor, afin de ne pas le perdre de vue une seconde, pour ne pas être surpris par lui à l'improviste.

Car, pour assurer sa fuite, si tel était réellement son projet, le Mayor, Navaja en avait la conviction, n'hésiterait pas à sacrifier ses compagnons jusqu'au dernier, et même à passer sur leurs cadavres, s'il pensait ainsi faire réussir ses ténébreuses combinaisons.

Mais ce secret surpris inquiétait fort Navaja. Il lui fallait redoubler de prudence, et surtout manœuvrer avec une adresse extrême, afin d'aveugler le Mayor, et ne pas lui donner l'éveil. Un rien suffirait pour faire naître ses soupçons, et, le cas échéant, l'aventurier le savait, son chef n'hésiterait pas à lui brûler la cervelle, ainsi qu'il l'avait fait à tant d'autres pour des motifs en apparenc les plus futiles.

Mais Navaja, si coquin qu'il fût, était brave, adroit et intelligent ; il ne douta pas de réussir à donner le change à son redoutable chef.

8.

D'ailleurs, il convint avec lui-même que sa position était tellement précaire déjà, à cause de la partie qu'il avait secrètement engagée contre le Mayor, que sa vie ne tenait plus, pour ainsi dire, qu'à un fil, et qu'il ne risquait pas davantage, en ajoutant les chances bonnes ou mauvaises de cette nouvelle affaire à celles dans laquelle il était depuis longtemps engagé.

Navaja en était là de ses réflexions ; sa résolution était prise, lorsqu'un bruit assez fort se fit entendre à l'entrée du camp.

Tout en causant, le Mayor et son ami avaient peu à peu baissé la voix, de sorte que, depuis quelques instants, ils parlaient si bas que Navaja ne pouvait plus rien entendre.

Au bruit, ils s'interrompirent et levèrent brusquement la tête.

— Qu'y a-t-il donc ? demanda le Mayor en se tournant vers Navaja.

Celui-ci, bien qu'il eût parfaitement entendu la question, se garda bien de répondre.

Debout sur le seuil du jacal, il semblait regarder attentivement au dehors.

Le Mayor répéta sa question en haussant le ton.

Navaja se retourna.

— Que demandez-vous, Mayor ? dit-il.

— Je vous demande ce qui se passe. Est-ce que vous êtes sourd ?

— Pas le moins du monde, Mayor, mais le bruit m'empêchait d'entendre. Une troupe assez nombreuse de cavaliers vient d'entrer dans le camp

— Que diable cela peut-il être ? dit le Mayor en se levant : je n'attends plus personne, que je sache ?

— Ces cavaliers sont au moins une cinquantaine : ils paraissent être des coureurs de bois ; ils ont des guerriers Peaux-Rouges avec eux.

— C'est bizarre, dit Félitz Oyandi. Voudraient-ils nous proposer quelque association ?

— Ce n'est pas probable, répondit le Mayor ; nous ne sommes guère amis, les Coureurs des bois et nous.

— Nous ne tarderons pas à savoir à quoi nous en tenir, dit Navaja ; voici Lingot qui vient sans doute prendre vos ordres.

— En effet. Attendons donc.

L'homme annoncé arrivait au pas gymnastique.

Il grimpa vivement l'éminence et se trouva bientôt en présence du Mayor.

— Pourquoi diable cours-tu ainsi ? demanda celui-ci, et pourquoi viens-tu me déranger ?

— Excusez-moi, Mayor, répondit l'aventurier, mais ces chasseurs insistent pour avoir une entrevue avec vous.

— Je n'ai pas de temps à perdre avec tous les vagabonds des prairies auxquels il plaira de venir me visiter.

— Pardon, Mayor, ces chasseurs ne sont pas des vagabonds, voilà pourquoi j'ai osé prendre sur moi de vous annoncer leur visite.

— Tu les connais donc, toi, Lingot ? dit le Mayor en raillant.

— Pas tous, mais je connais les chefs principaux, et vous les connaissez très bien, vous aussi, Mayor, répondit l'aventurier d'un air goguenard, répondant ainsi à une ironie par une autre.

— Et quels sont ces chefs que je connais ? Pourrais-tu me les citer ? fit-il en devenant sérieux.

— Cela me sera très facile, Mayor.

— Eh bien, voyons : quels sont ces chefs ?

— Voici leurs noms : la Main-Ferme, le Cœur-Loyal et Belhumeur.

— Ah ! que dis-tu ? s'écria le Mayor avec surprise. Ces célèbres coureurs des bois me demandent une entrevue ?

— Oui, Mayor.

— Qu'ils viennent, je les recevrai... Ah ! attends : n'y a-t-il pas des Peaux-Rouges avec eux ?

— Une dizaine, oui, Mayor ; ce sont des guerriers Comanches de la tribu du Bison-Blanc.

— N'ont-ils pas de chefs parmi eux ?

— Deux Sachems renommés : Le Grand-Bison et l'Opossum.

Le Mayor hocha la tête et parut réfléchir.

— C'est singulier, murmura-t-il entre haut et bas, que peuvent me vouloir ces hommes ?

— Je l'ignore, Mayor, dit le Lingot.

Le bandit tressaillit, et fixant son œil louche sur l'aventurier d'un air de mauvaise humeur.

— Qui te parle, animal ! lui dit-il rudement ; décampe au plus vite et va exécuter mes ordres.

Le Lingot ne se fi pas répéter cette injonction, et il s'éloigna encore plus rapidement qu'il était venu.

Le Mayor frappa dans ses mains, et il ordonna aux deux aventuriers qui parurent à cet appel de faire disparaître les restes du déjeuner et de tout remettre en place dans le jacal.

Ordre qui fut exécuté aussitôt avec une rapidité extrême.

Le sultan de Delhi, ou le roi de Dahomey, ne sont pas obéis avec plus de promptitude et de soumission que ne l'était ce chef de bandits dans son camp.

Bientôt on vit les trois Coureurs des bois et les deux Sachems Comanches se diriger vers le jacal.

Le Mayor remarqua que la troupe nombreuse des chasseurs et des Comanches était restée massée en bon ordre à l'entrée du camp, de façon, si besoin était, à opérer leur retraite sans que les aventuriers pussent s'y opposer.

Examinant alors la savane avec sa longue-vue, le Mayor fronça le sourcil.

Il avait aperçu à l'orée d'un bois assez éloigné plusieurs cavaliers immobiles, et semblant être les sentinelles avancées d'un corps nombreux de chasseurs.

Il repoussa d'un geste fébrile les tubes de sa longue-vue les uns dans les autres, mais il ne dit rien.

Seulement, comme les chefs se rapprochaient, il ordonna d'un geste à Félitz Oyandi et à Navaja de le suivre, et il descendit l'éminence pour aller au-devant des arrivants.

Ceux-ci, en voyant venir le Mayor, firent halte et attendirent.

La résolution du Mayor était prise.

Il sembla ne pas remarquer ce que cet arrêt des étrangers avait de peu amical, et il continua à s'avancer.

— Soyez les bienvenus dans mon camp, caballeros, dit-il en les saluant avec courtoisie dès qu'il fut près d'eux. Veuillez mettre pied à terre et m'accompagner jusqu'à mon jacal, où je serai heureux de vous recevoir avec les honneurs auxquels vous avez droit.

Les coureurs des bois et les Sachems Comanches, contrairement à l'étiquette adoptée dans les prairies de l'Ouest pour les visites de courtoisie, étaient restés en selle. Ce qui donnait à cette entrevue une signification, sinon tout à fait hostile, mais du moins nullement amicale.

Les cinq hommes s'inclinèrent froidement au compliment du Mayor, mais ils ne firent aucun mouvement pour mettre pied à terre.

— Señor, répondit gravement la Main-Ferme, nous ne venons pas dans votre camp pour vous demander l'hospitalité du désert; cette visite nous est imposée, à notre grand regret.

— Señor, répondit le Mayor avec dignité sans que les traits de son visage changeassent, est-ce donc en ennemi que vous vous présentez ?

— Non, pas encore; cela dépendra de vous, répondit la Main-Ferme d'un accent glacé. Nous sommes envoyés vers vous pour vous signifier les volontés des chasseurs libres des prairies, d'avoir à quitter, sous trois jours, le camp retranché que vous occupez à la Fourche du Rio-Gila et du Rio-Puerco, et à rétrograder de vingt lieues, la position solidement fortifiée choisie par vous, étant une menace pour les chasseurs, et vous-même vous étant engagé, sur l'honneur, il y a deux ans, devant le conseil des chasseurs et trappeurs de ces parages, de ne jamais vous approcher de plus de vingt lieues de ces territoires de chasse, à l'époque des grandes chasses d'automne...

— Ah ! fit le Mayor d'une voix sifflante, continuez.

— Mes amis et moi, reprit la Main-Ferme, sans modifier en rien le ton qu'il avait pris dès le début de cet entretien, nous sommes en outre chargés de vous remettre la copie de la confession d'un misérable faisant partie de votre troupe, lequel n'a échappé au châtiment mérité que lui allait infliger le juge Lynch, que pour tomber sous la balle d'un inconnu embusqué dans un arbre, et qui, profitant d'un moment de surprise, qui nous fit nous lancer à sa poursuite, a, quelques instants plus tard, fait disparaître le cadavre, qu'il nous a été impossible de retrouver.

A ces dernières paroles, le Mayor lança un regard de menace à Navaja.

Mais il aperçut sur les traits de l'aventurier une surprise si grande et si vraie, que le soupçon qui avait traversé son esprit s'éteignit aussitôt.

— Señor, reprit-il en s'adressant à la Main-Ferme, je ne comprends rien à cette affaire dont vous me parlez. Je ne vois pas ce que je puis avoir à démêler avec la confession de ce misérable, confession qui ne saurait être qu'un tissu de mensonges.

— Cela pourrait être, sans doute, si cette confession n'était pas affirmée vraie pour la plus grande partie, et cela sur l'honneur, par des témoins oculaires. J'ajouterai que cette confession vous charge de crimes horribles, et que les témoins dont vous lirez les noms au bas de cet acte sont dignes de foi, sous tous les rapports, et qu'ils ont, sur l'honneur, répondu de la véracité du déposant qui, paraît-il, n'aurait été que votre complice. Enfin, ajouta la Main-Ferme après un court silence, nous sommes chargés de vous signifier, mes amis et moi, le jugement du juge Lynch qui vous condamne à mort, à moins que, dans les dix jours qui suivront cette signification, vous vous présentiez devant les chasseurs et trappeurs blancs et sang-mêlés, réunis au *voladero* de la *Palma* pour vous disculper, en fournissant des preuves évidentes de votre innocence.

La Main-Ferme se pencha alors vers le Mayor et lui remit un papier plié en quatre, que celui-ci prit machinalement et froissa avec une rage froide entre ses doigts crispés.

— Est-ce tout, señor ? dit-il d'une voix étranglée par la colère et les efforts qu'il faisait pour rester calme.

— C'est tout, oui, señor, répondit le coureur des bois avec un salut glacial.

— Voici un jugement plus facile à prononcer qu'à exécuter, señor, dit le Mayor d'une voix railleuse ; vous conviendrez que c'est de votre part une étrange audace d'oser vous introduire en compagnie si peu nombreuse dans mon camp pour me signifier cet insolent jugement.

— Je crois que vous vous trompez, señor, répondit paisiblement la Main-Ferme ; nous ne sommes que cinquante ici, mais chacun de nous dispose de douze à quatorze coups de feu ; et vous connaissez notre adresse, ce qui égalise singulièrement les chances ; de plus, deux cents chasseurs et cinq cents guerriers Comanches sont prêts à vous assaillir au premier signal que nous donnerons ; vous voyez donc, señor, que nous n'avons montré aucune audace, et que la démarche que nous avons faite n'avait rien de dangereux pour nous.

— Soit, señor : je l'admets d'autant plus que, quoique vous en disiez, je respecte trop la coutume du désert pour ne pas traiter avec courtoisie même mon ennemi le plus implacable, quand il a franchi le seuil de ma hutte, et mon camp est ma demeure ; d'ailleurs, ni vous, señor, ni vos amis, vous n'êtes mes ennemis, du moins je crois ne vous avoir jamais offensés ni par mes actes, ni par mes paroles ; vous êtes donc à plus forte raison en sûreté dans mon camp pendant tout le temps qu'il vous plaira d'y demeurer.

— Vous n'êtes ni notre ami ni notre ennemi, señor ; nous ne vous connaissons pas ; vos affaires ne nous regardent point ; nous sommes envoyés vers vous, voilà tout. Quant à rester dans votre camp, aussitôt notre mission accomplie, c'est-à-dire quand vous nous aurez répondu, c'est autre chose : nous nous retirerons, mais nous attendrons pour partir que vous ayez écouté ce que les Sachems Comanches, nos *alliés*, et la Main-Ferme appuya sur le mot, ont à vous dire de la part des Chefs de leur nation.

— En effet, dit le Mayor avec ironie, j'avais oublié ces dignes Chefs.

Et, se tournant vers eux, il ajouta :

— Et vous, Sachems, qu'avez-vous à me dire ? Venez-vous vers moi en amis ou en ennemis ? Expliquez-vous en peu de mots, je vous prie ; mes instants sont trop précieux pour que je les perde en bavardages inutiles.

Ces paroles avaient été prononcées en langue comanche, que le Mayor parlait très bien.

— Les Sachems ne sont pas des vieilles femmes bavardes, répondit sèchement un des Sachems. Moi, le Grand-Bison et mon frère l'Opossum, au nom des Comanches des lacs et des Comanches des prairies et de leurs alliés, tant Peaux-Rouges que visages pâles et sang-mêlés, nous vous déclarons à vous, le Vautour-Fauve des savanes, que vous avez manqué sciemment à tous les traités que vous avez conclu avec nous ; que vous êtes un chien, un lapin, un voleur et un homme sans foi ; que, ne voulant pas être plus longtemps dupes de toutes vos fourberies, nous avons déterré la hache contre vous ; que, dès ce moment, cinq cents guerriers sont sur votre piste, et qu'à la huitième lune ces guerriers seront quatre fois plus nombreux, et voici la preuve que ce que je vous dis est vrai.

En prononçant ces dernières paroles, le Sachem retira de dessous sa robe de bison un paquet de flèches ensanglantées et attachées ensemble par une peau de serpent, et il le jeta aux pieds du Mayor, en ajoutant ces derniers mots :

— Gardez-vous ! le Wacondah combattra pour la justice, avec ses enfants rouges. J'ai dit.

— C'est bien, Chef, répondit laconiquement le Mayor en ramassant le paquet de flèches.

Il y eut un court silence ; le Mayor sembla réfléchir.

Les Chasseurs et les Peaux-Rouges restaient froids, impassibles et immobiles comme des statues équestres.

Le bandit releva enfin la tête.

Son visage ne portait plus aucune trace de colère : il souriait.

Il reprit d'une voix douce et courtoise, en s'adressant d'abord à la Main-Ferme :

— Señor, dit-il, j'obéirai, parce que vous avez raison, à votre première demande ; sous trois jours, je lèverai mon camp et je me retirerai dans les limites convenues ; la Savane est assez grande pour que vous et moi y puissions vivre sans nous gêner. Quant à votre seconde demande, voici ma réponse : Le soin de mon honneur exige que je me présente devant le juge Lynch, j'obéirai donc à sa sommation : le dixième jour après celui-ci, au coucher du soleil j'arriverai au Vadero de la Palma, portant avec moi des preuves plus que suffisantes de mon innocence pour mettre à néant les odieuses calomnies inventées contre moi par vengeance, par un misérable indigne de toute croyance. Je vous jure sur mon honneur que je n'ai rien tenté pour le soustraire au châtiment qu'il avait si bien mérité ; il a été tué sans que j'en fusse informé ; quant à son cadavre, j'ignore comme vous comment et par qui il a été enlevé.

— Il suffit, señor, nous attendrons le dixième jour, et nous espérons que vous vous disculperez. Quant à la parole que vous nous donnez, nous y croyons, d'autant plus que vous n'aviez plus aucun intérêt à le sauver ou à le tuer après ce qu'il avait avoué.

Le Mayor se mordit les lèvres.

Il s'inclina silencieusement, et se tournant vers les deux Sachems, il reprit, toujours du ton le plus courtois, mais en changeant d'idiome :

— Sachems, je suis fâché que vous ayez déterré la hache contre moi. Je ne crois pas avoir rien fait qui justifie à vos yeux une résolution aussi terrible ; peut-être réfléchirez-vous et reconnaîtrez-vous que je ne suis pas aussi coupable que vous le supposez. Du reste, quelle que soit la détermination à laquelle vous vous arrêtiez définitivement, vous me trouverez également prêt pour la paix comme pour la guerre... Mais laissez-moi espérer encore que vous consentirez à enterrer si profondément la hache entre nous, que les petits enfants de nos fils ne pourront jamais la retrouver. J'ai dit.

— Les paroles du Vautour-Fauve des savanes, répondit le Grand-Bison, seront répétées autour du feu du conseil devant tous les Sachems réunis, mon frère et moi ne pouvons nous engager à davantage ; le Vautour-Fauve des savanes, un si grand guerrier, doit le comprendre ; mais qu'il veille ! J'ai dit.

Le Mayor s'inclina en souriant.

— Señores, dit-il, votre mission est accomplie ; aurai-je donc le déplaisir de vous voir quitter mon camp sans vous avoir fait prendre les rafraîchissements de l'hospitalité du désert ?

— Il nous est impossible de rester davantage, répondit la Main-Ferme : si nous prolongions plus longtemps notre séjour dans votre camp, cette longue absence donnerait des inquiétudes à nos amis et pourrait occasionner ainsi des événements regrettables ; recevez donc nos adieux, señor, et permettez-nous de nous retirer sans plus de retard.

— Que votre volonté soit faite, señores, répondit poliment le Mayor ; partez, puisque vous le voulez absolument, et que Dieu vous conduise.

— Adieu, señor.

— C'est au revoir que vous voulez dire, reprit le Mayor

toujours souriant, ne devons-nous pas nous retrouver dans dix jours au Voladero de la Palma?

— C'est juste, señor; au revoir.

Les chasseurs s'inclinèrent silencieusement pour prendre congé.

Le Mayor voulut les accompagner jusqu'à la sortie du camp pour leur faire honneur.

De nouveaux saluts s'échangèrent.

Puis les chasseurs, faisant sentir l'éperon à leurs chevaux, s'éloignèrent à toute bride.

Le Mayor les suivit du regard.

Lorsqu'ils furent à une certaine distance du camp, les chasseurs et les Peaux-Rouges embusqués sous bois quittèrent leur abri et s'élancèrent à leur rencontre en poussant des clameurs joyeuses.

Le bandit tressaillit en reconnaissant le nombre d'ennemis qui avaient ainsi surgi tout à coup dans la savane.

— *Mil demonios!* s'écria-t-il en s'essuyant le front, avec un soupir de soulagement; comme j'ai eu raison de me contenir, nous aurions eu fort à faire avec ces démons, si la pensée leur était venue de nous assaillir à l'improviste!... C'est égal, voilà pour mes projets un fâcheux contre-temps; les coureurs des bois et les Comanches contre nous, c'est trop de moitié... que faire?...

Et toujours accompagné de Felitz Oyandi et de Navaja, le Mayor regagna tout pensif le jacal, sans prononcer un mot de plus.

XXI

COMMENT NAVAJA SOUPA AVEC SÉBASTIAN QU'IL AVAIT TUÉ, ET LUI SAUVA LA VIE

Les aventuriers avaient assisté de loin à la scène dramatique qui avait eu lieu entre leur chef, les coureurs des bois et les Sachems comanches.

Bien qu'ils n'eussent pas osé se rapprocher assez pour entendre l'entretien du Mayor avec ses visiteurs, l'obstination de ceux-ci de ne pas mettre pied à terre, d'une part, de l'autre, la contenance froide et presque hostile des chasseurs restés massés et le fusil sur la cuisse à l'entrée du camp, avaient fort intrigué et inquiété les bandits.

A défaut de la parole, les gestes des interlocuteurs, gestes énergiques et faciles à traduire pour des hommes rompus aux coutumes et aux habitudes des errants du désert, avaient suffi pour leur faire deviner presque entièrement les péripéties de cette scène et toute sa gravité.

Une certaine inquiétude régnait donc dans le camp.

Les aventuriers se communiquaient avec force commentaires leurs impressions les uns aux autres.

Ces commentaires, nullement favorables au Mayor, augmentaient encore l'inquiétude générale.

Quelques-uns parlaient déjà d'abandonner le Mayor, et de se retirer au plus vite sur le Haut-Missouri, et même dans l'Orégon, pour échapper à la vengeance des coureurs des bois et des Peaux-Rouges, leurs alliés, toujours mal disposés pour eux, et dont ils redoutaient extraordinairement l'indomptable courage et l'adresse fatale avec laquelle ils se servaient de leurs armes.

Dans l'état où se trouvaient les esprits, une désorganisation, et même une débandade complète de la troupe étaient à redouter, si le Mayor laissait se propager les ferments de révolte qui commençaient à exalter toutes les têtes.

Mais le terrible Vautour-Fauve des savanes, ainsi que le nommaient très justement les Peaux-Rouges, dans leur langage si pittoresquement imagé, avait une trop grande expérience, et savait trop bien à quels hommes il avait affaire pour ne pas couper brusquement le mal dans sa racine.

Sa contenance ferme et rassurée, son visage placide et presque joyeux commencèrent à donner le change aux aventuriers.

Ils crurent s'être trompés et avoir mal compris cette scène, à laquelle, d'ailleurs, ils n'avaient assisté que de fort loin.

Les plus décidés hésitèrent; l'émotion première se calma peu à peu pour faire place à la réflexion.

Quelques émissaires adroits, lancés à propos par le Mayor parmi les aventuriers, achevèrent la victoire, en déclarant que les coureurs des bois étaient venus solliciter leur chef de se joindre à eux pour les aider dans une guerre qu'ils avaient à soutenir contre les Sioux et les Apaches, les amis et souvent les alliés des aventuriers dans leurs expéditions ; le Mayor avait refusé nettement de contracter aucune alliance en ce moment avec les chasseurs et les Comanches, parce qu'il était engagé lui-même dans une expédition très sérieuse que depuis longtemps il préparait.

Le refus du Mayor avait d'abord indisposé les envoyés chargés de négocier avec lui ; mais l'assurance positive donnée par leur chef de rester neutre dans ce conflit, quels que fussent les résultats de la guerre, avait entièrement calmé l'irritation des envoyés ; alors ceux-ci, comme tout le monde avait été à même de le voir, avaient quitté le camp de la façon la plus cordiale, et accompagnés courtoisement jusqu'aux retranchements par le Mayor, ce que celui-ci se serait bien gardé de faire, si la plus légère animosité avait existé entre lui et ses visiteurs.

Les émissaires du Mayor ajoutaient que, sous aucun prétexte, le Mayor n'aurait consenti, si avantageux que fussent les avantages qu'on lui promettait, à se laisser détourner d'une expédition qu'il avait depuis si longtemps préparée avec un soin jaloux, et dont le succès devait enrichir tous ses partisans.

Cette dernière considération, la seule puissante sur des hommes comme les aventuriers, en faisant chatoyer l'or à leurs regards avides, acheva de détruire l'impression mauvaise causée par la visite imprévue et mystérieuse des chasseurs et des Comanches.

De plus, et pour donner un autre cours aux idées des aventuriers, le Mayor fit annoncer, à l'heure du dîner, que l'on se préparât à se mettre en marche, le camp devant être abandonné une heure après le coucher du soleil, afin de rapprocher la cuadrilla du point de la frontière où la surprise devait être exécutée.

Ces diverses mesures avaient été adoptées par le Mayor dans un conseil secret tenu entre lui, Navaja et Félitz Oyandi, et dont il importe que nous fassions connaître les incidents les plus importants.

Rentré dans le jacal, nous ne dirons pas avec ses deux amis — le Mayor n'avait pas d'amis, mais seulement des complices — n'ayant plus à se contraindre, il avait laissé tomber son masque ; pendant près d'une heure, il resta plongé dans un silence farouche ; vainement Navaja et Félitz Oyandi essayèrent de le lui faire rompre par des raisonnements plus ou moins bien adaptés aux circonstances dans lesquels ils se trouvaient tous placés.

Cependant, soit que ces raisonnements eussent enfin produit un certain effet sur lui, soit — ce qui est plus probable — que remis de ce rude assaut, son esprit eût repris son élasticité habituelle, le Mayor retrouva un calme relatif, et il consentit à aviser aux moyens de parer aux effets du coup qui lui avait été si rudement porté.

Lorsque les premières mesures indispensables furent prises pour calmer l'effervescence de mauvais augure qui régnait dans le camp, le Mayor demanda nettement à ses deux conseillers quelle conduite il était à leur avis convenable de tenir dans des circonstances aussi difficiles.

— J'espère, répondit Navaja en souriant, que vous n'avez pas l'intention de vous rendre à l'assignation plus que hautaine du juge Lynch ?

— Pas plus que je n'obéirai aux autres insolentes injonctions que ces drôles ont eu l'audace de m'intimer. Bien leur en a pris de se faire soutenir par des forces nombreuses et que j'aie flairé le piège ; sans cela, ils ne seraient pas sortis vivants de mon camp. Mais laissons ces niaiseries et passons à des choses plus sérieuses. Toi, Calaveras, que penses-tu de tout cela ?

— Je pense que nous sommes dans un guêpier, dont nous aurons fort à faire pour nous tirer sans y laisser pied ou aile, répondit cauteleusement Félitz Oyandi.

— Que supposes-tu donc ?

— Moi ! Je ne suppose pas, je suis certain.

— De quoi es-tu certain ? Voyons, explique-toi clairement une fois en ta vie si cela t'est possible.

— Ah ! voilà ! c'est que ni toi ni Najava vous n'ajouterez foi à ce que je dirai, car cette certitude que je possède n'est, pour ainsi dire, dans mon esprit que par intuition, et qu'il me serait impossible de donner la moindre preuve à l'appui de ce que j'avancerai.

— Va toujours, quand tu te seras expliqué, nous verrons quelle croyance nous devons accorder à tes suppositions, car cela ne peut être autre chose ?

— C'est vrai ; mais ces suppositions sont pour moi la vérité : les coureurs des bois et les Comanches qui se sont présentés ce matin au camp ont fait alliance avec don Cristoval de Cardenas et le Cœur-Sombre. Ils ne sont venus ici que pour te chercher une querelle d'allemand, et avoir le droit de t'attaquer plus tard, par exemple, lorsque tu tenteras ta surprise contre l'hacienda, et te mettre ainsi entre deux feux.

— C'est bizarre ! dit Najava, la même pensée m'était venue à moi aussi.

— Ah ! fit le Mayor.

— Oui, cette réunion si nombreuse de coureurs des bois sur un même point m'a semblé extraordinaire, eux qui presque toujours agissent isolément.

— Excepté à l'époque des grandes chasses d'automne, et, si je ne me trompe, nous sommes précisément à cette époque de l'année, dit le Mayor avec un sourire ironique ; d'ailleurs, ils ont eu soin de le constater eux-mêmes.

— C'est précisément cette constatation qui a éveillé mes

soupçons, dit Navaja ; ils semblaient, en parlant ainsi, aller au-devant d'une objection probable.

— Et les Comanches, ajouta Félitz Oyandi ; que penses-tu de leur visite ?

— Ceci est encore plus facile à expliquer. Les Comanches sont sur leurs territoires de chasse, et de plus, ils ont de sérieux motifs de plaintes contre moi.

— Soit ; mais ne trouves-tu pas tout au moins cette coïncidence singulière ?

— Non, elle me semble au contraire toute naturelle.

— Ainsi, tu ne crois pas à une alliance entre les chasseurs, les Peaux-Rouges et don Cristoval de Cardenas ?

— Non. J'ajouterai même que je la crois impossible. A la rigueur, peut-être, les Comanches, dont le respect pour l'haciendero est très grand — car ils le considèrent comme étant un de leurs grands sagamores — pourraient s'allier avec lui à tout autre moment que celui où nous sommes.

— Pourquoi pas à présent ? demanda Félitz Oyandi.

— Parce que c'est l'époque des grandes chasses d'automne, je te le répète, et que le succès ou le non succès de ces chasses est pour les Peaux-Rouges une question de vie et de mort, puisque c'est alors qu'ils font leurs approvisionnements pour l'hiver, et se procurent la nourriture pour les femmes, les enfants et les vieillards qui les attendent dans leur *atepelt* d'hiver : s'ils manquent ces chasses, c'est pour eux la famine, c'est-à-dire la mort, puisqu'ils ne cultivent pas la terre, et que les quelques céréales qu'ils mangent conjointement avec le gibier, ils les échangent dans les comptoirs contre les fourrures des animaux qu'ils ont tués.

— Ces raisons sont tout au moins spécieuses. Il me serait très facile de les réfuter d'un seul mot : Don Cristoval pourrait, s'il le voulait très bien, indemniser les Peaux-Rouges de cette perte des grandes chasses en leur fournissant tous les vivres dont ils auraient besoin, et probablement il s'y est engagé en traitant avec eux.

— Tout cela n'a pas le sens commun.

— Ainsi, tu persistes dans ton erreur ?

— Non, c'est toi qui persistes dans la tienne.

— Soit, qui vivra verra. Je n'ajouterai qu'un mot : Sais-tu le latin ?

— Je l'ai su autrefois. Pourquoi diable me fais-tu cette question ?

— Parce que les Romains avaient un excellent proverbe, que je te recommande de ne pas oublier.

— Quel proverbe ? Ils en avaient beaucoup.

— Celui-ci entre autres : *Quos vult perdere Jupiter dementat* ; crois-moi, fais-en ton profit.

— Tu ne sais ce que tu dis ; je n'admettrai jamais une telle association panachée de blancs, de sang-mêlés et de rouges.

— A ton aise, compagnon ; l'avenir nous apprendra qui de nous a tort ou raison.

— Ainsi, tu as l'intention de renoncer à notre expédition contre la Florida ? dit le Mayor.

— Nullement, j'y tiens au contraire plus que jamais.

— Alors, comment arranges-tu cela ? Si tu dis vrai, en tentant notre expédition, d'après ce que tu as dit, nous serons pris entre deux feux, et inévitablement écrasés ; n'est-ce pas cela ?

— Oui, ce sont bien mes paroles, et je les crois justes ; mais où la force manque, il reste la ruse.

— Ah ! je te reconnais bien là, toujours tes allures serpentines.

— Ne médis pas des serpents, ils sont prudents et rusés ; l'adresse vaut toujours mieux, crois moi, que la force.

— Je ne sais trop ; mais voyons, que ferais-tu à ma place ?

— Oh ! je ne suis pas un chef habile comme tu l'es, toi ; mais cependant je crois que je réussirais à me tirer d'affaire sans abandonner un seul de mes projets.

— Sois tranquille ; je t'ai donné ma parole, et je la tiendrai coûte que coûte.

— A la bonne heure. Je feindrais d'obéir aux injonctions des chasseurs ; je lèverais mon camp cette nuit ; je rétrograderais en apparence, et quand j'aurais dépisté mes ennemis par un long détour, je marcherais sur l'hacienda, que j'attaquerais à l'improviste au moment même où on me croirait le plus éloigné.

— Eh bien ! réjouis-toi, cher ami. Sauf quelques modifications que je me réserve d'y apporter, je trouve ton plan excellent, et je le suivrai. Seulement, ajouta-t-il avec un sourire sardonique, je m'arrangerai de façon à n'arriver à l'hacienda que le jour du mariage. Je tiens à danser à la noce de ton ancienne fiancée.

— Bravo ! voilà qui est parler ! s'écria Félitz Oyandi avec joie. Malgré tout, nous réussirons.

— Quant à moi, j'en suis sûr, fit le Mayor en riant. Mais il faut agir avec la plus grande prudence. Navaja, je compte sur vous.

— Parlez.

— J'ai besoin d'un homme brave et intelligent, comme vous l'êtes, pour battre l'estrade et surveiller nos visiteurs de ce matin.

— Diable ! fit Navaja en fronçant le sourcil, la mission n'est pas des plus commodes...

— Ni des plus faciles, interrompit le Mayor. C'est précisément à cause de cela que je vous choisis de préférence à tout autre.

— Je vous remercie, répondit Navaja du bout des dents.

— Hum ! fit le Mayor, vous ne semblez pas enchanté de cette mission ?

— Je l'avoue ; je me souviens de ce que vous ont dit les Peaux-Rouges avant de quitter le camp.

— Refusez-vous ?

— Je ne puis refuser, Mayor, mon devoir étant de vous obéir ; seulement, je vous avoue que j'aurais préféré que votre choix tombât sur tout autre que sur moi.

— Mon ami, je n'ai confiance en personne comme en vous: en vous préférant, je vous donne une grande marque d'estime.

— J'en suis convaincu, j'accepte donc, puisqu'il le faut seulement, je vous demande de me laisser agir à ma guise, et surtout de prendre tel déguisement que je croirai convenable afin de me sauvegarder autant que possible.

— Oh! quant à cela, je vous donne liberté de manœuvre : agissez à votre guise, je ne vous demande qu'une chose, c'est de me rapporter des renseignements positifs.

— Vous pouvez y compter, Mayor. Où vous retrouverai-je pour vous donner ces renseignements ?

— Cela dépendra du temps que vous resterez dehors : dans trois jours je serai au brûlis de l'Elan; dans six jours, au gué de la rivière Perdue, où je resterai jusqu'à samedi soir. Il est très important que vous soyez de retour au moins vendredi, car si vos nouvelles sont graves, j'aurai probablement certaines mesures supplémentaires à prendre.

— Vous pouvez compter sur mon retour jeudi ou vendredi au plus tard, à moins cependant que je ne sois mort, ce qui pourrait bien arriver ; les Peaux-Rouges sont très habiles à suivre une piste.

— Bah! il n'y a que les maladroits qui se font tuer, dit le Mayor en riant ; vous nous reviendrez sain et sauf.

— J'en accepte l'augure, répondit gaiement Navaja ; mais encore faut-il tout prévoir ; j'ai aussi une enquête sérieuse à faire.

— Quelle enquête? demanda le Mayor avec surprise.

— N'êtes-vous donc pas curieux de savoir pourquoi et par qui le cadavre de Sébastian a été enlevé ? Quant à moi, je vous avoue que je suis très désireux de découvrir ce mystère.

— Au fait, vous m'y faites songer ; cette disparition m'intrigue fort. Il est évident que l'homme qui a risqué cet audacieux enlèvement jouait sa vie sur un coup de dé ; il avait donc un but.

— Voilà précisément ce que je veux découvrir ; si je ne parviens pas à deviner le mot de cette énigme, je vous ure que ce ne sera pas de ma faute.

— Oui, vous avez raison; il faut que nous ayons le dernier mot de cette mystérieuse affaire.

— Nous l'aurons, je vous le jure !

L'entretien se prolongea pendant quelques instants encore, mais sans offrir rien de particulièrement intéressant.

Puis, comme la journée s'avançait, les trois hommes levèrent enfin la séance et se séparèrent.

Ainsi qu'il s'y était engagé, Navaja, après un dernier entretien avec le Mayor, quitta le camp des aventuriers pour commencer son métier de batteur d'estrade.

Navaja était radieux.

Il avait joué son rôle avec une perfection rare et avait réussi à se faire imposer cette mission que secrètement il désirait si vivement obtenir.

Il lui fallait un prétexte plausible pour sortir du camp et aller avertir le Cœur-Sombre des mesures définitives prises par le Mayor.

Ce prétexte, qu'il cherchait vainement, le Mayor le lui avait lui-même fourni.

Tout était donc pour le mieux.

L'aventurier, pour se mettre autant que possible à l'abri de toute attaque des Peaux-Rouges, qui, ainsi qu'ils l'avaient annoncé clairement, devaient être embusqués aux environs du camp, décidés à faire un mauvais parti aux aventuriers qui tomberaient entre leurs mains, avait endossé un costume complet de coureur des bois; son cheval lui-même avait été harnaché à la manière indienne, afin de mieux donner le change aux rôdeurs qui le dépisteraient.

L'aventurier avait garni sa ceinture d'un véritable arsenal : quatre revolvers à six coups, un long poignard, un couteau à la botte, un machete au flanc, un rifle et une courte carabine de fabrique anglaise à double canon d'une incomparable justesse.

Ainsi armé, l'aventurier ne redoutait pas l'attaque même de cinq ou six hommes.

Il avait de quoi leur répondre.

La nuit était noire et sans lune ; le ciel était couvert de nuages lourds et chargés d'électricité.

Pas une étoile ne montrait le bout de son nez, selon l'expression d'un vieux poète ; le vent soufflait par rafales, l'obscurité était profonde ; tout présageait un orage prochain.

Après sa sortie du camp, Navaja, dès qu'il avait été assez éloigné pour ne plus craindre d'être aperçu par les sentinelles, avait brusquement changé de direction.

Au lieu de suivre la rive droite du Rio-Gila, il avait traversé la rivière à gué, et obliquant légèrement sur la gauche, il avait tourné la tête de son cheval du côté des frontières mexicaines.

Malgré l'obscurité, il marchait rapidement ; son cheval était un mustang des prairies, excellente bête dont le pied était sûr et dans lequel il avait, avec raison, une entière confiance.

Il marchait ainsi déjà depuis plusieurs heures.

L'orage se rapprochait et ne tarderait pas à éclater.

L'aventurier ne se souciant que médiocrement de rester exposé dans la savane à la fureur des éléments, dont il connaissait par expérience la force irrésistible de destruction, essayait de percer les ténèbres presque opaques dont il était enveloppé.

Mais c'était en vain que son regard sondait l'obscurité, il lui était impossible de rien apercevoir qui pût lui présager un abri prochain.

Notre voyageur se dépitait et maugréait contre le sort qui semblait s'acharner après lui.

Navaja ne savait plus comment sortir de l'embarras dans lequel il se trouvait, la situation devenait à chaque instant plus critique pour lui, la pluie commençait à tomber en gouttes larges comme des piastres, des éclairs verdâtres l'aveuglaient, et les roulements du tonnerre grondaient avec une force de plus en plus grande.

L'aventurier s'avisa d'employer le moyen suprême de tous les voyageurs égarés, c'est-à-dire de se confier à l'intelligence de son cheval, et au lieu de le diriger, de se laisser diriger par lui.

Il lui mit donc la bride sur le cou, en lui disant, comme si l'animal eût pu le comprendre :

— Ma foi, Negro mon ami, arrange-toi comme tu pourras; moi j'y renonce, cherche toi-même ta route, ma bonne bête.

Le cheval qui, depuis plus d'une heure, ne marchait qu'avec une difficulté extrême et commençait même à buter assez souvent, sembla comprendre l'appel pressant de son maître.

Il releva fièrement la tête, s'ébroua, poussa un hennissement joyeux, et faisant un brusque crochet sur la droite, il partit au galop de chasse sans apparence de fatigue.

— Il paraît que Negro m'a compris et qu'il a autant de hâte que moi de trouver un abri! murmura joyeusement l'aventurier; laissons-le faire, nous verrons où il nous conduira.

Pendant cet aparté, le cheval continuait à détaler gaiement en s'émouchant les flancs de sa longue queue.

Cette course durait depuis environ une demi-heure, l'orage se déclarait définitivement, lorsque l'aventurier, dont le regard interrogeait anxieusement l'horizon, aperçut une lueur presque imperceptible encore, et brillant dans la nuit comme une étoile.

— Le diable m'emporte si ce n'est pas un feu! murmura Navaja; il y a un campement près d'ici... hum! pourvu que Negro ne m'ait pas fourré dans quelque guêpier.

Il regarda plus attentivement.

— Définitivement c'est un feu, reprit-il; cette fois il n'y a pas à s'y tromper, c'est singulier; parfois ce feu disparaît pour reparaître un instant après. Qu'est-ce que cela signifie? Bah! nous verrons bien! Que risquai-je? Je suis armé, si l'on m'attaque, je me défendrai; mais pourquoi diable cette lueur s'éclipse-t-elle ainsi?

Depuis quelques minutes le cheval avait quitté la savane et s'était engagé sous le couvert d'une forêt vierge.

Il n'avait pas ralenti son pas et continuait à galoper avec la même ardeur.

Tout à coup une voix rude se fit entendre criant d'un ton de menace :

— Qui vive !

— Ami ! répondit aussitôt l'aventurier en arrêtant son cheval.

— Quel ami ? reprit la voix.

— Coureur des bois en quête d'un abri contre l'orage.

— Êtes-vous seul ?

— Tout seul avec mon cheval, répondit Navaja.

— Alors, avancez sans crainte et soyez le bien venu.

L'aventurier ne se fit pas répéter deux fois l'invitation. Il avança résolument.

Deux ou trois minutes plus tard, le cheval s'arrêta.

Tout fut alors expliqué à l'aventurier ; le feu vers lequel son cheval l'avait guidé était allumé non pas dans une hutte, mais bien dans l'intérieur creux d'un énorme mahogany géant, dont l'écorce seule demeurait encore intacte.

Ce creux fait par les ans dans l'intérieur de l'arbre formait une cavité assez grande pour contenir au moins quinze personnes.

Un seul homme l'habitait en ce moment.

Sur l'invitation du propriétaire de cette singulière demeure, l'aventurier mit pied à terre, fit entrer son cheval dans la cavité, puis il le dessella, le bouchonna avec soin, et lui donna la provende ; ce devoir accompli, il prit ses alforjas gonflés de provisions et alla s'installer auprès du feu, en face de son hôte qui, après les quelques mots échangés avec l'aventurier, avait été se rasseoir devant le feu, et avait semblé ne plus s'intéresser à l'homme avec lequel il partageait sa demeure.

Navaja, trop préoccupé pour faire attention à son hôte, et qui l'avait jusque-là à peine regardé, se mit à l'examiner curieusement.

Puis, tout à coup, il fit un mouvement de surprise presque aussitôt réprimé, mais non pas assez rapidement pour ne pas être aperçu par l'inconnu.

— Vous m'avez reconnu, n'est-ce pas ? dit celui-ci avec un sourire triste ; moi aussi, malgré votre déguisement, je vous ai reconnu : vous êtes Navaja.

— Oui ; et vous, vous êtes Sébastian, n'est-ce pas?

— Je suis Sébastian, en effet.

— Cette rencontre est étrange, murmura l'aventurier ; vous n'êtes donc pas mort ?

— Pas encore ; mais, sans doute, cela ne tardera pas, répondit l'ancien matelot avec un soupir. Si vous êtes à ma recherche, faites de moi ce que vous voudrez, je ne me défendrai pas, je n'en aurais point la force.

— Je ne suis pas chargé de vous arrêter, vous n'avez rien à redouter de moi ; d'ailleurs, tout le monde vous croit mort.

— Le Mayor aussi ?

— Oui ; c'est moi qui lui ai annoncé votre mort.

Un éclair de joie passa dans le regard de l'ancien matelot.

Le pauvre diable n'était plus que le spectre de lui-même : il était horriblement maigre, ses yeux étaient caves, ses traits tirés, son visage d'une pâleur d'ivoire ; son bras gauche était enveloppé de linges ensanglantés ; il semblait ne se soutenir qu'avec peine et n'avoir plus qu'un souffle de vie.

— Nous avons la nuit tout entière pour causer, reprit Navaja, soupons d'abord, je vous avoue que j'ai grand appétit. Vous devez avoir soupé depuis longtemps déjà ; mais, si l'on ne peut toujours manger, on peut toujours boire, et j'espère que vous me tiendrez joyeuse compagnie.

— Depuis trois jours, répondit l'ancien matelot d'une voix sourde, je n'ai mangé que quelques fruits sauvages ; je meurs littéralement de faim.

— Cordieu! pourquoi ne le disiez-vous pas tout de suite ? s'écria l'aventurier, ému malgré lui d'une si grande détresse.

— J'ignorais quand je vous ai reconnu dans quelles intentions vous veniez.

— Je n'en avais pas d'autres que de me garantir de l'orage. Vous avez eu tort de vous défier de moi; je ne veux en aucune façon vous faire du mal. Tout est prêt; mangez et buvez sans crainte, et surtout sans arrière-pensée, vous êtes avec un ami.

— Je le vois maintenant. Merci, j'accepte.

Le repas commença aussitôt et sans plus de préambules.

Il fut homérique.

Nous ne le décrirons pas.

Il suffit de constater que ce que mangèrent et burent les deux hommes fut véritablement prodigieux.

Cependant, malgré sa longue abstinence, ce ne fut pas Sébastian qui fit le plus honneur à ce festin de Gargantua.

Après avoir bu un dernier coup d'eau-de-vie de France, les deux hommes allumèrent leurs pipes; et Navaja, après s'être commodément installé, pria son compagnon et ancien ami de lui raconter ce qui lui était arrivé depuis qu'ils s'étaient séparés, demande à laquelle Sébastian acquiesça de la façon la plus charmante.

Au dehors, l'ouragan déchaîné faisait rage.

Sébastian se leva, remit du bois au feu, puis il reprit sa place, et entama son récit, que Navaja écouta avec la plus sérieuse attention, mais dont nous passerons la première partie sous silence, car nous l'avons déjà précédemment racontée au lecteur.

Lorsque Sébastian arriva à la scène de la clairière et aux assises du juge Lynch, Navaja l'interrompit brusquement en lui disant :

— Passez tout cela, compagnon, et venez tout de suite à la façon dont vous avez réussi à échapper à la mort.

— Pourquoi donc? demanda Sébastian avec étonnement, ce passage est peut-être le plus intéressant de tout ce j'ai à vous raconter.

— Je ne dis pas non, mais je le connais certainement aussi bien que vous; j'ai assisté à toute l'affaire.

— Comment cela? Je ne vous ai pas vu?

— J'étais là cependant, et, à ce sujet, compagnon, j'ai un aveu à vous faire.

— Un aveu à moi? Je ne vous comprends pas.

— Cela ne m'étonne pas, mais bientôt vous comprendrez. Voici la chose en deux mots. J'étais caché ou plutôt embusqué au sommet d'un arbre, et j'ai assisté invisible à tout ce qui s'est passé; j'ajouterai que le coup de feu que vous avez reçu a été tiré par moi.

— C'est vous qui avez tiré?

— Parfaitement.

— Et d'après l'ordre du Mayor, sans doute?

— Peut-être! répondit Navaja avec un sourire équivoque, qui sous-entendait bien des choses.

— J'en étais sûr, dit Sébastian avec ressentiment; mais tout n'est pas fini entre le Mayor et moi, ajouta-t-il d'un ton de menace, nous nous reverrons! Quant à vous, compagnon, je ne vous garderai pas rancune de ce que vous avez fait, et je vous pardonne franchement d'avoir essayé de me tuer pour servir la vengeance d'un autre.

— Vous vous trompez, mon camarade, dit Navaja, je n'ai pas le moins du monde essayé de vous tuer; j'ai au contraire voulu vous donner une chance d'évasion; il est vrai cependant que j'ai annoncé votre mort au Mayor, et qu'il a reçu cette nouvelle avec joie, je dois en convenir.

— Oui, je comprends; il se félicitait d'être débarrassé de moi; mais, patience!

— Voyons maintenant la suite de vos aventures?

— A votre coup de feu, tous les chasseurs s'étaient lancés à votre poursuite. Moi, bien que la balle n'eût traversé que les chairs de mon bras gauche, je tombai comme si vous m'aviez tué... Mais, me trouvant seul dans la clairière, abandonné accidentellement par les chasseurs, je me relevai vivement, et m'emparant d'un couteau qui se trouvait par hasard près de moi, je m'élançai dans les fourrés et je me mis à courir avec la rapidité d'un daim poursuivi par les chasseurs. Combien de temps dura cette course affolée? Je ne saurais vous le dire. Je tombai épuisé au milieu d'un buisson. Je pansai tant bien que mal mon bras, qui me faisait beaucoup souffrir, et presque aussitôt mes yeux se fermèrent; et, malgré tous mes efforts pour rester éveillé, je m'endormis d'un sommeil presque léthargique. Quand je m'éveillai, le soleil était presque au niveau de l'horizon; je me remis en route, cueillant çà et là des fruits sauvages pour tromper la faim et la soif qui me dévoraient; le hasard me fit trouver cet arbre creux dont je fis ma demeure. On n'avait pas songé à m'enlever mon tabac, ma pipe et mon briquet. Ce fut ce qui me sauva, en me permettant d'allumer du feu. Mais, manquant des armes nécessaires pour chasser, j'en fus réduit à ne me nourrir que de quelques fruits insuffisants pour calmer ma faim; le découragement s'empara de moi, et dans quelques heures peut-être je serais mort, si vous n'étiez pas si heureusement venu à mon secours.

— J'en suis charmé pour vous et pour moi, mon camarade; je compléterai ma bonne action en vous fournissant les armes nécessaires à votre défense.

— Vous feriez cela?

— Tout de suite si vous voulez; voici un riffle, un machete, deux revolvers à six coups, de la poudre et des balles; êtes-vous satisfait?

— Oh! satisfait, oui, s'écria-t-il; et plus reconnaissant que je ne puis vous dire; mais, vous?

— Ne vous inquiétez pas de moi, je suis armé jusqu'aux dents; je ne sais pourquoi en quittant le camp la pensée m'est venue de prendre toutes mes armes en double; c'était un pressentiment, ajouta-t-il en riant.

— Merci mille fois; vous me rendez la vie; si quelque jour vous avez besoin de moi, vous ne me trouverez pas ingrat.

— Je l'espère, mais, dites-moi, que comptez-vous faire maintenant? retournerez-vous près du Mayor?

— Pour rien au monde ! s'écria-t-il avec un geste de dénégation.

— Mais alors où irez-vous ?

— En France !

— En France ? Mais comment irez-vous ? En supposant que vous réussissiez à quitter l'Amérique, comment vivrez-vous là-bas ? La vie est chère, et quand les ressources manquent...

— C'est vrai, mais à moi elles ne manqueront pas ; j'ai dans une cache, que seul je connais, des économies suffisantes pour me faire vivre à mon aise en France, quand même ma vie se prolongerait cent ans encore, ce qui n'est pas probable.

— Alors, puisqu'il en est ainsi, croyez-moi, partez au plus vite, car avant peu la terre brûlera sous vos pieds en Amérique.

— Je vous comprends ; je suivrai votre conseil, avant un mois j'aurai quitté le Mexique.

Le lendemain, au lever du soleil, les deux hommes quittèrent le creux de l'arbre.

Ils marchèrent côte à côte jusqu'à la sortie de la forêt.

Puis, après avoir échangé de chaleureux souhaits pour l'avenir, ils prirent congé l'un de l'autre et se séparèrent en se serrant une dernière fois la main.

— Pardieu ! voilà qui est bizarre, dit Navaja dès qu'il fut seul ; voilà un gaillard, dont peut-être j'aurais fait le bonheur en lui tirant un coup de fusil !

Navaja, bien entendu, ne s'occupait nullement de la mission que lui avait confiée le Mayor.

Il avait des affaires plus importantes à terminer.

Il s'agissait de donner au plus vite au Cœur-Sombre les renseignements positifs qu'il lui avait promis.

Il se dirigea donc immédiatement vers l'endroit où il était convenu, dans sa dernière entrevue avec le chasseur, de déposer ses renseignements.

Le temps était magnifique : l'orage de la nuit avait rafraîchi la terre et lavé les feuilles des arbres, qui avaient repris leur teinte verte.

Vers onze heures du matin, Navaja atteignit le lieu du rendez-vous.

Son premier soin fut d'arborer le signal à l'un des arbres.

Cela fait, il donna la provende à son cheval, puis il s'assit, ouvrit ses alforjas, étala ses provisions devant lui et déjeuna de bon appétit.

Sa faim calmée, il bourra sa pipe, qu'il fuma consciencieusement.

Puis, comme la chaleur était pesante, il se coucha sur l'herbe et s'endormit.

Il était un peu plus de trois heures lorsque l'aventurier fut éveillé en sursaut par un hennissement de son cheval.

— Bon! murmura-t-il en ouvrant les yeux et bondissant sur ses pieds, il y a du nouveau, à ce qu'il paraît, voyons un peu cela.

Il s'embusqua derrière un arbre et inspecta attentivement la plaine.

Un cavalier accourait à toute bride.

Ce cavalier était Julian d'Hérigoyen.

— C'est mon homme! dit l'aventurier, tant mieux. Pour si bon que soit un intermédiaire, il est toujours détestable; on ne fait jamais bien ses affaires que soi-même.

Dix minutes plus tard, Julian arriva; il sauta à terre, salua l'aventurier, et lui dit aussitôt:

— Eh bien?

— Je vous apporte plus que vous ne m'avez demandé; vous serez content de moi.

— Je sais que je puis compter sur vous, monsieur.

— Je vous remercie; votre confiance ne sera pas trompée; voici ce qui s'est passé depuis notre dernière entrevue.

Les deux hommes prirent alors place à côté l'un de l'autre sur le rocher, et Navaja commença aussitôt son récit.

Sauf ce qui regardait Sébastian, Navaja raconta dans les plus grands détails tout ce qui s'était passé dans le camp du Mayor depuis leur dernier entretien.

Julian écouta ce récit avec la plus grande attention et sans interrompre une seule fois l'aventurier.

Ce ne fut seulement que lorsque celui-ci eût terminé, que Julian prit la parole.

— Je savais déjà par la Main-Ferme, dit-il, une partie des événements que vous m'avez racontés. Cet homme est perdu ; rien ne pourra le sauver. Je vous remercie sincèrement des renseignements précieux que vous me donnez ; j'en ferai mon profit. Tout est prêt pour recevoir les bandits comme ils le méritent ; je tiendrai mes promesses comme vous avez tenu les vôtres.

— Comment pourrai-je pénétrer dans l'hacienda ?

— De la façon la plus simple : au lieu d'un chapeau de poil de vigogne, vous porterez un chapeau de paille de panama, sans *golilla*, et au lieu d'une *faja* en crêpe de chine bleu, vous en aurez une en crêpe de chine rouge. Cela vous est-il possible ?

— Très bien, répondit Navaja.

— A l'attaque de la Rancheria, reprit Julian, lorsque nos vaqueros s'élanceront au dehors pour repousser les pirates, vous vous laisserez emporter par votre cheval, et vous vous jetterez dans nos rangs, en criant : Viva Mejico ! Les ordres seront donnés à ce sujet, on vous enveloppera et l'on vous fera prisonnier. Il est bien entendu que dès que vous aurez pénétré dans la Rancheria, vous serez libre. N'oubliez pas mes recommandations.

— Soyez tranquille, monsieur, j'ai trop d'intérêt à me souvenir pour oublier.

— Ainsi, c'est entendu ?

— Oui, monsieur.

— Alors, séparons-nous. Bien que nous soyons gardés par des sentinelles invisibles, il importe qu'on ne soupçonne pas notre entente.

— Vous avez mille fois raison, monsieur. Au revoir, dimanche.

— Au revoir.

Sur ces derniers mots, ils se séparèrent.

Julian retourna directement à l'hacienda.

Quant à Navaja, il s'enfonça dans la savane, où bientôt il disparut.

Cinq jours plus tard, Navaja arriva au gué de la rivière Perdue, où le Mayor avait établi son camp depuis la veille.

La retraite des aventuriers n'avait été inquiétée ni par les Coureurs des bois, ni par les Comanches.

Les nombreux éclaireurs lancés dans toutes les directions par le Mayor n'avaient découvert aucune piste.

L'insouciance et la sécurité régnaient de nouveau dans le camp des aventuriers.

Le Mayor était radieux.

Il se croyait certain du succès. Il escomptait déjà la victoire en faisant les plus formidables châteaux non pas en Espagne, mais au Mexique.

L'arrivée de Navaja fut joyeusement accueillie par le Mayor.

L'aventurier lui fit alors un rapport fantaisiste sur ce qu'il avait fait et avait vu.

D'après lui, tout allait le mieux possible.

Les Chasseurs et les Peaux-Rouges établis sur leurs territoires de chasse, poursuivaient les bisons, les élans et les autres animaux avec un entrain admirable, et semblaient avoir complètement oublié les menaces qu'ils avaient faites aux aventuriers.

En écoutant ce rapport, si le Mayor avait encore conservé quelques doutes, ils se seraient évanouis aussitôt.

Seul, Félitz Oyandi apportait une note discordante dans ce concert joyeux.

Quoi qu'il entendît, il hochait la tête d'un air de doute, fronçait le sourcil, et murmurait d'une voix sourde, avec une inquiétude toujours croissante :

— J'ai le pressentiment d'un malheur.

Le Mayor haussait les épaules et lui tournait le dos en riant.

XXII

DE QUELS SINGULIERS DIVERTISSEMENTS SONT PARFOIS ACCOMPAGNÉS LES MARIAGES SUR LA FRONTIÈRE INDIENNE.

Enfin le jour désiré et si impatiemment attendu par Deniza et Julian d'Hérigoyen, le dimanche fixé pour le mariage des deux fiancés, se leva radieux.

De retour à l'hacienda, après son entrevue avec Navaja, Julian avait fait part à ses amis des renseignements positifs, cette fois, que lui avait donnés l'aventurier.

Cette pensée diabolique du Mayor de faire coïncider l'attaque de l'hacienda avec le mariage de Julian et de Deniza, dévoilant clairement l'espoir, non seulement d'une revanche, mais encore d'une horrible vengeance, en remplissant d'indignation les amis de Julian, avait redoublé leur désir d'en finir cette fois avec les deux bandits qui, depuis si longtemps, s'étaient faits les persécuteurs acharnés du jeune homme.

On convint de mettre à profit les quelques jours qui devaient s'écouler avant l'attaque projetée pour augmenter encore les fortifications de l'hacienda, et établir solidement aux postes qui leur avaient été désignés les hommes dévoués chargés de la défendre.

Julian avait résolu de laisser ignorer à son père et à don Cristoval de Cardenas la date précise choisie par les bandits pour l'exécution de leur surprise de l'hacienda, tout en leur faisant comprendre cependant que cette surprise était imminente.

Ce qui importait surtout, c'était de ne pas effrayer les dames et les nombreux amis de l'haciendero, en suspendant sur leur tête, comme une épée de Damoclès, l'appréhension affreuse d'un horrible combat; ce qui aurait changé en un jour de deuil et de douleur cette fête si longtemps attendue.

Charbonneau, le mayordomo ño Ignacio, et deux ou trois autres chasseurs, dont la discrétion était bien connue, savaient seuls, avec Julian et Bernardo, toute l'étendue de l'effroyable danger qui planait sur l'hacienda.

Bernardo et Charbonneau, sous le prétexte plausible d'aller battre l'estrade au dehors, afin de s'assurer que tout était tranquille, s'étaient rendus, le premier, au campement des Coureurs des bois, le second à celui des Comanches du Bison-Blanc, afin de les aviser des dernières et définitives mesures arrêtées par le Mayor, et les engager à occuper les points où ils devaient s'embusquer, afin d'être prêts au premier signal.

Vers deux heures du matin, dans la nuit du samedi au dimanche, don Cristoval de Cardenas, Julian, Charbonneau, ño Ignacio, Bernardo, Jérôme Desrieux, accompagnés d'une septième personne, sous les ordres de laquelle étaient placés une quinzaine de matelots alertes et dévoués, fouillaient les fourrés et les buissons de l'immense parc de la Florida, faisaient les plus minutieuses recherches, s'assuraient que tous les postes étaient occupés, les sentinelles placées aux endroits désignés, et surtout qu'aucune brèche n'avait été pratiquée dans les murs de clôture.

Ce septième personnage, dont nous avons parlé plus haut, était le capitaine Édouard Petit, commandant le trois-mâts français la *Belle-Adèle*, en ce moment mouillé à Guaymas, près d'Hermosillo en Sonora.

Le capitaine Edouard Petit était jeune encore.

Il avait tout au plus trente-trois à trente-quatre ans ; sa taille un peu au-dessus de la moyenne était bien prise, solidement charpentée, avec une légère propension à engraisser ; il était leste, adroit et marcheur infatigable.

Il était blond avec des yeux bleus, bien ouverts, regardant droit, et pétillant de cette franchise pleine de finesse qui distingue en général tous les capitaines marchands, qui sont, pour la plupart, autant commerçants que marins.

Le front large, le nez légèrement busqué, la bouche belle et souriante d'inépuisable bonne humeur, la moustache blonde, fine, soyeuse, naturellement retroussée, tous ces traits réunis lui complétaient la physionomie la plus sympathique qui se puisse imaginer.

Il cachait sous une apparence un peu féminine une volonté de fer et un cœur de lion, il en avait, du reste, toutes les généreuses ardeurs ; c'était à la fois un ami sûr et un ennemi redoutable.

Appartenant à une des plus anciennes familles de la haute bourgeoisie parisienne, ses opinions franchement républicaines et sa foi inébranlable dans l'avenir lui avaient fait préférer la marine de commerce à celle de l'Etat.

A aucun prix il n'aurait consenti à servir l'Empire, dont il prévoyait dix ans à l'avance l'effroyable écroulement.

Du reste, ces opinions libérales étaient et sont depuis 1789 celles de la haute bourgeoisie parisienne, la plus intelligente et la plus éclairée qui soit au monde, à quelques très rares exceptions près.

Tel était le capitaine Edouard Petit, sur le compte duquel nous nous sommes étendus avec complaisance, non seulement parce qu'il est encore un de nos meilleurs amis, mais parce que nous aurons bientôt occasion de le retrouver.

Julian lui avait envoyé une invitation au nom de Denizà.

Le capitaine Edouard Petit, flatté de cette attention de son ancienne passagère, s'était mis en route aussitôt, après avoir confié le commandement du navire à son second.

Il était arrivé la veille à l'hacienda, vers dix heures du soir, escorté par vingt vigoureux matelots de son équipage, armés jusqu'aux dents, de fusils, baïonnettes, sabres, haches et revolvers.

Chaque matin, depuis l'arrivée de Julian, l'hacienda avait été minutieusement visitée dans toutes ses parties, surtout depuis qu'elle avait été organisée militairement.

Mais cette nuit-là, cette visite, on le comprend de

reste, avait été beaucoup plus sérieuse et avait duré beaucoup plus longtemps que les autres jours, parce qu'il fallait que chacun fût à son poste, et que l'on fût prêt à toute éventualité.

Dans une pièce réservée de l'hacienda, Julian avait établi un dépôt d'armes de toute sorte et de munitions.

Ces armes étaient destinées à armer les hôtes et les invités, si besoin était, au moment de l'attaque.

Cette pièce était située à proximité de la salle de bal.

Julian la ferma et en remit la clef au capitaine Edouard Petit, après l'avoir mis au courant de la situation dans laquelle on se trouvait, et il le fit ainsi gardien de ce dépôt d'armes.

Les chasseurs à pied, les chasseurs d'Afrique, les matelots, les guerilleros, les Canadiens amenés par la comtesse de Valenfleurs, les vaqueros et les tigreros venus des pacages, joints aux serviteurs habituels de l'hacienda, tous excellents tireurs, avaient été définitivement établis dans les différentes positions qu'ils devaient défendre.

Et bien qu'ils fussent invisibles, rien de ce qui se passerait ne devait échapper à leurs regards.

Les peones de la rancheria avaient, eux aussi, reçu des armes et des munitions ; ordre leur avait été donné de faire bonne garde derrière leurs retranchements.

Tahera et ses deux compagnons Comanches, expédiés depuis plus de trois semaines en batteurs d'estrade dans la savane, n'avaient pas donné de leurs nouvelles.

Sans doute, ils n'avaient encore rien découvert de suspect.

Tout compris, au dehors comme au dedans, le nombre des défenseurs de l'hacienda dépassait quinze cents hommes, dont près de neuf cents étaient enfermés dans la Florida.

Les Coureurs des bois et les Indiens Comanches présentaient un effectif de plus de six cents hommes.

Ce chiffre respectable enlevait à Julian toute appréhension sur les résultats d'une attaque, si furieuse qu'elle fût.

D'ailleurs toutes les précautions étaient prises, tous les ordres donnés.

Depuis cinq jours, c'est-à-dire depuis la dernière entrevue de Julian et de Navaja, une tranquillité complète semblait régner dans la savane.

Don Cristoval commençait à espérer, dans son for intérieur, que les bandits, peut-être avertis par leurs espions, et ne disposant pas de forces suffisantes pour assaillir, avec des chances certaines de succès, une hacienda déjà forte par sa position sur une colline aux flancs escarpés, et défendue par des serviteurs nombreux, résolus et dévoués, avaient renoncé à une entreprise qui n'aboutirait pour eux qu'à un désastre; et que, malgré les craintes de Julian, qu'il considérait comme très exagérées, rien ne viendrait troubler les fêtes du mariage du jeune homme.

Mais Julian s'obstinait dans son idée.

Depuis longtemps il connaissait le Mayor et surtout Felitz Oyandi.

Il savait jusqu'à quel point odieux ils poussaient la scélératesse et la rapacité.

Même en laissant de côté l'implacable haine qu'ils avaient vouée au chasseur, ils étaient encore excités par une soif inextinguible de rapine.

Déjà plusieurs fois ils avaient tenté de s'emparer de ce trésor des Incas, dont les richesses inestimables échauffaient leur imagination et surexcitaient leurs convoitises.

Julian, d'ailleurs convaincu par les renseignements que lui avait donnés Navaja, auquel il croyait avec raison pouvoir accorder une entière confiance, était certain que, malgré leurs précédents échecs, les deux bandits ne renonceraient pas à essayer une nouvelle et décisive tentative, quelles qu'en dussent être les suites pour eux.

Aussi le chasseur redoubla-t-il de vigilance, et sans s'expliquer autrement avec don Cristoval, qui essayait de lui persuader que cet excès de précaution n'était pas nécessaire, et que rien ne le motivait, vu le calme profond qui régnait aux environs de l'hacienda depuis plus de huit jours, il se contenta de répondre à toutes les observations de l'haciendero, qu'un grand bal aurait lieu cette nuit-là, qu'il fallait à tout prix empêcher que les dames et les jeunes filles actuellement à la Florida, et invitées par lui aux fêtes de son mariage ne fussent effrayées, même par l'apparence d'un danger imaginaire ; qu'il était, lui aussi, convaincu que tout péril immédiat était conjuré, et par conséquent avait disparu ; mais qu'à son avis c'était une raison de plus pour faire bonne garde partout, et prouver ainsi aux dames que leur hôte veillait avec sollicitude à leur sûreté.

Don Cristoval de Cardenas n'avait pas de parti pris ; il reconnut aussitôt la justesse de ce raisonnement du chasseur.

Il le remercia chaleureusement, et il le laissa libre d'agir à sa guise.

C'était tout ce que demandait Julian.

En effet, depuis deux ou trois jours, les invités arrivaient de toutes les haciendas voisines et de toutes les villes de la Sonora et de l'Arizona.

Depuis le samedi matin, les retardataires se pressaient en foule sur tous les sentiers, rayonnant à dix et même quinze lieues à la ronde autour de la Florida.

Les occasions de se divertir sont rares sur la frontière mexicaine.

Elles l'étaient surtout en ce moment à cause de l'occupation française.

Aussi, quand une occasion de prendre du plaisir s'offrait par hasard, on la saisissait avec empressement, tant on éprouvait le besoin de faire trêve pendant quelques jours, ou même quelques heures, à l'existence monotone et essentiellement ennuyeuse que l'on était contraint de passer derrière les tristes murailles des habitations.

Cette fois, un nouvel attrait s'ajoutait au plaisir que chacun se promettait.

Il s'agissait d'un mariage entre Français et Française, contracté selon les coutumes adoptées dans ce pays, coutumes complètement ignorées par la plupart des Mexicains.

Aussi la curiosité était grande.

Tous les invités, fort nombreux, presque tous très riches, brillamment et richement vêtus du pittoresque costume des Rancheros américains, arrivaient, hommes et femmes, montés sur de magnifiques mustangs des prairies, escortés par une suite plus ou moins considérable de peones, habillés de neuf et surtout bien armés.

La journée était magnifique.

L'hacienda était véritablement en fête.

Les chants, les rires et les grincements du *jarabe*, la guitare mexicaine, se faisaient entendre de tous les côtés.

Vers huit heures du matin, la vigie placée sur le *mirador* sonna de la trompe et annonça ainsi l'arrivée du général X..., accompagné de son état-major et escorté par deux escadrons de chasseurs d'Afrique et une *guerilla* mexicaine alliée.

Le mirador de la Florida était une espèce de tour très élevée, placée au centre et sur le toit du principal corps de logis.

C'était une espèce de lanterne qui permettait de surveiller la campagne dans toutes les directions, jusqu'aux extrêmes limites de l'horizon.

Aussitôt le signal donné par la vigie, une nombreuse cavalcade s'organisa.

Don Cristoval de Cardenas, le docteur, Julian et Bernardo prirent la tête, et la cavalcade, après avoir traversé la Rancheria, s'élança au galop de chasse à la rencontre du général.

Cette rencontre fut des plus cordiales.

Les deux troupes, confondues en une seule, après une brillante fantasia et de chaleureuses acclamations, retournèrent vers l'hacienda sans ralentir l'allure pressée de leurs chevaux.

Le général X... était un vieux soldat d'Afrique.

Chacun de ses grades avait été le prix d'une blessure ou d'une action d'éclat.

Il s'était engagé à dix-huit ans et avait porté le sac ; il était brusque, parfois même presque brutal, mais il était bon et juste.

Les soldats l'adoraient ; les Mexicains eux-mêmes avaient un grand respect et beaucoup de considération pour ce brave officier, parce que, dans toute l'étendue de son commandement, contrairement à ce que faisaient alors tant d'autres officiers supérieurs, il ne souffrait ni vols ni rapines, plus ou moins déguisés sous n'importe quels noms, ni vexations d'aucunes sortes contre les habitants, et rendait à chacun une justice égale sans distinction de race ni de nationalité.

A ce portrait, les anciens soldats de la néfaste expédition du Mexique reconnaîtront l'homme dont nous parlons ; son nom viendra tout naturellement sur leurs lèvres, d'autant plus facilement que bien peu d'officiers de son grade lui ressemblaient.

Cependant nous devons ajouter, pour être juste, qu'il y en avait quelques-uns.

Le général fut reçu par les dames et les invités avec la plus sympathique distinction.

Le docteur, on s'en souvient, avait remis au sous-intendant militaire, à Urès, un projet de contrat que cet officier d'administration s'était chargé de faire recopier en entier sur papier timbré ; le sous-intendant avait tenu sa promesse, et rapportait avec lui le contrat parfaitement en règle.

Une immense salle de l'hacienda avait été disposée à l'avance pour la cérémonie du mariage civil.

Au fond, on avait établi une estrade d'un pied et demi de haut ; sur cette estrade on avait placé deux tables, une assez longue, derrière laquelle étaient placés des fauteuils destinés au général, au sous-intendant militaire et à l'état-major du général ; un Code était posé sur cette table.

Sur l'autre table, beaucoup plus petite, un registre assez gros était ouvert à une page couverte presque entièrement d'écriture ; près de ce registre se trouvaient plusieurs papiers timbrés écrits, une écritoire et des plumes.

cette table était celle du greffier, dont l'emploi était rempli par un sous-officier, secrétaire de l'intendant.

Sur le mur, derrière le fauteuil du général-président, on avait placé un trophée de drapeaux français et mexicains.

Des banquettes avaient été rangées dans le reste de la salle pour les assistants, mais de façon à laisser un espace libre au milieu de la pièce.

A neuf heures précises, le général, son état-major, le sous-intendant militaire faisant fonctions d'officier civil, ou, si l'on préfère, de maire, et le greffier entrèrent dans la salle et prirent place sur l'estrade.

Puis, sur un signe du général, les autres portes furent ouvertes et les invités, au nombre de près de trois cents, entrèrent et allèrent s'asseoir sur les banquettes préparées pour eux.

Lorsque chacun fut placé, Moucharaby appela les fiancés.

Le cortège pénétra à son tour dans la salle.

Denizà était ravissante dans sa charmante toilette de mariée.

Elle était placée entre dona Luisa de Cardenas et la comtesse de Valenfleurs, par lesquelles elle était assistée, et elle s'appuyait, émue et tremblante de joie et de bonheur, sur le bras du docteur, aussi ému et peut-être encore plus heureux que sa chère fille adoptive; car il voyait enfin tous ses souhaits réalisés.

Julian, dans son costume de Coureur des bois, qu'il n'avait pas voulu quitter, marchait entre Bernardo et don Cristoval de Cardenas, ses deux amis.

Le sous-intendant, ceint d'une écharpe tricolore, fit avancer les fiancés et leurs témoins.

Ces témoins étaient : pour Denizà, la comtesse de Valenfleurs, dona Luisa de Cardenas et don Pancho son fils; pour Julian, le général X.., qui voulut ainsi prouver son estime au docteur d'Hérigoyen, Bernardo Zumeta, et les capitaines de Fontaine-Mareuil et l'Héritier, tous deux aides de camp du général.

La cérémonie du mariage civil fut imposante par sa simplicité même, et fit une grande impression sur les Mexicains.

Puis les mariés, les témoins et les principaux invités signèrent l'acte de mariage dont le sous-intendant conserva la minute tout en en remettant un extrait à Julian.

A peine la cérémonie civile était-elle accomplie, que les cloches de la chapelle de l'hacienda sonnèrent à toute volée pour la cérémonie religieuse.

Le général X... offrit son bras à la mariée, puis le cortège, après s'être reformé, quitta la salle, traversa dans toute sa longueur la cour d'honneur de l'hacienda et se rendit à la chapelle.

Cette chapelle, fort grande, avait été ornée et disposée avec le plus grand soin pour la circonstance.

Le chapelain, homme jeune encore, assez peu instruit, mais aimable, poli et très tolérant, ainsi que le sont généralement tous les prêtres mexicains, avait invité plusieurs de ses confrères à l'aider pendant la cérémonie, afin de lui donner plus d'éclat.

Ceux-ci, flairant une repue franche — dans tous les pays les prêtres sont gourmands, c'est là leur moindre faiblesse — avaient accepté l'invitation avec empressement.

Le chapelain sortit donc avec croix et bannières de la chapelle, et reçut le cortège sous le porche même de son église en miniature.

La messe de mariage fut chantée avec toute la pompe et le luxe que les Mexicains se plaisent à déployer dans toutes les cérémonies du culte, plus païen que chrétien, qu'ils décorent du nom de catholique.

Cette messe se prolongea pendant plus d'une heure.

Un magnifique orgue Alexandre accompagna les chants et les motets chantés en faux-bourdon.

Cette musique, que la plupart des assistants ne connaissaient pas, les transporta d'admiration.

La messe enfin terminée, le cortège rentra à l'hacienda,

salué par les vivats et les cris joyeux des peones, groupés en grand nombre dans la cour d'honneur.

En sortant de la chapelle, Julian d'Hérigoyen, comme c'était maintenant son droit, avait passé le bras de sa chère Deniza sous le sien.

Mais, arrivé presque au pied du perron, au moment où la jeune femme écoutait, ravie, les charmants compliments qu'il lui glissait à l'oreille d'une voix émue, le nouveau marié s'arrêta subitement, et quittant brusquement le bras de Denizà, qu'il pria le général de prendre à sa place, il fit un signe muet à Bernardo, et tous deux s'élançant en même temps à travers la foule, disparurent presque instantanément.

La jeune femme, saisie par cette péripétie étrange et inattendue, et ne comprenant rien à l'action bizarre de son mari, se sentait le cœur serré par une indicible inquiétude.

Cependant, faisant un effort sur elle-même, elle réussit à rester calme et souriante, bien qu'un pressentiment secret l'avertît qu'un danger terrible menaçait l'homme qu'elle aimait.

Après avoir gravi lentement les marches du perron, arrivée au seuil de la porte d'entrée, elle s'arrêta frémissante et machinalement elle tourna la tête.

Il lui sembla alors remarquer un certain désordre dans le fond de la cour, sans pouvoir cependant apercevoir rien de distinct.

C'était, lui paraissait-il, au milieu de la foule oscillante, des gens se poussant et semblant se quereller.

Mais ce désordre, s'il existait réellement, n'eut que la durée d'un éclair.

Et, presque aussitôt, la jeune femme aperçut Julian et Bernardo revenant à grands pas vers l'habitation, tout en causant avec une certaine animation de l'air le plus satisfait.

Denizà respira.

Elle sourit et reprit instantanément toute sa tranquillité.

— Pourquoi m'as-tu quittée si brusquement? demanda-t-elle à son mari d'un ton de doux reproche, dès que celui-ci l'eut rejointe ; tu m'as si inopinément plantée là tout à l'heure, que j'ai éprouvé une inquiétude mortelle.

— Pardonne-moi, chérie, répondit-il avec un bon et franc sourire, mais j'avais un ordre pressé à donner à Charbonneau, une surprise que je te ménage, et qui, je le crois, te sera très agréable ; mais, n'insiste pas, je te prie, pour savoir ce dont il s'agit, car je te le dirais, et alors il en serait fait de ma surprise.

— Pour cette fois, ami cher, je te pardonne, dit-elle gaiement ; je suis trop heureuse de te revoir près de moi pour te garder rancune ; mais, ajouta-t-elle en le menaçant de son doigt mignon, à l'avenir je ne veux plus de secrets entre nous.

— Je te le promets, mignonne, ce sera le seul que j'aurai jamais pour toi, et encore bientôt tu le connaîtras

— A la bonne heure ainsi ; je retiens ta parole, ajouta-t-elle en s'envolant légère comme un oiseau.

En rentrant à l'hacienda, toutes les dames s'étaient éclipsées pour un instant.

La coquetterie ne perd jamais ses droits.

Elles avaient un besoin pressant de rafraîchir leurs charmantes toilettes.

Bientôt elles reparurent plus belles et plus séduisantes, et l'on se dirigea vers la salle à manger.

Pour cette circonstance l'estrade avait disparu.

Il n'y avait plus de distinction de places entre les convives.

La table était partout de niveau.

Elle était servie avec un luxe, une richesse et un goût fastueux, que l'on ne rencontre qu'au Mexique, ce pays de l'or où toutes les féeries les plus incroyables sont possibles.

Nous ne citerons qu'un exemple.

On servit aux convives à la fin du repas des gâteaux chauds sortant du four, et renfermant des glaces à l'intérieur.

Nous ne sommes pas encore parvenus en France à

réaliser de telles impossibilités qui, au Mexique, semblent toute naturelles.

Le général avait pris place au fauteuil d'honneur.

Il avait Julian à sa droite et Denizà à sa gauche.

Le repas fut ce qu'il devait être, c'est-à-dire somptueux, excellent et admirablement servi à la française.

Un cuisinier et un glacier français étaient venus tout exprès de Mexico pour le faire.

Ils avaient accompli de véritables miracles culinaires.

Potel et Chabot, si chers aux gastronomes parisiens, n'auraient pas aussi bien réussi. A l'exemple de Vatel, ils auraient eu la velléité de se passer leur épée à travers le corps, si depuis très longtemps déjà les cuisiniers ne portaient plus que des couteaux à découper.

Les crus de Bordeaux furent très appréciés par les connaisseurs, ainsi que les vins d'Espagne; mais ce fut le champagne qui enleva tous les suffrages.

Les dames surtout en raffolaient.

Quatre heures sonnant à la grande horloge de l'hacienda, les clairons résonnèrent dans la cour d'honneur.

Le général X... et ses officiers se levèrent aussitôt.

L'heure du départ était venue.

Tous les autres convives voulurent se lever, mais le général insista pour qu'on ne se dérangeât pas.

Il s'excusa de ne pouvoir, à son grand regret, demeurer plus longtemps.

Il remercia en termes chaleureux don Cristoval de Cardenas et toutes les personnes présentes de l'accueil sympathique qui lui avait été fait.

Puis il salua les dames et quitta la salle suivi par ses aides de camp.

Le docteur, Julian, Bernardo et don Cristoval de Cardenas l'accompagnèrent.

Arrivés dans un petit salon où le général et ses officiers s'étaient débarrassés de leurs manteaux, et dont les fenêtres ouvraient sur la cour d'honneur, Julian s'approcha du général et lui dit en souriant :

— Je ne sais véritablement comment vous remercier, général, de l'honneur que vous m'avez fait, en daignant venir ici et me servir de témoin pour mon mariage. Pourtant, je crois presque m'acquitter envers vous de tant de bienveillance, en vous priant d'accepter un cadeau que je désire vous offrir.

— Un cadeau ! fit le général en fronçant le sourcil et ne sachant s'il devait rire ou se fâcher de cette singulière proposition, faite ainsi pour ainsi dire à brûle pourpoint.

— Veuillez, je vous prie, général, m'accorder un instant d'attention, reprit Julian avec une courtoisie extrême, et ce qui, à bon droit, vous semble extraordinaire dans mes paroles vous sera expliqué.

— Soit, monsieur, parlez, je vous écoute, répondit un peu sèchement le général; seulement, soyez bref, je vous prie, le temps me presse.

Et il se laissa tomber plutôt qu'il ne s'assit dans un fauteuil, en invitant d'un geste les personnes présentes à prendre des sièges, ce qu'elles firent aussitôt.

— Vous souvenez-vous, général, reprit Julian sans paraître remarquer l'impatience de l'officier supérieur, qu'en arrivant au bas du perron, après notre sortie de l'église, je vous priai, sans vous donner aucune explication, de prendre à ma place le bras de madame d'Hérigoyen ?

— En effet, monsieur, et vous nous avez quittés aussitôt ; j'ai même, je vous l'avoue, été fort étonné de cette espèce de fuite, que rien ne semblait motiver, au contraire.

— En voici la raison, général, répondit le chasseur. J'avais cru reconnaître, caché dans la foule pressée autour de nous, un bandit vainement recherché depuis plusieurs mois par la police française, et dont la présence ici me semblait très inquiétante pour la sécurité des personnes réunies en ce moment dans l'hacienda de la Florida ; cela d'autant plus que ce misérable me fait l'honneur d'être mon ennemi, et a juré de tirer de moi une éclatante vengeance.

Chacun se rapprocha avec intérêt.

Don Cristoval et le docteur étaient au comble de la surprise, ne comprenant pas où le chasseur en voulait venir.

— Continuez, monsieur, dit le général avec courtoisie.

Julian reprit :

— Je fis signe à mon ami Bernardo de me suivre, ce qu'il fit, et je me lançai à la poursuite de ce scélérat. Se doutant que je l'avais deviné, le misérable s'était perdu au milieu de la foule, manœuvrant de façon à se rapprocher de la porte de l'hacienda, laissée ouverte, afin de s'échapper ; mais je suis coureur des bois, je sais chasser un fauve. Au moment où ce drôle se croyait sauvé et allait se précipiter au dehors, je le saisis et Bernardo le prit à la gorge ; il essaya de résister, il voulut même jouer un peu du couteau, mais sans y réussir. Je le fis garrotter solidement, après l'avoir fouillé ; il avait sur lui ce billet que, sans doute, il se préparait à expédier à son ou à ses complices, je ne saurais préciser.

Tout en prononçant ces derniers mots, Julian présenta au général, qui l'ouvrit, un papier plié en forme de lettre.

— Hum ! dit le général après avoir lu deux fois le billet, probablement afin de s'assurer qu'il ne se trompait pas et qu'il avait bien lu ; voici, sur ma parole, une machination.

Et il ajouta, après avoir rendu le billet à Julian, qui le serra précieusement :

— Et cet homme est Français ? Qui est-il ? Cette lettre n'est pas signée ?

— Elle n'a pas besoin de l'être, général ; quand vous verrez l'homme, j'espère que vous le reconnaîtrez.

Julian se pencha alors à l'une des fenêtres et fit un signe.

— On amène le prisonnier, reprit-il.

En effet, la porte s'ouvrit presque aussitôt, et le prisonnier parut conduit par le mayordomo et quelques chasseurs canadiens.

Il portait les haillons sordides et indescriptibles d'un *lepero*, mais il marchait la tête haute et les lèvres crispées par un sourire ironique.

— Felitz Oyandi ! s'écria le sous-intendant militaire avec une vive surprise.

— Eh quoi ? fit le général ; ce misérable n'est donc pas mort ?

— Vous voyez, général, reprit Julian, car c'est bien lui.

— Je le reconnais, dit vivement le docteur ; cet homme ne s'est introduit ici que pour commettre de nouveaux crimes.

— Me voler et m'assassiner, comme plusieurs fois déjà il a tenté de le faire avec l'aide de son digne complice le Mayor, s'écria l'haciendero avec un frémissement d'horreur.

— Je réclame la remise immédiate de ce scélérat aux mains de la justice militaire française, dit le sous intendant avec énergie.

— Voilà le cadeau que je proposais de vous faire, général, reprit Julian en souriant, l'acceptez-vous ?

— Pardieu ! répondit le général sur le même ton, vous êtes un charmant compagnon, monsieur d'Hérigoyen ; je je vous remercie sincèrement. Le drôle est en bonnes mains ; je ne le laisserai pas échapper, soyez tranquille. Capitaine Lhéritier, veuillez, je vous prie, veiller vous-même à ce que ce drôle soit surveillé de près ; nous le conduirons à Urès avec nous.

— A vos ordres, mon général, répondit le capitaine, et, s'adressant au prisonnier : Allons marchez, misérable, votre compte est bon, lui dit-il.

— Bah ! fit Felitz Oyandi avec son éternel ricanement et en riant sans cérémonie au nez des assistants ; je ne suis pas encore mort... A bientôt, mes bons amis, nous nous reverrons ; ce n'est que partie remise ; vous ne perdrez rien pour attendre.

Et il sortit en haussant les épaules, et ricanant plus que jamais.

— Quel hideux coquin ! s'écria le général ; ah çà ! j'ai bien envie de laisser à votre disposition une centaine d'hommes pour vous donner un coup de main contre ces bandits, car il est probable que vous serez attaqués cette nuit.

— Nous le serons certainement, général, reprit Julian, j'ai été averti depuis plusieurs jours déjà.

— Alors, il n'y a pas de temps à perdre ; je vais donner les ordres nécessaires ; capitaine de Fontaine-Mareuil....

— Arrêtez, général, interrompit vivement Julian ; il est inutile de diminuer votre escorte ; nous ne vous en sommes pas moins reconnaissants de votre offre généreuse, soyez-en persuadé ; mais ainsi que j'ai eu l'honneur de vous le dire, nous sommes en mesure de bien recevoir les bandits, s'ils osent se présenter.

— Cependant, une centaine de bons soldats...

— Général, dans l'hacienda seule, nous sommes plus de neuf cents hommes armés ; au dehors six cents chasseurs et Peaux-Rouges n'attendent que notre signal pour attaquer les bandits et les prendre à revers.

— Oh ! oh ! fit le général en se frottant les mains, avec un pareil effectif et dans une position comme celle-ci, vous êtes en état de soutenir un long siège.

— Recevez mes remerciements bien sincères, général, dit don Cristoval de Cardenas.

— C'est moi, au contraire, qui vous remercie, caballero, répondit gracieusement le général, d'abord pour votre magnifique hospitalité et ensuite pour le cadeau que m'a fait M. d'Hérigoyen, ajouta-t-il en riant.

— Ah ! je le savais bien, général, répondit Julian sur le même ton, que vous apprécieriez mon cadeau à sa juste valeur.

— Certes ; maintenant, messieurs, au revoir et bonne chance je vous souhaite, reprit le général en se levant, je ne puis rester davantage.

Dans la cour d'honneur, Julian retrouva Charbonneau, avec lequel il échangea quelques mots à voix basse, en lui remettant le billet saisi sur Felitz Oyandi.

Le général prit congé une dernière fois de ses hôtes.

Puis il se mit en selle et quitta l'hacienda.

Bientôt le général et son escorte disparurent dans un tourbillon de poussière soulevé par les chevaux.

Le marié et ses amis rentrèrent dans l'habitation.

— C'est encore à vous, cette fois, que je devrai mon salut et celui de ma famille, mon ami, dit don Cristoval de Cardenas avec une profonde émotion ; comment pourrai-je jamais...

— Allons donc ! interrompit Julian avec un rire joyeux ; vous vous trompez, mon ami ; je n'agis que poussé par un hideux égoïsme, voilà tout : je ne défends que ma femme, ma bien-aimée Denizà. Je vous sauve par la même occasion, tant mieux ! j'en suis ravi, mais je n'y suis pour rien. Un mot, s'il vous plaît, avant de rejoindre nos amis.

— Parlez, mon cher don Julian ; je suis à vos ordres pour tout ce qui vous plaira, malgré ce hideux égoïsme dont vous faites si plaisamment parade.

— Il est bien entendu, n'est-ce pas, que je suis toujours le commandant en chef de l'hacienda et que je me charge de tout ?

— Eh ! quoi, vous voulez un jour comme celui-ci, vous....

— C'est précisément pour cela, señor don Cristoval, que j'insiste si fort : donc, laissez-moi faire, je vous prie, interrompit Julian.

— Oh ! puisque vous y tenez tant, je ne demande pas mieux, mon ami ; d'ailleurs, c'est vous, en résumé, qui avez tout préparé et organisé ; vous savez donc mieux que moi ce qu'il convient de faire.

— Bientôt, cher don Cristoval, vous reconnaîtrez que vous avez eu raison de me donner carte blanche.

— Mais dites-moi au moins...

— Pas un mot ; tenez-vous en joie : surtout ne laissez

rien soupçonner de ce qui va se passer; soyez charmant avec vos invités, occupez-les n'importe comment, voilà votre rôle, il est facile; quant à moi, laissez-moi faire. Le moment venu d'agir vigoureusement, je vous avertirai.

— Vous me le promettez ?

— Sur l'honneur !

— Allons, c'est convenu, puisque vous le voulez absolument; quelle singulière nuit de noce vous allez passer !

— Bah ! je sacrifie celle-ci pour que les autres soient meilleures, répondit-il en riant.

Ils rentrèrent alors dans la salle à manger et reprirent leurs places à table.

La joie était à son comble, tout le monde riait, chantait, bavardait à qui mieux mieux.

On ne s'entendait plus; excepté Denizà et la comtesse de Valenfleurs, personne ne s'était aperçu de la longue absence de nos personnages.

Julian profita de l'inattention générale pour causer avec sa femme et lui faire certaines confidences, maintenant indispensables.

— Ma chère Denizà, lui dit-il d'une voix contenue, il est de mon devoir de vous expliquer ce que ma conduite a eu, à vos yeux, d'extraordinaire depuis ce matin. Vous n'êtes pas une femme ordinaire, ma bien-aimée; vous avez un esprit trop élevé et un cœur trop vaillant pour qu'il me soit nécessaire de prendre avec vous certains ménagements dont, avec toute autre femme que vous, je serais contraint d'user; d'ailleurs, je vous ai promis de ne plus avoir de secrets pour vous; je dois donc, et je veux tout vous dire, franchement et loyalement.

— Je vous comprends, mon ami, répondit la jeune femme toujours souriante : un danger nous menace, n'est-ce pas ?

— Un danger terrible; c'est ce danger qui m'a, il y a un mois, ramené ici, où je ne savais pas avoir le bonheur de vous retrouver; ce danger menace surtout nos hôtes : don Cristoval, sa femme et ses enfants. Deux bandits redoutables ont juré de les assassiner et de les dépouiller de ce qu'ils possèdent. Rassurez-vous; nous sommes sur nos gardes, l'hacienda est fortifiée et littéralement bourrée de défenseurs résolus et dévoués. Vous n'avez donc rien à redouter ; quand je vous ai quittée si brusquement à la sortie de l'église, c'était parce que dans la foule pressée autour de nous, j'avais reconnu un de ces bandits ; je l'ai arrêté moi-même et livré au général X...; savez-vous quel est ce misérable? c'est Felitz Oyandi.

— Mon Dieu! s'écria la jeune femme pâlissant à ce nom détesté.

— Rassure-toi, mon ange bien-aimé, nous n'avons plus rien à redouter de cet homme ; mais son complice est libre, lui, et il est à la tête d'une nombreuse troupe de bandits ; et cette nuit, j'en ai la certitude, nous serons attaqués. Je suis chargé de la défense de l'hacienda: mon devoir passe avant mon bonheur. Je veux sauver nos hôtes, qui toujours ont été si bons et si dévoués pour nous.

— Accomplis ton devoir, mon Julian, dit-elle avec une vive émotion, mais le sourire sur les lèvres et la voix à peine tremblante. Moi, je saurai aussi accomplir le mien, en souriant et feignant d'être gaie, heureuse, pendant que j'aurai la mort dans le cœur. Souviens-toi seulement que si tu meurs, je mourrai aussi, car tu es ma vie...

— Ne crains rien, ma chérie, ton amour me protègera; d'ailleurs, je te l'avoue en confidence, les dangers que je courrai ne seront pas bien grands, ne conserve donc aucune inquiétude sur mon compte.

— N'essaie pas de me rassurer, mon Julian, je suis forte ; je prierai Dieu qu'il te protège.

Ils échangèrent un serrement de main furtif, et ce fut tout.

Ces deux généreux cœurs s'étaient compris.

On se leva enfin de table et on passa dans le jardin, où don Cristoval avait fait servir le café.

Julian, libre désormais, ne s'occupa plus que de la défense de l'hacienda, qu'il organisa en quelques minutes avec une intelligence réellement militaire.

Nous avons dit qu'un immense bâtiment en bois avait été construit dans le jardin et relié à l'hacienda, avec laquelle il communiquait par les larges portes du rez-de-chaussée.

Ce bâtiment, magnifiquement paré, devait servir de salle de bal.

Vers huit heures du soir, le bal commença.

Il fut ouvert par Denizà et Julian, les nouveaux mariés.

On dansait le quadrille français entrecoupé de polkas, mazurkas, redowas et de danses mexicaines.

Après la contredanse, Julian s'éloigna sans affectation.

Le mayordome s'approcha de lui et lui dit quelques mots à voix basse.

Julian le suivit.

Charbonneau l'attendait dans la cour d'honneur.

— Eh bien ? lui demanda Julian.

— Les trois Comanches sont arrivés il y a un quart d'heure, répondit le Canadien ; ils ont reconnu deux pistes : l'une se dirigeant vers la Rancheria ; la seconde va du côté du parc. Les traces sont nombreuses.

— Très bien, dit Julian en souriant. Est-ce tout ?

— Le Mayor a reçu la lettre, reprit Charbonneau. Sa troupe est nombreuse, elle compte plus de cinq cents hommes, ce sont tous des bandits les plus redoutables de la savane ; il espère nous surprendre et croit être sûr de la réussite.

— Nous verrons bien ! s'écria le chasseur avec un sourire d'une expression singulière, ensuite ?

— Le Mayor a partagé sa troupe en deux corps : le premier et le plus nombreux, composé de trois cents hommes choisis, est commandé par le Mayor en personne ; il attaquera du côté du parc, le second corps attaquera la Rancheria.

— Allons, tout va bien, je vois avec plaisir que Navaja ne m'avait pas trompé.

— C'est lui qui commande le second corps, celui qui doit attaquer la Rancheria.

— Tant mieux, nous le sauverons plus facilement; vous vous souvenez de mes ordres?

— Soyez tranquille, nous le sauverons.

— Bien; quand le Mayor attaquera-t-il?

— Au premier coup de onze heures.

— C'est parfait! Il n'est encore que dix heures; nous avons une heure devant nous; c'est plus qu'il ne nous en faut. Que chacun se rende à son poste : la bataille sera belle et bientôt terminée.

Julian rentra dans le bal, et il échangea un sourire significatif avec Denizà, qui dansait.

Il glissa en passant quelques mots à son père et à don Cristoval, tout bas à l'oreille, et fit signe à Bernardo de venir près de lui, ce que celui-ci se hâta de faire.

Ils quittèrent ensemble la salle de bal.

Leurs armes étaient placées sur une banquette; ils les prirent.

Puis, sortant de l'habitation sans être remarqués, Julian et son ami se dirigèrent à grands pas vers le parc et s'enfoncèrent résolument sous les hautes futaies.

XXIII

COMMENT LE MAYOR PERDIT SA PARTIE ET NAVAJA GAGNA LA SIENNE; CE QUI PROUVE UNE FOIS DE PLUS QUE LE MALHEUR DES UNS FAIT LE BONHEUR DES AUTRES.

Tout était sombre et silencieux sous les hautes frondaisons séculaires des mahoganys.

Ce silence imposant n'était troublé, par intervalles, que par des bouffées presque indistinctes d'harmonie apportées de la salle de bal sur l'aile humide de la brise nocturne.

Mais si l'on avait pu sonder l'épaisseur des ténèbres, on aurait aperçu derrière chaque levée de terre, chaque arbre, chaque buisson, un homme embusqué, les traits contractés, le regard flamboyant, immobile comme une statue de bronze, l'oreille au guet, le fusil à la main, le doigt sur la détente.

En passant à travers les halliers, de ce pas rapide et muet des coureurs des bois, Julian, sans s'arrêter, prononçait quelques paroles à voix basse, auxquelles les invisibles sentinelles répondaient par un seul mot, bien plutôt murmuré que prononcé.

Les deux chasseurs, continuant leur route mystérieuse, atteignirent bientôt la partie la plus épaisse et la plus sauvage du parc.

Là, les sentinelles étaient plus rapprochées les unes des autres, et des masses sombres d'hommes armés et massés dans les halliers se laissaient deviner par les regards accoutumés à percer les ténèbres.

Quand ils eurent atteint ce point du parc, Julian et son ami s'arrêtèrent au milieu d'un buisson.

Une faible lueur commençait peu à peu à filtrer à travers les feuilles des arbres : lueur pâle, froide, d'un blanc bleuâtre et qui imprimait aux accidents du paysage sortant de la masse d'ombre, une apparence presque fantastique.

La lune, à son dernier quartier, commençait à émerger de la ligne d'horizon, et montait lentement dans le ciel, mélancolique, et parfois noyant dans les nuages son disque réduit au tiers de sa grandeur.

Le premier coup de onze heures tinta lugubrement à la grande horloge placée à la façade de l'hacienda.

Les tintements de l'heure, répercutés par les échos, allèrent mourir au loin dans les mornes perdus des montagnes.

Au même instant, le cri de l'épervier d'eau, poussé par Julian, se fit entendre à trois reprises sous le couvert.

Soudain une fusillade bien nourrie éclata dans la direction de la Rancheria, mêlée à des cris et à des vociférations féroces.

Sur ces entrefaites, plusieurs têtes aux visages sinistres s'élevèrent silencieusement du faîte du mur de clôture.

Tout continuait à être silencieux dans le parc.

Les bandits montaient toujours le long de la muraille ; bientôt on aperçut des épaules, puis des bustes dessinèrent leurs noires silhouettes dans la nuit.

— Feu ! cria Julian d'une voix stridente, en déchargeant son fusil sur un bandit qui semblait être le chef des autres.

Sans qu'il fût possible d'apercevoir personne, une décharge terrible éclata comme un coup de tonnerre sous les hautes futaies du parc.

Tous les bandits disparurent en même temps, et on les entendit lourdement retomber au dehors.

En ce moment même, calme et souriant, comme si aucun événement extraordinaire ne fût venu troubler les plaisirs de la fête, don Cristoval de Cardenas, donnant le bras à doña Luisa, s'avança au milieu du bal, où le bruit de la fusillade commençait à répandre une panique qui menaçait de devenir bientôt générale.

— Señoras et vous caballeros! cria-t-il d'une voix forte, afin d'être entendu de tous, rassurez-vous, vous ne courez aucun danger. Nous sommes attaqués par cinq cents hommes à peine et nous en avons quinze cents pour nous défendre, au nombre desquels se trouvent deux cents soldats français. J'étais prévenu depuis longtemps de cette attaque. Il m'a semblé qu'il serait beau de prouver à nos alliés les Français que le sang de nos pères n'a pas dégénéré dans nos veines, et que nous sommes bien les descendants des fiers *conquistadores* du Mexique. Dansons sans crainte; don Julian et don Bernardo sont à la tête de nos défenseurs. Pas un bandit ne mettra le pied dans l'hacienda, je vous en donne ma parole d'honneur !

— Bravo ! Vive le Mexique ! s'écrièrent les invités d'une seule voix.

— Dansons ! dit la comtesse de Valenfleurs avec élan.

— Dansons ! répéta héroïquement Denizà, qui avait la mort dans le cœur ; dansons au son de la fusillade, comme les républicains de 1792 dansaient au bruit du canon, pour défier les ennemis de la République.

— Dansons ! dansons ! s'écrièrent toutes les dames, électrisées par ces chaleureuses paroles.

— Oui, dansons ! répétèrent les hommes, mais dansons les armes à la main.

— Dans cette pièce, vous en trouverez, dit alors le capitaine Petit, en paraissant dans la salle de bal le revolver à la main, et suivi de ses quinze matelots brandissant leurs haches d'abordage ; venez, suivez-moi !

— Allons ! allons ! crièrent les hommes en s'élançant à la suite du brave capitaine.

L'élan était donné.

L'enthousiasme était général.

Personne ne voulait rester en arrière.

Bientôt les hommes reparurent, armés jusqu'aux dents, et le fusil en bandoulière.

— Un galop ! un galop ! crièrent les invités avec des trépignements de joie.

Et les danseurs s'élancèrent, emportés par un galop furieux et tout prêts à combattre au son, non seulement de la musique, mais encore de la fusillade qui faisait rage du côté de la Rancheria et des feux roulants qui se succédaient sans interruption dans les profondeurs éloignées du parc.

Il y avait un véritable héroïsme à danser dans des circonstances aussi critiques.

Le capitaine Edouard Petit, auxquels s'étaient joints tous les invités, trop âgés pour danser, mais encore capables de se battre bravement, avait improvisé, en quelques minutes, un bataillon d'une centaine d'hommes résolus, dont il avait pris le commandement.

Il avait organisé la défense de la salle de bal en embusquant des tirailleurs dans tous les fourrés de la huerta et derrière toutes les charmilles, mais conservant près de lui ses matelots afin de les lancer où besoin serait, en cas d'attaque, afin de donner le temps aux danseurs de venir prendre part à la lutte.

Le capitaine était aux anges.

Le digne marin était assez batailleur de sa nature; pour lui, la fête était complète.

Cet accompagnement strident de la fusillade se mêlant à la musique de Strauss, lui semblait produire l'effet le plus pittoresque.

Il riait et se frottait les mains à s'enlever l'épiderme. Certes, il n'aurait pas consenti à troquer cette *singulière petite fête*, ainsi qu'il nommait cette terrible attaque, même contre le chargement complet de son trois-mâts la *Belle-Adèle*.

Cependant le Mayor, repoussé une première fois, ne s'était pas tenu pour battu.

Il voulait prendre sa revanche.

Rien ne devait l'arrêter...

Résolu à en finir à tout prix, pendant qu'il lançait ses hommes à un nouvel assaut, d'autres bandits attaquaient le bas de la muraille à coups de pioche et de levier.

La fusillade reprit plus intense et plus meurtrière.

Des bandits, embusqués dans les arbres, faisaient un feu roulant et bien dirigé sur les défenseurs du parc.

La situation devenait mauvaise pour les vaqueros.

Plusieurs d'entre eux déjà avaient succombé.

Julian dit quelques mots rapides au sous-officier commandant les chasseurs à pied.

Celui-ci fit un signe d'assentiment, et, ralliant ses hommes, il disparut avec eux dans les fourrés.

Le combat continuait toujours, les bandits, repoussés une seconde fois, étaient retombés au dehors.

La muraille, vigoureusement attaquée par le pied, oscillait.

Julian avait réuni une centaine de vaqueros prêts à s'élancer en avant à son premier signal.

Soudain, sur une étendue de près de cinq mètres, un pan de mur s'écroula d'une seule pièce.

Les bandits poussèrent un hourrah de triomphe et ils se ruèrent sur la brèche.

Mais ils furent accueillis par une fusillade terrible, qui les contraignit à reculer en frémissant.

— *Mil demonios!* s'écria le Mayor en s'élançant en avant et faisant franchir la brèche à son cheval, quelques peones poltrons vous font-ils peur? cria-t-il à ses aventuriers en brandissant son sabre; c'est une mine d'or qu'il s'agit de conquérir! *Rayo de Dios!* en avant! Pour de l'or à pleines mains, en avant!

— En avant pour de l'or! répétèrent les bandits en s'élançant à la suite de leur terrible chef.

Les vaqueros, électrisés eux aussi, répondirent par une nouvelle décharge.

Tout à coup, le cri strident de l'épervier d'eau traversa l'espace, en même temps que le cri de guerre des Indiens Comanches résonnait avec fureur.

— Ce sont nos amis! s'écria Julian. Nous sommes vainqueurs! En avant! Ne laissons pas ces bandits souiller le parc de leur présence.

— En avant! crièrent les vaqueros d'une seule voix.

Et tous s'élancèrent en avant avec une force irrésistible.

Encore une fois les bandits furent contraints de reculer.

Une fusillade terrible se faisait entendre sur les derrières des aventuriers.

Les coureurs des bois attaquaient.

Les bandits étaient pris entre deux feux.

Le Mayor, furieux de voir cette fois encore la victoire lui échapper et ne pouvant se résigner à une honteuse défaite, faisait des prodiges de valeur pour rétablir le combat.

Il semblait un lion aux abois, il rugissait.

Ses compagnons le secondaient avec le plus grand courage.

Un instant, le Mayor crut que la chance allait enfin tourner et se déclarer en sa faveur.

Il voulut profiter de ce retour de fortune ; et, groupant tous ses hommes autour de lui, il se prépara à charger une dernière fois, pendant que les coureurs des bois et les Peaux-Rouges étaient trop éloignés encore pour soutenir efficacement leurs amis.

Le Mayor se dressa sur ses étriers et montrant la pointe de son sabre :

— En avant, *mil demonios !* cria-t-il d'une voix tonnante ; la fortune ou la mort ! en avant pour les tonnes d'or de l'haciendero.

— En avant ! hurlèrent les aventuriers.

Ils s'élancèrent frémissants de rage et d'espoir.

Mais alors il se passa une chose étrange.

Non seulement une décharge terrible partit de la brèche du parc, mais une seconde décharge plus terrible encore éclata presque à bout portant derrière les bandits.

La retraite leur était définitivement coupée.

La compagnie de chasseurs à pied, après avoir tourné les bandits, s'était couchée dans l'herbe, attendant le moment de faire une diversion décisive.

Elle s'était levée tout à coup, et, après avoir tiré, avait rechargé et s'était lancée à la baïonnette.

En même temps les vaqueros franchissaient la brèche et les Comanches, à droite, arrivaient à pleine course, tandis que les coureurs des bois venaient au pas gymnastique, et, sans ralentir leur feu, barrer le chemin à gauche et derrière les bandits.

La manœuvre des défenseurs de l'hacienda avait été si habilement exécutée, que les aventuriers, sans le soupçonner encore, se trouvaient pris comme dans un immense filet.

Les aventuriers, déjà ébranlés, délogés de la brèche où ils ne réussirent pas à s'établir solidement, essayèrent de se reformer une fois encore, mais non plus pour une nouvelle attaque ; la partie était définitivement perdue pour eux.

Il ne s'agissait plus que d'opérer la retraite en bon ordre, autant que possible.

Ce fut alors qu'ils reconnurent avec désespoir que cette dernière chance leur était enlevée.

Le Mayor avait perdu plus de cent cinquante hommes dans ses diverses attaques, c'est-à-dire la moitié des hommes dont il disposait au moment d'assaillir l'hacienda.

Les bandits avaient abandonné leurs chevaux pour combattre plus commodément contre les défenseurs du parc.

Seul le Mayor était resté en selle.

Tous les aventuriers se groupèrent en cercle autour de lui.

Celui-ci, de la place qu'il avait choisie, dominait tout le champ de bataille.

Sur l'ordre de leur chef, les bandits faisant face de tous les côtés à la fois, s'avancèrent épaules contre épaules, faisant un feu terrible et continu contre leurs ennemis, essayant, avec la suprême énergie du désespoir, de faire une trouée et de s'ouvrir un sanglant passage à travers les rangs pressés des coureurs des bois et des chasseurs à pied.

Mais chaque pas leur coûtait un homme ; et la ligne de feu dans laquelle ils étaient enfermés se rétrécissait sans cesse autour d'eux.

Soudain les Comanches se ruèrent avec une force irrésistible contre cette poignée de misérables, rompirent leurs rangs et les coupèrent littéralement en deux.

Alors ce fut le dernier coup, l'agonie terrible de la troupe du Mayor.

Ce ne fut plus un combat, mais une boucherie atroce, sans pitié, sans merci, où le terrible sabre-baïonnette des chasseurs à pied, si redouté des Mexicains, joua son rôle implacable.

Des cris de rage, d'agonie, de désespoir s'élevaient de toutes parts.

Mais les aventuriers ne demandaient point quartier, ils savaient qu'ils ne l'obtiendraient pas des coureurs des bois ni des Comanches.

Les bandits, certains de succomber dans cette lutte inégale, combattaient avec cette rage froide et désespérée d'hommes qui ont fait bravement le sacrifice de leur vie, mais qui pour cela ne s'abandonnent pas et, au contraire, résistent vaillamment jusqu'à la dernière goutte de leur sang, déterminés à vendre le plus cher possible la victoire à leurs vainqueurs.

Les combattants se ruaient les uns contre les autres, ils se prenaient corps à corps, poitrine contre poitrine, pieds contre pieds, se perçant à coups de baïonnette, de machette, de couteaux ; car toutes les armes étaient bonnes pour tuer.

Ceux qui tombaient se relevaient sur les genoux pour frapper un dernier coup et ne pas succomber sans vengeance.

C'était une effroyable tuerie, silencieuse et d'autant plus terrible.

Les rangs des aventuriers se resserraient de plus en plus.

Leur cercle se rétrécissait ; ils n'étaient plus qu'une poignée d'hommes effarés, sanglants, n'ayant plus figure humaine.

Ils continuaient à se défendre. Il ne restait plus en eux que l'instinct féroce de la brute aux abois.

Ils ne voyaient plus, ils n'entendaient plus ; mais ils résistaient avec une rage toujours croissante, tressaillant d'une joie horrible, et riant d'un rire de démons quand ils sentaient leurs couteaux s'enfoncer dans la chair vive.

Cette sombre et épouvantable lutte se continua ainsi tant qu'un bandit demeura debout.

Cela dura pendant plus de trois quarts d'heure.

Si l'attaque avait été vive et foudroyante, la résistance avait été désespérée.

Tout à coup il se fit un grand silence.

Tous les bandits étaient morts !

Pas un seul n'avait survécu à cette boucherie sans nom.

Pas un n'avait essayé de fuir.

Les pertes étaient grandes du côté des défenseurs de l'hacienda, soixante-dix d'entre eux étaient morts, cent trente étaient plus ou moins grièvement blessés.

C'était avoir acheté la victoire bien cher !

Mais la fameuse *cuadrilla* du Mayor, si longtemps la terreur des savanes, était à jamais détruite.

Lui-même, pendant les dernières minutes de cette lutte véritablement homérique, était tombé de cheval, et avait roulé sur le sol, où il gisait enseveli sous les cadavres de ses compagnons.

Du côté de la Rancheria, les choses s'étaient passées à peu près de la même manière.

Seulement, à la seconde attaque contre les retranchements, le chef des aventuriers, Najava, cédant à son ardeur, s'était laissé emporter trop loin des siens et avait été enveloppé et fait prisonnier par les vaqueros.

Cette prise de Navaja, destinée à cacher sa défection et convenue à l'avance avec Julian, avait été exécutée avec une rare habileté par l'aventurier.

Aussitôt qu'il avait été en sûreté dans la Rancheria, on lui avait, d'après l'ordre donné par Julian, rendu la liberté et ses armes.

Navaja avait alors mis pied à terre, avait attaché son cheval à un piquet, s'était assis sur un banc, avait allumé une cigarette et était resté spectateur paisible et très satisfait de la bataille.

Cependant les aventuriers, à demi démoralisés par la perte de leur chef, ne combattaient plus qu'avec une certaine mollesse, n'ayant plus avec eux celui qui seul pouvait les diriger sûrement d'après les instructions que sans doute il avait reçues du Mayor.

Au moment où les aventuriers les plus influents délibéraient entre eux sur ce qu'ils devaient faire, ils furent à l'improviste attaqués par devant et par derrière par les chasseurs d'Afrique et les Peaux-Rouges ; et malgré une résistance désespérée, ils succombèrent jusqu'au dernier sous les sabres droits des chasseurs d'Afrique et les longues lances des guerilleros et des Comanches.

De ce côté le combat n'avait duré qu'une demi-heure au plus.

Les défenseurs de la Rancheria n'avaient perdu que neuf hommes morts et dix-sept blessés, ce qui n'était rien comparé à l'immense hécatombe qu'ils avaient faite de leurs ennemis.

Il en est ainsi dans tous les combats qui se livrent dans les savanes.

On ne fait pas de quartier.

Pendant que ces effroyables événements se passaient, presque sous leurs yeux, les invités dans la salle de bal dansaient avec un entrain véritablement diabolique.

— Bravo ! vive la République ! nous sommes vainqueurs ! s'écria tout à coup une voix joyeuse qui domina les bruits de l'orchestre.

Les danseurs s'arrêtèrent subitement, et tous les regards se fixèrent sur l'homme qui avait annoncé cette bonne nouvelle.

Et, avec un cri général de joie, on reçonnut Julian d'Hérigoyen.

C'était en effet Julian, couvert de sang des pieds à la tête ; tenant en main son fusil, dont le sabre baïonnette, faussé, était rouge jusqu'à la douille ; mais les cheveux au vent, l'œil étincelant et la physionomie joyeuse.

Denizà poussa un cri de joie en reconnaissant que son mari, bien qu'il ne se fût pas épargné, n'avait pas reçu même une égratignure.

— Parlez ! parlez ! s'écria-t-on de toutes parts.

— Je le veux bien, répondit Julian en riant, d'ailleurs je puis, maintenant que le danger est passé, vous dévoiler la vérité tout entière, que, par prudence, don Cristoval et moi, nous avions cru devoir légèrement altérer.

— Oui, oui, vous avez bien fait ; mais dites-nous tout, répondirent les invités.

— Mon récit sera court, répondit-il avec bonne humeur. Sachez donc, señoras et caballeros, que trois cents bandits résolus, commandés par le Mayor, le redoutable scélérat que vous connaissez, ont tenté de pénétrer par surprise dans le parc de l'hacienda. Après une lutte acharnée, nous les avons écharpés, ils sont tous morts : j'ai reconnu le corps du Mayor criblé de blessures et couché sur les cadavres de ses bandits.

— Bravo ! vive le Mexique ! vive la France ! crièrent tous les invités.

En ce moment, Bernardo parut, il était à peu de chose près dans le même état que son ami.

C'est dire qu'il ressemblait à un boucher sortant de l'abattoir.

— Vous pouvez danser et vous réjouir sans crainte, dit-il ; en même temps que le Mayor tentait une surprise du côté du parc, un de ses lieutenants, à la tête de deux cents hommes, en exécutait une seconde contre la Rancheria ; j'ajouterai que, après une lutte désespérée, tous ces bandits ont été tués jusqu'au dernier ; ils sont maintenant étendus morts devant les retranchements de la Rancheria, sans avoir réussi seulement à pénétrer dans le Pueblo.

— Donc, ponctua Julian, nous voilà débarrassés de tous nos ennemis, et la savane est enfin délivrée de la redoutable cuadrilla du Mayor.

Les bravos et les vivats recommencèrent de plus belle.

Julian et les Chasseurs, en délivrant les frontières indiennes du célèbre bandit, avaient rendu un service signalé à tous les hacienderos et rancheros de ces parages pour lesquels le Mayor était véritablement un fléau terrible.

— Merci, ami, dit don Cristoval en prenant avec émotion les mains de Julian.

— Bah ! répondit en riant le chasseur, c'est plaisir de délivrer la terre de tels misérables ! Mais si vous nous le permettez, mon cher hôte, mon ami et moi nous allons changer de vêtements. Nous ressemblons véritablement un peu trop à des bouchers ; nous ne voulons pas plus longtemps effrayer les dames ; nous devons avoir des physionomies atroces.

La fête se continua, insouciante et joyeuse, presque jusqu'au jour, et se termina par un souper splendide.

Julian et Bernardo dansèrent à cœur-joie sans paraître se souvenir des commencements terribles de cette nuit, si pleine de péripéties effrayantes, et qui, grâce à Dieu, se terminait si heureusement.

Au lever du soleil, Julian se dirigea vers la partie du parc où avait eu lieu le combat.

Il voulait s'assurer une fois encore qu'il ne s'était pas trompé, et que le Mayor était bien réellement mort.

Mais déjà les peones, sous la direction du majordomo, avaient accompli leur œuvre.

Les cadavres avaient été jetés pêle-mêle dans une énorme tranchée creusée sur le champ de bataille même, et la fosse avait été aussitôt comblée.

En ce moment, les peones étaient déjà en train de reconstruire le pan de muraille renversé par les bandits pendant le combat.

Le mayordomo, interrogé par Julian, ne put lui donner aucun renseignement.

Pressé d'enterrer les morts, il n'avait pas songé à constater l'identité du cadavre du Mayor.

Le chasseur se retira assez mécontent de cette incroyable négligence de la part d'un homme comme le mayordomo.

Cependant il ne laissa pas percer son désappointement ; au contraire, il félicita le mayordomo de la rapidité avec laquelle il faisait disparaître les traces de l'horrible combat de la nuit.

Mais tout en revenant vers l'hacienda, Julian réfléchissait.

— Ce démon a l'âme chevillée dans le corps, murmurait-il tout en marchant ; il est bien capable d'avoir échappé cette fois encore : s'il en est ainsi, que le diable, son ami particulier, le caresse ! Cordieu ! il m'a semblé pourtant être bien mort !... Il est vrai que, quant à présent, nous n'avons plus rien à redouter de lui !... Mais, plus tard !... Bah ! je crois, Dieu me pardonne, que je deviens fou !... Il doit être mort !... D'ailleurs, comment aurait-il échappé, surtout blessé comme il l'était ?

Cependant bien qu'il se répétât que le Mayor était mort, il n'en avait pas la certitude.

Le doute persistait malgré lui au fond de son cœur.

Pourtant, précisément à cause de ce doute même et afin de ne pas effrayer l'haciendero, si heureux d'être enfin délivré de son implacable ennemi, Julian résolut de ne rien dire, et de conserver pour lui ses appréhensions à ce sujet.

En arrivant à la cour d'honneur, la première personne contre laquelle il se heurta fut Navaja, qui arrivait de la Rancheria.

— Ah ! c'est vous, cher monsieur, lui dit Julian, en répondant à son salut ; je suis heureux de vous voir, pour vous remercier de la façon loyale dont vous avez tenu vos promesses. Je vous avoue franchement que vous nous avez rendu un immense service ; il est évident pour moi que sans vous, nous aurions succombé, tant les mesures du Mayor étaient bien prises.

— Je vous remercie, monsieur, de la justice que vous me rendez.

— Mais voici le moment de régler nos comptes ; veuillez je vous prie, me suivre dans mon appartement.

— Tout à vos ordres, monsieur.

Ils entrèrent alors dans l'habitation, où tout le monde dormait encore.

Julian introduisit Navaja dans un cabinet de travail faisant partie de son appartement, et après l'avoir invité à s'asseoir, il reprit tout en allumant un cigare :

— C'est probablement le désir de me voir qui vous a engagé à monter d'aussi bonne heure à l'hacienda ?

— Je vous l'avoue, monsieur, répondit Navaja en s'inclinant, bien que cette démarche puisse vous paraître un peu prématurée.

— Nullement, cher monsieur. Je la trouve parfaitement correcte au contraire. Nous avons fait un marché, les clauses de ce marché stipulent certaines choses qui ont été exécutées loyalement par vous ; je me suis engagé à régler avec vous aussitôt après la tentative de surprise tentée par le Mayor ; tout cela est positif et ne donne lieu à aucune équivoque ; votre démarche de ce matin est donc parfaitement légale à mes yeux.

— Vous avez raison, monsieur, au point de vue des affaires, mais à celui des convenances, c'est autre chose. J'aurais dû laisser passer quelques heures de plus avant de venir vous importuner de mes réclamations ; mais, pour ma justification et afin de vous prouver que je ne suis pas un malotru, je dois vous avouer une incroyable faiblesse de mon organisation.

— Je ne vois pas, monsieur...

— Permettez-moi, je vous prie, de vous faire connaître cette faiblesse, insista-t-il en souriant.

— Puisque vous le désirez si vivement, parlez, monsieur, je suis prêt à vous entendre.

— Mon Dieu, monsieur, ce que je vais vous dire va sans doute vous paraître bien ridicule, tranchons le mot, de la part d'un homme comme moi : je crois aux pressentiments.

— Vous croyez aux pressentiments ? fit Julian avec surprise et regardant l'aventurier avec un léger froncement de sourcils.

— Oui, monsieur. Oh ! ne supposez pas que j'aie l'intention de me railler de vous. Je crois aux pressentiments, et j'y crois fermement, parce que j'ai des raisons péremptoires pour qu'il en soit ainsi.

— Ce qui signifie ?

— Que depuis près de quarante ans que je suis au monde, chaque fois qu'il m'est arrivé quelque chose d'heureux ou de malheureux, il m'a été annoncé par un serrement de cœur, un malaise incompréhensible, une tristesse ou une gaieté que rien ne justifiait.

— C'est étrange ! murmura Julian.

— Oui, mais cela est ainsi.

— Est-ce donc sous le coup d'un de ces pressentiments que vous êtes venu me trouver si matin? dit le chasseur en essayant de sourire.

— Riez, si cela vous plaît, monsieur, je ne m'en formaliserai nullement, mais cela est ainsi que vous me le dites.

— C'est vraiment singulier, et ce pressentiment, puis-je le connaître ?

— Certes, monsieur, je tiens même à ce que vous sachiez bien sous le coup de quelle préoccupation je viens vous voir.

— Ma foi, monsieur, je ne vous cacherai pas que vous éveillez ma curiosité.

— Je vais la satisfaire, monsieur. J'avais passé la nuit dans un rancho où, sans doute d'après vos ordres, j'avais été accueilli de la façon la plus hospitalière ; après quelques heures d'un excellent sommeil, je m'étais levé un peu avant l'apparition du soleil, frais, dispos, et, ma foi, pourquoi ne pas vous le dire, très satisfait d'être enfin libre de ma personne, riche et débarrassé de tous mes ennuis, qui certes n'étaient pas minces. J'étais donc dans les plus excellentes dispositions, car le passé ne m'inquiétait plus, et l'avenir me souriait. Je vous prie de me pardonner d'appuyer ainsi sur ce point, mais je tiens à ce que vous soyez bien convaincu que rien ne me troublait l'esprit.

— Ces détails étaient indispensables sans doute à ce qui va suivre ?

— Vous en jugerez, monsieur. J'allai baigner mon cheval ; je l'étrillai avec soin, puis, je le remis au corral, et, après lui avoir donné la provende, je me rendis dans une *pulqueria* ouverte seulement depuis quelques instants, et cependant remplie déjà d'une nombreuse assistance de vaqueros, qui, comme moi, venaient boire leur coup du matin. Tout naturellement, la conversation était très animée, et l'on ne parlait que des événements de la nuit. Un vaquero, entre autres, qui se trouvait dans le parc et avait assisté à la bataille qui s'était livrée sur ce point, racontait les diverses péripéties de cette lutte de géants. Cela m'intéressait. Je me rapprochai afin de mieux entendre. J'allais porter mon verre à mes lèvres, lorsque cet homme s'avisa de dire d'une voix goguenarde: « Cette fois, c'est bien fini ; nous sommes définitivement délivrés de ce brigand de Mayor. Il a été tué. On dit que son corps a été retrouvé troué comme une écumoire. Je ne l'ai pas vu ; je le regrette ; mais ce qui est certain, c'est que nous en sommes débarrassés ! »

— Ah ! fit Julian, cet homme disait cela ?

— Oui, monsieur. Mais, précisément au moment où il prononçait ces paroles, je sentis subitement mon cœur se serrer et une angoisse terrible s'emparer de moi: mes forces m'abandonnèrent, le gobelet échappa de ma main, tout sembla tourner autour de moi, et pendant quelques instants je crois que je perdis connaissance. Lorsque je revins à moi, les vaqueros et le *pulquero* lui-même me prodiguaient des soins, ne comprenant rien à cette singulière syncope. Je remerciai ces braves gens ; je feignis de rire, mais c'en était fait de ma gaieté. Je bus un gobelet de jalapé, et je me hâtai de sortir, espérant que le grand air me remettrait ; mais ce fut en vain : j'ai toujours le cœur serré, et je suis en proie à une inquiétude extrême.

— Et que concluez-vous de cela, monsieur ? demanda Julian devenu sérieux peut-être malgré lui, et subissant, à son insu, l'effet de ce récit étrange, surtout par sa simplicité.

— Dois-je vous le dire, monsieur ?

— Puisque vous avez commencé, je crois que mieux vaut achever.

— Soit, mais vous rirez de moi ?

— Pas le moins du monde, je vous le promets !

— Donc, monsieur, je vous le répète, mes pressentiments ne m'ont jamais trompé. Eh bien, quoi que l'on puisse me dire, si fortes que soient les assurances que l'on me donne de la mort du Mayor, ma conviction est faite : rien ne la changera, parce que je sens que cela est vrai, le Mayor...

— Eh bien, achevez donc ! interrompit vivement Julian, voyant l'hésitation de l'aventurier.

— Eh bien, monsieur, non seulement le Mayor est vivant, mais encore il s'est échappé.

— Je m'attendais à cette conclusion, dit Julian en hochant la tête. Je l'ai vu mort, étendu sur des monceaux de cadavres ; moi aussi, je doute que cette mort soit réelle.

— Ah ! vous partagez donc mon opinion à ce sujet ?

— Oui, jusqu'à un certain point : cet homme est un insaisissable Protée. Plusieurs fois il a, par miracle, échappé on ne sait comment à la mort. A plusieurs reprises le bruit en a couru, et au bout de deux ou trois mois, il reparaissait à l'improviste, sans que l'on pût deviner d'où il sortait. Je l'ai condamné, moi, à être abandonné, sans armes et sans vivres, sans feu et sans cheval, au fond des Montagnes-Rocheuses, dans une contrée désolée, où les fauves eux-mêmes ne sauraient vivre ; il fut transporté là les yeux bandés, puis abandonné, garrotté, sur la lèvre d'un gouffre où le moindre mouvement pouvait le précipiter. Que se passa-t-il alors ? Je l'ignore. Comment réussit-il à se sauver ? Cela est pour moi un mystère. Toujours est-il que deux mois plus tard je le retrouvai à la tête d'une nombreuse cuadrilla, et recommençant ses déprédations : voilà pourquoi je doute même de mon propre témoignage, puisque je l'ai vu et je l'ai reconnu, et je crains que cette fois encore il ne reparaisse.

— Moi, monsieur, j'en suis certain, il reparaîtra ; voilà pourquoi je veux quitter ces parages et mettre au plus vite la mer entre lui et moi.

— Oh ! même si votre prévision est juste, il se passera de longs mois avant qu'il soit en mesure de vous nuire.

— Peut-être, monsieur, et, je le désire vivement ; car,

je ne sais pourquoi, il me semble que cet homme me sera fatal.

— Oh ! vous allez trop loin : une fois en France, vous pourrez braver toutes ses poursuites ; jamais il n'osera y retourner.

— Qui sait, monsieur ? Cet homme a toutes les audaces, l'impossible surtout l'attire et lui plaît.

— Enfin, à la grâce de Dieu ! Mais comme je tiens à ne pas vous retarder, laissez-moi maintenant régler nos comptes.

— Monsieur, je suis confus.

— Bah ! ce sera bientôt fait, cher monsieur, et je crois que vous serez satisfait du règlement.

Julian se leva, alla ouvrir un meuble dont il retira quelques papiers, puis il reprit sa place.

— Nous disons d'abord soixante-cinq mille piastres à vous appartenant ; voici un chèque de pareille somme que vous pourrez toucher à vue à Hermosillo, chez Scrub and C°, banquiers anglais.

— Je connais la maison, elle est excellente.

— Oui, vous pourrez même, si cela vous convient, prendre chez Scrub and C°, une traite à vue sur Rostchild de Paris, de Londres ou de Vienne, à votre choix.

— Mille grâces, monsieur.

— Maintenant, passons à autre chose : don Cristoval de Cardenas m'a chargé de vous faire ses meilleurs compliments et de vous remercier de la loyauté avec laquelle vous avez exécuté les conventions de votre traité passé avec lui et moi.

— Je n'ai fait que mon devoir, monsieur, ce sont surtout les affaires délicates qui doivent être traités le plus loyalement.

— Je suis complètement de votre avis, monsieur, et don Cristoval de Cardenas pense de même ; et, la preuve en est, qu'il est si satisfait des résultats de cette affaire, qu'il m'a chargé de vous remettre, non pas deux mille onces mexicaines, mais quatre mille.

— Quatre mille onces ! Ah ! monsieur, c'est beaucoup trop ! s'écria l'aventurier avec émotion.

— Non, monsieur, c'est juste, répondit Julian en souriant.

— Mais une somme aussi considérable...

— Serait-elle décuplée, ne le gênerait en rien, monsieur. Don Cristoval est riche comme une mine d'or ; il serait, je crois, fort embarrassé de dire le chiffre exact de sa fortune, car lui-même l'ignore.

— Puisqu'il en est ainsi, monsieur, j'accepte.

— A la bonne heure ! voici un second chèque, dans les mêmes conditions que le premier ; la maison Scrub and C° est prévenue, elle vous recevra fort bien, et se mettra à votre disposition pour tout ce que vous désirerez. Il y a précisément plusieurs bâtiments de commerce anglais mouillés en ce moment à Guaymas.

— J'espère m'embarquer sur l'un d'eux, de préférence aux bâtiments français.

— Vous aurez raison ; en Angleterre, vous réussirez facilement à vous refaire un état civil inattaquable.

— Oh ! mes précautions à ce sujet sont prises depuis longtemps, monsieur ; je me suis fait naturaliser citoyen américain depuis trois ou quatre ans déjà ; tous mes papiers sont en règle, je ne crains rien.

— Je vous en félicite, monsieur ; maintenant si je puis vous être agréable en quoi que ce soit, disposez de moi, je vous en prie.

— Je vous remercie, monsieur ; une heure après avoir quitté l'hacienda, j'aurai complètement dépouillé l'aventurier, il ne restera plus que le yankee pur sang.

— Allons, je vois que vous êtes un homme de ressources ; du reste, je vous avais deviné au premier coup d'œil.

— Monsieur, me permettrez-vous un mot encore ?

— Parlez, monsieur.

— Je désirerais que ces chèques fussent mis au nom de William Fillmore, c'est sous ce nom que je désire me présenter à la maison Scrub and C°.

Rien de plus facile, monsieur ; ce nom est donc le vôtre, maintenant ?

— Pas à présent, mais dans une heure, répondit-il en souriant.

— C'est juste, dit Julian en souriant lui aussi ; les chèques ?

— Les voici.

Julian écrivit quelques mots, les mit sous enveloppe, ainsi que les chèques, cacheta le tout et frappa sur un timbre.

Un peon parut aussitôt.

— A don Cristoval tout de suite, vous attendrez la réponse, dit Julian au peon en lui donnant le paquet ; et s'adressant à Navaja, dans un instant ce sera fait, ajouta-t-il.

— Un dernier mot, monsieur, répondit l'aventurier en s'inclinant ; j'ignore vos intentions, je ne désire pas les connaître ; mais, à mon avis, il est probable que bientôt vous quitterez ce pays et retournerez en France si quelque jour, monsieur, après votre retour à Paris, vous aviez besoin d'un homme sûr, et qui vous fût tout dévoué, n'importe pour quoi, souvenez-vous, monsieur, que William Fillmore, de New-York, se tiendra tous les jours, de quatre à cinq heures du soir, au Palais-Royal, au café de la Rotonde, à votre disposition. Nul ne peut prévoir l'avenir et un homme dévoué peut parfois être utile.

— C'est vrai, monsieur, je vous remercie ; si je retourne en France, ce qui est possible, je n'oublierai ni ce nom, ni ce rendez-vous permanent.

— Je ne sais vraiment comment vous remercier, monsieur ?

— C'est moi, au contraire, qui vous dois des remerciements. Qui sait si, plus tard, je ne mettrai pas vos services à contribution ?

— Ce jour-là, monsieur, vous me rendrez bien heureux, je vous le jure !

En ce moment, le peon rentra, remit un paquet à Julian et sortit.

12.

— Voici votre affaire, dit Julian en décachetant le paquet et lui remettant les chèques.

Navaja les prit et jeta les yeux dessus.

— Oh ! fit-il.

— Quoi donc ? demanda Julian.

— Don Cristoval de Cardenas a fait une erreur.

— Ce n'est pas possible, donc Cristoval ne commet jamais d'erreur.

— Voyez cependant, monsieur, il y a cinq mille onces au lieu de quatre mille.

— Il n'en fait jamais d'autres ; je m'en doutais.

— Mais, monsieur, il me semble...

— Croyez-moi, cher monsieur, serrez vos chèques ; don Cristoval sait parfaitement ce qu'il fait. Que voulez-vous, ajouta-t-il en riant, il faut en prendre votre parti : si je les lui renvoyais, il serait capable de mettre six mille cette fois. On n'a jamais le dernier mot avec lui.

— S'il en est ainsi, je suivrai votre conseil, monsieur, dit Navaja gaiement, car ce serait à n'en plus finir.

— Oui, c'est le meilleur parti que vous puissiez prendre, dit Julian sur le même ton.

Les deux hommes se levèrent alors.

Navaja prit congé et quitta le cabinet, reconduit jusqu'à la porte par Julian.

Au même instant, Bernardo parut.

— J'ai tout entendu, dit-il.

— Eh bien, que t'en semble ? Crois-tu le Mayor vivant ?

— Oui, certes. Pour tuer cet homme et être bien sûr qu'il soit mort, il faudra le couper en quatre.

— En effet, ce serait un excellent moyen. Surtout, pas un mot à personne à ce sujet.

— Sois tranquille.

— Que penses-tu de Navaja ?

— C'est un homme précieux, et sur lequel on peut compter : peut-être aurons-nous besoin de lui un jour.

— Au fait, c'est possible ; aussi je garderai précieusement les renseignements qu'il m'a donnés.

— Tu feras bien.

— Et maintenant, silence ! reprit Julian, et descendons ; on doit nous attendre, et j'ai hâte de revoir ma chère Denizà. Que le diable emporte ce drôle de Mayor qui m'a fait une si désagréable nuit de noces !

— Amen, dit Bernardo en riant.

Et ils descendirent à la salle à manger, où ils trouvèrent tous les invités réunis.

Leur entrée fut saluée par de joyeuses acclamations.

Les événements et les terreurs de la nuit étaient complétement oubliés, et on ne songeait plus qu'à se divertir.

XXIV

COMMENT, SUR LE POINT D'ARRIVER A HERMOSILLO, MADAME LA COMTESSE DE VALENFLEURS CROISA, SANS S'EN DOUTER, SON PLUS TERRIBLE ENNEMI.

Les fêtes du mariage, conformément à la coutume adoptée sur les frontières, se continuèrent pendant près de quinze jours.

Belhumeur, la Main-Ferme et les autres Coureurs des Bois s'étant entendus avec les Indiens Comanches du Bison-Blanc, organisèrent une grande chasse dans la plaine du Gila en l'honneur de leurs amis Cœur-Sombre et la Main-de-Fer, grande chasse à laquelle ils invitèrent don Cristoval de Cardenas, sa famille et toutes les personnes qui avaient assisté au mariage du chasseur.

Ces chasses devaient durer huit jours.

Le riche et puissant haciendero voulant reconnaître noblement la gracieuse attention des coureurs des Bois et des Peaux-Rouges, et désireux surtout de leur prouver combien il leur savait gré du généreux concours qu'ils lui avaient prêté lors de l'attaque de l'hacienda, fit d'immenses préparatifs pour cette fête.

Ce fut une véritable armée qui sortit de l'hacienda pour se rendre dans les prairies du Gila.

Plus de trois cents personnes, dames et cavaliers, tous amis de don Cristoval, et revêtus des plus riches costumes, galopaient gaiement en avant, précédés par une troupe de cinquante vaqueros bien armés, ayant ño Ignacio à leur tête.

Puis venaient de nombreux fourgons traînés par des mules magnifiquement harnachées, chargés de tentes, d'ustensiles, de toutes sortes de vivres, etc.

Sur les flancs de la colonne, à droite et à gauche, des éclaireurs battaient l'estrade, sondant les hautes herbes et s'assurant que tout était tranquille sur le passage de la caravane ; enfin, à l'arrière-garde venaient en bon ordre et armés jusqu'aux dents, deux cent cinquante vaqueros et tigreros, de ceux qui avaient si intrépidement résisté aux efforts désespérés des aventuriers du Mayor.

Rien de pittoresque comme l'aspect de cette brillante caravane, s'allongeant comme un immense serpent aux éclatantes couleurs dans les détours sans nombre de *sentes* à peine tracées, à travers les hautes herbes de la savane, aux premiers rayons du soleil, émergeant à peine au-dessus de la ligne d'horizon.

Le rendez-vous général, où les Coureurs des Bois attendaient leurs invités, était éloigné d'environ six heures à vol d'oiseau de l'hacienda, ce qui doublait largement la distance réelle.

Aussi, afin de ne pas trop fatiguer les dames, et surtout pour éviter la grande chaleur, don Cristoval avait fixé le départ de la Florida au lever du soleil.

Cette heure matinale qui, dans nos contrées du Nord, semblerait très désagréable aux dames, en les obligeant à interrompre leur sommeil plusieurs heures avant celle où elles ont l'habitude de le faire, n'avait rien que de très ordinaire pour les dames mexicaines, accoutumées à se lever à l'aube, afin de profiter de la fraîcheur de la matinée.

Aussi, à l'heure dite, tout le monde, gai, joyeux et reposé, était-il à cheval et prêt au départ, qui s'effectua dans le meilleur ordre.

Julian et son ami galopaient sans cesse sur les flancs

de la caravane, afin de tout surveiller et d'éloigner des dames, même l'apparence d'un danger.

Les deux chasseurs connaissaient trop bien les savanes pour ne pas savoir combien de perfides embuscades se cachent souvent sous ces océans de verdure, qui ondulent mystérieusement au plus léger souffle de la brise, et recèlent tant de dangers terribles sous leur calme trompeur.

Mais, cette fois, aucun péril n'était à redouter.

La caravane était trop nombreuse, les cavaliers qui la composaient trop bien armés et trop braves pour qu'une attaque quelconque fût tentée.

Si des aventuriers du genre de ceux qu'on nomme *rôdeurs de frontières* étaient çà et là aux aguets, et certainement il y en avait un bon nombre, ils comprirent qu'il n'y avait rien à gagner pour eux dans une rencontre contre ces redoutables voyageurs, et ils se tinrent prudemment blottis dans leurs repaires ignorés.

Tout en galopant de côté et d'autre, Julian se trouva, par suite d'un hasard peut-être cherché, marcher pendant quelques instants aux côtés du capitaine Edouard Petit, qui se prélassait sur un magnifique *mustang*, et souriait joyeusement de se voir, lui marin, en pleine savane, et si loin de son élément de prédilection.

— Eh bien, capitaine, lui dit gaiement Julian, en rangeant son cheval près de celui du marin, êtes-vous satisfait de l'hospitalité de la Florida ?

— C'est splendide, monsieur. Depuis quinze jours, je nage littéralement dans les délices fantastiques de Capoue, répondit avec enthousiasme le capitaine qui se piquait de littérature. Je doute qu'Annibal lui-même ait été aussi bien traité et choyé que je le suis ! Quel malheur qu'il faille quitter tout cela !

— Est-ce que vous comptez retourner bientôt à Guaymas ?

— Il le faut, monsieur. Pendant que je fais ici chère-lie, tout va mal là-bas.

— Bon ! comment cela ? Ne faut-il pas que les matelots s'amusent !

— Je ne dis pas non; mais je n'entends pas qu'ils désertent, et c'est ce qui arrive. Un de mes matelots nommé Joan, un drôle que j'avais pris par pitié à mon bord, a bel et bien déserté. Je veux mettre ordre à cela.

— Vous avez raison. Votre équipage n'est pas nombreux, sans doute ?

— Il est très nombreux, au contraire. Ma charmante passagère, craintive comme le sont en général toutes les femmes qui ignorent ce que c'est que la mer, ne rêvant que de pirates, de corsaires, que sais-je ? me pria d'embarquer une cinquantaine d'hommes, ainsi que des armes et des munitions en quantité. Que ne fait-on pas pour tranquilliser une aussi aimable et charmante personne que mademoiselle Deniza ?... pardon, la langue m'a fourché, c'est madame d'Hérigoyen que je voulais dire.

— Vous êtes tout excusé, mon cher capitaine, dit Julian en souriant; vous disiez donc...

— Ma foi! j'engageai soixante hommes, tous braves, et sur lesquels je savais pouvoir compter, excepté ce drôle de Joan; mais si je le rattrape, le failli-chien, il peut être tranquille, je lui souquerai son amarrage à bloc, je ne vous dis que cela; j'achetai toutes les armes nécessaires, même deux amours de canons de six, puis de la poudre, des boulets, des balles, enfin toutes les herbes de la Saint-Jean! Je sais que cela n'est pas réglementaire, mais, que voulez-vous, je tenais à rassurer ma passagère; et puis c'était elle qui payait, je n'avais rien à dire.

— C'est parfaitement juste, et vous vous êtes conduit en galant homme.

— Je suis heureux que vous m'approuviez, monsieur.

— Je vous approuve si bien, mon cher capitaine, que, s'il vous plaît d'enrôler encore quinze ou vingt matelots, honnêtes bien entendu, non seulement je n'y trouverai rien à redire, mais encore j'en serai, pour ma part, très satisfait. Mais il serait bon que cela fût fait sans bruit.

— Je vous comprends; vous voulez dire en secret, et

sans que personne s'en aperçût, n'est-ce pas? répondit-il avec un fin sourire.

— C'est cela même, mon cher capitaine ; vous m'avez très bien compris : il faut toujours rassurer les dames, et comme, cette fois, la comtesse de Valenfleurs vous fera l'honneur de voyager avec vous, un surcroît de précautions ne saurait nuire.

— C'est vrai, je n'y avais pas songé, s'écria-t-il en riant ; c'est pour le coup que la *Belle Adèle* manœuvrera carrément, le diable m'emporte si on ne la prendra pas pour un bâtiment de guerre!

— Cela sera d'autant plus facile, répondit Julian en riant, que vous avez deux canons.

— Et six pierriers, mais je les cache soigneusement quand j'arrive au mouillage. Seulement, aussitôt en haute mer, je mets mon artillerie en batterie sur le pont, les sabords fermés bien entendu, et les pierriers bien enveloppés, ainsi que leurs chandeliers, dans leurs chemises de toile goudronnée.

— Allons! je vois avec plaisir, capitaine, que vous êtes un homme prudent, et que vous connaissez votre métier.

— Je m'en flatte, monsieur. Dois-je considérer comme un ordre ce que vous m'avez fait l'honneur de me dire à propos de l'enrôlement?

— Certes, capitaine ; et j'ajoute que je compte entièrement sur vous; d'ailleurs, tout ce que vous ferez sera bien, je l'approuve d'avance.

— S'il en est ainsi, ne vous inquiétez de rien, vous serez content de moi.

Les deux hommes échangèrent encore quelques mots, et ils se séparèrent.

— Hum! grommela le capitaine entre ses dents lorsque Julian l'eût quitté, il se méfie de quelque coup de Jarnac, c'est sûr; enfin cela ne me regarde pas; il est le maître puisqu'il paie; moi je n'ai qu'à obéir.

Un peu avant dix heures du matin, la caravane atteignit le rendez-vous général ; les Coureurs des Bois et les

Peaux-Rouges accueillirent leurs invités par une brillante fantasia et de joyeuses acclamations.

En un clin-d'œil, les peones dressèrent les tentes, construisirent des jacals élégants pour les dames, et déchargèrent les mules et les wagons.

En moins d'une demi-heure, car les bras ne manquaient pas, un véritable camp fut improvisé ; les chevaux baignés, bouchonnés et attachés aux piquets, reçurent leur provende.

Après un déjeuner magnifique, les voyageurs, fatigués de leur longue course à travers la savane, se retirèrent pour faire la *siesta*, d'autant plus que la chaleur commençait à devenir étouffante.

Vers quatre heures du soir on monta à cheval et la chasse commença.

Elle fut splendide.

Bisons, asshathas, antilopes, élans, opossums, renards, de longue main détournés galamment par les Coureurs des Bois et les Comanches, tombèrent en foule sous les coups des chasseurs.

Plusieurs ours noirs et bruns furent tués.

Julian fut proclamé roi de la chasse.

Cinq ours gris, surpris isolément, furent forcés et tués ; Julian en tira deux, Bernardo un.

Les deux autres furent abattus à balle franche par la Main-Ferme et Belhumeur.

Le lendemain, on fit une chasse aux jaguars. Trente-sept de ces terribles animaux furent tués.

Les dames se distinguèrent par leur courage. Elles chargeaient bravement ces redoutables félins, sans se soucier du danger.

Les chasseurs eurent même fort à faire à les protéger, tant leur ardeur était grande.

Grâce à Dieu, on n'eut à déplorer aucun accident fâcheux.

Ces grandes chasses se continuèrent ainsi pendant huit jours.

Le neuvième, don Cristoval de Cardenas établit sur

place un marché pour l'échange des fourrures, et il acheta pour son compte, au triple de leur valeur, toutes celles des animaux abattus pendant ces huit jours de chasse.

Cette généreuse gracieuseté du riche haciendero combla de joie les Coureurs des Bois et les Peaux-Rouges, peu accoutumés à traiter dans de si bonnes conditions avec les trafiquants dans les comptoirs établis sur la limite des établissements pour l'échange des fourrures.

Les fourrures furent emballées.

Puis, après avoir distribué de riches présents à ses hôtes, don Cristoval de Cardenas prit congé d'eux.

La séparation fut excessivement cordiale.

Les Coureurs des Bois et les Peaux-Rouges, pour faire honneur à leurs visiteurs, les accompagnèrent jusqu'en vue de l'hacienda, et, après une *fantasia* splendide, ils prirent définitivement congé et retournèrent sur le Gila, tandis que don Cristoval de Cardenas et ses amis rentraient à la Florida.

Les invités de l'haciendero se retirèrent à leur tour, et retournèrent chez eux, enthousiasmés de l'accueil qu'ils avaient reçu à la Florida.

Avant leur départ, don Cristoval leur avait distribué toutes les fourrures qu'il avait achetées sur le Gila.

On ne pouvait faire plus grandement les choses.

Après avoir pris quelques jours d'un repos indispensable, les nouveaux mariés firent leurs visites de noces dans toutes les haciendas voisines, où de nouvelles fêtes eurent lieu en leur honneur. Ces visites se prolongèrent beaucoup plus longtemps que Julian ne l'avait supposé.

Elles durèrent un mois tout entier.

Pendant l'absence des nouveaux mariés, le capitaine Edouard Petit, après un long et secret entretien avec don Cristoval, était parti pour Guaymas, laissant à l'adresse de Julian une lettre, dans laquelle il l'informait de son départ, lui disait que ses ordres seraient ponctuellement exécutés, et qu'il se tiendrait prêt à mettre immédiatement sous voiles aussitôt qu'il arriverait.

On remarqua que le digne capitaine, qui était arrivé à l'hacienda avec ses marins, ne portant qu'une maigre valise contenant quelques vêtements de rechange seulement et attachée derrière sa selle, était reparti emmenant avec lui plusieurs mules pesamment chargées et une nombreuse escorte de vaqueros bien armés.

Mais les habitants de l'hacienda, fort peu curieux de leur nature, ne firent aucun commentaire à ce sujet.

D'ailleurs, ce n'était pas leur affaire, mais celle de leur maître, qui probablement avait profité du départ du brave capitaine pour expédier une *conducta* de marchandises précieuses à Urès, ainsi qu'il le faisait en temps ordinaire tous les deux ou trois mois.

Julian, ses visites terminées, revint à l'hacienda.

Sur les instances de don Cristoval, il consentit à séjourner à la Florida encore pendant quinze jours ou trois semaines.

Du reste, ce laps de temps était presque nécessaire pour terminer les préparatifs du long voyage qu'il allait faire.

Julian et son ami étaient loin d'être riches.

Ils possédaient ou croyaient posséder à peine entre eux deux une centaine de mille piastres, placées à Hermosillo, dans la maison Scrub and C°.

Cela leur faisait environ une douzaine de mille livres de rente à chacun d'eux, fortune assez modeste, mais que Julian, pour sa part, pouvait plus que doubler, grâce à la fortune de son père.

D'ailleurs, il était jeune, instruit, courageux, il travaillerait.

Pour rendre sa chère Denizà heureuse, il se sentait capable de faire des miracles et même de soulever le monde.

Dona Luisa, avec cette grâce que possèdent si bien les femmes et qui les empêche d'essuyer un refus, offrit à Denizà et à la comtesse de Valenfleurs, à chacune une rivière en diamants, les bracelets et les pendants d'oreilles pareilles, le tout d'un prix fou, et à titre de souvenir.

L'haciendero était tellement riche, que c'eût été le blesser que de ne pas accepter.

Doña Luisa fit aussi de magnifiques cadeaux à la gentille Mariette, l'amie si dévouée de Denizà, et d'autres de moindre importance, mais cependant d'une valeur considérable à Clairette, la cameriste de confiance de la comtesse.

Quant à don Cristoval de Cardenas, il connaissait trop bien les deux chasseurs, pour se hasarder à leur offrir quoi que ce fût.

Il savait que Julian et Bernardo n'accepteraient rien.

Mais le digne haciendero avait son idée, comme nous le verrons plus tard, et ses mesures furent prises en conséquence.

Il se borna à offrir aux deux amis, ce qu'ils ne pouvaient refuser parce que c'était, disait-il, un cadeau sans importance, et seulement à titre de souvenir, une centaine de boîtes de cigares, regalias authentiques, venus directement de la Havane, et que, pendant leur long séjour à l'hacienda, les deux amis avaient semblé apprécier beaucoup.

Ce fut tout, et chacun se trouva ainsi satisfait.

Seulement, l'haciendero riait sous cape, sans que ses deux amis s'en doutassent le moins du monde.

Cependant, une lettre reçue à l'improviste par la comtesse de Valenfleurs vint au dernier moment modifier les conditions du voyage projeté.

Des affaires importantes, et exigeant sa présence, l'obligeaient à retourner au Canada.

Seulement, elle insista pour accompagner ses amis jusqu'à Urès, où le docteur se rendait, et que ses enfants tenaient à conduire jusque-là, d'abord afin de rester plus longtemps avec lui, et ensuite pour saluer une dernière fois le général X..., auquel ils avaient de si grandes obligations.

Enfin le jour du départ arriva.

Les deux dames éprouvaient un vif chagrin de se séparer de Dona Luisa, qu'elles avaient prise en vive affection.

Elles avaient reçu une si charmante hospitalité dans cette excellente famille, que la pensée de la quitter leur causait un véritable déchirement de cœur.

Julian et Bernardo, étaient, eux aussi, émus et chagrins.

Ils avaient une profonde amitié pour don Cristoval, qu'ils n'espéraient plus revoir ; et puis, au fond de leur cœur, ce n'était pas sans une amère tristesse que leurs regards erraient sur ces majestueuses prairies et ces mystérieuses contrées qu'ils avaient parcourues pendant de si longues années ; où ils avaient tant souffert, et aussi eu tant de jours heureux ; où ils avaient vécu libres enfin ! sans entraves d'aucune sorte !

La pensée de rentrer dans la vie civilisée les effrayait malgré eux.

Ils redoutaient les exigences de cette existence étriquée, méthodique et monotone, à laquelle ils allaient être condamnés à se soumettre.

Mais ces regrets venaient trop tard, comme toujours.

Le sort en était jeté !

D'ailleurs, Deniza n'aurait pu s'accoutumer aux émouvantes péripéties de cette vie de luttes et de combats.

Son existence, malgré l'amour de son mari, n'aurait été qu'un long supplice.

Il fallait se résigner et dire un éternel adieu aux savanes et aux forêts vierges.

Les deux hommes le comprirent ; et sans hésitation comme sans faiblesse, ils prirent leur parti.

A tout prix il fallait que Deniza fût heureuse.

Les adieux furent longs et pénibles : on se quittait, on revenait et l'on ne pouvait se décider...

Enfin Julian saisit la bride de son cheval et embrassant don Cristoval, lui dit avec émotion :

— Allons ! soyons hommes : adieu, mon excellent ami.

— Non pas adieu, mais au revoir, cher don Julian, répondit don Cristoval en souriant; je compte aller bientôt visiter cette France dont j'entends raconter sans cesse tant de merveilles, et j'y séjournerai pendant quelque temps.

— Dites-vous vrai! s'écria vivement Julian; me le promettez-vous sérieusement?

— Sur l'honneur! oui, mon ami; peut-être ferai-je ce voyage plus tôt que vous ne le supposez.

— Bien! alors je puis y compter!

— Je vous ai donné ma parole; vous me rendrez à Paris l'hospitalité que j'ai été si heureux de vous offrir dans l'Arizona.

— Pas aussi somptueuse, mon ami, dit Julian gaiement, mais de tout cœur.

Les dernières paroles de l'haciendero, en faisant espérer une réunion prochaine et surtout certaine, dissipa en grande partie la tristesse des premiers adieux: on s'embrassa et on se pressa les mains une dernière fois, et à un signal donné par Julian on monta à cheval.

— Au revoir donc, mon ami, dit le chasseur; je vous attends; vous serez le bien venu et le bien reçu; mais, je vous le répète, ne comptez pas sur une hospitalité comparable à celle que vous m'avez offerte.

— Bah! qui sait? dit l'haciendero avec un sourire énigmatique, en lui serrant une dernière fois la main.

On partit.

Le voyage se fit à petites journées.

Rien ne pressait les voyageurs, et, grâce à la nombreuse escorte du docteur, ils n'avaient à redouter aucun danger.

Julian et Deniza parlaient d'amour, la comtesse de Valenfleurs et le docteur causaient de leur retour en France, où ils avaient hâte de revenir, et qu'ils presseraient le plus possible.

Rien ne les retenait plus en Amérique.

Bernardo s'était fait le chevalier servant de Mariette, vers laquelle il se sentait irrésistiblement attiré.

Clairette jouait avec Vanda, placée à califourchon devant elle.

Quant à Armand de Valenfleurs, il servait d'éclaireur à la petite troupe en compagnie de son brave chien Dardar.

Tous nos personnages, y compris Charbonneau et les trois batteurs d'estrade comanches, étaient trop sérieusement occupés d'eux-mêmes, pour s'apercevoir de la longueur de la route. Aussi arrivèrent-ils presque sans s'en apercevoir à Urès, où ils entrèrent douze jours après avoir quitté l'hacienda, vers quatre heures de l'après-dîner.

Le docteur installa toute la caravane dans une immense maison qui lui avait été assignée comme logement, et où ils se trouvèrent parfaitement à l'aise.

Puis, laissant les voyageurs s'arranger comme ils l'entendraient, il alla se présenter au général X... et lui faire sa visite d'arrivée.

Le général le reçut fort bien, et, apprenant quelles étaient les personnes qui l'accompagnaient, il écrivit un mot en toute hâte, et il le fit porter immédiatement à Julian par le capitaine de Fontaine-Mareuil.

C'était une invitation à dîner pour le soir même, adressée aux deux dames et aux deux chasseurs.

Le capitaine avait l'ordre d'insister et de ne pas admettre d'excuses, qu'elles quelles fussent.

Julian reçut fort bien le capitaine de Fontaine-Mareuil, lui serra chaleureusement la main, l'assura que son ami et lui se préparaient à aller présenter leurs respects au général X.., qu'il était désespéré d'avoir été prévenu par le général, mais qu'il aurait l'honneur de se rendre à sa gracieuse invitation, et qu'il allait immédiatement faire avertir les dames, qui certainement seraient charmées de l'accompagner.

Le capitaine de Fontaine-Mareuil se retira alors pour aller rendre compte au général du succès de sa mission.

Le général X... accueillit ses visiteurs avec cette rondeur toute remplie de bonhomie qui le rendait si gracieusement aimable quand il voulait s'en donner la peine.

Le dîner fut fort gai.

Le général s'informa de ce qui s'était passé à l'hacienda.

Il avait bien entendu parler de l'attaque des bandits contre l'hacienda de la Florida, dit-il, mais tous les rapports qu'il avait reçus étaient si contradictoires et si embrouillés que la vérité ne s'y laissait nullement deviner.

Julian raconta alors, à la prière de tous les convives, les faits tels qu'ils s'étaient véritablement passés.

Ce récit imagé, fait de verve par le chasseur, intéressa vivement le général.

L'épisode du bal continuant au milieu de la fusillade l'enthousiasma véritablement.

— Bravo! s'écria-t-il; quoi qu'on en dise, les femmes seront toujours plus franchement braves que nous autres hommes! C'est de l'héroïsme cela, mesdames, et je vous remercie au nom de la France.

— Nous acceptons votre compliment, général, car, venant de vous, il doit être vrai; mieux que personne vous vous y connaissez, dit la comtesse de Valenfleurs, en s'inclinant avec un gracieux sourire.

Un murmure flatteur accueillit ces paroles prononcées par la comtesse.

— Du champagne! Ce n'est qu'avec du vin de France que je veux porter un toast à nos belles compatriotes. Remplissez vos verres, messieurs, reprit le général; je bois aux héroïnes de la Florida!

Ce toast fut chaleureusement acclamé par les convives.

— Messieurs, dit Deniza lorsque l'émotion se fut à peu près calmée, nous qui représentons ici les dames de la Florida, nous vous demandons de boire au général X... et à l'armée française!

Ce second toast fut accueilli par une véritable tempête d'applaudissements.

La joie était à son comble.

— Pardieu! monsieur d'Hérigoyen, dit le général en riant, je vous déclare que votre femme est charmante, et que je l'aime à la folie; aussi, prenez bien garde de ne pas la rendre heureuse, car je me déclare ici son chevalier, et je la défendrai même contre vous. Et maintenant, Monsieur Julien d'Hérigoyen, ajouta le général avec un charmant sourire, permettez-moi de vous dire que tout ce que vous m'avez raconté je le savais beaucoup mieux que vous; car vous avez passé avec une modestie beaucoup trop grande sur ce que vous avez fait personnellement, ainsi que votre ami, dans ce combat homérique; je tenais à l'entendre raconter par vous-même. J'ajouterai que j'attendais avec impatience votre arrivée à Urès pour vous témoigner la haute estime que j'ai pour votre beau caractère et vous prouver que je n'ai rien oublié, ajouta-t-il en appuyant sur ces derniers mots.

— Général! c'est trop, je ne sais comment... murmura Julian.

— Pardon, monsieur, vous et votre ami vous avez été méconnus; je n'insisterai pas sur ce point, vous me comprenez; vous aviez droit à une réparation pour tout ce que vous avez injustement souffert : cette réparation, vous m'avez procuré l'occasion de vous la faire obtenir éclatante, sans vous engager autrement que vous l'êtes envers le gouvernement; sur le rapport que j'ai adressé au maréchal commandant en chef, à propos de ce qui s'est passé à l'hacienda de la Florida, et l'immense service que vous avez rendu au Mexique en anéantissant la cuadrilla la plus redoutée de toutes les frontières; vous, Monsieur Julian d'Hérigoyen, votre ami, M. Bernardo Zumeta, et Monsieur Cristoval de Cardenas, vous avez été tous nommés chevaliers de la Légion d'honneur; votre ami don Cristoval doit avoir reçu déjà son brevet; quant à vous, messieurs, voici les vôtres, veuillez accepter chacun cette croix et me faire le plaisir de recevoir l'accolade, que je tiens à honneur de vous donner, non seulement parce que vous êtes des hommes braves et honnêtes, mais surtout parce que vous avez dignement porté et fait respecter votre qualité de Français.

Cette péripétie singulière et ignorée de tous, car le général avait religieusement gardé le secret de l'acte de réparation auquel il s'était employé, sans révéler le passé des deux hommes, porta presque jusqu'au délire la joie de tous les convives.

Julian et Bernardo ne pouvaient refuser, ils avaient noblement gagné cette récompense, sans arrière-pensée, ils y avaient un droit incontestable.

Ils acceptèrent donc avec une vive satisfaction, et ce fut la joie au cœur qu'ils reçurent l'accolade du général et des autres officiers présents.

Les huit jours que les chasseurs restèrent à Urès furent huit jours de fête, qui passèrent avec une rapidité véritablement vertigineuse.

On les invitait de tous les côtés, ils ne savaient plus à qui entendre.

Mais Denizà avait hâte de retourner en France ; le jour du départ fut définitivement fixé entre elle et son mari.

Alors il arriva que la comtesse de Valenfleurs et le docteur n'eurent pas le courage de les laisser aller seuls, Julian et surtout sa charmante femme, jusqu'à Guaymas, quand il leur était facile de passer peut-être quinze jours encore avec eux.

Ils décidèrent donc de ne quitter les chasseurs et la jeune femme que lorsque ceux-ci seraient définitivement embarqués.

Il va sans dire que cette décision combla de joie les voyageurs.

Julian, Denizà et Bernardo firent alors leurs visites d'adieu aux nombreux amis qu'ils s'étaient déjà faits à Urès.

Leur première visite fut, naturellement, pour le général X... envers lequel ils éprouvaient une réelle gratitude, pour ce qu'il avait fait pour eux.

Puis on se mit en route pour Guaymas, en passant par Hermosillo.

Malgré l'heure matinale choisie pour leur départ, cinq heures du matin, une heure avant le jour, les voyageurs furent accompagnés jusqu'à quatre lieues au moins de la ville d'Urès, par au moins une quarantaine d'officiers de tous grades qui se firent un plaisir de les escorter, et de leur faire ce que l'on nomme en style militaire la conduite, et leur prouver ainsi leur sympathie.

Comme dans le précédent trajet, les voyageurs n'étant nullement pressés de se séparer les uns des autres, ils marchèrent lentement et à petites journées, s'arrêtant le matin quand la chaleur devenait insupportable, et campant pour la nuit dans les endroits où les surprenait le coucher du soleil, ce qui pour eux était d'une médiocre importance, car ils étaient amplement fournis de tentes, de hamacs, de couvertures, de zarapés, etc., etc., enfin tous les objets indispensables pour ne souffrir ni du froid, ni des orages si fréquents et si terribles dans ces contrées presque intertropicales.

Leur voyage se continua ainsi dans d'excellentes conditions, jusqu'aux environs d'Hermosillo, quand à deux où trois lieues de cette ville, après avoir passé le carrefour où les deux routes d'Urès et de Sonora se séparent en bifurquant l'une à droite et l'autre à gauche de la route de Hermosillo, il y eut un incident de peu d'importance en apparence, qui passa même presque inaperçu des voyageurs, mais que cependant nous devons noter.

Au moment où la petite caravane dépassait la route de Sonora, au tournant du chemin, elle vit à une vingtaine de pas devant elle et venant d'Hermosillo, une litière conduite par deux mules richement harnachées et attelées une devant et l'autre derrière, à la mode sonorienne.

Cette litière était hermétiquement fermée par d'épais rideaux, elle marchait très lentement.

Cinq hommes bien armés et portant le costume mexicain des *rancheros du Bajios* marchaient un peu en avant.

Un cinquième, vêtu en matelot du commerce et dont le visage disparaissait presque entièrement sous les larges ailes de son chapeau de paille de Guyaquil, se tenait au côté droit et tout près de la litière.

Au moment où les deux troupes allaient se croiser et et passer presque à se toucher l'une près de l'autre, le matelot se pencha vers la litière et dit rapidement quelques mots à voix basse.

Les rideaux de la litière eurent subitement un léger frémissement, puis ils coururent brusquement sur leurs tringles et s'écartèrent sous la pression d'une main convulsive.

Alors un visage hâve, maigre, pâle, aux traits convulsés par une émotion poignante à peine contenue, et dont les yeux vagues semblaient ne plus avoir de regard, se pencha avidement au dehors.

Cet homme, ou plutôt ce squelette, n'ayant plus qu'un souffle de vie, c'était le Mayor.

Julian ne s'était pas trompé.

Ce misérable, une fois encore, avait échappé à la mort par le dévouement de dona Luz, qui, deux jours avant l'attaque de l'hacienda, était arrivée à son camp, rappelée par lui en toute hâte : son expédition terminée, il voulait fuir, ainsi que nous l'avons dit, mais en emmenant la jeune femme avec lui, car il l'aimait comme aux premiers jours de leur union.

Lorsqu'il avait marché contre la Florida, dona Luz voulut le suivre ; seulement, à une courte distance de l'hacienda, voulant la préserver de tous dangers, le Mayor l'obligea à se cacher dans un épais fourré où il la laissa sous la garde de cinq aventuriers sur lesquels il savait pouvoir compter.

Le combat terminé, dona Luz, ne pouvant résister à l'inquiétude qu'elle éprouvait, envoya un des aventuriers à la découverte.

Celui-ci revint presque aussitôt, et lui révéla l'affreuse vérité.

Dona Luz, certaine que les Coureurs des bois, les vaqueros et les Comanches s'étaient retirés, avait juré de sauver son mari.

Seul l'amour pouvait accomplir un tel miracle et inspirer un si grand dévouement.

Quittant son abri provisoire, elle se rendit résolument sur le champ de bataille, suivie par les cinq aventuriers qui, saisis d'admiration pour un si grand courage, eurent honte de l'abandonner.

La jeune femme, sans frémir à la vue horrible de tant de cadavres amoncelés, rendus hideux par les dernières affres de la mort, chercha, froide et résolue, le corps du Mayor.

Elle l'eut bientôt retrouvé.

Elle le releva froid, immobile, presque exsangue, du monceau de cadavres où il gisait; aidée par les aventuriers, elle le transporta au prix de fatigues inouïes dans la grotte de la Cascade.

Là, pendant plus d'un mois, le Mayor était resté entre la vie et la mort.

Mais dona Luz, grâce à son dévouement que rien ne rebutait, avait enfin réussi à galvaniser ce cadavre, à le ressusciter pour ainsi dire; puis quand elle l'avait cru assez fort pour supporter les fatigues du voyage, elle l'avait installé dans une litière qu'elle était parvenue à se procurer, et s'était rendue à Hermosillo, où elle l'avait installé dans sa famille, où tous les soins lui furent donnés.

Ce fut à Hermosillo que le hasard amena une rencontre entre Joan, le matelot déserteur de la *Belle-Adèle*, et le Mayor.

Joan était un bandit qui avait tout à redouter de la justice française; il ne s'était enrôlé avec le capitaine E. Petit que pour échapper aux recherches dirigées contre lui, et avec l'intention de déserter dans le premier port de l'Amérique où toucherait le navire.

Dans sa rencontre fortuite avec Sébastian, celui-ci avait été beaucoup plus explicite avec lui qu'il ne l'avait rapporté au Mayor.

Voyant à quel homme il avait affaire, il ne lui avait rien caché.

Il avait été jusqu'à lui donner un signe de reconnaissance pour que, après avoir déserté, il pût facilement le retrouver.

Ce fut en se présentant chez le père de dona Luz, qui

était parfaitement au courant des affaires de son gendre, et qui, y trouvant son profit, lui servait à la fois d'espion, de banquier, et même d'embaucheur au besoin, pour lui recruter des hommes comme il lui en fallait, ce qui n'était pas difficile ; ce fut donc en se présentant chez cet honorable banquier que Joan fut mis presque aussitôt en rapport avec le Mayor, arrivé depuis quinze jours déjà à Hermosillo.

Le Mayor, surpris de cette rencontre imprévue, à laquelle il était si loin de s'attendre, attacha immédiatement Joan à son service particulier, ce qui fit grand plaisir au matelot qui crut déjà sa fortune faite.

Mais le blessé ne se remettait qu'avec une lenteur désespérante.

Les médecins à bout de science et ne sachant plus quel remède lui administrer, ne trouvèrent rien de mieux que de lui conseiller de quitter la ville d'Hermosillo, où, prétendirent-ils, l'air était encore trop vif pour ses poumons, dans l'état où ils se trouvaient, et ils lui conseillèrent de se rendre à Sonora, où ils étaient certains qu'il se guérirait promptement.

Dona Luz était partie aussitôt pour Sonora afin de tout préparer pour le recevoir ; et, le lendemain, le Mayor s'était mis en route à son tour dans sa litière.

Ce qui amena l'incident dont nous avons parlé plus haut.

— Regardez, Mayor ! dit le matelot.

La petite troupe passait en ce moment.

Le Mayor regarda.

Tout à coup, son visage rougit jusqu'aux tempes ; les veines de son front se gonflèrent à se rompre ; son regard s'anima et lança des éclairs.

Ses traits prirent subitement une expression de haine implacable.

Il poussa un rugissement de tigre aux abois et retomba en arrière, presque sans connaissance.

Ce cri fut entendu par les voyageurs.

Ils tournèrent machinalement la tête.

Mais les rideaux de la litière étaient refermés.

Ils ne virent rien et passèrent sans attacher d'importance au cri sauvage qu'ils avaient entendu.

Derrière eux, les rideaux s'ouvrirent de nouveau, et la tête du Mayor reparut, poursuivant d'un regard de vipère les voyageurs, qui disparaissaient alors au tournant du chemin.

— Eh bien, demanda le matelot avec un sourire goguenard, vous l'avez vu, Mayor; qu'en pensez-vous? Ai-je menti à Sébastian?

— C'est elle! murmura le Mayor d'une voix creuse; je suis maudit! Elle n'est pas morte. Oh! comment a-t-elle pu survivre?

— Ainsi, j'avais raison! reprit le matelot impassible.

— Oui, c'est bien elle! Elle me vole mon enfant, ma pauvre chère petite Vanda! ajouta-t-il les yeux pleins de larmes. Oh! reprit-il après un court silence, d'une voix convulsive, je veux savoir où elle va. Il faut que je la retrouve; un de nous deux est de trop sur la terre...

— Calmez-vous, Mayor, cette émotion vous fait mal. Dès que je vous aurai conduit à Sonora, je reviendrai ici, je me charge de tout savoir; et si ce n'est à Hermosillo, je m'informerai à Guaymas, à mes anciens camarades de la *Belle-Adèle :* ils me renseigneront, eux.

— Ils ne pourront rien te dire, ils ne la connaissent pas.

— Bah! il ne faut jurer de rien, j'ai reconnu près d'elle notre ancienne passagère, mademoiselle Denizà; elles causaient toutes deux. Je ne sais pourquoi je me figure qu'elles sont amies et vont s'embarquer ensemble à Guaymas pour retourner en France.

— Le crois-tu?

— Je le suppose; sans cela que viendraient-elles faire ici?

— C'est vrai, murmura le Mayor.

— Je m'informerai; et si je ne découvre pas la vérité, dites que je suis un idiot.

— Écoute, tu aimes l'argent?

— Beaucoup, Mayor ; mais j'ai surtout un faible irrésistible pour l'or, répondit-il avec un rire narquois.

— C'est bien ; si tu découvres ce qu'elle vient faire ici et où elle va, je te donnerai cent onces.

— D'or ?

— Oui, murmura le Mayor d'une voix presque indistincte.

Et il retomba anéanti au fond de la litière.

— Caraï ! s'écria le matelot avec joie, cent onces d'or ! Je réussirai ou je perdrai mon nom.

Mais cet aimable Joan avait compté sans son hôte.

Lorsqu'il revint à Hermosillo, les voyageurs avaient depuis deux jours quitté la ville.

Il se rendit sans perdre une seconde à Guaymas ; l'avarice lui donnait des ailes.

Mais là une dernière et foudroyante déception l'attendait.

Depuis la veille la *Belle-Adèle* avait mis sous voiles et avait disparu en haute mer.

Dans le premier moment Joan fut atterré ; mais il reprit presqu'aussitôt son sang-froid et sa liberté d'esprit.

C'était un garçon d'esprit et rempli de ressources.

Il retourna à Sonora, où il trouva le Mayor presque complètement guéri.

— As-tu réussi ? lui demanda le Mayor aussitôt qu'il l'aperçut.

— Parbleu ! répondit effrontément Joan, j'avais raison : les deux dames se sont embarquées pour le Hâvre à bord de la *Belle-Adèle*. Je suis resté à Guaymas tout exprès pour voir partir le navire et avoir le certitude que la personne que vous savez ne redescendrait pas à terre.

— C'est aussi ce que je supposais, répondit le Mayor ; voilà tes cent onces.

Nous avons mentionné ce dernier incident, parce que ce mensonge audacieux eut pour l'effronté Joan des conséquences dont celui-ci était bien loin de se douter, ainsi que bientôt le verra le lecteur.

XXV

COMMENT JULIAN ET SES AMIS S'EMBARQUÈRENT SUR LA *Belle-Adèle*, ET COMMENT SE FIT LA TRAVERSÉE

Une heure à peine après leur rencontre fortuite avec le Mayor, qu'ils n'avaient pas reconnu, les voyageurs entrèrent à Hermosillo.

A cette époque, Hermosillo avait une garnison française.

On ne voyait que des soldats dans les rues et sur les places.

Julian s'installa dans un *tambo*, c'est ainsi qu'on nomme au Mexique les auberges où descendent les voyageurs.

On y est généralement assez bien, quand on a le soin d'apporter avec soi ses vivres, ses objets de literie, enfin tout le nécessaire, le tambero ne fournissant que la nourriture des chevaux et des mules.

Laissant les dames organiser tout dans leur logement temporaire, le docteur et les deux chasseurs allèrent faire leur visite d'arrivée au commandant de la place; puis, après avoir échangé quelques compliments de bienvenue avec le commandant, Julian et son ami, laissant le docteur causer avec lui, se retirèrent et se rendirent chez leur banquier, calle de la Marcella.

Master Scrub and C⁰ reçut parfaitement les deux chasseurs; il ne fit aucune difficulté pour leur donner une traite à vue sur la maison Rohtschild, de Paris, dès que ceux-ci lui firent part de leur intention de quitter définitivement le Mexique pour retourner en France, et il les félicita de cette résolution.

Seulement, les deux hommes s'étaient considérablement trompés dans leurs calculs.

Ce n'était pas deux cent mille, mais six cent soixante-quinze mille piastres qu'ils avaient déposées dans la maison Scrub and C°, ainsi que leur prouva l'intègre banquier, en moins de cinq minutes.

Du reste, cette formidable erreur n'avait rien que de très naturel de la part des chasseurs.

Chaque fois qu'ils possédaient une somme assez ronde, ils l'expédiaient, sans même en prendre note, à leur banquier, puis ils n'y pensaient plus.

Et cela durait depuis près de treize ans, sans que jamais la pensée leur fût venue, non pas de régler, mais seulement de s'informer du montant des sommes versées par eux.

Lorsque Julian eut chaleureusement remercié le banquier, ce qui étonna fort celui-ci, et serré la précieuse traite dans son portefeuille, il demanda à Master Scrub, si master William Fillmore s'était présenté chez lui pour toucher le montant de deux chèques signés par don Cristoval de Cardenas.

— Ahô ! répondit le banquier, ce gentleman s'est présenté, il y a cinq semaines déjà ; il a pris des traites sur Londres et Liverpool. Qu'on m'apporte pour dix millions de livres de chèques signés par don Cristoval de Cardenas, je les payerai à bureaux ouverts ; c'est de l'or en barre.

— Il est donc bien riche ? dit Julian en riant.

— Don Cristoval de Cardenas ! Je ne connais pas sa fortune, et peut-être lui-même n'en sait-il pas le chiffre ; mais je puis affirmer que les fortunes réunies des trois Rothschild de Paris, Vienne et Londres, ne sont qu'une goutte d'eau, comparée à celle de don Cristoval de Cardenas. C'est par milliards qu'il faut compter avec lui.

— Oh ! oh ! fit gaiement Julian ; certes, je le croyais très riche, mais j'étais loin de m'attendre à des chiffres aussi formidables.

— Bah ! fit en riant le banquier ; don Cristoval achèterait tout le Mexique, si la fantaisie lui en venait.

— Mais, pardon, cher master Scrub, un mot encore,

avez-vous revu master William Fillmore ? Savez-vous s'il est encore à Hermosillo ?

— Master William Fillmore est un *true gentleman*, il est venu prendre congé de moi il y a environ trois semaines, et il est parti aussitôt pour Guaymas, où il a pris passage sur le trois-mâts de cinq cents tonneaux le *Palmerston*, de Liverpool, frété par moi pour Londres. Le *Palmerston* est parti il y a dix-huit jours déjà, il doit être loin.

— Mille grâces ! sans connaître positivement master William Fillmore, je lui porte cependant un certain intérêt.

— Je ne doute pas qu'il le mérite, il m'a fait une excellente impression.

On causa pendant quelques instants encore, puis les deux chasseurs se levèrent, prirent congé de master Scrub et retournèrent au tambo, où ils trouvèrent leurs logements dans l'ordre le plus parfait.

Les voyageurs passèrent quelques jours à Hermosillo, afin de terminer leurs derniers préparatifs pour la longue traversée qu'ils allaient entreprendre.

Charbonneau s'était rendu à Guaymas avec une lettre de Julian au capitaine E. Petit.

Guaymas n'est pas éloigné d'Hermosillo, le capitaine arriva le surlendemain.

Julian s'entretint longuement avec lui.

Le capitaine avait complété, ou, pour mieux dire, augmenté son équipage de vingt excellents matelots, appartenant à un navire français naufragé quelque temps auparavant, et que le consul de Guaymas voulait rapatrier.

Ces vingt hommes étaient montés à bord pendant la nuit, de sorte que personne ne les avait vus s'embarquer.

Tout l'arrière du bâtiment avait été disposé en appartements pour dix personnes, ce qui était plus que suffisant.

A l'avant, près du logement de l'équipage, d'autres cabines avaient été disposées pour les serviteurs des passagers.

Le capitaine et ses officiers s'étaient installés sur le

pont, dans la dunette, dans des cabines construites tout exprès, afin de laisser la plus grande liberté aux voyageurs.

Tous ces préparatifs avaient été faits à petit bruit, presque secrètement, afin de ne pas donner l'éveil aux curieux ou aux espions qui pourraient venir rôder sur la plage et, par surcroît de précautions, l'équipage tout entier, officiers et matelots avaient été sévèrement consigné à bord.

Julian avait écouté avec la plus sérieuse attention le rapport du capitaine ; il n'eut pas une observation à lui faire, ses instructions avaient été admirablement comprises et exécutées avec une rare intelligence.

Le chasseur félicita le capitaine et lui demanda s'il avait mis la main sur son déserteur.

— Non, répondit celui-ci ; mais j'ai eu de ses nouvelles.

— Comment cela? demanda le chasseur.

— Par hasard, comme toujours. Mon second était venu à Hermosillo, il y a quelques jours, je ne sais pour quelle affaire ; et en même temps pour tâcher, sinon d'arrêter le fugitif, mais tout au moins pour obtenir quelques renseignements sur lui, afin de le faire arrêter si cela était possible. Voici ce qu'il apprit : Joan, le déserteur se nomme Joan, est un Basque des environs de Saint-Jean-de-Luz.

— Ah ! fit Julian, subitement intéressé.

— Oui, répéta le capitaine ; Joan avait rôdé pendant quelques jours dans la ville, fréquentant les lieux les plus suspects et buvant dans toutes les pulquerias avec des soldats de son pays, qu'il avait rencontrés je ne sais comment. Bref, il ne faisait rien en apparence et pourtant il avait de l'or plein ses poches. Il avait été, disait-il, recommandé par un de ses *pays*, matelot déserteur comme lui, mais depuis très longtemps, à un célèbre chef de *cuadrilla*, qui l'avait pris à service. Malheureusement, dans une rencontre sur laquelle Joan ne voulut donner aucune explication, ce chef avait été si gravement blessé, que le bruit de sa mort s'était répandu ; mais il avait réussi à s'échapper on ne sait comment ; et persuadé que personne ne penserait à le chercher à Hermosillo, ce chef avait eu l'audace de s'y faire transporter. Mais, paraît-il, l'air d'Hermosillo n'étant pas bon pour lui, il allait incessamment se rendre à Sonora, où il achèverait sa convalescence.

— Et puis ?

— Plus rien. Deux jours plus tard, Joan disparut subitement, et, malgré tous les recherches faites par ses amis pour le retrouver, on n'entendit plus parler de lui.

— Il sera parti pour Sonora.

— C'est probable.

— Si ce chef blessé était le Mayor ?

— J'y ai pensé ; mais quelle apparence ? Le Mayor n'a-t-il pas été tué ?

— Je l'ai cru ; mais maintenant, je ne sais pourquoi, un doute m'est venu sur cette mort. Ce doute s'est pour moi changé en certitude il y a déjà longtemps, et cela à tel point que, connaissant l'audace furieuse de cet homme et la haine qu'il porte à certaines personnes que j'aime, je vous ai engagé à prendre de grandes précautions.

— Ah ! ah ! fit le capitaine en se frottant les mains, je ne le crois pas capable de s'attaquer à nous, il serait trop certain de ne pas réussir.

— Peut-être ; on doit s'attendre à tout de la part d'un scélérat de cette trempe, et se tenir constamment sur ses gardes.

— Je veillerai, monsieur ; rapportez-vous-en à moi pour cela. Il sera bien fin s'il réussit à me tromper.

— Vous voilà averti, cela vous regarde.

— J'en fais mon affaire. Quand partons-nous ?

— Je compte rester ici encore quelques jours ; mais puisque vous êtes venu, vous emporterez tous nos bagages, la charge de cinq ou six mules tout au plus. Mes amis et moi nous ne conserverons que quelques vêtements faciles à renfermer dans les valises, de façon à partir dès que nous arriverons à Guaymas, c'est-à-dire dans l'espace de deux heures.

— Un quart d'heure après votre embarquement, la *Belle-*

Adèle sera sous voiles ; nous sommes amarrés sur un corps mort, de façon à être sous voiles au premier signal. Une vigie sera en permanence sur les barres de perroquet de misaine ; aussitôt que vous serez signalé, je vous enverrai une embarcation, de sorte que vous pourrez vous embarquer tout de suite.

— C'est parfait ; merci, mon cher capitaine.

Le lendemain, ainsi que cela avait été convenu, le capitaine, après avoir dîné avec ses passagers, repartit au point du jour pour Guaymas, en emportant tous les bagages.

Julian désirait laisser pendant quelques jours encore Denizà se reposer avant de s'embarquer.

Malheureusement les événements en ordonnèrent autrement.

Une dépêche arriva, rappelant en toute hâte le docteur à Urès. Il fallut se séparer, mais cette fois avec l'espoir d'une prompte réunion.

En effet, l'expédition, si follement entreprise, touchait à sa fin.

On parlait d'une évacuation prochaine et d'une concentration de toute l'armée française à Mexico, pour de là se rendre à la Vera-Cruz, où le corps expéditionnaire s'embarquerait.

La comtesse de Valenfleurs désirait retourner promptement à Québec mettre ordre à ses affaires et revenir définitivement à Paris.

Julian lui proposa de s'embarquer sur la *Belle-Adèle*, afin de gagner du temps.

Madame de Valenfleurs accepta, mais seulement jusqu'à la Nouvelle-Orléans, où elle avait quelques affaires à terminer.

Ce dernier point réglé, les voyageurs arrêtèrent pour le lendemain leur départ pour Guaymas : seulement, Jérôme Desrieux fut envoyé en avant avec les bagages de la comtesse.

Les chasseurs canadiens et les peones de madame de Valenfleurs devaient accompagner leur maîtresse.

Charbonneau se chargea de vendre les chevaux et les mules, mais livrables seulement à Guaymas, négociation assez difficile, à cause du peu de temps dont il disposait, mais dont il se tira à son honneur.

Seuls, les trois guerriers comanches furent congédiés. Qu'auraient-ils fait à la Louisiane ?

Tahera s'était attaché à Bernardo, dont la gaieté inaltérable et la loyauté l'avaient séduit.

— Viens avec moi, lui dit le chasseur en lui tendant la main : je ne suis pas riche, mais j'aurai toujours assez pour toi et pour moi.

L'Indien hocha négativement la tête.

— Mon frère pâle aime les *atepelts* en pierre de sa nation : c'est bien ; Tahera l'approuve, il aime son ami le chasseur. Mais Tahera est un fils du désert ; il lui faut l'air, l'espace et les dômes de verdure de ses forêts natales, il mourrait dans un calli en pierre. Tahera se souviendra toujours de son frère pâle ; mais il doit retourner dans la savane et rejoindre sa tribu ; que la Main-de-Fer soit heureux, ainsi que tous mes autres amis pâles ! Les Comanches sont comme les petits de la vigogne : quand on les enlève et qu'on les transporte dans les habitations des blancs, ils meurent, parce qu'ils ont perdu leur liberté. Adieu !

Il tendit la main à tous ses amis, se mit en selle, fit un dernier geste de la main, et il partit au galop sans retourner la tête ; bientôt il disparut.

Ses deux compagnons avaient depuis un instant pris les devants.

Le lendemain, les voyageurs firent leur dernière étape.

Dix minutes après leur arrivée à Guaymas, ils montèrent à bord de la *Belle-Adèle*.

Un quart d'heure plus tard, ainsi que le capitaine l'avais promis, le navire était sous voiles et s'élevait en haute mer.

Un peu avant le coucher du soleil, les côtes du Mexique avaient disparu.

Julian poussa un profond soupir en quittant pour jamais le pays où il avait tant souffert, et qui, cependant, lui laissait d'ineffaçables souvenirs de bonheur.

Le temps était magnifique ; le vent continuait à être favorable, tout présageait une bonne traversée.

Le capitaine Ed. Petit avait réglé militairement le service de l'équipage ; il maintenait la discipline la plus sévère à son bord.

Grâce au nombre considérable des matelots, toutes les manœuvres étaient exécutées avec cette rapidité et cette précision qui ne se rencontre ordinairement que sur les bâtiments de l'Etat.

Les dames se réunissaient chaque jour dans le salon commun, sur lequel débouchaient les chambres à coucher de leur appartement réservé.

Elles avaient de longues causeries, et s'occupaient ensemble de l'éducation de Vanda, qui, par sa gentillesse, se faisait adorer de ses charmantes institutrices.

Le soir, on se réunissait sur le pont jusqu'à une heure assez avancée de la nuit, jouissant avec délices du charme indescriptible de ces magnifiques nuits tropicales.

La vie avait été ainsi réglée et s'écoulait douce et reposée et sans ennuis ni lassitudes d'aucune sorte pour les heureux passagers de la *Belle-Adèle*.

Bernardo admirait Mariette ; il ne comprenait rien à ce qui se passait en lui et au changement étrange qui s'était opéré dans ses idées jusqu'alors si calmes, depuis que, pour la première fois, il avait vu la jeune fille.

De son côté, celle-ci était secrètement satisfaite des attentions de l'ancien coureur des bois, et elle les recevait avec plaisir.

Rien n'est favorable à l'amour comme une longue traversée faite avec la femme que l'on aime.

Denizà et la comtesse de Valenfleurs voyaient avec un véritable plaisir cette attraction magnétique des deux jeunes gens l'un vers l'autre.

Denizà surtout, qui aimait Mariette comme une sœur et suivait sans en laisser rien paraître, avec une sympathique attention, ces délicieux badinages et ces émotions contenues, qui sont les plus agréables prolégomènes du véritable amour.

— Nous les marierons, disait en souriant Julian à Denizà, et ainsi nous serons tous heureux.

— Je le désire sincèrement, répondait la jeune femme sur le même ton ; ils semblent véritablement faits l'un pour l'autre.

Le temps s'écoulait ainsi, et malgré sa longueur relative, la traversée paraissait courte aux passagers.

Le temps continuait à être beau et la brise favorable.

La *Belle-Adèle* relâcha pendant quelques jours à Talcahueno, port du Chili fort commerçant, où les bâtiments font leurs derniers préparatifs pour doubler le cap Horn.

On prit des vivres frais ; puis on remit à la voile et la *Belle-Adèle* mit le cap sur ce détroit si redouté des navigateurs, et que cependant le navire doubla dans les plus excellentes conditions, et en rasant presque l'extrémité de la Terre-de-Feu.

Armand de Valenfleurs et tous les passagers s'amusèrent beaucoup à voir les pingouins, groupés sur les rochers et se promenant avec une gravité véritablement magistrale.

Vus ainsi de loin, ces singuliers oiseaux amphibies avaient véritablement l'apparence grotesque d'hommes nains, d'une taille presque lilliputienne, les plus grands ne dépassant pas deux pieds de haut.

Nous avons oublié de mentionner un fait singulier qui avait eu lieu, au moment où les voyageurs arrivés à Guaymas se préparaient à descendre dans l'embarcation envoyée par le capitaine Petit pour les transporter à bord de la *Belle-Adèle*.

Tout à coup on aperçut un cavalier accourant à toute bride.

Poussé par une espèce de pressentiment, Bernardo s'élança au-devant de ce cavalier, presque invisible au milieu de l'épais nuage de poussière soulevé par sa course rapide.

Julian ne comprenait rien à la conduite singulière de son ami ; mais sa surprise fut au comble lorsque les deux cavaliers s'étant rejoints, il les vit, après quelques paroles brèves échangées entre eux, revenir ensemble vers la plage.

Alors on reconnut que ce cavalier mystérieux n'était autre que Tahera.

Le guerrier comanche, après avoir quitté son ami, s'était trouvé en proie à une si profonde tristesse, tant était grande l'affection qu'il lui portait, sans s'en douter peut-être lui-même, que, ne pouvant supporter cette séparation, il avait tout oublié pour ne se souvenir que de son ami ; et quittant ses deux compagnons, il était revenu à toute bride.

— C'est moi ! avait-il dit à Bernardo.

— Je savais que tu reviendrais ; quand tu es apparu, je l'ai deviné, répondit vivement Bernardo, et je me suis élancé à ta rencontre : nous ne nous quitterons plus.

— Merci, répondit laconiquement le guerrier Comanche.

Et ce fut tout. Les deux hommes s'étaient compris.

Le retour de Tahera causa une joie générale.

Tout le monde l'aimait et l'estimait.

Julian fut surtout charmé de le revoir.

Les Comanches sont ainsi : ils comprennent le dévouement jusqu'aux dernières limites ; ce sont des organisations généreuses et d'une seule pièce, ils poussent leurs sentiments bons ou mauvais jusqu'à l'extrême, comme toutes les natures primitives.

Tahera s'était donc embarqué avec les autres voyageurs.

Bernardo l'avait logé près de lui et veillait attentivement à ce que rien ne lui manquât.

Enfin la *Belle-Adèle* laissa tomber son ancre devant la Nouvelle-Orléans, où l'on resta huit jours.

La comtesse de Valenfleurs débarqua avec sa suite, en promettant à ses amis de les rejoindre bientôt à Paris.

Malgré cette promesse, les adieux furent tristes.

Julian et Denizà avaient une profonde et sérieuse amitié pour madame de Valenfleurs.

Ils lui devaient d'être heureux et réunis.

Enfin il fallut se séparer.

La veille du départ, Bernardo, après une longue promenade à la Nouvelle-Orléans, revint à bord suivi d'un commissionnaire portant une grande malle fort lourde.

Le navire était alors amarré bord à quai.

Cette malle était remplie de vêtements de toutes sortes qu'il avait achetés pour en faire cadeau à Tahera.

Cette surprise causa au guerrier comanche une véritable joie d'enfant.

Depuis quelque temps, il commençait à s'apercevoir que son costume était un peu trop primitif pour la société civilisée avec laquelle il allait vivre et se mêler.

Le jour même, il s'habilla à l'européenne.

Huit jours plus tard, malgré la répulsion instinctive qu'éprouvent tous les Peaux-Rouges à porter des vêtements, il était déjà accoutumé aux siens et s'y trouvait fort à l'aise.

Tahera avait vingt-cinq ans à peine ; bien débarbouillé et débarrassé de ses peintures, il apparut ce qu'il était véritablement, c'est-à-dire un fort beau garçon, un peu rouge, voilà tout.

Le lendemain du jour où la *Belle-Adèle* avait repris la mer, le navire prit subitement une apparence militaire qu'il n'avait pas eue jusqu'alors.

Les deux canons avaient été hissés de la cale et mis en batterie ; les pierriers, placés sur leurs chandeliers, et des caisses d'armes et de munitions disposées près de la dunette.

Les quarts avaient été militairement distribués.

En un mot, l'allure paisible du bâtiment de commerce avait complètement disparu pour faire place à une crânerie véritablement réjouissante qui lui donnait une apparence de corsaire, bien qu'au dehors il fût impossible de s'apercevoir de ces changements opérés à l'intérieur seulement.

— Craignez-vous quelque chose? demanda Julian au capitaine.

— Non, rien de particulier jusqu'à présent; mais si nous devons être attaqués, ce ne peut être que dans les débouquements ou aux environs de la Havane. Ce ne sont, au reste, que des mesures de prudence.

— Bien, répondit Julian en lui serrant la main.

Depuis trois jours, la *Belle-Adèle* avait quitté la Nouvelle-Orléans; lorsqu'un matin, à la fin du déjeuner, le capitaine, qui prenait ses repas avec ses passagers — ceux-ci avaient insisté pour qu'il en fût ainsi pendant toute la traversée dès leur arrivée à bord à Guaymas, — le capitaine, disons-nous, présenta une lettre à Julian.

— Qu'est-ce que cette lettre? demanda l'ancien chasseur avec surprise.

— Je l'ignore; elle m'a été confiée, avec la recommandation expresse de ne vous la remettre que lorsque la *Belle-Adèle*, après avoir définitivement abandonné les côtes américaines, mettrait enfin le cap sur le Hâvre. Depuis trois jours ces conditions sont enfin remplies, puisque maintenant nous ne laisserons plus tomber l'ancre que dans des eaux françaises.

— De qui est cette lettre?

— Il m'est défendu de vous le dire; mais ouvrez-la, et probablement la signature vous instruira de ce que vous voulez savoir.

Julian regarda sa femme; elle souriait.

— C'est juste, reprit-il.

Et il ouvrit la lettre.

Elle était écrite en espagnol et signée don Cristoval de Cardenas.

Julian la lut bas d'abord, mais avec une vive émotion.

— Eh bien? lui demanda Denizà, avec curiosité.

— Elle est de don Cristoval de Cardenas.

— Que nous dit-il?

— Tu vas en juger, ma chérie ; sur ma foi ! c'est étrange.

Et, traduisant la lettre en français, il la lut à haute voix.

Voici ce qu'elle contenait :

« Mon cher Cœur-Sombre, laissez-moi, mon ami, vous
» donner encore ce nom sous lequel je vous ai d'abord
» connu ; je ne compte plus les fois que vous avez sauvé
» moi et ma famille ; ne vous fâchez pas, ne froncez pas
» le sourcil, je ne vous en parlerai plus. Vous avez épousé
» une femme charmante que nous aimons tous, la seule
» capable de vous rendre aussi heureux que vous le méri-
» tez. Vous n'êtes pas bien riche, dona Denizà est très
» pauvre. En France, à Paris surtout, d'après ce que
» j'ai entendu dire par nombre de personnes et par vous-
» même, mon ami, il faut être très riche si l'on veut être
» heureux ; à vous, je ne vous offre rien ; vous me refu-
» seriez net ; mais je me suis mis en tête de doter votre
» chère et aimée doña Denizà.
» A cela vous ne pouvez vous opposer, ce serait com-
» mettre une mauvaise action, et vous en êtes incapable.
» Je partage avec votre charmante femme, oh ! pour une
» bien petite part ! le trésor que je possède et que j'ai
» hérité de mes ancêtres les Incas du Mexique.
» Je vous jure sur l'honneur, mon ami, que cette dot
» que, avec votre délicatesse si ombrageuse, vous jugerez
» peut-être considérable, n'est absolument rien pour moi,
» dont la fortune est immense et presque incalculable.
» D'ailleurs, à quoi serait bonne la fortune si l'on ne
» ne s'en servait pas de temps en temps pour faire le
» bonheur de ses amis les plus chers ?
» Le tout est en lingots emballés soigneusement dans
» des caisses.
» Le capitaine don Eduardo Petit, avec lequel je me
» suis entendu, vous remettra ces quelques caisses dans
» lesquelles la dot de votre chère doña Denizà est renfer-

» mée; de plus, il vous donnera une petite cassette où se
» trouvent quelques diamants de choix.

» Ceci, mon ami, est un cadeau de doña Luisa à son
» amie.

» Ne refusez pas pour votre femme, je vous en prie au
» nom de notre amitié, cette modique fortune, ou je croi-
» rai que vous n'avez pas pour moi une amitié égale à
» celle que j'ai pour vous, et je ne vous reverrai de ma
» vie, ce qui me causerait un cuisant chagrin.

» Au revoir, mon ami, recevez nos meilleurs compli-
» ments de nous tcus, et à bientôt !

» Votre obligé et dévoué ami,

» CRISTOVAL DE CARDENAS,
» Q. S. M. B.

» La Florida, 19 juin 186... »

Les quatre lettres placées au-dessous du nom de l'haciendero sont les initiales de quatre mots espagnols qui
se mettent toujours au bas des lettres et signifient : Qui
baise votre main.

— Que faire ? demanda Julian à sa femme, lorsqu'il
eût achevé sa lecture.

— Accepter, mon ami, non pas pour cette fortune
dont nous ne nous soucions guère, car nous sommes
assez riches pour nous, mais pour ne pas froisser l'amour-
propre d'un galant homme dont les richesses sont fabu-
leuses, tu le sais mieux encore que moi, et qui cherche
par tous les moyens à te prouver sa reconnaissance des
immenses obligations qu'il a contractées envers toi.

— Tu le veux, Denizà ? reprit l'ancien chasseur avec
une visible hésitation.

— Je ne voudrai que ce que tu voudras, mon ami ; mais
je crois que ce sera bien, d'autant plus qu'il nous a promis de nous venir surprendre à Paris. Que penserait-il
de ce refus, qui l'humilierait ? Cela lui causerait une vive
peine et empoisonnerait le plaisir qu'il aurait à nous revoir.

— Soit, mon amie, que ta volonté soit faite. Je crois que tu as raison, comme toujours, du reste, ajouta-t-il en souriant.

Après avoir remis la lettre à Julian, le capitaine Petit s'était discrètement retiré. Julian le fit appeler; le digne marin se hâta d'accourir.

— Vous avez donc des caisses à moi à bord, mon cher capitaine? lui dit Julian.

— J'en ai vingt-huit, oui, monsieur, vingt-deux à l'adresse de madame Denizà d'Hérigoyen et six à celle de M. Bernardo Zumeta.

— Bon! s'écria Bernardo, en riant, c'est un véritable conte des Mille et une Nuits; vous allez voir que je suis millionnaire sans m'en douter.

— Ma foi, oui! et plusieurs fois probablement, monsieur, répondit sérieusement le capitaine.

— Tu le vois, mon ami, dit Denizà d'une voix caressante, nous ne pouvons plus refuser maintenant.

— C'est vrai, ma chérie, tu as raison doublement, nous ruinerions notre ami Bernardo.

— Bah! que cela ne vous arrête pas, répondit l'ancien chasseur; grâce à Dieu, je suis depuis longtemps accoutumé à la pauvreté.

Julian ne lui répondit que par un serrement de main.

— J'ai de plus une cassette à remettre à madame d'Hérigoyen, reprit le capitaine; la voici, ajouta-t-il en ouvrant une armoire et en tirant une charmante cassette en bois de cèdre cerclée d'argent, qu'il posa sur une table devant la jeune femme.

— Mais la clé? demanda-t-elle.

— Elle est enfermée dans cette enveloppe cachetée; la cassette contient des diamants.

— Sapristi! s'écria joyeusement Bernardo, il doit y en avoir pour une jolie somme. C'est égal, le plus heureux de nous tous, c'est encore mon ami Tahera, le voilà riche.

Chacun rit de cette boutade.

Il y avait dans la cassette pour 3 millions 500,000 francs de diamants d'une pureté admirable.

— C'est une fortune ! s'écria Julian ébloui, bien qu'il ignorât encore la valeur exacte de ce splendide cadeau.

Quant aux caisses, il fallait attendre pour vérifier leur contenu ; elles étaient enfouies à fond de cale.

Quelques jours s'écoulèrent ; le vent était devenu contraire ; il fallut louvoyer pendant assez longtemps au plus près du vent, à la sortie du golfe du Mexique ; cependant, peu à peu, la brise adonna, elle devint presque favorable, et l'on mit le cap en route.

Bientôt on se trouva presque dans les eaux de l'île de Cuba, dans la mer des Antilles, un peu au vent de la petite île du Caïman.

Pendant toute la journée, le capitaine Petit avait semblé préoccupé.

Armé d'une excellente longue-vue, il était plusieurs fois monté dans la mâture pour mieux explorer l'horizon ; puis il était redescendu l'air soucieux et les sourcils froncés.

Après le coucher du soleil, au lieu de diminuer de toile, ainsi que cela se fait généralement pour la nuit, le capitaine fit au contraire augmenter la voilure, et il vira de bord vent devant.

Julian avait attentivement suivi tous les mouvements du capitaine dont il avait remarqué la préoccupation.

Lorsque fut terminé le virement de bord, que le capitaine avait voulu commander lui-même, et qu'il n'y eût plus qu'à mettre tout en ordre et lover les manœuvres, il s'approcha de lui, et, passant son bras sous le sien, Julian lui dit en souriant :

— Vous êtes inquiet ?

— Oui, répondit franchement le capitaine.

— Vous avez vu un navire suspect ?

— Je ne vous le cacherai pas, d'autant plus que je dois m'entendre avec vous pour ce qu'il convient de faire dans cette circonstance. Ce matin, avant midi, un grand sloop, effilé comme une dorade et ras sur l'eau comme une pirogue, est sorti de Regla et s'est mis à nos trousses.

— Vous êtes certain que c'est à nous qu'il en veut ?

— Parfaitement, je m'en suis assuré, en changeant de bord plusieurs fois : il a imité toutes nos manœuvres, il n'y a plus de doutes à avoir, nous sommes chassés ; je me défiais de quelque chose dans ces endiablés débouquements.

— C'est juste, vous m'aviez prévenu ; j'ai, moi aussi, aperçu ce navire ; mais depuis le coucher du soleil, il a disparu.

— Parce qu'il est sous le vent du Caïman ; mais, avant une heure, vous le reverrez.

— Croyez-vous pouvoir lutter de vitesse avec lui ?

— J'en doute, la *Belle-Adèle* est sans contredit un navire marchant bien, mais ce démon file comme une *bonite* ; il nous battra main sur main ; avant minuit, il sera dans nos eaux, si nous ne réussissons pas à lui donner le change.

— Qu'espérez-vous, alors ?

— Gagner du temps, pas autre chose : nous sommes ici sur le passage des navires de guerre, il y en a beaucoup en ce moment qui vont au Mexique et qui en reviennent ; si nous avons la chance d'en rencontrer un, nous nous mettrons sous sa protection.

— C'est bien chanceux !

— Je le sais, mais qu'y faire ?

— Quel est le chiffre exact de votre équipage ?

— Quatre-vingt-douze hommes, vous et vos deux amis compris.

— Vos hommes se battront-ils ?

— Comme des démons ; je réponds d'eux.

— Eh bien, à mon avis, voici ce qu'il faut faire.

Et en quelques mots, Julian lui expliqua le plan qu'il avait conçu, et il termina en lui disant :

— Approuvez-vous ce plan ?

— Des deux mains ; mieux vaut en finir une fois pour toutes. Comptez sur moi.

— Parbleu ! seulement, le moment venu, avertissez-moi.

— Ne craignez rien pour les dames, leur appartement

est au-dessous de la ligne de flottaison ; d'ailleurs, ou je me trompe fort, ou le combat, s'il a lieu, sera à l'arme blanche. Ce sera une surprise Le pirate ne se risquera pas à se servir d'armes à feu, surtout dans ces parages fréquentés. Quant à nous, c'est autre chose ; nous ne nous gênerons pas. Lorsque le bal sera prêt de commencer, je vous avertirai pour que vous fassiez votre partie dans l'orchestre, ajouta le capitaine en riant.

Julian lui serra la main et descendit dans son logement.

Le capitaine donna aussitôt ses ordres.

Tous les feux furent éteints à bord, le cap fut remis en route et la voilure établie pour la nuit ; c'est-à-dire qu'on prit un ris aux huniers, on serra les perroquets, on cargua la grande voile, et le navire ne marcha plus que sous ses huniers, sa misaine, le grand foc et la brigantine.

Mais comme la brise était assez forte, la mer belle, et que la *Belle-Adèle* avait du largue, sous cette faible voilure, qui était une véritable voilure de combat, elle faisait facilement ses huit nœuds à l'heure, ce qui était bien marcher.

Les filets d'abordage furent solidement établis, puis le capitaine réunit l'équipage au pied du grand mât, et lui expliqua franchement dans quelle situation se trouvait le navire, et la résolution qu'il avait prise de résister au pirate.

Les matelots répondirent par des acclamations et demandèrent des armes.

En moins de dix minutes toutes les mesures furent pour une sérieuse résistance.

D'après les instructions particulières du capitaine, le timonier tenait la barre un peu lâche, de façon à faire de fréquentes embardées.

Tous les hommes de l'équipage étaient couchés sur le pont.

On ne voyait personne.

Le navire semblait endormi.

La nuit était magnifique.

La lune, flottant dans l'éther, répandait une clarté douce qui permettait de parfaitement distinguer les plus petits objets même à une grande distance.

Ainsi que le capitaine Petit l'avait prévu, le sloop chasseur n'avait pas tardé à émerger de l'ombre et à dessiner de nouveau sa noire silhouette sur l'horizon.

C'était un bâtiment de médiocre grandeur.

Il était couvert de toile.

Il avait une brigantine lui servant de grand'voile, une trinquette et deux focs, ce qui était porter trop de voiles pour la brise qui soufflait.

Il arrivait avec la rapidité de la foudre.

Il avait deux embarcations légères à la remorque.

Le capitaine calcula que sur le sloop, et dans les deux embarcations, il devait y avoir au plus une cinquantaine d'hommes.

En effet, tout compris, les pirates n'étaient que quarante-sept, serrés les uns contre les autres et pouvant à peine se remuer.

Ils étaient armés de sabres, haches et revolvers.

Le bâtiment n'avait même pas un pierrier.

Le pirate avait été complètement trompé par la manœuvre de la *Belle-Adèle* : son indécision apparente, ses continuels changements de manœuvre lui avaient fait supposer que le bâtiment était sans défense.

Quand il le revit après le coucher du soleil faisant bonne route, sous petite voilure, il se persuada que la disparition momentanée du pirate lui avait fait supposer qu'il avait commis une erreur en se méfiant du sloop.

Les nombreuses embardées du navire furent pour lui une preuve évidente que la *Belle-Adèle* n'avait qu'un homme à la barre à moitié éveillé et que le reste de son équipage dormait à poings fermés dans son logement.

Joan était à bord du sloop.

C'était lui qui le premier avait reconnu la *Belle-Adèle*.

Il avait averti son chef que l'équipage était nombreux.

Mais comme le capitaine Petit avait mis son armement

à bord avant l'enrôlement de Joan, et que, pendant la traversée du Havre à Guaymas, aucune occasion ne s'était présentée de faire sortir les armes de la cale, le déserteur était convaincu qu'il n'y avait ni armes ni munitions à bord de la *Belle-Adèle*.

Voilà pour quels motifs le chef des pirates arrivait si franchement sur le bâtiment, qu'il se proposait d'enlever haut la main et sans coup férir.

En effet, que pouvaient faire cinquante hommes surpris et manquant d'armes, contre quarante bandits déterminés et armés jusqu'aux dents ?

Arrivé à portée de pistolet du trois mâts français, le sloop diminua de voiles.

Il amena sa trinquette et un de ses focs, puis, venant au vent, il se mit vent dessus vent dedans, et devint immobile.

Alors les deux canots de remorque, espèces de grandes *lanchas* à bords peu élevés, bourrées de monde, suivies d'une troisième embarcation, descendue en un clin d'œil à la mer par le sloop, mirent le cap sur la *Belle-Adèle*, en souquant sur les avirons et nageant avec une incroyable rapidité.

Les bandits s'imaginaient si bien qu'ils trouveraient tout le monde endormi à bord du bâtiment français, qu'ils avaient eu le soin de garnir les avirons de paillets au portage, afin d'étouffer le bruit de la nage et de ne donner ainsi l'alarme à ceux qu'ils espéraient surprendre que lorsqu'il serait trop tard.

Un silence profond, presque menaçant tant il était complet, régnait sur la *Belle-Adèle* : tout y était calme et sombre.

Sur un ordre donné à voix basse, les deux lanchas, plus avancées que le troisième canot, accostèrent brusquement le trois-mâts par les haubans et les sous-gardes du beaupré, presque sous le poulaine, et s'élancèrent dans les manœuvres en poussant de grands cris et essayant de grimper jusqu'à la lisse.

Mais au même instant, le navire se redressa subitement

et vint si rapidement au vent, qu'il passa sur les deux lanchas qui furent instantanément englouties, ainsi que les hommes qu'elles avaient encore à leur bord.

En même temps, l'avant du navire se couvrit de monde, et une fusillade furieuse éclata contre les pirates accrochés dans les manœuvres, et qui, retenus par les filets d'abordage, essayaient vainement de sauter à bord de la *Belle-Adèle*.

Ce ne fut pendant quelques instants qu'un brouhaha indescriptible, de cris de rage, de blasphèmes et d'acclamations, mêlés au bruit incessant de la fusillade, au retentissement sec des pierriers tirant à mitraille sur les pirates qui essayaient de se sauver à la nage, et des deux canons foudroyant à la fois le troisième canot, qui fut coulé, et le sloop qui essayait vainement de prendre chasse pour se mettre au plus vite à l'abri de l'ouragan de fer qui s'abattait sur lui sans relâche.

A demi naufragé, son mât coupé au ras du pont, le sloop avait armé tous ses avirons de galère.

Mais il était peu probable qu'il réussît à regagner son ancrage de Regla, car il se soutenait à peine sur l'eau, et avait de graves avaries au-dessous de la ligne de flottaison.

Quant aux pirates, sur lesquels les pierriers continuaient à faire rage, ils se débattaient en vain au milieu des flots et disparaissaient les uns après les autres.

Telle fut l'attaque des pirates contre le trois-mâts français et le succès qu'elle obtint.

D'ailleurs, cette malencontreuse échauffourée, mal conçue et plus mal exécutée, était condamnée d'avance.

Elle devait misérablement avorter.

La lutte, s'il est permis de lui donner ce nom, dura à peine un quart d'heure.

L'équipage de la *Belle-Adèle* n'eut ni morts ni blessés.

Les pirates n'avaient même pas pu faire usage de leurs armes.

Deux ou trois cadavres furent retrouvés cramponnés après les sous-bardes et les haubans de beaupré.

Un de ces cadavres fut reconnu : c'était celui de Joan, le déserteur de la *Belle-Adèle*.

Etait-ce donc cette fois encore le Mayor qui avait tenté ce coup de main hasardeux, et si mal réussi ?

Tout semblait le faire supposer.

La découverte du cadavre de Joan était presque une preuve certaine, puisqu'il était avéré que le bandit l'avait pris à son service à Hermosillo.

Mais si cette attaque avait été exécutée par le Mayor, sans doute il s'était mis à la tête des bandits afin de les exciter par son exemple.

Avec eux il avait dû être lancé à la mer, ou englouti avec les lanchas ?

Avait-il succombé pendant l'attaque, ou avait-il été noyé en se sauvant à la nage ?

Malheureusement il était trop tard pour s'en assurer.

Le sloop avait disparu depuis longtemps déjà dans les ténèbres.

Cette fois encore, le sort de ce misérable devait rester un mystère pour ceux contre lesquels il s'acharnait avec une si atroce férocité.

Les cadavres des bandits furent jetés à la mer pour être dévorés par les requins, qui déjà apparaissaient en troupes nombreuses de tous les points de l'horizon, et la *Belle-Adèle* remit le cap en route.

Le capitaine Edouard Petit était radieux.

Ce beau fait d'armes le grandissait de dix coudées dans sa propre estime.

Lorsque tout fut remis en ordre à bord, sur l'ordre du capitaine, l'équipage fut appelé à *border l'artimon*, locution maritime parfaitement comprise des matelots, et qui signifie dans la langue navale que le cambusier fit une distribution d'eau-de-vie aux hommes de l'équipage.

Denizà avait été avertie par son mari de ce qui allait se passer.

Pendant l'abordage, Julian, Bernardo et Tahera demeurèrent près d'elle, pour conjurer les craintes que, sans cette précaution, elle aurait pu avoir.

Le lendemain, Julian remit au capitaine cent onces, qu'il pria de partager en son nom aux matelots.

Le reste de la traversée se passa sans incidents dignes d'être rapportés.

Enfin, un mois plus tard, après la succession ordinaire de calmes et de vents debout, les côtes de France commencèrent à s'estomper en bleu à l'horizon ; elles grandirent rapidement, et la *Belle-Adèle* entra dans le port du Hâvre, et vint s'amarrer bord à quai devant la douane.

On était en France !

Julian revoyait son pays après quatorze ans d'absence.

Que d'événements s'étaient passés pendant ces quatorze ans !

Que de douleurs ! de dangers, de péripéties émouvantes, gaies ou sinistres !

Enlevé brutalement et odieusement de son pays, jeune homme et le cœur plein encore d'illusions, il revenait homme fait, ayant vu s'effeuiller les uns après les autres ses rêves de jeunesse, sous les froids coups d'ailes de l'implacable expérience.

Pendant près d'une heure, Julian resta enfermé dans sa cabine, se laissant aller à ces souvenirs remplis d'amertume.

Quand il reparut, ses traits étaient empreints d'une douloureuse mélancolie.

Mais cette tristesse ne tarda pas à disparaître sous les baisers et les charmantes caresses de Denizà qui, avec cette prescience que possèdent les femmes aimantes, avait deviné au premier regard ce qui se passait dans le cœur de son mari.

Quant à Bernardo, il jouissait du présent sans songer au passé.

Quant à l'avenir pour lui, il se résumait dans son

amour pour la charmante Mariette, dont il se proposait, maintenant qu'il était riche, de demander la main à la première occasion.

Le débarquement commença.

Les bagages étaient considérables.

Il fallut près de deux jours pour tout mettre à terre.

Les caisses, au nombre de vingt-huit, offertes si généreusement par don Cristoval de Cardenas, furent débarquées, et il fut enfin possible de s'assurer de la valeur de ce présent véritablement magnifique.

Mais la réalité dépassa de bien loin les prévisions les plus exagérées des deux époux, et surtout de Bernardo.

Un expert fut appelé par Julian et chargé par lui de constater la valeur du contenu des trente caisses.

L'expert se mit aussitôt à l'œuvre, et, après deux heures d'un examen minutieux, il annonça à Julian que les cinquante-six lingots — car chaque caisse en contenait deux — représentaient, en or le plus fin, la somme presque fabuleuse de trente-huit millions de francs, plutôt plus que moins.

Jamais l'expert n'avait eu devant les yeux une fortune si énorme.

C'était à peine si cela ne lui semblait pas un conte de fée, malgré toutes les histoires que depuis vingt ans il avait entendu raconter sur les *placeres* californiens.

Généreusement récompensé par Julian, le digne homme salua jusqu'à terre et se hâta de se rendre à la Bourse, pour annoncer à toutes ses connaissances la prodigieuse expertise qu'il avait été appelé à faire, et répandre la nouvelle de l'arrivée en France du nouveau nabab.

Douze de ces lingots appartenaient à Bernardo.

Quelle était donc la valeur de ce mystérieux trésor des Incas, dont cette *modeste fortune*, selon l'expression de don Cristoval, ne représentait qu'une mince et très minime parcelle !

Loin de se laisser éblouir par cet océan d'or, Julian en fut effrayé.

S'il eût été seul et maître d'agir à sa guise, il l'aurait refusé, tant il éprouvait l'embarras de ces richesses, si peu en rapport avec ses goûts simples et modérés.

Julian, qui avait voulu jusqu'au dernier moment rester à bord de la *Belle-Adèle*, fit appeler le capitaine, et, après lui avoir remis une somme assez considérable pour l'équipage et avoir généreusement soldé ce qu'il lui devait, il fréta de nouveau son navire.

La *Belle-Adèle* devait repartir pour se rendre directement à Guaymas.

Arrivé là, le capitaine irait à la Florida, et présenterait à don Cristoval de Cardenas lui-même, une lettre qu'il écrivit séance tenante.

Pendant que le capitaine ferait ses préparatifs de départ, Julian lui adresserait de Paris quelques cadeaux qu'il destinait à l'haciendero.

Puis, après avoir soldé d'avance ce nouveau fret, Julian fit accepter au capitaine une gratification de cinquante mille francs, lui assurant que par son dévouement et ses délicates attentions pour sa femme, il avait amplement gagné cette magnifique récompense.

Le capitaine se laissa facilement convaincre et accepta avec reconnaissance le chèque que Julian lui remit.

Le brave capitaine faillit perdre la tête tant il était joyeux.

Depuis quinze ans qu'il naviguait, jamais il n'avait eu affaire à un passager aussi généreux et aussi riche.

Lorsque les passagers quittèrent enfin le navire, l'équipage prit congé d'eux par des acclamations véritablement enthousiastes.

Julian avait fait former un train exprès pour lui, sa femme, Bernardo et Tahera.

Le guerrier comanche ouvrait des yeux énormes à tout ce qu'il voyait, mais il ne disait rien, sa joie et son admiration étaient tout intérieures.

Les voyageurs se rendirent directement du navire à la gare du chemin de fer.

Six heures plus tard, ils étaient à Paris.

Dix jours après le départ de Julian pour Paris, le capitaine Petit, dont les préparatifs étaient terminés, reçut quinze grandes caisses renfermant les cadeaux destinés à don Cristoval de Cardenas.

Le lendemain, au lever du soleil, la *Belle-Adèle* était sous voiles, en route pour Guaymas.

FIN DE LA DEUXIÈME PARTIE

TROISIÈME PARTIE

LES MORTS-VIVANTS

I

COMME QUOI, SANS QUITTER PARIS, ON PEUT VISITER LA COUR DE ROME.

Même après 1848, Paris était encore, jusqu'à un certain point, malgré des embellissement successifs, resté une ville du moyen âge, par l'enchevêtrement compliqué et l'étroitesse du plus grand nombre de ses rues.

Dans certains quartiers du centre, aux environs des Halles centrales, autour du Palais-Royal et du Louvre, aux Arts-et-Métiers et dans les environs de l'Hôtel-de-Ville, dans la plupart des rues, à certaines heures de la journée, la circulation des voitures était presque impossible.

Dans quelques-unes même, trois personnes ne pouvaient passer de front.

Les maisons, dont certaines remontaient au quinzième siècle, se touchaient presque par le faîte, de sorte que l'air et le soleil y manquaient complètement.

De plus, tous les malandrins, escrocs, chevaliers d'industrie et assassins, en un mot, les désœuvrés et les déclassés de toute sorte avaient établi leur camp dans ces rues honteuses ; ils en sortaient le soir pour s'abattre sur la ville, avec une espèce d'impunité, à cause de la difficulté qu'éprouvait la police à s'introduire dans ces forteresses du vice et du crime.

Les immenses démolitions opérées sous le second Empire, sans parler du côté stratégique, que l'on passa soigneusement sous silence, eurent pour but, ou plutôt pour résultat -- car, à cette époque, nos édiles ne se souciaient que très médiocrement des intérêts de la population parisienne — eurent pour résultat, disons-nous, d'assainir la ville, en faisant circuler à grands flots, l'air et le soleil dans ces quartiers déshérités, et de bouleverser de fond en comble les nombreuses Cours des Miracles, cyniquement posées, comme de hideuses verrues, jusqu'au centre de la grande cité, qu'elles déshonoraient.

Malheureusement, l'intérêt particulier vint, comme toujours, entraver l'intérêt général, et même le résultat que l'on espérait fut loin d'être atteint.

De nombreuses rues disparurent ; d'autres furent élargies dans certaines conditions, mais beaucoup des rues malsaines, condamnées, restèrent debout, et furent conservées sans raisons plausibles.

Les bouges qu'elles renfermaient et qui servaient, depuis plusieurs générations, de repaires et étaient de véritables colonies de malfaiteurs de toutes sortes, échappèrent ainsi à la pioche bienfaisante des démolisseurs.

Les sinistres coquins, troublés dans leur quiétude séculaire, se sauvèrent dans toutes les directions, comme un vol d'oiseaux de nuit effrayés par la lumière.

Mais aussitôt que les grands boulevards, les larges rues, les verdoyants squares et les magnifiques maisons nouvelles furent bâties, que la tranquillité revint de nouveau, les gredins de toute espèce, avec cet instinct des fauves qui leur fait toujours retrouver leurs tanières, regagnèrent à pas de loup les bouges restés debout et s'y rencontrèrent de nouveau.

Surtout au quartier des Arts-et-Métiers, dans les rues Guérin-Boisseau, des Vertus, Tirechappe et d'autres encore, dont certains tronçons n'avaient pas été absorbés par les embellissements de la ville, ils s'établirent plus solidement que jamais.

Aujourd'hui, dans le peu qui a survécu de l'ancien quartier des Arts-et-Métiers, tout a repris son train ordinaire ; à cette différence près, que les bandits de toute espèce réfugiés dans ces bouges, malgré toute leur adresse, sont moins heureux que leurs devanciers des anciens jours.

Trop souvent pour eux, les rondes de police viennent troubler leurs ébats, apparaissent à l'improviste au milieu d'eux et les *emballent*, par de formidables coups de filet.

Aussi, pendant un de mes voyages de découverte dans ces limbes de la civilisation, l'un de ces déclassés me disait-il avec un hochement de tête mélancolique, ce qui, je l'avoue, ne m'attendrit nullement :

— C'est fini !... le bon temps est passé... la lumière nous tue... Ah ! maintenant, il n'y a plus de plaisir !

En effet, la police a ses coudées franches, et elle en profite pour purger la ville.

Le mardi 29 mars 1870 fut une des journées les plus froides de l'année, bien que depuis huit jours, d'après tous les almanachs, le printemps fût commencé.

L'ombre s'épaississait sur la ville.

Il gelait depuis l'avant-veille, et le baromètre baissait de plus en plus.

Les boulevards et les rues étaient déserts.

Les becs de gaz ne répandaient qu'une lueur triste à travers leurs vitres ternies, et enveloppées d'un halo de mauvais augure.

Au moment où le dernier coup de sept heures tintait à l'église Saint-Merry, un homme tourna le coin de la rue Saint-Martin et entra dans la rue des Gravilliers, se dirigeant vers la cour de Rome.

Cet homme devait être jeune encore, et pourtant il paraissait plus de cinquante ans, car, sur son visage imberbe, ou plutôt glabre, le vice avait depuis longtemps appliqué sa griffe ineffaçable.

Il avait les traits émaciés, le teint jaune, les yeux clignotants et le regard sournois des pires rôdeurs de barrières.

Il était vêtu à peu près comme les ouvriers des ports, d'un pantalon de toile bise, constellé de taches et effiloqué du bas, d'un bourgeron bleu déchiré par-dessus une chemise de fine batiste taillée à la dernière mode, mais noire de crasse ; il était coiffé d'une casquette en soie noire, usée, graisseuse, dont la visière tombante cachait presque ses yeux, et dont la calotte était rejetée en arrière ; enfin, il avait ses cheveux gras et plats ramenés en facettes et collés en accroche-cœurs sur les tempes.

Cet homme s'en allait le long du trottoir d'une allure déhanchée, une pipe à tuyau microscopique rivée au coin gauche de la bouche, et les mains dans les poches de son pantalon.

Il s'arrêta devant le numéro 28 de la rue des Gravilliers, et après avoir promené autour de lui, d'un air nonchalant, ce regard fureteur de l'homme dont la conscience n'est pas tranquille, il pénétra dans la cour de Rome.

La cour de Rome a survécu aux démolitions pour sa plus grande partie.

C'est véritablement une ville dans la ville.

Dès qu'on y met le pied, on se retrouve en plein moyen âge, avec les vieilles coutumes et les traditions du vieux Paris, son architecture primitive et presque son langage des anciens jours.

C'est là, en un mot, que le présent et le passé se rencontrent face à face sans transition.

En voyant ce débris de l'ancienne cité, on se félicite des progrès accomplis, et l'on remercie les démolisseurs officiels.

La cour de Rome a trois entrées principales : la première, rue des Vertus, n° 7, la seconde, rue des Gravilliers, n° 28, et la troisième, impasse de Rome, n° 1.

Cette cour a plusieurs points de ressemblance avec l'ancienne cour du Commerce, aujourd'hui disparue dans le percement de la rue de Rivoli, et qui enveloppait complètement la tour de Saint-Jacques-la-Boucherie.

Tout autour de cette cour se trouvent des fabriques séparées par des rues qui forment un véritable dédale, sombre, étroit et boueux en tous temps.

Au milieu il y a une fontaine publique et une horloge.

Avant l'époque néfaste pour ses habitants, où les rayons du soleil et les rondes de nuit pénétrèrent enfin dans ces immondes cloaques, pour essayer de les assainir, tant au moral qu'au physique, on y trouvait tout : vêtements, aliments, et le reste.

De sorte que les vétérans du crime, retirés des affaires, et qui y avaient établi leurs pénates, n'en sortaient jamais : ils vivaient dans ce clos maudit, comme des huîtres sur un banc, sans même se soucier de ce qui se passait à cinq cents pas d'eux.

Les bruits de la cité n'arrivaient même pas à leurs oreilles.

La population de la cour de Rome et de certaines rues et voies adjacentes appartient à une classe particulière, ou, pour être plus vrai, elle n'appartient à aucune classe déterminée.

C'est un amalgame bizarre, composé, pour la plus grande partie, de bohèmes de la pire espèce : camelots, filous, souteneurs de filles, échappés des maisons centrales, forçats en rupture de ban, décavés de toutes sortes, grecs, banqueroutiers frauduleux, vivant tous sur le communal, qui chaque jour se lèvent sans un sou et, sans travailler, trouvent facilement tout ce qui leur manque, dans les poches des dupes qu'ils dévalisent soit par ruse, soit autrement : car tous les moyens leur sont bons pour arriver à leurs fins.

Ils se divisent en deux parties bien distinctes : ceux qui exploitent la nuit et ceux qui *travaillent* en plein soleil.

Mais tous sont également coquins et ont pour la plupart des antécédents judiciaires déplorables.

Ce qu'il y a de plus curieux, c'est qu'ils vivent côte à côte, mais sans se mêler et presque sans se voir, avec les nombreux ouvriers honnêtes et laborieux des fabriques du clos de Rome.

A l'époque où se passe notre histoire, et peut-être encore aujourd'hui, vers le milieu d'une des rues fangeuses dont nous avons parlé, à gauche, en entrant dans la cour de Rome par la rue des Gravilliers, se trouvait une maison haute et étroite, remontant évidemment au quatorzième siècle, construite moitié en bois moitié en clayonnages, dont, à chaque étage, les fenêtres, garnies d'épaisses persiennes, restaient constamment fermées.

On pénétrait dans cette maison d'aspect sordide, honteux et misérable, par une porte basse et cintrée, ouvrant sur un long corridor étroit, sombre, humide, aboutissant à une cour de quatre mètres carrés, dont le centre était occupé par un puits à haute margelle en pierre, garnie d'une armature en arcade de fer forgé d'un très beau travail, mais rongée et déjetée par la rouille et la vétusté.

Ce puits, d'une grande profondeur, descendait, disait-on, jusqu'à d'immenses souterrains.

Mais personne n'aurait osé l'affirmer; depuis plus de quarante ans, ce puits était condamné et recouvert de planches épaisses, assujetties par une barre de fer garnie d'un énorme cadenas.

A droite de la porte de la rue, percée d'un judas, et qui ne se fermait jamais avant minuit, se trouvait une boutique, occupant toute la façade de la maison, c'est-à-dire environ huit mètres.

Cette boutique, extérieurement défendue par une forte grille en fer à barreaux très rapprochés, posée sur toute la façade, à hauteur des fenêtres, et peinte au minium, n'avait d'autre enseigne que des rideaux rouges, hermétiquement clos, et ne permettant pas au regard curieux des passants de pénétrer à l'intérieur.

Ces rideaux donnaient à la boutique l'apparence d'un débit de vins.

Les habitants de la cour de Rome prétendaient qu'on y vendait toutes espèces de choses, et surtout de celles prohibées par les règlements de police.

Peut-être avaient-ils raison; car la plupart des individus qui entraient ou sortaient de ce singulier établissement, quoi qu'ils fissent pour ne pas attirer l'attention, avaient des allures et des physionomies patibulaires fort peu rassurantes, même pour la population, cependant fort peu difficile, de ce clos excentrique.

Généralement, pendant la journée, très peu de consommateurs ouvraient la porte de cette boutique, deux ou trois tout au plus.

Mais, dès que la nuit tombait sur la ville, que l'obscurité commençait à s'épaissir, les chalands affluaient de toutes parts; tandis que, du corridor sombre s'échappaient, comme une volée d'oiseaux de nuit, des femmes à mises provocantes et à la mine plus qu'effrontée, qui se hâtaient de quitter la cour de Rome et de se disperser dans toutes les directions.

Cette maison, occupée du haut jusques en bas par le propriétaire de la boutique, était un de ces établissements de bas étage auxquels, dans leur langage imagé, les membres de l'*armée roulante*, ainsi qu'ils s'intitulent eux-mêmes, ont donné le nom caractéristique de *tapis franc*, dans lesquels la police vient pêcher à coup sûr, et qu'elle laisse ouverts tout exprès pour y retrouver, quand besoin est, certains individus qu'elle a intérêt à ne perdre jamais entièrement de vue, et que la fatalité contraint à y chercher un refuge plus que précaire.

Les maîtres de ces établissements sont d'anciens libérés des maisons centrales pour la plupart; comme tels, fort peu scrupuleux, alliés malgré eux des employés de la Préfecture de police, mais ne se gênant pas, chaque fois que l'occasion s'en présente et qu'ils se croient assurés de l'impunité, pour donner aux agents de faux renseignements et faire évader, s'il est possible, ceux de leurs habitués placés sous le coup d'un mandat d'amener; quitte à les livrer plus tard s'ils craignent sérieusement d'être compromis.

En réalité, ces refuges de l'écume et de la lie de la population parisienne, sont plutôt un embarras qu'un avantage pour la police.

La routine seule, cette loi suprême de nos administrations, les fait se perpétuer, au grand détriment des gens honnêtes.

Pour un malfaiteur arrêté, cent échappent, ou avant d'être pris, ont eu le temps de commettre de nombreux délits ou même des crimes.

Trop souvent même, quelques-uns réussissent à ne jamais être arrêtés.

L'homme dont nous avons parlé plus haut marchait nonchalamment; il avait remis sa pipe dans la poche de son bourgeron; il sifflait l'air alors en vogue de la *Vénus aux carottes*, regardant d'un œil sournois à droite et à gauche, prêt à rebrousser chemin s'il apercevait quelque figure suspecte.

Parfois il interrompait sa mélodie pour adresser aux femmes qu'il croisait quelques plaisanteries de haut goût qui les faisaient rire; mais malgré ses allures insouciantes, il était facile, aux froncements de ses sourcils et aux tressaillements nerveux des muscles de sa face, de reconnaître qu'il était en proie à une vive préoccupation.

Arrivé devant la boutique, il passa deux ou trois fois devant elle sans s'arrêter; il inspecta d'un regard l'ombre qui allait s'épaississant.

Mais, rassuré sans doute par la solitude complète qui régnait aux environs, il fit jouer brusquement le loquet de la porte, entra ou plutôt se précipita, et referma la porte derrière lui, avec un soupir de soulagement.

La boutique était grande, garnie de tables, dont quelques-unes étaient occupées par des individus à mines patibulaires, sordidement vêtus, dévorant isolément et dans le plus profond silence, de copieuses portions d'affreux ragoûts sans noms dans la *Cuisinière bourgeoise*, et qu'ils humectaient de vin bleu.

Ces consommateurs, au nombre de cinq, occupaient chacun le bout d'une table.

Un sixième, à demi étendu sur un banc, fumait une pipe, de celle nommées *brûle-gueule*, la tête penchée sur la poitrine et le dos appuyé à la muraille, recouverte d'un affreux papier vert à fleurs rouges; une mesure d'eau-de-vie placée sur la table, à portée de sa main, et qu'il portait souvent à sa bouche, était à demi vide.

Derrière un massif comptoir, chargé de mesures d'étain de toutes capacités et d'un grand nombre de bouteilles de différentes grandeurs, trônait une femme déjà âgée, au visage de chouette et aux yeux clignotants, très longue de taille et d'une maigreur excessive, mais aux allures hommasses, et paraissant douée d'une grande vigueur.

Derrière elle, sur des planches, étaient rangées une infinité de ces fioles de toutes formes, remplies de ces liqueurs suspectes, affublées de ces noms baroques que l'on ne rencontre plus que dans les établissements de ce genre.

Au-dessus de sa tête, attachée à la muraille, se trouvait une de ces horloges nommées œils-de-bœuf, mais qui se gardait bien de marquer l'heure exacte.

La boutique était éclairée, tant bien que mal, par une lampe garnie d'un abat-jour réflecteur, suspendu au plafond par une chaîne de laiton.

— Bon! murmura le buveur d'eau-de-vie, en jetant un regard de côté sur le nouvel arrivant, en voilà un qui a une rude venette de la rousse.

Celui à qui s'adressait cet aparté ne sembla pas l'entendre.

Il alla s'asseoir tranquillement à la table voisine de celle du buveur d'eau-de-vie; et, sortant une pièce de cinq francs de sa poche, il frappa trois coups sur la table et laissa tomber la pièce à plat devant lui, après l'avoir fait tourner entre ses doigts sur le cordon.

La longue femme tressaillit.

Au lieu d'interpeller une espèce de maritorne crasseuse qui dormait, la tête sur une table, tout près d'elle, ainsi qu'elle faisait à chaque demande des consommateurs, elle se leva, quitta son comptoir, et, s'approchant avec empressement du nouveau venu, elle lui dit, avec un sourire hideux, qui voulait être aimable et découvrit une formidable rangée de dents jaunes et gâtées, qui meublaient une bouche aux lèvres imperceptibles et fendue comme par un coup de sabre :

— Te voilà, pays ? Ça me fait plaisir de te voir, d'où viens-tu donc ?

— De Bourg-en-Bresse, par la traverse, répondit l'homme d'une voix traînante et enrouée, en emboîtant, comme un monocle, la pièce de cinq francs sous l'arcade sourcilière de son œil gauche.

— Le pays est bon par là ? reprit la femme de plus en plus souriante.

— Oui, reprit l'autre en ricanant, quand on sait semer des pois et récolter des fèves. Monsieur Romieux va bien ?

— Eh ! eh ! bien petitement, fit-elle en hochant la tête ; tu le verras bientôt ; mais, en attendant que faut-il te servir pour le quart d'heure ?

— A boire et à manger, j'ai la fringale ; mais pas de camelotte ni d'arlequins. Je veux du chenu ; j'ai de l'osse ; une gibelotte, une salade et du vin bouché.

— J'vas te soigner ça, pays ; je ne te dis que ça, tu t'en lécheras les badigoinces.

A l'énumération de cette somptuosité, et surtout en voyant l'amabilité peu ordinaire de leur hôtesse, les mangeurs relevèrent la tête, et regardèrent curieusement l'homme qui se payait ce balthazar intime.

Celui-ci bourrait tranquillement sa pipe, sans paraître remarquer l'effet qu'il produisait.

La longue femme avait réveillé sa servante d'un colossal coup de poing dans le dos, lui avait donné ses ordres, et elle était revenue s'asseoir majestueusement derrière son comptoir.

Tout ça, c'est des emblèmes, murmurait le buveur

d'eau-de-vie en *sirotant*, avec un visible plaisir, son affreux breuvage ; c'est un mot d'ordre ; ils se connaissent. Ce particulier-là me fait l'effet d'avoir rincé quelque chouette cambriole ; la *Marlouze* est trop aimable pour lui ; c'est pas naturel : faut voir ça !

Et comme la mesure d'eau-de-vie était vide, il en demanda une seconde, que la servante lui apporta d'un air rechigné, en se faisant payer d'avance.

La Marlouze était le nom de guerre de la maîtresse de l'établissement.

Sa conduite, en cette circonstance, devait sembler à ses habitués d'autant plus extraordinaire, que loin d'être renommée pour l'aménité de ses manières, elle jouissait, au contraire, et cela avec raison, d'une réputation de brutalité solidement établie.

Il est singulier que tous les bouges fréquentés par des repris de justice soient généralement tenus par des femmes, et que ces femmes sachent si bien s'imposer à ces misérables, qu'elles les mènent tous tambour battant, sans que jamais ils osent regimber, ni même se plaindre.

Le buveur d'eau-de-vie était à peu près vêtu de la même façon que notre premier personnage ; il avait les mêmes allures, les mêmes accroche-cœur collés aux tempes, la même voix enrouée et le même accent traînard.

Seulement il paraissait plus âgé de quatre à cinq ans, il portait une épaisse moustache noire et une longue impériale ; les moustaches étaient cirées et outrageusement relevées en pointe vers les yeux.

Lorsque la servante lui servit la nouvelle mesure d'eau-de-vie, tout en payant par anticipation, il lui dit d'un air aimable :

— Joglotte, ma belle, mettez un autre verre ; monsieur me fera l'honneur d'accepter un glacis d'eau-d'aff en guise de perroquet, en attendant son boulotage ?

— Ce n'est pas de refus, répondit l'autre en saluant poliment.

— A votre santé ! dit-il.

— A la vôtre !

Ils burent rubis sur l'ongle.

— C'est drôle, reprit l'homme aux moustaches, il me semble vous avoir vu quelque part ?

— Ou ailleurs ? C'est bien possible, répondit imperturbablement, mais avec une pointe d'ironie, le débardeur : j'y vais quelquefois.

Les deux hommes s'examinèrent pendant un instant avec une expression singulière, puis ils se mirent à rire.

— C'est bon ! reprit l'homme à l'eau-de-vie, en frisant sa moustache ; vous êtes mariole, n'en parlons plus ; j'ai eu tort, voilà tout.

En ce moment, la servante apporta la gibelotte, la salade et la bouteille de vin cacheté.

Elle plaça le tout sur la table en un tour de main.

— C'est trois francs vingt-cinq, dit-elle en allongeant sa large patte crasseuse.

— Voilà quatre francs, répondit le débardeur en lui remettant deux pièces de deux francs ; il y a soixante-quinze centimes pour vous ; mais vous avez oublié le fromage et la moutarde.

— Tout de suite ! s'écria-t-elle, rouge de plaisir de recevoir un si beau pourboire.

— Cristi ! quelle épate ! s'écria un des mangeurs. Ce mâtin-là est pour sûr un banquier qui s'a tiré les pieds après avoir rincé sa caisse.

— Le cœur vous en dit-il ? demanda le débardeur à l'homme aux moustaches, en l'invitant du geste.

— Merci, répondit l'autre en ricanant ; j'prends jamais rien entre mes repas.

Le débardeur éclata de rire.

— Allons, fais pas l'malin, Polyte, reprit-il ; asseois-toi là.

— Tu sais mon nom ? s'écria l'autre au comble de la surprise.

— Et ton surnom aussi, Fil-en-Quatre.

Polyte se leva et s'assit en face de son singulier amphytrion.

— Tu me connais ? dit-il.

— Faut croire, reprit l'autre, en lui servant de la gibelotte ; aimes-tu la tête ?

— Un peu ; donne toujours pour voir si c'est un lapin de gouttière. C'est drôle, j'ai beau chercher, vrai ! je n'te reconnais pas.

— Quand je t'aurai vu encore une fois, ça fera deux, mon homme.

— Alors, comment que tu me connais ?

— Qué que ça t'fait, malin ?

— Dam ! il me semble...

— Dis pas de bêtises, nous avons à parler d'affaires, interrompit nettement l'autre.

— Ah ! ah ! voyez-vous ça ? fit Polyte avec méfiance ; et quelles affaires donc, mon p'tit ?

— Allons, flanche pas, Fil-en-Quatre ; est-ce que tu vas me prendre pour une mouche, à c't'heure ?

— Bédame ! quand on ne connaît pas les gens...

— Tu es un sinve ; à ta santé !

— A la tienne ; et puis ?

— Et puis, reprit l'autre en posant son verre vide sur la table, ce matin, quelqu'un que t'as rencontré à Grenelle, et dont je n'ai pas besoin de te répéter le nom, t'a dit : « Va ce soir chez la Marlouze, il y a un poupon gras ; on te demandera : Les cerises sont-elles mûres ? »

— Et je répondrai, s'écria tout à coup Fil en quatre : « Elles sont si mûres, qu'elles vont tomber des branches. »

— C'est ça même, mais parle plus bas ; mets une sourdine à ton galoubet.

— Bah ! il y a pas d'soin ; regarde, nous sommes seuls.

— C'est vrai, c'est pas malheureux !

Pendant que tout en mangeant les deux hommes avaient, à demi-voix, cet intéressant entretien, les autres consommateurs s'étaient retirés les uns après les autres.

— Ah ! ça, t'es donc le *Loupeur* ? demanda Fil-en-Quatre.

— Pour te servir, répondit le Loupeur, puisque tel est

son nom ; tu vois à présent que si je ne te connaissais pas personnellement, je savais tout au moins ce que tu vaux.

— Merci de l'honneur, je m'en rendrai digne, répondit presque respectueusement Fil-en-Quatre.

— Je l'espère, dit majestueusement le Loupeur, mais pas de cascades ; faut être sérieux, nous avons affaire à des rupins de la haute, l'or coule comme de l'eau entre leurs doigts, faut se garder à carreau et avoir la gueule morte.

— On exécutera la consigne, dit Fil-en-Quatre un peu piqué de la leçon.

— Ne te fâche pas ; je parle dans ton intérêt. Puis-je compter sur toi ?

— Comme sur toi-même ! s'écria-t-il vivement. Je sais ce que tu vaux, depuis longtemps ; je te connais de réputation ; je me ferais mettre en hachis pour toi.

— C'est bien ; nous verrons. Tant mieux pour toi si tu le penses, tant pis pour toi si tu essaies de me faire voir le tour.

Le Loupeur accompagna ces paroles d'un regard sous le poids duquel, si brave qu'il fût, Fil-en-Quatre se sentit frissonner.

En ce moment, une sonnette tendue sur la muraille, au-dessus de l'œil-de-bœuf et à droite de la Marlouze, tinta deux coups.

La longue femme se leva.

Elle avait suivi avec un grand intérêt, bien que sans en entendre un seul mot, ce qui s'était passé entre les deux hommes : elle quitta son comptoir, et s'approchant plus aimable que jamais, de la table où ils achevaient de dîner...

— Monsieur Romieux vous attend, dit-elle, en grimaçant son hideux sourire.

— Merci, dit le Loupeur.

Et versant le reste de la bouteille dans les deux verres.

— A ta santé, Fil-en-Quatre ! reprit-il en s'adressant à sa nouvelle connaissance. Suis-moi et surtout ne t'étonne de rien.

— Il n'y a pas de soin ! reprit Fil-en-Quatre qui affectionnait cette phrase.

Et il vida son verre.

— C'est un mâle ; il n'a pas froid aux yeux, dit la Marlouze avec complaisance. Je suis contente de voir que vous vous entendez.

— On me l'avait déjà recommandé, la mère, répondit le Loupeur en riant. C'est égal, ce que vous me dites de lui me fait plaisir.

— Ça y est-il ? reprit-elle.

— Oui, répondit le Loupeur en se levant, mouvement aussitôt imité par son compagnon ; quand il vous plaira, nous sommes prêts.

— Alors en route, mauvaise troupe, fit-elle en riant ; M. Romieux n'aime pas attendre ; et vous n'êtes pas encore rendus.

Les deux hommes la suivirent.

Elle les fit sortir de la boutique par une porte de dégagement percée à droite près du comptoir, leur fit traverser une pièce assez grande, servant de salon de société dans certaines circonstances exceptionnelles, prit deux lanternes sourdes allumées posées sur une table, en remit une à chacun des deux hommes ; puis elle ouvrit une seconde porte et ils se trouvèrent dans la cour.

Il faisait un froid très vif, l'obscurité était profonde, les deux hommes avaient caché les lanternes sous leurs blouses.

— Eh ! Cagnard ! cria la Marlouze, boucle la lourde, mon fiston.

— C'est fait ! répondit une voix avinée au fond du corridor.

— Alors nous sommes des bons, reprit la Marlouze ; il s'agit maintenant de ne pas nous amuser, hein ? car il fait un rude frisquet.

Elle s'approcha alors du puits, se baissa, sembla pendant quelques instants tâter avec les mains.

Puis, tout à coup une partie de la margelle du puits

parut s'enfoncer en terre et démasqua une large ouverture.

— Là, maintenant, voilà votre chemin, mes agneaux, dit en riant l'affreuse femme: la route est sûre mais étroite.

Le Loupeur s'approcha alors du puits, se pencha sur l'ouverture, démasqua l'âme de sa lanterne, et regarda attentivement pendant une ou deux minutes.

Une solide échelle de corde, tendue et raidie comme les haubans des mâts d'un navire, et solidement accrochée à deux anneaux scellés dans la muraille du puits, descendait à une profondeur que l'on ne pouvait pas calculer; car elle se perdait, après quelques mètres, dans les ténèbres que la lumière assez faible de la lanterne était impuissante à combattre.

— C'est bien, dit froidement le Loupeur en accrochant tranquillement sa lanterne à la ceinture de cuir qui servait à retenir son pantalon; c'est le chemin du ciel: il n'est pas agréable, mais, bah! puisqu'il le faut, on le prendra tout de même, n'est-ce pas, Fil-en-Quatre?

— Pardi! la belle malice, répondit celui-ci, ça ne fera pas un pli; mais tu te trompes, c'est plutôt le chemin de l'enfer puisqu'il s'enfonce en terre.

— Eh bien! nous allons faire comme lui, dit gaîment le Loupeur en commençant à descendre.

— Eh! là-bas, reprit en riant Fil-en-Quatre, ne partons pas les uns sans les autres, s'il vous plaît! Bah! après tout, il ne s'agit que d'une quarantaine de mètres tout au plus à descendre.

— Soixante-dix, dit la Marlouze.

— Alors, c'est un véritable voyage d'agrément, dit Fil-en-Quatre en ricanant; bien des choses chez vous, et bonsoir à vos poules.

Et il suivit intrépidement le Loupeur, dont la lanterne n'apparaissait plus que comme un point brillant perdu au milieu des ténèbres.

Derrière les deux hommes, la margelle du puits reprit sa place, et la Marlouze rentra dans sa boutique, après avoir donné l'ordre de rouvrir la porte de la rue que, par précaution, elle avait fait fermer.

Cependant, les deux bandits continuaient lentement leur descente.

Ces hommes devaient être doués d'une forte dose de courage, pour s'enfoncer ainsi dans un puits dont ils ignoraient presque la profondeur, sans savoir positivement ce qui les attendait en bas, et au risque de se rompre les os, au moindre faux pas.

Un air lourd et chaud les enveloppait et faisait ruisseler la sueur sur leurs visages.

Un silence de mort régnait autour d'eux.

Ils n'entendaient d'autre bruit que celui de leur respiration haletante.

Parfois ils s'arrêtaient pour reprendre haleine; puis ils continuaient à descendre échelon par échelon.

Le Loupeur s'amusait à compter les échelons, soit pour tromper son impatience, car la descente durait déjà depuis près d'un quart d'heure, soit, ce qui est plus probable, afin de changer le cours de ses idées qui, on le comprendra, ne devaient être nullement couleur de rose.

Il comptait à voix haute pour renseigner son camarade.

Au deux-cent-huitième échelon, il dit en ricanant, suivant sa coutume:

— Nous devons approcher?

— Il n'y a pas d'soin, répondit Fil-en Quatre, à trois échelons par mètre, il en manque encore deux, si la vieille ne nous a pas trompés.

— Juste! dit une grosse voix, en se mêlant à l'improviste à la conversation: encore deux et vous y êtes.

— Merci, dit le Loupeur en sautant à terre.

— J'ai bien l'honneur de vous souhaiter le bonsoir, cher monsieur, dit Fil-en-Quatre, en dessinant un salut de théâtre.

— Comment, bonsoir? se récria le troisième interlocuteur; il est à peine midi.

— Excusez-moi, monsieur, votre montre retarde, dit

poliment le Loupeur ; à la mienne, qui marche fort bien, il est une heure vingt-sept minutes.

— Soyez les bienvenus, messieurs, nous nous entendons, reprit le troisième interlocuteur en s'avançant à la rencontre des deux hommes, et démasquant une torche allumée qu'il tenait à la main.

Les autres le virent alors, et ils le reconnurent.

— Tiens, Caboulot ! s'écria le Loupeur.

— Je me disais aussi : voilà une voix que j'ai entendue quelque part, ajouta Fil-en-Quatre ; ça va bien, ma vieille ?

— Très bien, merci ; rangez-vous un peu dans cet enfoncement.

Les deux hommes obéirent.

Caboulot, dont nous connaissons enfin le nom, était un grand et solide gaillard d'une quarantaine d'années, à la face rougeaude et presque enflammée.

Ses traits avaient une expression de bonhomie narquoise, qui n'inspirait que médiocrement la confiance.

Il était à peu près vêtu comme ses deux compagnons, mais d'une façon encore plus misérable et plus dépenaillée.

Lorsqu'il vit les deux hommes blottis dans l'enfoncement, il saisit une espèce de manivelle fixée à la muraille, et après leur avoir dit :

— Surtout ne bougez pas.

Il tourna vigoureusement la manivelle deux ou trois fois, puis il se rejeta vivement en arrière.

— Tiens, qu'est-ce que vous faites donc ? demanda le Loupeur.

— J'assure nos derrières contre les mouches, répondit Caboulot.

— Bah ! dit Fil-en-Quatre, est-ce qu'il en est descendu d'autres avant nous ?

— Depuis midi c'est une procession ; vous retrouverez là-bas pas mal d'amis et de connaissances.

— Tiens, ça me va, ce sera agréable. Mais, dis donc Caboulot, c'est pas tout ça ! comment ferons-nous pour remonter maintenant que voilà l'échelle par terre ?

— Bah ! ne t'inquiète pas, ma pauvre vieille, vous ne sortirez pas par ici ; d'ailleurs, il suffirait de cinq minutes pour remettre l'échelle en place, si cela était nécessaire.

— Cristi ! s'écria Fil-en-Quatre avec une joyeuse admiration, comme c'est machiné ! Parole sacrée ! on se croirait à l'Ambigu.

— Je ne vois pas de passage, dit le Loupeur.

— En voici un, répondit Caboulot.

Il poussa un ressort, et une porte masquée s'ouvrit subitement dans le renfoncement même où ils se tenaient tous trois blottis.

Les trois hommes passèrent.

Puis Caboulot repoussa la porte qui se referma et devint invisible.

— Cristi ! dit Fil-en-Quatre, y a pas de soin ! et il ajouta en se frottant joyeusement les mains, c'est de plus fort en plus fort, comme chez Nicolet !

Les singuliers excursionnistes se trouvaient alors dans un immense souterrain, dont non-seulement, malgré la vive lumière projetée par la torche, il était impossible d'apercevoir l'extrémité, mais même de sonder l'étendue.

Ce souterrain paraissait être une carrière depuis longtemps abandonnée, et remontant à une haute antiquité.

A chaque instant, les trois hommes rencontraient de larges excavations, s'ouvrant comme des galeries dans différentes directions et semblant s'enfoncer très loin sous le sol.

La voûte était assez haute et soutenue de dix mètres en dix mètres par de solides piliers.

Quelques signes compréhensibles, et reconnaissables seulement pour Caboulot, l'aidaient à se diriger avec assurance et sans jamais hésiter dans ce dédale inextricable pour tout autre que lui.

En effet, les explorateurs traversaient souvent de larges salles presque rondes, où venaient aboutir, en rayonnant comme dans un carrefour, plusieurs larges galeries.

D'autres fois, la voûte s'abaissait tout à coup de telle

sorte que les trois hommes étaient contraints de se courber presque en deux.

Puis ils tournaient ou franchissaient des éboulements, les uns anciens et d'autres récents.

D'autres fois, ils semblaient revenir sur leurs pas, tourner sur eux-mêmes dans un même cercle; il leur fallait monter, descendre, pour remonter et redescendre encore, et, cela, presque continuellement.

Malgré tout leur courage, le Loupeur et Fil-en-Quatre, nullement accoutumés à faire de semblables pérégrinations dans des parages aussi excentriques, se sentaient le cœur serré.

Cette solitude, ce silence de plomb, que seul troublait le bruit de leurs pas, les glaçait.

Ils étouffaient sous cette voûte, qui pesait sur eux comme une machine pneumatique: l'air manquait; ils haletaient.

Ils marchaient, silencieux et mornes, derrière leur guide, qui, sans doute accoutumé à faire ce long trajet, sifflait insoucieusement entre ses dents cette ineptie nommée le *Pied qui r'mue*, dont la vogue était à son apogée à cette époque.

Ils marchèrent ainsi pendant plus d'une heure et demie.

Ils étaient complètement désorientés, et ne savaient plus de quel côté ils se dirigeaient.

Ils ne pensaient plus, ils allaient machinalement derrière leur guide.

En effet, rien n'est plus effrayant et démoralisant qu'une longue course, faite ainsi à une grande profondeur sous terre; et les deux hommes se trouvaient à cent-dix pieds sous le sol de la ville.

Depuis environ vingt minutes, ils montaient une pente assez rapide.

Tout à coup leur guide obliqua à droite, s'engagea dans une nouvelle galerie, continua à marcher encore pendant quelques instants; puis il s'arrêta, et jeta un regard autour de lui, comme pour mieux voir.

— Que regardes-tu donc? lui demanda le Loupeur, intrigué par ces mouvements.

— Rien ; j'ai cru entendre du bruit.

— Est-ce que tu supposes que nous sommes suivis?

— Peut-être, ces souterrains sont immenses.

— Nous en savons quelque chose! dit Fil-en-Quatre avec un soupir étouffé.

— Bah! dit Caboulot en riant, vous n'avez rien vu encore!

— Eh bien merci, j'en ai assez ; ce que j'ai vu suffit à ma satisfaction personnelle, dit encore Fil-en-Quatre.

— Tu disais donc? fit le Loupeur.

— Je disais, reprit Caboulot, que ces souterrains sont immenses. Nous ne connaissons pas encore toutes les galeries, et il n'y aurait rien d'étonnant, quoique je me croie sûr du contraire, que quelques-unes des sorties aient échappé à nos recherches.

— Diable! fit le Loupeur, ce serait fâcheux.

— Très fâcheux, ponctua Fil-en-Quatre ; on ne serait plus chez soi.

— Oui, reprit Caboulot, très fâcheux. J'avais cru entendre du bruit dans une galerie devant laquelle nous venons de passer.

— Je n'ai rien entendu, dit le Loupeur.

— Ni moi non plus, ajouta Fil-en-Quatre.

— Alors, je me serai trompé ; et cependant, en allant au-devant de vous, j'avais déjà cru entendre le même bruit ; enfin, n'en parlons plus : c'est égal, je veillerai ; en route!

— Sommes-nous loin encore de l'endroit où nous allons? demanda le Loupeur.

— Oui, je ne serais pas fâché de m'arrêter, je commence à être fatigué, ajouta Fil-en-Quatre en ricanant.

— Dans cinq minutes nous serons arrivés.

— Voilà qui est parler, à la bonne heure! dit Fil-en-Quatre avec un soupir de soulagement.

— Allons! en route ; nous n'avons déjà perdu que trop de temps.

— Allons ! répétèrent gaiement les deux hommes.

Caboulot fit encore quelques pas.

Enfin il s'arrêta, ouvrit une porte secrète donnant dans une cave remplie de barriques de vin rangées dans le plus grand ordre.

— Comme c'est bien meublé, ici ! ne put s'empêcher de dire Fil-en-Quatre en jetant un regard de convoitise sur les barriques.

Caboulot sourit d'un air narquois, mais sans répondre.

Les trois hommes traversèrent la cave.

Caboulot ouvrit une autre porte.

Ils gravirent un escalier, traversèrent une cour assez petite, et s'arrêtèrent enfin devant une porte, sur laquelle Caboulot frappa trois coups secs et espacés à la façon franc-maçonnique.

— Entrez ! répondit aussitôt une voix forte de l'intérieur.

II

QUI ÉTAIT EN RÉALITÉ CE BON M. ROMIEUX

Caboulot, au sortir de la cave, avait éteint sa torche, les deux hommes lui avaient remis leurs lanternes sourdes, et il avait caché le tout sous l'escalier.

Le Loupeur et son compagnon Fil-en-Quatre s'étaient arrêtés.

Ils regardaient curieusement autour d'eux, essayant de s'orienter et de découvrir quelques-uns de ces points de repère que reconnaissent d'un coup d'œil les rôdeurs de barrières émérites et au moyen desquels ils se retrouvent, même dans les endroits où ils ne sont venus que par hasard.

Mais si habiles qu'ils fussent, pour cette fois ils se virent contraints d'avouer que la tâche était fort difficile, sinon complètement impossible.

En effet, ils n'étaient ni dans une rue ni dans un carrefour, ni sur un boulevard, tous endroits faciles à reconnaître, ils étaient dans une cour assez vaste, plantée d'arbres touffus, avec des massifs étroits de fleurs de serre-chaude le long de murs de clôture recouverts de lierre.

Au milieu de cette cour, il y avait un bassin avec un jet d'eau en forme de gerbe.

Le sol était recouvert d'une épaisse couche de sable de rivière très fin, où les pieds enfonçaient jusqu'aux chevilles.

La porte devant laquelle les deux hommes étaient arrêtés était en acajou, pleine et à deux battants ; de l'autre côté de la maison, qui paraissait fort belle et fort grande et semblait avoir un jardin derrière, s'étendait une grille, fermée de solides volets, ayant, au milieu, une porte à double battant pour le passage des voitures, et, un peu plus loin, un guichet pour les piétons.

A droite, se trouvait un charmant pavillon, construit en briques et servant de logement au concierge ; à gauche, les communs, écuries et remises, très élégamment disposés.

Nous avons oublié de dire que la porte à laquelle avait frappé Caboulot était surmontée d'une large verandah vitrée, garnie de fleurs de toutes sortes, et qu'on y arrivait par un double perron en marbre du Jura, de dix marches.

Caboulot se tourna vers Fil-en-Quatre :

— Toi, mon fiston, lui dit-il, tu vas venir avec moi rejoindre les camaros.

— Et moi ? demanda le Loupeur.

— Toi, c'est autre chose. Dès que nous t'aurons laissé seul, tu frapperas deux fois à la porte, et quand on te demandera ton nom, tu répondras. C'est pas plus malin que ça.

— Voilà tout ?

— Oui ; au revoir.

— A bientôt, ajouta Fil-en-Quatre.

16.

Les deux hommes s'éloignèrent et disparurent presque aussitôt derrière la maison.

Alors le Loupeur, se conformant aux instructions de Caboulot, frappa deux coups espacés.

La porte s'ouvrit immédiatement et un grand laquais en livrée se présenta.

— Il est bien tard ? dit-il.

— Jamais, quand la lune est couchée, répondit le bandit.

— Votre nom ?

— Le Loupeur.

— D'où venez-vous ?

— De Bourg-en-Bresse, par la traverse.

— C'est bien ; suivez-moi.

Le Loupeur entra.

La porte se referma sur lui, et il suivit son nouveau guide.

Après avoir traversé plusieurs pièces somptueusement meublées, mais dont toutes les fenêtres étaient garnies de volets intérieurs solidement fixés, le valet s'arrêta dans une espèce d'antichambre.

— Vous savez que j'ai l'ordre de vous bander les yeux ? dit-il.

— Non, je ne le savais pas ; mais c'est égal, faites comme si je le savais, répondit le Loupeur.

— Y consentez-vous ?

— Il le faut bien ; puisque je ne puis faire autrement, fit-il avec un mouvement d'épaules.

— Alors ?

— Allez-y gaiement, mon bonhomme ; il n'y a pas de soin, comme dit Fil-en-Quatre.

Le valet lui enleva sa casquette, que le Loupeur mit dans sa poche, puis il le coiffa d'un énorme sac d'étoffe noire, percé à la hauteur de la bouche et des narines seulement, et qu'il lui noua solidement autour du cou.

— Voilà qui est fait, dit-il.

Le Loupeur était complètement aveugle et presque sourd.

Cependant, il lui sembla entendre le bruit d'un ressort qui se détendait.

Il sentit que quelqu'un l'enlevait dans ses bras et l'emportait.

Il ne fit aucune résistance.

Cependant il veillait. Il crut s'apercevoir que l'on montait et l'on descendait plusieurs fois, et que quatre ou cinq portes furent ouvertes, franchies et refermées avec précaution.

Puis on fit une halte assez longue.

On causait à voix basse.

Mais ce fut en vain que le Loupeur écouta.

Cet entretien avait lieu dans une langue qu'il ne comprenait pas.

D'ailleurs il n'entendait que très difficilement.

— Nous allons vous étendre sur une civière, dit enfin en français une voix qu'il reconnut pour être celle du valet : surtout ne bougez pas, vous risqueriez de vous blesser grièvement.

— Compris, répondit laconiquement le Loupeur.

Il demeura complètement passif.

Tant de précautions l'étonnaient et excitaient vivement sa curiosité.

La civière fut enlevée.

On marchait rapidement, autant qu'il lui fût possible de s'en rendre compte.

La température changea plusieurs fois, tantôt très froide, tantôt très chaude et humide.

— Bon ! pensait le Loupeur, est-ce que nous rentrons dans les souterrains ? Sur ma parole, c'est un véritable roman d'Anne Radcliffe en action ; que diable prétendent-ils faire de moi ? Bah ! nous le verrons bien !

Nous constaterons que depuis qu'il s'était séparé de ses deux compagnons, l'accent du Loupeur avait complètement changé, que maintenant, sauf le costume, comme voix, expressions et langage, ce n'était plus du tout le même homme.

Tout à coup il éprouva une légère commotion.

La civière avait été légèrement posée à terre.

On l'enleva et on le plaça sur une chaise.

Puis une porte se referma, et il n'entendit plus rien.

Il calcula que ce voyage à l'aveuglette avait dû se prolonger pendant au moins une heure.

En cela il se trompait. L'impatience lui avait fait paraître le temps beaucoup plus long qu'il n'avait duré en réalité.

Cet étrange voyage s'était accompli en moins de vingt-cinq minutes.

En ce moment, une voix nouvelle dit tout près de lui du ton le plus amical :

— Mon cher Loupeur, vous êtes arrivé, veuillez, je vous prie, me pardonner ces précautions que, je l'espère, je n'aurai plus besoin, à l'avenir, de prendre avec vous ; débarrassez-vous au plus vite de ce capuchon qui vous donne un faux air de pénitent noir.

Le Loupeur ne se fit pas répéter cette invitation.

Il porta vivement les mains à son cou, afin de dénouer le capuchon, mais il s'aperçut que les liens avaient été détachés ; il se hâta d'enlever le sac avec un soupir de soulagement.

Son premier mouvement, bien naturel, du reste, fut de regarder curieusement autour de lui.

La pièce dans laquelle il avait été si singulièrement transporté était assez petite : meublée de quelques chaises, d'un canapé de crin, d'un bureau en bois noir chargé de papiers et de cartonniers montant jusqu'au plafond et faisant tout le tour de la pièce ; une cheminée où brûlait un bon feu et sur laquelle était une pendule d'albâtre, à colonnes, flanquée de deux vases remplis de fleurs artificielles. La pendule était arrêtée à six heures. Ce qui fit imperceptiblement sourire le Loupeur.

Cette pièce n'avait qu'une seule fenêtre, dont les rideaux de serge verte étaient en ce moment fermés.

Une lampe à modérateur, garnie d'un abat-jour vert en papier, éclairait cette pièce, qui pouvait tout aussi bien être, soit un cabinet d'homme d'affaires, d'avocat ou même d'avoué, de notaire ou d'huissier.

Dans tous les cas, l'ameublement était mesquin.

Sur un fauteuil à fond de cuir vert était assis un homme de haute taille, dont les traits étaient presque repoussants, sans doute à cause de blessures, car son visage était tout couturé.

Il portait des conserves couleur fumée de Londres garnies de taffetas, qui lui cachaient au moins la moitié de la figure, dont le bas disparaissait sous une barbe touffue, de sorte que ce que l'on voyait était fort peu de chose.

La manche gauche de la robe de chambre de cet homme, en faux damas de coton, était vide à partir du coude, il lui manquait un bras; sa tête, aux cheveux grisonnants et très rares aux tempes, était couverte d'un bonnet de soie noire crasseux.

En somme, c'était un fort laid et fort peu sympathique personnage.

En apercevant cette espèce de monstre, le Loupeur avait soudain tressailli ; mais ce mouvement involontaire avait été si vivement réprimé, que ce sinistre individu ne l'avait pas remarqué, malgré la fixité soupçonneuse avec laquelle, à la dérobée, il examinait son visiteur.

— Vous ne m'en voulez point, n'est-ce pas, cher monsieur le Loupeur? reprit cet homme d'un ton papelard; nous avons à nous entretenir de choses de la plus haute importance. Vous avez désiré que cet entretien eût lieu chez moi; j'ai cru devoir prendre certaines précautions, qui n'ont rien d'offensant pour vous, au cas peu probable où nous ne réussirions pas à nous entendre.

— Pourquoi vous en voudrais-je, monsieur! J'ai accepté vos conditions, je m'y suis soumis, tout cela est très simple, il me semble. Le premier tort, si tort il y a, vient de moi, à cause de la demande que je vous ai adressée : donc, vous n'avez aucune excuses à me faire.

— Je vous avoue que cela me tourmentait, dit-il avec

bonhomie. Vous offrirai-je un cigare ? j'ai là d'excellents londrès.

— Mille grâces, quant à présent, monsieur; peut-être plus tard serai-je heureux d'accepter cette galanterie, répondit un peu sèchement le Loupeur; mais vous-même m'avez fait l'honneur de me dire que nous avions à nous entretenir de choses sérieuses.

— Très sérieuses, en effet, monsieur.

— C'est cela même, monsieur. S'il vous plaît de vous expliquer, je suis prêt à vous entendre.

— Voyons, dit-il, avec une fausse bonhomie : foi de Romieux ! vous me plaisez beaucoup, monsieur.

— Je vous en suis reconnaissant, monsieur.

— C'est comme j'ai l'honneur de vous le dire ; la première fois que le hasard nous a mis en présence, je me suis senti irrésistiblement attiré vers vous.

— Monsieur, vraiment vous me...

— C'est comme cela, je ne puis m'empêcher de vous le dire... Voyons, voulez-vous jouer cartes sur table avec moi ?

— C'est mon habitude avec tout le monde, monsieur.

— Je le sais et je m'en félicite, monsieur.

— Veuillez donc parler, je vous prie, sans plus de prolégomènes.

— Voilà, vous en conviendrez, fit-il avec un sourire railleur, un mot bien ambitieux dans la bouche du chef de l'*armée roulante*.

— Hum ! de l'ironie ? reprit sèchement le Loupeur : à votre aise, monsieur Romieux ; mais est-ce en raillant ainsi que vous prétendez jouer avec moi cartes sur table ?

— Nullement, monsieur, s'écria-t-il vivement ; pardonnez-moi cette innocente plaisanterie, je n'y reviendrai plus : vous voulez conserver votre incognito ; soit, je le respecterai.

— Puisqu'il en est ainsi, je m'engage, moi aussi, à respecter le vôtre, répondit le Loupeur avec une expression si narquoise, qu'il fit, malgré lui, tressauter son interlocuteur. Soyez donc tranquille, cher monsieur Romieux, ajouta-t-il en appuyant, avec une évidente intention sur ce mot.

— Vous me connaissez, monsieur ?

— Certes, monsieur, et beaucoup mieux que vous ne croyez me connaître, car vous ne savez rien de moi; et quoi que vous fassiez, vous n'en saurez jamais davantage, par la seule raison que je n'ai jamais eu de confident et n'en aurai jamais, répondit-il nettement. Cessons donc, croyez-moi, ces inutiles escarmouches, qui n'auraient d'autre résultat que de nous aigrir l'un contre l'autre. Vous avez besoin de moi; peut-être, de mon côté, ai-je besoin de vous; débattons notre marché franchement et clairement, comme deux marchands qui traitent une affaire intéressante pour eux. Plus tard, nous verrons quelles conditions nous poserons à notre mutuel avantage.

— Soit, monsieur, reprit l'autre avec une joie trop expansive pour être réelle; voilà ce que j'appelle parler d'or. Je commence; je tiens à vous donner l'exemple de la franchise.

Le Loupeur sourit.

Il se leva, s'approcha de la table et choisit un cigare avec soin dans la boîte placée près de son énigmatique interlocuteur.

Il coupa avec un canif le bout du cigare, l'alluma, alla s'étendre sur le canapé dans la pose la plus confortable; et il dit, entre deux bouffées de fumée :

— Allez, maintenant, je suis tout à vous.

M. Romieux rougit de cette étrange désinvolture; cependant il ne protesta pas; seulement il se mordit les lèvres jusqu'au sang.

Puis il commença :

— Vous êtes, n'est-ce pas, un des principaux chefs de l'armée roulante ?

— Je me nomme le Loupeur, répondit-il négligemment.

— Ce qui veut dire ?

— Que je ne suis pas un des principaux chefs, mais

bien le chef suprême de tous ces bons garçons, quelle que soit leur apparente position sociale.

— Très bien, voilà qui est répondu carrément.

— Je vous l'ai promis.

— C'est juste ; à combien leur nombre s'élève-t-il ?

— A Paris, ou pour toute la France ?

— Non, à Paris seulement.

— Est-ce un chiffre exact que vous me demandez ?

— Oui, autant que possible.

— Ils sont environ quarante-cinq mille.

— Tant que cela ! s'écria M. Romieux avec une véritable surprise.

— Ils sont beaucoup plus nombreux en réalité, mais je n'entends parler ici que de ceux dont les antécédents connus ou soupçonnés mettent dans la nécessité de déclarer franchement la guerre à la société.

— Hum ! sur combien de ces hommes pouvez-vous compter ?

— C'est selon ; de quoi s'agit-il ?

— Je vous le dirai.

— J'ai besoin de le savoir d'abord, pour vous répondre positivement.

— Pourquoi cela ?

— Je m'explique, écoutez-moi bien.

Et retirant son cigare de sa bouche, il s'assit sur le canapé.

— Je ne perds pas un mot, dit M. Romieux.

— Il existe à Paris, dit le Loupeur, quarante-cinq mille individus au minimum, et cela dans toutes les classes de la société, depuis les plus hautes jusqu'aux plus abjectes, qui se réveillent le matin sans un sou vaillant, qui n'exercent aucune profession reconnue, qui ne veulent pas travailler, car ils ont le travail, même le plus doux et le plus facile, en exécration, et qui cependant prétendent vivre, et bien vivre, et se donner toutes les jouissances que procure la fortune, en prélevant au détriment d'autrui ce qui leur manque pour couler des jours semés de soie et d'or à foison, sans se donner aucune peine pour cela. Ces quarante-cinq mille individus sont des parasites, des fatalistes si vous le préférez, qui s'ingénient à trouver ce problème excentrique : jouir de la vie aux dépens de la masse qui travaille; et ils y réussissent. Sur chaque échelon de l'échelle sociale, les moyens varient, mais le but est toujours le même. Chaque soir, ces hommes, qui se sont réveillés sans un sou vaillant, se couchent repus, après s'être donné toutes les jouissances qui ne semblent permises qu'aux seuls millionnaires; et c'est ainsi, chaque jour, depuis le premier janvier jusqu'à la Saint-Silvestre. Remarquez que je ne parle pas ici de ces gredins honteux qui se croient naïvement honnêtes, et dont l'existence n'est qu'un long *carottage* organisé aux dépens de leurs amis ou même de leurs simples connaissances. Ceux-là pullulent ; ils sont une véritable plaie pour toutes les personnes auxquelles ils s'imposent par leur effronterie et leur impudence. Leur nombre s'élève à plus de cent mille : on les trouve partout; je ne parle donc pas d'eux, mais seulement des coquins avoués, ceux qui ont toute honte bue, qui n'hésitent pas sur les moyens et atteignent leur but *per fas et nefas*. Je ne parle pas non plus des femmes, et elles sont nombreuses, qui appartiennent aussi à l'armée roulante pour laquelle elles sont de précieux auxiliaires.

— Très bien ! je crois vous comprendre maintenant : ces quarante cinq-mille individus se composent de bohèmes de toutes sortes, de déclassés, de repris de justice, de grecs, etc.

— Il y a un peu de tout ; c'est le royaume d'Argot du moyen âge, modifié, amendé et corrigé d'après les impérieuses exigences du progrès moderne.

— Passons; tout cela est effrayant. Sur combien d'hommes croyez-vous pouvoir compter?

— Dans quelles conditions ? Il importe de bien s'entendre, afin d'éviter les malentendus : ainsi, pas de restrictions ni d'ambages, je vous prie. Répondez-moi franchement, sinon rien de fait.

— Vous êtes vif, mon maître !

— Nullement; je suis sérieux, voilà tout. Nous débattons une affaire grave, selon vous; je la traite comme elle doit être traitée. Voyons, voulez-vous que je vous aide ?

— Que voulez-vous dire ?

— Peut-être il y aura vol, effraction, enlèvement, assassinat et meurtre au besoin; enfin, le *grand jeu*, n'est-ce pas ? Vous voyez que je n'hésite pas à vous mettre les points sur les *i*, cher monsieur Romieux ?

Il y eut un court silence.

Ce cynisme de son interlocuteur si franchement étalé n'effrayait pas l'homme aux lunettes dans le sens que le lecteur pourrait le supposer.

Non, ce cher M. Romieux en avait vu bien d'autres; seulement, il avait une peur horrible, devant cette franchise brutale du Loupeur, que celui-ci le connût aussi bien qu'il s'en était vanté.

Aussi était-il très perplexe.

Cependant cela n'eut que la durée d'un éclair, et ce fut d'une voix presque ferme qu'il reprit après un instant :

— Eh bien, dit-il, parlant presque bas, comme s'il eût craint d'entendre ses propres paroles, supposez qu'il y a de tout cela, mon maître... et même... un peu plus ! ajouta-t-il d'une voix presque inarticulée; de combien d'hommes pourriez-vous disposer ?

— De cinq cents hommes, peut-être mille.

— Des hommes à tout faire ?

— Oui, des gaillards que rien n'arrêterait ou ferait seulement hésiter; mais il est de mon devoir de vous avertir avant tout, mon maître, que cela vous coûtera cher, très cher même.

— Je ne suis qu'un intermédiaire, dit-il entre haut et bas.

— Cela ne me regarde pas. Est-ce vous qui paierez ?

— Oui, vous n'aurez affaire qu'à moi seul.

— Très bien; mais qui veut la fin veut les moyens.

N'essayez pas de me tromper : il ne s'agit pas d'un crime banal, mais bien d'une vengeance.

— Comment le savez-vous? s'écria M. Romieux en faisant un brusque bond sur son fauteuil.

— Je ne le savais pas, je le supposais seulement ; mais à présent j'en suis sûr.

M. Romieux se mordit les lèvres jusqu'au sang et essaya de réparer tant bien que mal la faute qu'il avait commise.

— Vous vous trompez, dit-il ; il ne s'agit nullement d'une vengeance.

— Allons donc ! reprit le Loupeur en haussant les épaules et de l'air le plus dédaigneux, me prenez-vous pour un niais, mon maître? A-t-on besoin d'une armée pour tuer un homme, forcer une boutique de changeur, ou enlever une jeune fille ? Deux hommes résolus suffisent à pareille besogne. Mais tout cela m'est indifférent ; vos affaires ne me regardent pas, et je ne veux m'en occuper que dans les limites de notre marché ; quant au reste, grand bien vous fasse! Je n'en ai cure, je m'en lave les mains! Et encore, j'ai tort de parler ainsi ; il faut de la confiance entre nous : il est indispensable, pour que je puisse agir avec des chances de succès que vous me fassiez certaines confidences, sans lesquelles j'aurais les bras liés, et je serais réduit à l'impuissance. Souvenez-vous que l'on n'exécute bien une chose, quelle qu'elle soit, que si on la comprend bien, et si l'on peut en calculer d'avance, avec une presque certitude, les péripéties pour ou contre, même celles que le hasard peut faire surgir à l'improviste.

— Ce n'est malheureusement que trop vrai, murmura M. Romieux, vaincu par l'évidente logique de ce raisonnement.

— Il est bien entendu que, quoi que vous me révéliez, je ne confierai à mes hommes que ce qu'il sera strictement indispensable qu'ils sachent afin de ne pas commettre de sottises.

— Vous me le promettez?

— Foi de Loupeur! dit le rôdeur de barrières avec un sérieux ironique.

M. Romieux fit une atroce grimace; mais il était trop avancé maintenant pour reculer.

Il n'osa même pas relever ce que le serment du Loupeur avait d'étrange.

— Maintenant, reprit celui-ci en allumant un second cigare, nous disons cinq cents, n'est-ce pas?

— Va pour cinq cents, mais dans les conditions que je vous ai posées?

— Des diables incarnés! Je vous réponds d'eux, passons donc au chiffre.

— Quel chiffre?

— L'argent, donc, ne le savez-vous pas? Supposiez-vous par hasard, que je travaillerais pour l'amour de l'art? fit-il en riant.

— Ah! c'est juste, je n'y songeais pas. Mais je dois d'abord vous avertir que j'ai moi-même enrôlé un certain nombre d'hommes.

— Je le sais; voyons votre liste.

— Pourquoi faire?

— Combien sont-ils, d'abord?

— Quatre-vingts; ce sera autant à défalquer.

— Halte-là! cher monsieur, je ne réponds que des hommes que je connais bien, et que, pour des raisons à moi connues, je tiens sous ma main.

Le manchot retira de très mauvaise grâce une longue liste d'un tiroir de son bureau, et il la présenta au Loupeur avec une visible hésitation, dont celui-ci ne fit que rire.

Il la lui prit des mains, s'approcha de la lampe et lut les noms des bandits avec une sérieuse attention.

De temps en temps, il s'arrêtait en grommelant entre ses dents des mots que l'autre ne comprenait pas, et il marquait certains noms d'un coup d'ongle.

Enfin il rendit la liste à M. Romieux qui, pendant que le Loupeur lisait, ne l'avait pas quitté de l'œil une seconde, bien qu'il feignît une profonde indifférence.

— Eh bien ? lui demanda-t-il.

— Regardez les marques que j'ai faites ; vous saurez à quoi vous en tenir sur la valeur de vos enrôlés.

— Oui, en effet, dit-il en jetant les yeux sur la liste ; un, deux, trois, quatre ; en voici neuf de marqués ; vous les trouvez mauvais, sans doute ?

— Vous vous trompez, cher monsieur ; ceux que j'ai marqués sont les seuls bons.

— Neuf sur quatre-vingts ! s'écria-t-il avec surprise.

— C'est comme cela. Je vous avertis charitablement, dans votre seul intérêt, que les autres ne valent rien, et vous seraient plus nuisibles qu'utiles ; ce sont de pauvres hères, poltrons comme des lièvres, de simples filous incapables de rien faire de bon et d'énergique ; parmi eux, j'ai relevé quatre mouchards ; vous plaît-il de mettre la police dans votre confidence ?

— Dieu m'en garde ! s'écria-t-il avec épouvante ; heureusement, ajouta-t-il après un court silence, ils ne savent rien encore.

— Tant mieux pour vous si vous avez eu cette prudence : le service de sûreté est admirablement fait, je vous en avertis : ces drôles sont-ils ici ?

— Non, ils ignorent même ma demeure. Je n'ai pas voulu me découvrir à eux avant de les mieux connaître ; ils sont près d'ici, chez un marchand de vins, dans une cave très profonde, où les piqueurs de grandes maisons se réunissent presque tous les soirs pour étudier le cor français, la Dampierre.

— Très bien ; ainsi, ils ne vous connaissent pas de vue ?

— Non ; ils n'ont été mis en rapport qu'avec Caboulot ; c'est lui qui les a enrôlés, je ne sais même pas quel prétexte il leur a donné.

— Alors, rien n'est perdu encore. Faites remettre quelque argent à ces drôles, et débarrassez-vous-en le plus promptement possible.

— Cette nuit même, sans attendre ! s'écria-t-il avec empressement.

— Vous avez raison ; mieux vaut en finir tout de suite avec eux. Maintenant que cette affaire est terminée, revenons au chiffre, s'il vous plaît, cher monsieur.

— Hum ! que pensez-vous de cent mille francs? Vous voyez que je ne lésine pas ! ajouta-t-il d'un air satisfait.

Le Loupeur éclata d'un franc éclat de rire.

— Vous riez? Pourquoi riez-vous ? demanda-t-il tout déferré.

— Pardieu ! je ris parce que la plaisanterie me semble excellente.

— Cependant, cent mille francs ! reprit-il avec importance.

— Vous êtes fou? Ajoutez un million, et nous causerons.

— Un million ! s'écria-t-il avec stupeur, en levant les yeux au ciel.

— Tout autant, sinon rien de fait, reprit froidement le Loupeur. Songez donc à ceci : que ce n'est que par l'appât d'une grosse somme que vous pouvez avoir à votre entière dévotion ces hommes, pour lesquels l'argent est tout. Je ne puis pas promettre moins d'un billet de mille francs à chacun d'eux ; pour mille francs, certains d'entre eux mettraient le feu aux quatre coins de Paris, le diable en personne ne les ferait pas reculer ; de plus, nous ignorons pendant combien de temps se prolongera cette affaire ; il me faudra habiller, loger, nourrir tous ces drôles ; ils mangent comme des autruches et boivent comme des éponges ; ils seront ruineux pour moi. Calculez combien il me restera.

— Oui ; mais un million ! fit-il en joignant les mains d'un air désespéré.

— Pardon, mon cher monsieur, vous vous trompez encore cette fois ; ce n'est pas un million qu'il me faut, mais douze cent mille francs.

— Mais vous aviez dit un million ?

— Entendons-nous, s'il vous plaît, cher monsieur, je vous ai dit un million, c'est vrai...

— Vous voyez bien, vous en convenez vous-même!

— Parfaitement; mais ce million est pour mes hommes; il ne m'en restera rien : pensez-vous donc que deux cent mille francs pour ma part ce soit trop?

— C'est fait de moi, je suis ruiné! s'écria le manchot avec désespoir.

— Bah! vous m'avez dit, il n'y a qu'un instant, que vous n'étiez qu'un intermédiaire.

— C'est vrai, se hâta-t-il de balbutier; mais je défends les intérêts de...

— Qui vous voudrez, cela ne me regarde pas, interrompit brusquement le Loupeur; c'est à prendre ou à laisser. Il me faut quatre cent mille francs d'arrhes, dont cent mille francs tout de suite.

— Vous m'égorgez!

— Allons donc, cher monsieur, vous vous moquez de moi : c'est vous qui voulez vous venger et égorger vos ennemis au rabais. Ne confondons pas, s'il vous plaît. Les complices coûtent cher partout; à Paris, ils sont hors de prix, surtout quand on veut être bien servi. Vous imaginez-vous, par hasard, que nous tirerons les marrons du feu pour vous? Voyons, assez de simagrées comme cela, les cent mille francs à l'instant : je ne suis resté que trop longtemps ici, je veux partir; d'ailleurs, il se fait tard.

— Mais qui m'assure que cet argent reçu, vous ne me tromperez pas?

— Mon honneur de bandit, qui vaut bien le vôtre, monsieur l'honnête homme, répondit-il fièrement : allons, faites vite, je suis pressé.

Le manchot entr'ouvrit un des tiroirs de son bureau.

Il en tira en rechignant, et pour ainsi dire un par un, les billets de banque, et il les remit avec un soupir de regret au Loupeur, qui riait d'un air railleur, tout en examinant les billets avec le plus grand soin.

— Vous le voyez, je fais tout ce que vous voulez, dit le manchot d'une voix pleurarde.

— J'admire, cher monsieur, comment l'avarice et la

haine se disputent votre cœur; mais il paraît que la haine est la plus forte, ajouta-t-il, en serrant précieusement les billets dont il avait fait cinq liasses. Pour ce qui est des quatre cent mille francs que vous restez me devoir quant à présent, vous me les remettrez demain, à neuf heures du matin, aux Champs-Elysées, au rond-point, au coin de l'avenue Montaigne, en face de l'ambassade d'Italie; je serai à cheval, en uniforme de capitaine de chasseurs : soyez exact, à neuf heures cinq minutes je partirai, et les cent mille francs seraient perdus.

— Je serai exact ; nous prendrons rendez-vous pour nous entendre sur le plan à adopter pour notre affaire.

— C'est convenu ; comment sort-on d'ici ?

— Je vais avoir l'honneur de vous conduire moi-même.

— Mille grâces, cher monsieur Romieux.

Les deux hommes quittèrent alors le cabinet.

Ils traversèrent un corridor assez long et très étroit, sur lequel ouvraient plusieurs portes.

Après maints détours, ils arrivèrent enfin à la porte de la rue, que M. Romieux fut assez longtemps à ouvrir, à cause du luxe de serrures et de barres de fer dont elle était littéralement bardée de haut en bas.

— Diable ! dit le Loupeur, en riant avec ironie, il ne doit pas être facile de pénétrer chez vous ? C'est une véritable forteresse.

— Que voulez-vous ? monsieur, répondit le manchot avec une feinte bonhomie, dont Tartufe aurait été jaloux; il y a tant de coquins à Paris qu'on ne saurait prendre trop de précautions pour ne pas s'exposer à être dévalisé une belle nuit, quand on y pense le moins.

— Parfaitement raisonné, cher monsieur Romieux; mais un mot encore, je vous prie ? reprit-il en riant de plus belle.

— A vos ordres, monsieur.

— Je ne sais où je suis; j'ai voyagé pendant toute la soirée d'une si étrange façon, grâce à vous, que je suis complètement désorienté.

— Oh ! vous vous reconnaîtrez facilement, vous êtes à Passy, rue de la Pompe.

— Si loin ? c'est incroyable ! merci et bonsoir, cher monsieur.

Il sortit et fit quelques pas.

— A demain, monsieur de Montréal ! lui cria tout à coup M. Romieux avec un rire grinçant comme une scie.

Le Loupeur tressaillit à cette singulière interpellation ; mais, se remettant aussitôt, il se retourna, et saluant de la main, il cria à tue-tête :

— A neuf heures précises, monsieur Félitz Oyandi ! Je serai exact.

Il entendit un cri de rage et le bruit d'une porte violemment fermée.

— Bigre ! il paraît que j'ai rudement sanglé le pauvre homme ! dit-il ; tant pis pour lui ; pourquoi m'a-t-il ainsi jeté ce nom à la tête ? Il est vrai qu'il ne connaît pas le véritable, sans cela il m'en aurait salué. Allons, il n'est pas fort.

Et il s'éloigna en riant.

Il était tard ; un instant après avoir quitté la maison, il entendit sonner minuit.

Cette heure avancée n'effrayait pas le Loupeur.

Il était depuis longtemps habitué à faire de la nuit le jour, et à rôder à travers la ville endormie, en quête de quelque bonne aubaine problématique ; et, depuis longtemps, la peur lui était inconnue.

Mais, cette nuit-là, il avait plusieurs raisons fort graves pour être prudent.

D'abord, il avait cent mille francs sur lui, ce qui, en toutes circonstances, est un fort joli denier.

Ensuite, il n'avait pas d'armes, et il demeurait rue du Terrier-aux-Lapins, tout en haut de la chaussée du Maine.

Il lui fallait traverser le Champ-de-Mars dans toute sa longueur, puis prendre les anciens boulevards extérieurs, quartier assez isolé pendant le jour, et complètement désert pendant la nuit.

Le Loupeur entra chez un marchand de vins encore ouvert. Il se fit servir une bouteille de vin, un morceau de pain et du veau froid.

Tout en mangeant, il causa avec le marchand de vins, puis il solda sa dépense, sortit et, après avoir descendu la rampe de Passy, il s'engagea sur le Trocadéro.

Il avait aperçu, sur le comptoir du marchand de vins, un couteau à découper, à manche en corne de cerf, dont la lame assez longue était très large et fort pointue.

Il vola le couteau et le cacha sous son bourgeron.

S'il avait demandé à l'acheter, le marchand de vins aurait pu avoir des soupçons, et peut-être il lui aurait fait mauvais parti.

Le Loupeur préféra l'*effaroucher*, ainsi qu'il se le dit à lui-même, en riant tout seul de ce bon tour.

Maintenant il possédait une arme excellente, avec laquelle, en cas d'attaque, il pouvait se défendre.

Ne craignant plus rien pour son argent, il continua joyeusement son chemin, tout en réfléchissant à ce qui s'était passé entre Félitz Oyandi et lui, et combinant certains plans dans son cerveau pour tirer de l'affaire qu'il avait engagée avec le manchot, tout le parti dont elle était susceptible.

Le quai était désert.

Le Loupeur allait s'engager sur le pont d'Iéna, lorsqu'il lui sembla entendre, à une courte distance derrière lui, le grincement d'un caillou.

Le Loupeur avait l'ouïe fine comme un Peau-Rouge de l'Amérique, il comprit qu'il était suivi.

Il se tint sur ses gardes, sans se retourner et sans presser son pas, déjà rapide, afin de ne pas donner l'éveil à l'individu, quel qu'il fût, qui le poursuivait.

Arrivé à peu près à la moitié du pont, il entendit le bruit d'une course étouffée derrière lui.

Il saisit son couteau et se jeta brusquement de côté, campé sur sa jambe gauche, en allongeant sa jambe droite dans toute sa longueur.

Le temps était très froid, mais la lune brillait et éclairait presque comme en plein jour.

Le rôdeur, emporté par la rapidité de sa course, buta contre la jambe du Loupeur, et tomba tout de son long sur le sol durci du pont.

— Prends garde de t'épater, fiston! cria le Loupeur en goguenardant.

D'un bond il se rua sur l'homme renversé et lui appuya le genou sur la poitrine, en disant avec un rire railleur :

— Je crois que c'est toi qui va la danser et aller boire avec les poissons.

— Oh! la bonne blague! s'écria tout à coup le rôdeur en éclatant de rire ; comment, c'est toi, Loupeur? Ah! bien! vrai! je la trouve mauvaise, par exemple!

— Hein? dit le Loupeur en examinant son agresseur sous le nez, ce qu'il n'avait pas jusqu'à ce moment songé à faire. Comment, c'est toi, Fil-en-Quatre? s'écria-t-il avec surprise, tu voulais me suriner! Allons, relève-toi ; ramasse tes quilles. Nous allons causer un brin, mon homme.

Et il lui tendit la main pour le remettre sur ses pieds.

— Moi, suriner un vieux, un camaro! jamais de la vie! Ah! elle est bonne celle-là! Si j'avais su que c'était toi!... mais c'est égal, tu as rudement bien fait d'allonger ta guibolle, tout d'même ; sans ça, ça y était carrément!... Ah! tu vas me l'payer, vieux birbe! y a pas de soin! m'faire buter un ami, merci, n'vous gênez pas, pus qu'ça de genre ; sois calme, mon bonhomme, j'te r'pincerai au demi-cercle.

— Ah ça, as-tu bientôt fini tes histoires? Après qui en as-tu? Il fait un frisquet à ne pas conduire un roussin à l'abreuvoir, jouons la fille de l'air, et que ça ne traîne pas!

— C'est vrai ; t'as raison, vieux. Décarrons et plus vite que ça.

Là-dessus les deux hommes, comme si rien d'extraordinaire ne s'était passé entre eux, se remirent en marche en allongeant le pas.

Après quelques minutes, Fil-en-Quatre voyant que son compagnon s'obstinait à ne pas lui parler, et que ce silence commençait sans doute à fatiguer, jugea à propos de reprendre la parole par cette question :

— Où que tu vas, ma vieille ?

— Je rentre dans mon garni tout en haut de la Chaussée du Maine, près du marché de Montrouge, répondit nonchalamment le Loupeur.

— Comme ça s'trouve, s'écria joyeusement Fil-en-quatre ; moi, j'vas rue d'Vanves chez la Limace, la largue à Fafiot, ousque j'niche pour le quart d'heure ; nous f'rons route ensemble ?

— Comme tu voudras, reprit le Loupeur avec indifférence.

Cependant, tout en marchant, le chef de l'armée roulante réfléchissait.

Ses soupçons étaient éveillés.

Il ne supposa pas un instant que Fil-en-Quatre eût voulu l'assassiner.

Seulement il avait probablement servi d'instrument inconscient à une vengeance particulière ; cela était évident pour le Loupeur, mais quel était cet ennemi qui avait essayé de le faire tuer ?

Voilà ce qu'il voulait savoir.

Il fit donc doucement causer Fil-en-Quatre, qui ne demandait pas mieux et ne fit aucune difficulté pour lui raconter toute l'affaire.

Voici en quelques mots ce qui s'était passé.

Dès que le Loupeur avait été parti, Félitz Oyandi, épouvanté avec raison d'apprendre que son nom et probablement son histoire étaient connus du bandit, avait envoyé en toute hâte un domestique demander à Caboulot, dans le souterrain où il se tenait, un homme sûr et sans scrupule d'aucune sorte.

Caboulot avait Fil-en-Quatre sous la main ; il l'expédia.

Félitz Oyandi avait vu le Loupeur entrer chez un marchand de vins ; il dressa son plan en conséquence.

Il dit à Fil-en-Quatre en lui montrant d'un geste la boutique du marchand de vins :

— Un homme va sortir dans un instant de cette boutique ; c'est un misérable traître ; il s'est faufilé parmi nous pour nous vendre ; il appartient à la police, j'en ai la preuve en mains ; suivez-le, voici un couteau. Dès que vous serez dans un endroit désert, et il n'en manque pas dans ce quartier, vous lui ferez son affaire ; il faut qu'il meure ; vous nous aurez ainsi, en le tuant, rendu un service signalé : voici pour vous récompenser de la peine que vous allez prendre.

Et toujours fidèle à ses principes d'économie, ou plutôt d'avarice, il avait, en même temps que le couteau, glissé deux billets de cinquante francs dans la main que lui tendait Fil-en-Quatre.

Celui-ci avait empoché les billets sans même les regarder.

Fil-en-Quatre ne s'occupa pas un seul instant des secrets auxquels Félitz Oyandi faisait allusion, secrets qu'il ignorait et dont il ne se souciait guère ; il ne vit dans tout cela que les deux billets de banque qu'il avait reçus et qu'il supposait plus considérables.

D'ailleurs il avait bien des fois joué du couteau pour des sommes plus qu'insignifiantes.

Il sauta de joie, et partit bien résolu à tuer l'homme qu'on lui désignait.

Il s'était embusqué pour le laisser passer devant lui.

Dès que le Loupeur s'était mis en route, il s'était lancé à sa poursuite, et l'avait ainsi suivi à la piste jusqu'au pont d'Iéna.

On sait le reste.

— C'est égal ! s'écria-t il en terminant son récit, il peut joliment se fouiller, s'il croit que je lui rendrais son carme ; avec ça ! il s'en ferait mourir !

— Combien t'a-t-il donné ?

— Je ne sais pas. Attends voir.

Il sortit les billets de sa poche et les montra au Loupeur, en passant près d'un bec de gaz.

A la couleur, l'autre reconnut aussitôt leur valeur.

— Cent francs, dit-il avec dédain ; il n'y a pas gras.

— Comment ! ce n'est pas que cent francs ! s'écria Fil-en-Quatre, et c'est pour si peu qu'il voulait me faire tuer mon meilleur ami ? Eh bien, merci, en voilà un vieux rat !

— Le fait est que ce n'est pas grand'chose ; je vaux mieux que cela.

— Pardi ! fit l'autre avec conviction. Ah ! ça, tu le connais donc, ce vieux birbe ?

— Un peu, il a voulu me jouer un tour, et c'est moi qui l'ai mis dedans. Alors, il aura voulu se venger.

— Ce doit être ça. Vieux grigou, va ! tu me le paieras ! faut y rendre les fafiots garatés ?

— Allons donc ! tu planches, ma vieille ; tu lui diras, s'il t'interroge, que j'ai pris une voiture qui rentrait à vide ; voilà tout.

— Tiens, c'est une idée ! il n'y a pas de soin ; j'lui collerai ça dans l'tuyau de l'oreille ; il peut y compter, le vieux trompe-la-mort.

Tout en causant ainsi de choses et d'autres, vers deux heures du matin, les deux hommes arrivèrent devant la rue de Vanves.

Ils se séparèrent en échangeant une poignée de mains, et se donnant rendez-vous pour la soirée du lendemain, chez la Marlouze.

III

DANS LEQUEL REPARAISSENT PLUSIEURS DE NOS ANCIENS PERSONNAGES

Avant d'aller plus loin dans notre récit, nous résumerons en quelques pages les événements qui s'étaient passés pendant les six ans qui séparent le dernier chapitre de la II⁰ partie du I⁰ʳ chapitre de la III⁰ partie.

Grâce à la généreuse dotation faite par don Cristoval de Cardenas en faveur de madame Denizà d'Hérigoyen, nos deux ex-coureurs des bois qui, pendant leur long séjour de quatorze années dans les savanes américaines, avaient maintes et maintes fois vu passer, à portée de leur main, la fortune, sans tenter jamais le moindre effort pour essayer de la retenir, se trouvaient à l'improviste, sans même y avoir songé, et, qui plus est, sans s'en soucier beaucoup, possesseurs chacun d'une fortune de plusieurs millions. Julian d'Hérigoyen surtout, qui avait eu la plus considérable part dans cette fastueuse et splendide dotation.

Les deux hommes furent d'abord assez embarrassés de cette richesse qui leur tombait pour ainsi dire des nues ; mais le premier moment de surprise passé, ils en prirent bravement leur parti.

Si désintéressé que l'on soit, on s'accoutume vite à la fortune et au bien-être qu'elle procure.

A leur arrivée à Paris, Julian et ses compagnons étaient tous naturellement descendus dans l'appartement de la rue d'Assas, où Denizà fut accueillie avec des larmes et des transports de joie par le concierge et sa famille.

Ces braves gens ne savaient comment lui exprimer combien son retour les rendait heureux.

Quelques jours plus tard, Julian avait acheté, tout meublé, un hôtel situé boulevard de Courcelles, à l'angle de l'avenue de Wagram.

C'était une magnifique habitation entre cour et jardin, construite dans le style le plus pur de la Renaissance, avec un parc par derrière, vaste, ombreux et admirablement dessiné.

Rien n'avait été négligé ni oublié dans cette demeure, élevée par un prince russe fort riche, dont l'intention était de fixer définitivement son séjour à Paris. Mais, rappelé subitement par l'empereur Alexandre II à Saint-Pétersbourg, il avait vu à son grand regret toutes ses dépenses devenues inuiles et presque perdues; car il lui avait fallu vendre tout en bloc, et pour ainsi dire à l'improviste; les ordres qu'il avait reçus de son souverain étaient formels.

Le prince, n'osant désobéir, céda pour deux millions comptant ce qui lui en avait coûté plus de cinq.

M. d'Hérigoyen paya son achat séance tenante, et entra immédiatement en possession.

Sauf ses effets particuliers, le prince n'emporta rien; les voitures restèrent sous les remises, et les chevaux dans les écuries.

Tout ce que le luxe, la science et le confort ont réalisé de prodiges depuis quelques années, se trouvait réuni dans cet hôtel.

Le fameux hôtel de Pontalba, cité avec raison comme une merveille, pouvait à peine lui être comparé, surtout au point de vue artistique. C'était un véritable rêve des Mille et une Nuits, réalisé en pierre et en marbre.

Julian tenait avant tout à ne pas se séparer de son père.

Aussitôt installé dans sa nouvelle acquisition, il fit disposer toute l'aile gauche de l'hôtel pour servir d'habitation au docteur, aussitôt qu'il reviendrait du Mexique.

Julian se fit aider par Denizà, dans la disposition et l'arrangement des pièces des appartements destinés à son père, pour que le docteur retrouvât sous sa main, et à la place où il était accoutumé à les voir, toutes les choses et les objets qu'il affectionnait particulièrement : ses livres, ses instruments de chirurgie, ses nombreux tableaux de maîtres, ses souvenirs de toute sorte, enfin ces mille objets sur lesquels le regard est accoutumé à se reposer avec complaisance et dont la privation est si douloureusement ressentie.

Rien ne fut oublié pour que, en pénétrant pour la première fois dans son nouvel appartement, le docteur retrouvât tout à sa place accoutumée, et se crut encore dans cet appartement de la rue d'Assas qu'il avait si longtemps habité, dans lequel il avait tant souffert de l'absence de son fils, et où il avait en même temps été si heureux par les soins affectueux et la tendresse filiale de Denizà.

Julian et sa femme se faisaient une véritable joie d'enfants du plaisir qu'éprouverait leur père, et de la douce surprise qu'ils lui ménageaient.

Aussi attendaient-ils son retour avec une vive impatience.

Bref, quatre mois à peine après son arrivée, Julian avait hôtel à Paris, maison à la campagne, il était complétement installé.

Denizà, remplissant en ceci les intentions de son mari, qui avait tenu à lui laisser cette initiative, avait acheté en son nom particulier la maison de la rue d'Assas, fort bel immeuble rapportant, libre de tous frais, vingt-deux mille livres de rente.

Aussitôt la vente effectuée, le sieur Pierre Brulard, concierge de cette maison et père de la gentille Mariette, avait quitté sa loge, qui avait été donnée à un autre par ordre de Denizà, et avait été nommé régisseur de cette maison et des autres propriétés de M. d'Hérigoyen à Paris, avec six mille francs d'appointements et un appartement au second sur le derrière, dans la maison de la rue d'Assas, pour y habiter avec sa famille.

Cette nouvelle position était une véritable fortune pour ce brave et digne homme.

Jamais, dans ses rêves les plus ambitieux, il n'avait espéré réaliser un aussi brillant avenir.

Il faillit en devenir fou de joie.

Mariette avait remercié avec effusion sa charmante bienfaitrice de ce qu'elle faisait pour sa famille.

Mais Denizà lui avait fermé la bouche avec ses baisers et lui avait dit, avec son délicieux sourire :

— Ne me remercie pas, mignonne ; ton père est un honnête homme : il mérite ce que nous avons fait pour lui, mon mari et moi, nous avions une vieille dette de reconnaissance à acquitter envers lui. D'ailleurs, il n'était pas convenable qu'il restât plus longtemps concierge : tu sauras bientôt pourquoi, ajouta-t-elle d'un petit air mystérieux qui donna beaucoup à penser à Mariette.

La jeune fille avait rougi comme une cerise à cette réponse énigmatique, dont peut-être elle entrevoyait vaguement à demi le sens.

Elle avait baissé les yeux et n'avait pas insisté pour obtenir une explication.

En effet, il se passait quelque chose qui intéressait vivement la jeune fille, sans qu'elle en dît rien, quoi qu'elle y rêvât beaucoup.

Depuis son retour en France, notre ami Bernardo Zumeta était, au moral seulement, bien entendu, si prodigieusement changé qu'il n'était plus reconnaissable.

Lui jadis si gai, si insouciant, depuis son départ de Guaymas, il était devenu triste, morose, préoccupé, distrait ; il avait même perdu l'appétit : symptôme très grave chez lui et très inquiétant surtout dans une organisation comme la sienne, que rien ne pouvait émouvoir.

Aussi cela alarmait-il beaucoup ses amis.

A toutes les questions que Denizà ou Julian se hasardaient à lui adresser, il répondait tristement qu'il n'avait rien, ou bien il secouait mélancoliquement la tête, sortait brusquement de l'appartement et s'enfonçait dans le parc où il restait des heures entières à rêver, en errant de çi et de là à l'aventure, la tête basse et les bras croisés derrière le dos.

Julian aimait trop profondément Bernardo pour ne pas avoir pénétré le secret que son ami s'obstinait à cacher au fond de son cœur.

Il raconta tout à Denizà ; il fut alors convenu entre eux qu'ils prendraient toutes les mesures nécessaires pour guérir le plus tôt possible leur ami de son étrange maladie.

Bien que depuis plusieurs mois déjà à Paris, Bernardo que l'on ne nommait plus que M. Bernard, ne s'était en rien occupé de ses affaires.

Tout lui était indifférent.

Heureusement pour lui, et sans lui en rien dire, Julian veillait sur les intérêts qu'il négligeait si complètement.

Il avait pris sur lui de gérer la fortune de son ami, qu'il plaça solidement et mit à l'abri de tout revers possible.

Connaissant les goûts un peu sauvages de l'ancien coureur des bois, il lui avait acheté une maison dans un quartier excentrique, et avait acquis pour son compte une splendide maison de campagne à deux lieues à peine de la sienne.

Bernard ne se doutait de rien de tout cela.

Il vivait avec son rêve, complètement désintéressé de ce qui se passait autour de lui.

Un matin, après une longue conversation avec sa femme, Julian résolut d'en finir.

Sans hésiter davantage, il se mit à la recherche de son ami.

Celui-ci, selon son habitude depuis son changement d'humeur, se promenait mélancoliquement dans la partie la plus épaisse du parc.

En apercevant Julian, il s'arrêta d'un air embarrassé.

— Que fais-tu là ? lui demanda celui-ci.

— Tu le vois, répondit-il, je me promène.

Julian haussa les épaules.

Il savait comment il fallait parler à Bernardo.

— Jolie existence que tu mènes là ! reprit-il brusquement. Tu vis seul en égoïste, et sans plus t'occuper de tes amis que s'ils n'étaient pas de ce monde. Sans parler de Denizà et de moi, qui ne comprenons rien à cette manie ridicule que tu t'es fourrée dans la tête, cette pauvre Mariette se désespère ; elle pleure comme une enfant : elle s'imagine que tu l'as prise en grippe, que c'est ce qui te rend si peu sociable ; elle veut nous quitter.

— Mariette veut nous quitter ! s'écria-t-il avec une vive émotion.

— Dam ! malgré tout ce que nous lui avons dit, elle s'imagine que tu la détestes.

— Moi ! je la déteste ! mais, au contraire, je...

Et il s'arrêta subitement, tout honteux du mot qu'il allait prononcer.

— Quoi ? demanda Julian.

— Rien !... fit-il avec découragement ; puis il ajouta tout à coup : C'est elle au contraire qui me déteste, puisqu'elle veut partir.

— Tu es un niais, dit Julian en haussant les épaules ; elle ne te déteste pas, bien loin de là. Comment, enfant que tu es, tu ne comprends pas que la pauvre fille t'aime ? que c'est pour cela qu'elle veut partir, parce qu'elle croit que tu ne peux pas la souffrir ?

— Oh ! cela ne sera pas ! ce ne peut être ! s'écria-t-il avec agitation, Tu dis qu'elle m'aime ? Tu en es sûr ?

— Pardieu ! cela est assez visible. Excepté toi, tout le monde s'en est aperçu depuis longtemps. La pauvre enfant !...

— Mais alors, pourquoi ?...

— Ah ! ça, s'écria Julian, en lui coupant brusquement la parole, supposes-tu, par hasard, qu'elle te l'avouera ? Tu es étrangement fat, mon camarade.

— Oh ! je ne supposerai jamais une chose aussi monstrueuse ; mais, je l'aime, moi ! je l'adore ! Voilà pourquoi tu me vois triste à en mourir ; je ne puis vivre sans elle, et supposant qu'elle ne m'aimerait pas, je... voilà pourquoi...

— Tu t'embrouilles, tu ne sais plus ce que tu dis ; il faut en finir et lui avouer ton amour.

— Je n'oserai jamais ! fit-il d'un air piteux.

— A d'autres ! puisque je t'affirme qu'elle t'aime.

— Tu tu trompes, mon ami, je suis un sauvage à peine dégrossi ; Mariette ne m'aimera jamais autant que je l'adore ; j'en mourrai, mais jamais je te le jure, je n'oserai lui avouer mon amour.

— C'est inutile maintenant, mon cher Bernard, dit tout à coup Denizà en sortant subitement d'un massif derrière lequel jusqu'à ce moment elle s'était tenue cachée.

Mariette, toute rougissante et la tête baissée, se tenait près de la jeune femme, sa main dans la sienne.

— Mariette! s'écria Bernard d'une voix étouffée en apercevant la jeune fille et s'élançant vers elle; oh! ajouta-t-il, me pardonnerez-vous jamais!

— Votre amour? murmura doucement la jeune fille; pourquoi vous en voudrais-je de m'aimer, puisque j'en suis heureuse, oh! bien heureuse, ajouta-t-elle en fondant en larmes et cachant son charmant visage dans ses mains.

Julian offrit son bras à sa femme, et tous deux s'éloignèrent discrètement.

Les deux amoureux n'avaient plus besoin d'intermédiaire.

La glace était rompue.

Restés seuls, Bernard et Mariette se firent mutuellement leurs confidences; ils laissèrent parler leurs cœurs.

Tout en marchant à pas lents, côte à côte, doucement appuyés sur le bras l'un de l'autre, ils se racontèrent leur amour.

Au bout d'une heure, qui ne leur sembla durer que quelques minutes, ils se retrouvèrent au tournant d'une allée avec M. et Mme d'Hérigoyen.

— Oh! mes amis! s'écria Bernard avec passion, je suis le plus heureux des hommes; elle m'aime!

— Pardieu! tu as mis le temps à t'en apercevoir. Tu ne mérites pas le précieux cadeau que nous te faisons en te donnant une aussi charmante femme, lui dit Julian avec une feinte brusquerie.

— C'est vrai, répondit naïvement Bernard; mais je l'aimerai tant, je la rendrai si heureuse qu'elle me pardonnera mon bonheur.

Mariette riait et pleurait à la fois; et comme les paroles lui manquaient pour exprimer comme elle l'aurait désiré tout ce qu'elle éprouvait de joie et de reconnaissance, elle accablait Denizà de touchantes caresses.

Puis on parla mariage.

M. et Mme d'Hérigoyen se chargèrent de la demande au père de Mariette; de plus, ils voulurent faire tous les frais du mariage.

Julian rendit ensuite compte à son ami de la façon dont il avait placé sa fortune et des deux maisons de ville et de campagne qu'il avait achetées pour lui.

Bernard remercia chaleureusement son ami et approuva tout ce qu'il avait fait.

Mariette ignorait la grande fortune que possédait son fiancé.

Quand elle l'apprit, elle dit avec un délicieux sourire:

— J'en suis heureuse; j'ai vu de trop près la misère pour ne pas en avoir peur; mais j'ai aimé Bernard croyant qu'il n'avait rien : si demain il perdait sa fortune, je l'aimerais encore davantage, si cela m'était possible.

Quinze jours après, le mariage fut célébré à la mairie et à l'église.

Les invités étaient nombreux.

Le père de la mariée se tint fort bien dans son habit noir.

Il ne restait plus rien en lui de l'ancien concierge. Il était devenu régisseur de la tête aux pieds.

Les véritables Parisiens ont cela de particulier, qu'en général la fortune ne les surprend jamais, parce qu'ils l'attendent toujours. Aussi, lorsqu'elle frappe par hasard à leur porte, les trouve-t-elle prêts à la recevoir, sans paraître déplacés dans leur nouvelle position.

Les fêtes du mariage furent splendides.

Elles eurent lieu à l'hôtel d'Hérigoyen et eurent un grand retentissement.

Les journaux du *high-life* en rendirent compte.

Commencées à Paris, elles se continuèrent à la campagne, où elles ne prirent fin qu'au bout de dix jours.

Les nouveaux mariés passèrent leur lune de miel dans leur campagne, où ils séjournèrent pendant toute la belle saison.

Puis, vers la fin du mois d'octobre, ils rentrèrent à Paris et s'installèrent dans leur maison de la rue Bénard, à Plaisance, que Julian avait achetée pour eux.

Sur ces entrefaites, la *grande pensée du règne de Napoléon III* avait eu, enfin, comme cela était facile à prévoir dès le premier jour, l'issue piteuse que chacun sait.

Le docteur d'Hérigoyen était rentré en France avec les glorieux débris de notre armée décimée, non par l'ennemi, mais par l'horrible *vomito negro*.

Le docteur revenait chevalier du Bain, commandeur d'Isabelle la Catholique, grand officier de la Légion d'honneur et membre de l'Institut.

On avait voulu lui ouvrir les portes du Sénat, mais il refusa : il se souvenait du 2 Décembre 1851.

D'ailleurs il appartenait sincèrement à l'opinion républicaine, et plus il avait vu et expérimenté de près l'Empire, plus ses convictions s'étaient affermies.

Les enfants du docteur, Bernard et sa femme avaient été au-devant de lui jusqu'à Cherbourg, où il devait arriver d'un moment à l'autre.

Ils l'attendirent.

En mettant le pied à terre, les premières personnes que vit le docteur furent ses enfants.

La joie fut immense de part et d'autre, et la rencontre véritablement attendrissante. Le soir même on retourna à Paris.

Ce fut avec une douce émotion et un bonheur indicible que le docteur prit possession et s'installa dans l'appartement que ses enfants avaient pris tant de soin de préparer pour lui.

Une seule chose restait obscure dans l'esprit du docteur.

Il ne comprenait rien à ce luxe princier, à ces apparences fastueuses dont il était entouré.

Tout cela l'inquiétait.

Il cherchait vainement à deviner les causes d'un changement aussi complet.

Enfin, n'y tenant plus, il demanda nettement une explication, qui ne se fit pas attendre.

Une conversation de dix minutes avec son fils et la lettre de don Cristoval de Cardenas, que Denizà lui fit lire le mirent tout de suite au courant de ce qui s'était passé.

Le docteur approuva hautement la conduite sage et délicate de sa fille ; il félicita chaleureusement Bernard de sa nouvelle fortune, et surtout de son mariage avec Mariette, pour laquelle il éprouvait une affection véritablement paternelle.

Sur ces entrefaites, un très bel hôtel mitoyen de l'hôtel d'Hérigoyen fut mis en vente par suite du décès de son propriétaire.

Julian, sans en parler à personne, pas même à sa femme, se rendit acquéreur de cet hôtel.

Il y mit aussitôt un monde d'ouvriers et en changea toutes les dispositions intérieures, dont il ne paraissait pas satisfait.

Ces travaux terminés, il fit meubler cet hôtel avec un grand luxe, et surtout avec le plus grand confort.

Cela fait, il acheta dix chevaux carrossiers, six chevaux de selle magnifiques, plusieurs voitures de différentes formes, engagea des domestiques en grand nombre ; puis en dernier lieu, il fit percer une porte de communication dans le mur mitoyen des deux hôtels.

Cette dernière mesure excita au plus haut point la curiosité de madame d'Hérigoyen.

Tous ces mystères l'intriguaient fort ; plusieurs fois elle avait été sur le point d'interroger son mari ; mais chaque fois, elle avait aperçu sur ses lèvres un sourire d'une expression si singulière que toujours elle s'était arrêtée au moment d'ouvrir la bouche.

La jeune femme s'était alors tournée vers son beau-père.

Mais celui-ci, d'une seule phrase, avait coupé court à toutes les questions de sa fille.

— Chère enfant, lui avait-il répondu, je ne connais pas le premier mot de cette affaire et je ne m'en inquiète pas le moins du monde, convaincu que tout ce que fait Julian, il a d'excellentes raisons pour le faire.

La jolie curieuse, ainsi repoussée de tous les côtés, s'était mordu les lèvres et avait boudé.

Si parfaite que soit une femme, elle a ses côtés faibles, ses nerfs, que sais-je ?

Mais Julian avait feint de ne pas remarquer cette bouderie, ce qui avait rendu Denizà furieuse.

Un matin, après le déjeuner, il annonça à sa femme de l'air le plus indifférent qu'il attendait à dîner, le jour même, quelques amis qu'elle serait probablement heureuse de voir, et il la pria de donner ses ordres en conséquence.

Puis il embrassa sa femme, et sortit pour aller, dit-il, voir son ami Bernard et l'inviter, ainsi que sa femme, à venir le voir.

— Mon mari n'est plus le même, ajouta Denizà avec dépit dès qu'elle fut seule, il y a certainement quelque chose qu'il me cache.

En ce moment, elle entendit le roulement de la voiture qui s'éloignait.

— Où peut-il aller ainsi ? ajouta-t-elle. Je le saurai.

Elle devait l'apprendre le jour même.

La voiture s'arrêta aux Tuileries, devant la grille qui fait face à la rue Castiglione, derrière une autre voiture que Julian reconnut pour appartenir à Bernard.

Il descendit et pénétra dans le jardin.

Il aperçut presque aussitôt son ami, commodément installé à une table du café de la grande allée, et fumant une cigare, tout en buvant à petits coups un grand verre de café froid, mélangé d'eau glacée.

Julian lui serra la main et s'assit près de lui, en ordonnant au garçon de lui servir un soda-water.

— Eh bien ? demanda-t-il à son ami.

— Tout est terminé depuis ce matin, répondit Bernard. Rien ne manque. J'ai suivi tes plans à la lettre. C'est véritablement une maison sonorienne, à l'intérieur, bien entendu ; le jardin d'hiver est surtout magnifique. Mais cela, je t'en avertis, coûtera des sommes folles.

— Bah ! fit Julian en riant, c'est son affaire ; je n'ai fait que me conformer à ses intentions. Le principal est qu'il soit satisfait...

— Il le sera, je t'en réponds. Le diable m'emporte s'il ne se croira pas à sa chère Florida !

— Tant mieux si cela est ainsi. Se trouvant bien, il restera plus longtemps avec nous.

— C'est pardieu vrai ! je n'y avais pas songé. Veux-tu visiter l'hôtel avant son arrivée ?

— Certes. Mais nous avons du temps devant nous; ils n'arrivent qu'à quatre heures. Ils ont commandé un train particulier. Ils ont je ne sais combien de wagons de bagages ; ils amènent avec eux jusqu'à des mustangs des prairies.

— Bonnes bêtes ; cela me fera plaisir de les revoir.

— De qui parles-tu ? dit Julian en riant ; des gens ou chevaux ?

— Je parle des mustangs, caraï ! Tu sais combien j'aimais le mien, mon pauvre Negro ! Et toi, où en es-tu ?

— J'ai complètement terminé aussi ; mais il est temps que tout cela finisse. Ma femme est furieuse contre moi ; tous ces mystères lui agacent les nerfs au plus haut degré. Tout à l'heure, quand je l'ai quittée, elle avait presque les larmes aux yeux. J'ai été sur le point de tout lui avouer tant j'étais peiné.

— Pauvre chère Denizà ! elle doit en effet être bien malheureuse. Elle n'est pas accoutumée à toutes ces cachotteries ; aussi je me suis bien gardé d'aller la voir ; si elle m'avait interrogé de sa douce voix, je crois que je n'aurais pas eu le courage de me taire, et que je lui aurais tout dit malgré la promesse que je t'ai faite.

— Je te reconnais bien là, poltron ! dit gaiement Julian en vidant son verre et le reposant sur la table ; tu sais que nous comptons sur ta femme ce soir ?

— Je le lui ai dit, elle arrivera à six heures et demie ; c'est bien l'heure n'est-ce pas ?

— Oui, elle ne sait rien ?

— Pas un mot; d'ailleurs, avec elle, il est facile de ne rien dire ; elle n'interroge jamais ; elle sait que lorsque je sors c'est presque toujours pour aller te voir, cela lui suffit.

— A la bonne heure ! cette gentille Mariette est un véritable bijou.

— Tu as raison ; aussi, ma foi, je me laisse égoïstement dorloter par elle ; je l'aime, sur ma foi, tous les jours davantage. Moque-toi de moi, si tu veux, cela m'est égal.

— Je m'en garderai bien, cher ami, d'autant plus que je suis absolument dans la même situation que toi. A propos, et Tahera, qu'en fais-tu ?

— Il s'est construit une *enramada* dans mon jardin ; il s'y est installé, et n'en sort presque plus ; il se trouve très heureux ; d'ailleurs, je le laisse vivre à sa guise, et il fait à peu près ce qu'il veut.

— Tu as, ma foi, bien raison ! Partons. Envoie ta voiture à la gare de l'Ouest, où elle attendra l'arrivée de notre monde, et monte avec moi dans la mienne.

— C'est entendu.

Bernard appela le garçon, solda la dépense, et les deux amis, le cigare à la bouche, quittèrent le jardin des Tuileries ; ils montèrent en voiture, après avoir donné l'ordre au cocher de Bernard de se rendre à la gare de l'Ouest et d'attendre, ainsi que cela avait été convenu.

Le coupé de Julian d'Hérigoyen gagna la place de la Concorde, s'engagea dans les Champs-Élysées, tourna dans la rue de Berri, prit le faubourg du Roule, et enfin, après quelques détours, la voiture enfila le boulevard de Courcelles et s'arrêta devant un magnifique hôtel, d'aspect grandiose, situé à l'angle opposé du boulevard, à cinquante ou soixante mètres tout au plus de l'hôtel d'Hérigoyen.

Aussitôt que les deux hommes eurent mis pied à terre, le coupé partit au grand trot, et alla attendre au tournant du boulevard.

Julian et Bernard pénétrèrent dans l'hôtel par le guichet.

Ils étaient attendus ; la livrée était groupée dans la cour d'honneur.

Il n'y avait encore, en fait de domestiques, que le concierge, un chef de cuisine ayant longtemps habité le Mexique, six valets de pied, six cochers, des palefreniers et quelques marmitons.

Les autres domestiques devaient arriver avec les maîtres.

Tous ces gens parlaient couramment l'espagnol.

La connaissance approfondie de cette langue avait été une des principales conditions de leur engagement.

La plupart d'entre eux étaient Basques et personnellement connus de Bernard.

Cette espèce de revue terminée, les deux hommes commencèrent la visite de l'hôtel.

Tout était dans le meilleur ordre et absolument comme Bernard l'avait annoncé à son ami.

Les chevaux attendaient dans les écuries et les voitures sous les remises.

Les appartements, très vastes, bien éclairés et admirablement disposés, étaient meublés avec le plus grand luxe; et ainsi que Julian l'avait recommandé, les appartements ressemblaient par leurs dispositions et les meubles dont ils étaient garnis à l'hacienda de la Florida.

L'imitation avait été poussée jusqu'à un point inouï, c'était vraiment à s'y méprendre.

Mais ce qui arracha à Julian un véritable cri d'admiration, ce fut la vue d'un immense jardin d'hiver, de plain-pied avec tout le rez-de-chaussée de l'hôtel, délicieusement dessiné et rempli à profusion de toutes les magnifiques plantes de la riche flore tropicale.

Ce jardin d'hiver avait une étendue de douze cents mètres. Il paraissait en avoir le double, tant les allées venaient, allaient, s'enchevêtraient les unes dans les autres et revenaient sur elles-mêmes.

L'ensemble était ravissant, les détails admirables.

C'était véritablement une merveille.

Ce jardin avait dû coûter des sommes folles, ainsi que disait Bernard; douze jardiniers étaient spécialement chargés de l'entretien de ce rêve féerique des *Mille et une Nuits*.

Le parc, très vaste et fourni d'arbres de hautes futaies, enserrait de tous les côtés, sauf de celui de l'hôtel, ce jardin d'hiver et lui formaient un cadre splendide.

Il avait fallu le travail incessant de cent cinquante ouvriers pendant quinze longs mois consécutifs, pour amener ce jardin merveilleux à la perfection qu'il avait enfin atteinte.

La visite terminée, et elle se prolongea pendant plus de deux heures, Bernard donna l'ordre au premier cocher de l'hôtel de faire atteler un landau de maître, un fourgon de campagne, et de donner l'ordre aux palefreniers de se rendre, sous la surveillance du deuxième cocher, à la gare de l'Ouest pour en ramener des chevaux.

Voitures et gens devaient être arrivés à la gare dix minutes avant quatre heures.

La voiture de maître devait stationner devant la grande entrée; les nombreux bagages seraient transportés à l'hôtel par les fourgons du chemin de fer; il n'y avait donc pas à s'en occuper.

Il était un peu plus de trois heures.

Les deux amis quittèrent l'hôtel, regagnèrent leur voiture, et se firent conduire au chemin de fer de l'Ouest, à la gare, du côté de la rue d'Amsterdam.

On était en 1867, un mois ou deux au plus avant l'ouverture de l'Exposition universelle.

Les étrangers affluaient à Paris de tous les coins du globe, même les plus éloignés et les plus inconnus, à la grande joie des badauds qui, du matin jusqu'au soir, et parfois la nuit, assiégeaient les gares de chemins de fer, afin d'admirer les toilettes et les costumes variés et souvent très excentriques de ces étrangers.

Le train dans lequel se trouvaient les voyageurs attendus par Julian n'était pas un train réglementaire, il avait été spécialement formé pour eux.

Grâce à cette circonstance, toute fortuite, il n'y avait que très peu de curieux à la gare, les obstinés seulement;

ceux qui, ainsi que l'a si bien dit Victor Hugo, restent en contemplation devant un mur derrière lequel il pourrait se passer quelque chose.

Cependant un rassemblement s'était formé rue d'Amsterdam devant la grille d'arrivée de la ligne de Normandie, pour admirer quatre voitures de maîtres attelées de grands carrossiers de haut prix, venues l'une après l'autre s'arrêter au pied du quai de débarquement, et d'un fourgon d'allures plus modestes, mais attelé lui aussi de chevaux magnifiques, et dans lequel plusieurs palefreniers étaient assis, causant entre eux dans une langue étrangère.

Sauf une, les quatre voitures étaient vides.

Les valets de pied, en riche livrée, ouvrirent les portières de toutes les voitures du côté du quai, et ils attendirent.

Quatre heures sonnèrent, le sifflet de la locomotive se fit entendre.

Le train entrait en gare.

Julian et Bernard avaient pénétré dans l'intérieur de la gare; ils avaient causé pendant quelques instants avec le chef de gare, pour lui faire certaines recommandations urgentes; puis, après s'être entendus avec lui, ils s'étaient hâtés de se rendre sur le quai.

Sept personnes descendirent d'un wagon-salon. Deux autres wagons contenaient les domestiques.

Ces sept personnes, bien connues du lecteur, étaient la famille Cardenas d'abord, don Cristoval, dona Luisa, dona Mercédès et don Pancho de Cardenas ; puis madame la comtesse de Valenfleurs, le comte Armand et Vanda, plus ravissante que jamais.

Nous n'appuyerons que très légèrement sur la réception faite par les deux amis aux voyageurs.

Certaines choses sont presque impossibles à décrire, quand il s'agit de sentiments véritables; nous nous bornerons à constater qu'elle fut telle que tous ces amis qui se revoyaient après une longue séparation l'espéraient :

affectueuse, et des plus cordialement sympathiques de part et d'autre.

Mais le plus joyeux de tous était Dardar, le beau chien du mont Saint-Bernard appartenant au jeune comte; il courait, aboyait, sautait et caressait tout le monde.

Ce fut à grand'peine que Charbonneau, le brave et dévoué chasseur canadien, dont la comtesse de Valenfleurs n'avait pas voulu se séparer, réussit à le calmer et à lui passer une laisse, afin qu'il ne se perdit pas dans la foule qui encombrait le quai de débarquement.

Lorsque les voyageurs parurent, les valets de pied mirent le chapeau à la main, et ils se placèrent aux portières pour recevoir les ordres.

Julian conduisit don Cristoval et sa famille à leur voiture, et Bernard accompagna madame la comtesse de Valenfleurs à la sienne.

Don Cristoval examina l'attelage en amateur, puis la voiture, puis enfin les gens; il parut satisfait.

Cependant, un léger nuage assombrissait son visage.

— Voici des serviteurs qui font honneur à leur maître, dit-il; mais nous aurons malheureusement bien de la peine à nous entendre.

— Bon! pourquoi cela? répondit gaiement Julian.

— *Baya pues*, répliqua le Sonorien, tout simplement parce qu'ils parlent le français, et que moi, je ne parle que l'espagnol.

— N'ayez pas de soucis pour cela, cher seigneur, tous vos gens, depuis le premier jusqu'au dernier, parlent l'espagnol; je les ai fait venir tout exprès de mon pays, situé sur la frontière même de l'Espagne; soyez donc sans inquiétude à cet égard.

Le visage de l'haciendero s'éclaira subitement.

— Merci, dit-il, en serrant la main de Julian.

Ce mot fut prononcé avec un tel accent de reconnaissance, que Julian se trouva amplement payé de toutes ses peines.

— A six heures et demie sans faute, n'est-ce pas? dit-il.

— Comptez sur mon exactitude, répondit don Cristoval de Cardenas avec un sourire de bonne humeur, en montant dans sa voiture.

Le cocher toucha, et la voiture partit au grand trot.

Julian s'approcha alors du landau de la comtesse de Valenfleurs, dont la portière était restée ouverte, et, saluant la comtesse, il lui dit à voix basse :

— A cinq heures et demie, comme vous savez.

— C'est convenu, mon ami, répondit-elle en souriant.

Le valet de pied ferma la portière et la voiture s'éloigna rapidement.

Les nombreux domestiques de don Cristoval de Cardenas montèrent dans le fourgon de campagne, où ils s'installèrent du mieux qu'ils purent, en jetant des regards effarés autour d'eux.

Tous ces hommes étaient des Sonoriens à demi sauvages, nés sur les domaines de don Cristoval de Cardenas, et, en toute leur vie, ils n'avaient vu d'autres villes que Urèz, Hermosillo et Guaymas, où ils s'étaient embarqués.

Depuis leur débarquement au Hâvre, ils étaient en proie à une admiration qui touchait presque à l'hébètement ; le chemin de fer surtout, dont ils ne se rendaient pas un compte bien net, bouleversait toutes leurs idées.

Trois remises à quatre places emportèrent les domestiques de la comtesse de Valenfleurs.

Mais il fallut une voiture spéciale pour emmener Dardar et son gardien Charbonneau.

Julian et Bernard, laissant les palefreniers de l'haciendero attendre que les mustangs, au nombre de douze, tous d'une rare beauté, fussent débarqués, regagnèrent leurs voitures, quittèrent enfin la gare, se séparèrent pour se rendre chacun chez soi.

A cinq heures, Julian d'Hérigoyen était de retour à son hôtel.

Après avoir changé de toilette, Julian se rendit dans l'appartement de sa femme.

Madame d'Hérigoyen venait de descendre au jardin.

Julian se hâta de l'y aller rejoindre.

Après l'avoir embrassée, il lui fit compliment sur sa toilette, délicieuse de goût, de simplicité et de fraîcheur, et il lui offrit galamment le bras pour continuer sa promenade, ce que Denizà accepta en souriant.

Ils firent ainsi plusieurs tours de jardin, en causant de choses indifférentes.

Denizà, sans en avoir l'air, dirigeait sa promenade de façon à se rapprocher peu à peu de la porte qui l'intriguait si fort.

Julian riait sous cape de l'innocent manège de sa femme, et il la laissait faire sans paraître s'en apercevoir.

Tout à coup, la jeune femme s'arrêta :

— Ah ! s'écria-t-elle, avec une feinte surprise.

— Quoi donc ? demanda Julian.

— Une porte !

— Ma foi, oui ! dit Julian avec bonhomie.

— Qu'est-ce que cela signifie ?

— Dame, répondit Julian en riant, à mon avis, une porte signifie toujours un passage, une communication pour relier un endroit à un autre, répondit-il d'un air naïf.

— Tu te moques de moi ! dit-elle en frappant du pied.

— Curieuse ! reprit-il en l'embrassant.

— Je veux savoir ce que signifie cette porte ! reprit-elle avec une moue charmante.

— Dame ! je te l'ai expliqué, il me semble ! une porte...

— Ce n'est pas cela ! s'écria-t-elle en lui coupant nettement la parole, car elle se fâchait ; cette porte cache un mystère ; c'est ce mystère que je veux connaître.

— Je vais vous le révéler, moi, madame, répondit une voix au timbre à la fois doux et harmonieux.

Denizà, toute saisie, regarda son mari ; celui-ci lui souriait.

Au même instant, la mystérieuse porte s'ouvrit et une dame parut.

— Madame la comtesse de Valenfleurs ! s'écria Denizà, au comble de la joie, en bondissant comme une jeune chevrette et se jetant dans les bras de la comtesse. Oh ! quelle délicieuse surprise; et se tournant en souriant vers son mari, qui la regardait avec amour : Méchant, qui m'as tant tourmentée, ajouta-t-elle, je te pardonne, car je suis bien heureuse, et c'est à toi que je le dois !

Derrière la comtesse venaient ses deux enfants.

Les embrassades recommencèrent.

Puis, la première émotion un peu calmée, ce fut le tour des confidences.

Elles furent longues, si longues même, que Julian fut obligé d'avertir plusieurs fois sa femme qu'il était temps de rentrer dans les appartements pour recevoir les autres convives attendus.

— A propos, je vous demande à dîner, dit la comtesse en riant. Je ne suis à Paris que depuis une heure à peine, et je n'ai rien chez moi.

— Votre couvert est mis, chère Léona, nous vous nourrirons vous et vos chers enfants. Mon mari m'avait prévenue ce matin qu'il attendait aujourd'hui plusieurs personnes à dîner. Quel dommage ! ajouta-t-elle, que nous ne puissions point passer cette première soirée en famille, nous avons tant de choses à nous dire, après une si longue séparation ! Ces indifférents qui vont s'asseoir à table près de nous gâteront toute ma joie, mais mon mari n'en fait jamais d'autres.

Et elle le menaça gentiment du doigt.

— C'est terrible, répondit la comtesse en souriant; mais il nous faut en prendre notre parti. D'ailleurs, maintenant que nous habitons pour ainsi dire ensemble, les occasions de nous voir ne nous manqueront pas.

— C'est égal, je suis furieuse !

Julian ne disait rien, mais il souriait de plus belle.

Il offrit son bras à madame de Valenfleurs, et l'on rentra.

A peine était-on assis depuis dix minutes, que le roulement rapide d'une voiture se fit entendre.

Presque aussitôt un valet de pied souleva la portière et annonça d'une voix vibrante :

— Le señor don Cristoval de Cardenas, la señora doña Luisa de Cardenas, doña Mercédès et don Pancho de Cardenas !

— Oh! s'écria Denizà, en portant la main à son cœur et se levant toute pâlissante, c'est trop ! c'est trop de joie à la fois !

Madame la comtesse de Valenfleurs et Julian s'élancèrent avec inquiétude vers la jeune femme, mais elle les repoussa doucement.

— C'est passé, dit-elle avec un charmant sourire ; oh ! la joie trop vive fait presque autant de mal que la douleur. Soyez le bienvenu, señor don Cristoval, et vous aussi, chère doña Luisa, ainsi que vos chers enfants.

Alors ce fut un flot montant de caresses et de compliments qui menaçait de ne jamais tarir.

Mais heureusement le docteur d'Hérigoyen, Bernard et sa femme entrèrent presque en même temps dans le salon et vinrent faire ainsi diversion.

Puis on annonça le dîner et on passa dans la salle à manger.

Lorsque les premiers services eurent enfin disparu, la conversation, un peu languissante jusqu'à ce moment, devint alors générale.

— Laissez-moi vous dire avant tout, s'écria l'haciendero, que nous sommes dans l'admiration. Don Julian, vous et votre ami don Bernardo, vous m'avez ménagé la plus agréable surprise. Ma foi, nous sommes en famille ici, pourquoi ne l'avouerai-je pas? Ma femme et moi nous avons été touchés jusqu'aux larmes en pénétrant dans notre hôtel ; nous avons cru rentrer à la Florida après une longue excursion dans la savane. C'est véritablement miraculeux ! Tout y est, jusqu'à la salle à manger. Je me suis senti tout de suite à mon aise ; dès le premier moment, j'étais chez moi ! Que de soins et de mémoire il vous a fallu, cher ami, pour reconstituer tout cela tel que vous l'avez vu là-bas, dans l'Arizona !

— La mémoire du cœur suffit pour cela, répondit Julian avec émotion ; on fait ce que l'on peut pour prouver à ses amis que l'on n'oublie rien, ajouta-t-il avec intention.

L'haciendero sourit et se hâta de changer de conversation.

Il redoutait surtout des allusions, si voilées qu'elles fussent, de la part des amis qu'il aimait tant et qui lui devaient leur bonheur.

Vers la fin du dîner, don Cristoval dit tout à coup :

— A propos, vous vous souvenez sans doute du Mayor?

— Certes, répondit Julian.

— Nous avons de bonnes raisons pour cela, ajouta Bernard.

— Serait-il ressuscité? demanda le docteur en riant.

— Précisément, reprit don Cristoval. Tout le monde le croyait mort ; eh bien, pas du tout : cette fois encore il avait échappé, par la protection du Diable sans doute.

— Cela est évident, dit Bernard en riant ; ils ont fait un pacte ensemble. Mais le Diable sera volé, le Mayor est plus fin que lui.

— Pendant près d'un an on n'entendit pas parler de lui, puis tout à coup il reprit ses brigandages ; il a disparu de nouveau depuis six mois, cette fois définitivement, assure-t-on. Il paraît, du moins tel est le bruit qui court, il paraît, dis-je, qu'il est très riche ; par exemple, j'ignore quel est le malheureux qui a fait les frais de cette fortune mal acquise ; quant à ce hideux coquin de Félitz Oyandi, que vous avez arrêté vous-même à la Florida, le jour de votre mariage, vous en souvenez-vous?

— Parfaitement, dit Julian.

— Quant à celui-là il doit être mort, ajouta Bernard.

— Pas le moins du monde, il est très vivant, au contraire, il a, on ne sait comment, réussi à s'échapper la veille même du jour où il devait être fusillé. On ne sait pas ce qu'il est devenu ; où diable peuvent être passés ces deux affreux bandits?

— Félitz Oyandi aura été rejoindre le Mayor; ces deux gaillards-là sont faits l'un pour l'autre, dit Bernard en riant.

— Dans tous les cas, dit Julian, je ne leur conseille pas de venir à Paris, car s'ils osaient s'y risquer, ce serait leur dernière étape.

— Je ne serai véritablement heureuse, murmura Denizà à demi-voix, que lorsque je serai certaine que ces deux hommes sont enfin réduits à l'impossibilité de nuire.

— Tu n'a plus rien à redouter ni de l'un ni de l'autre, ma chérie, lui dit tendrement Julian.

Nous n'insisterons pas davantage sur les événements de cette histoire rétrospective qui ne saurait être qu'un résumé très succinct.

Les trois années qui suivirent se passèrent sans incidents dignes d'être rapportés.

Nos personnages étaient heureux et jouissaient paisiblement de ce bonheur si chèrement acheté.

On n'avait plus entendu parler des deux féroces bandits.

Cette fois tout faisait supposer qu'ils ne reparaîtraient plus.

Le docteur d'Hérigoyen et don Cristoval de Cardenas les croyaient morts.

Seuls, Julian et Bernard, plus avisés ou plus soupçonneux, se tenaient sur leurs gardes.

L'haciendero avait fait un court voyage au Mexique; mais il s'était hâté de revenir à Paris qu'il affectionnait chaque jour davantage.

Nous ajouterons qu'au moment où recommence notre récit, c'est-à-dire au commencement de l'année funeste 1870, Vanda avait près de seize ans et Armand de Valenfleurs vingt et un.

Tous deux avaient tenu ce qu'ils promettaient.

Ils étaient admirablement beaux, et ils commençaient à s'apercevoir, chacun à part soi, et sans peut-être oser se l'avouer à eux-mêmes, qu'il était fort heureux pour eux de ne pas être frère et sœur.

IV

COMMENT ARMAND DE VALENFLEURS ET VANDA S'EXPLIQUÈRENT ET CE QUI S'ENSUIVIT

Cependant, on était arrivé aux premiers jours de mai, un soleil splendide faisait étinceler les feuilles nouvelles emperlées de rosée.

Un jeudi, vers huit heures du matin, le comte Armand de Valenfleurs et Vanda, sa sœur adoptive, qu'il avait si miraculeusement sauvée dans les savanes sonoriennes, tous deux éclatants de jeunesse et de beauté, montés sur de magnifiques barbes, et suivis à distance par deux domestiques de confiance, également montés, parcouraient au galop de chasse les allées du bois de Boulogne, presque désertes à cette heure matinale, surtout en cette saison encore très peu avancée.

Il galopaient côte à côte, les traits animés par leur course rapide.

Tous deux semblaient songeurs.

Depuis près d'une demi-heure déjà, pas un mot n'avait été échangé entre eux.

Parfois, la jeune fille, à travers le velours de ses longs cils, jetait, en penchant légèrement sa charmante tête, un regard furtif sur son compagnon, de plus en plus préoccupé ; puis elle détournait la tête avec un secret dépit.

Enfin, à bout de patience et n'y pouvant tenir davantage, la jeune fille arrêta brusquement son cheval, qu'elle maniait avec une grâce consommée, et d'une voix légèrement émue :

— Mon frère, dit-elle, retournons-nous ou continuons-nous notre promenade ?

Au son de cette voix mélodieuse frappant son oreille à l'improviste, Armand tressaillit, releva la tête, et, esquissant un sourire :

— Comme il vous plaira, chère Vanda ! répondit-il.

Vanda fit un vif mouvement d'impatience.

— Je ne sais vraiment à quoi vous pensez, mon frère ? reprit-elle.

— A vous toujours, Vanda.

— La phrase est galante ; je vous en remercie, mon frère, répondit-elle avec un sourire légèrement ironique, mais je vous avoue que je n'en crois pas un mot. D'ailleurs, ajouta-t-elle avec intention, est-ce qu'un frère pense ainsi toujours à sa sœur.

— Vous n'êtes pas ma sœur, chère Vanda, répondit-il doucement, et j'en remercie le Ciel.

La jeune fille, peut-être pour cacher la rougeur qui avait subitement empourpré son charmant visage, fit sentir la cravache à son cheval, et repartit au galop.

Armand la suivit.

— Il faut avouer, reprit-elle après un instant, que vous n'êtes pas aimable ce matin, Armand ?

— Moi ? s'écria-t-il avec surprise, vous aurais-je blessée sans le vouloir ?

— Blessée ! non, mon frère, mais douloureusement froissée, reprit-elle avec une légère moue qui la rendait plus ravissante encore.

— Et comment cela ? mon Dieu ! s'écria-t-il de plus en plus étonné.

— En me rappelant que je ne suis pas votre sœur, Armand, mais seulement une pauvre fille abandonnée et recueillie par pitié par votre chère et excellente mère.

— Vanda ! cruelle enfant ! s'écria-t-il avec douleur, pouvez-vous donner un sens aussi affreux à mes paroles ?

— Vous vous méprenez, mon ami ; je sais tout ce que je vous dois, à vous, mon sauveur. Jamais je n'essaierai d'expliquer vos paroles ; au contraire, je conserverai toujours, soyez-en bien convaincu, une profonde reconnaissance pour les bienfaits dont vous m'avez comblée.

— De la reconnaissance ? Toujours ce mot ! murmura-t-il tristement.

— Que dites-vous ? demanda-t-elle curieusement.

— Rien, chère Vanda, rien du moins qui vous intéresse.

— Tout ce qui vous touche m'intéresse, Armand, répondit-elle avec sentiment.

— Bien vrai ? fit-il en essayant de sourire.

— En doutez-vous ? reprit-elle d'une voix mutine.

— Que sais-je ? murmura-t-il en retombant dans sa tristesse.

— Vraiment, je renonce à vous comprendre, fit-elle avec dépit.

— Eh ! suis-je bien sûr de me comprendre moi-même ? reprit-il en hochant la tête.

— Qu'avez-vous, mon frère ? Vous m'inquiétez sérieusement. D'où provient cette tristesse, qui depuis quelque temps s'est emparée de vous ? Seriez-vous indisposé, souffririez-vous ?

— Je n'ai rien, je vous assure ; je suis comme tous les jours.

— Oui, depuis quelque temps, reprit-elle avec mélancolie : autrefois, il y a quelques mois à peine, nous nous disions tout ; nous n'avions pas de secrets l'un pour l'autre.

— C'est vrai, chère Vanda, fit-il avec un soupir étouffé ; mais nous étions des enfants alors.

— Que sommes-nous donc à présent ? répliqua-t-elle avec un doux sourire.

— Vous êtes une adorable jeune fille, que tout le monde admire, chère Vanda.

— Allons ! dit-elle gaiement, tout n'est pas perdu encore, vous redevenez galant ; merci, Armand ; mais vous, qu'êtes-vous à présent ?

— Moi, Vanda, je sens que je suis un homme, car je commence à souffrir.

— Oh ! pourquoi ne me le disiez-vous pas ? J'aurais essayé de vous consoler, mon frère, comme je le faisais autrefois quand vous aviez des chagrins.

— Ces chagrins n'étaient que des enfantillages, Vanda ; aujourd'hui, ce sont de véritables douleurs.

— Mon frère...

— Je vous en supplie, Vanda, ne me donnez plus ce nom de frère.

— Vous me le défendez ?

— Non, je vous en prie !

— Ce nom vous semble donc bien odieux ?

— Non, chère Vanda, bien loin de là !

— Mais, alors ?

— Dans votre bouche, il me fait mal : appelez-moi Armand, comme moi je vous nomme Vanda.

— Vous ne m'aimez plus, Armand ?

— Moi ! s'écria-t-il avec une telle énergie, que son cheval fit un écart.

— Oui, reprit-elle avec tristesse, et moi pourtant je vous aime toujours.

— Oui, comme une sœur, répondit-il avec amertume.

La jeune fille rougit, baissa les yeux, détourna la tête et ne répondit pas.

Il y eut un assez long silence, pendant lequel les deux jeunes gens galopèrent un peu à l'aventure, et sans trop s'occuper de la direction qu'ils suivaient.

Ce fut Armand, qui, le premier, entama de nouveau la conservation.

— Vanda, dit-il, vous allez avoir seize ans ; vous êtes belle, oh ! bien belle ! de plus, vous êtes riche...

— Moi, je suis riche ? interrompit-elle vivement.

— Ne le savez-vous pas, chère enfant ? vous possédez plus de cent mille livres de rente.

— Que m'importe cette fortune !... dit-elle avec indifférence ; mais je ne vois pas d'où elle pourrait me venir ; vous vous raillez de moi, Armand.

— Dieu m'en garde ! chère Vanda ; vous la portiez avec vous lorsque je vous ai...

— Trouvée, dites le mot, mon ami, il ne saurait me blesser dans votre bouche, car il est vrai ; et peut-être, ajouta-t-elle plus bas, peut-être aurait-il mieux valu pour moi que je mourusse dans la savane.

— Vanda ! chère Vanda ! pouvez-vous parler ainsi ?

— Bah ! qui fait attention aux paroles d'une enfant ?

dit-elle avec une douloureuse ironie, et je ne suis pas autre chose, pour vous du moins ; mais continuez, je vous prie, Armand, j'avais donc avec moi cette fortune.

— Oui ; l'auriez-vous donc véritablement oublié !

— Il faut que vous sachiez une chose, mon ami, que je n'ai jamais eu jusqu'à présent occasion de vous dire : c'est que depuis le jour où vous m'avez sauvée, je me suis appliquée, et j'ai fait les plus grands efforts pour effacer de ma mémoire le passé ténébreux et si triste de ma première existence... Je ne me souviens plus de rien, j'ai tout oublié ; ma vie ne date pour moi que du jour béni où j'ai été adoptée par votre bonne mère et par vous, cher Armand. J'ai cru devoir faire ce sacrifice à ma reconnaissance, afin d'être entièrement libre de chérir mes sauveurs et mes bienfaiteurs.

— Chère Vanda, aucune femme ne possède autant et aussi complètement que vous toutes les délicatesses de l'âme. Je vous remercie pour ma mère.

— Trêve de galanterie, je vous prie, Armand, et revenons à ce que nous disions tout à l'heure. Donc je suis riche ; veuillez me dire quelles conséquences cette fortune, si elle existe réellement, peut avoir sur mon avenir ?

— D'immenses, hélas !

— Vous les regrettez ainsi, sans les connaître ?

— Oui, parce que je les prévois à l'avance.

— Dans votre pensée, quelles sont-elles ?

— Il en est une, la principale, dont toutes les autres découleront.

— Laquelle, s'il vous plaît ?

— Vous vous marierez.

— Vous vous trompez, mon ami ; probablement, je ne me marierai jamais.

— Vous dites cela, Vanda, et vous le croyez certainement ; mais quelque jour, dans un avenir plus ou moins rapproché, le hasard vous fera rencontrer dans un salon un brillant cavalier, aimable, beau...

— Jamais aucun homme, dit-elle avec sentiment, ne

me semblera aussi beau que vous, Armand, ni aussi noble, ni aussi généreux.

— Votre heure sonnera tôt ou tard, chère Vanda, vous aimerez! Vous ne comprenez pas cela encore, chère enfant, parce que, chaste et pure jeune fille que vous êtes, vous n'avez pas encore senti les battements de votre cœur.

Par un mouvement irrésistible, la jeune fille posa sa main mignonne sur le bras du jeune homme, et, d'une douceur étrange:

— Armand, dit-elle, j'ai dans ce cœur, dont je n'ai pas encore senti les battements, gravée en traits de feu, depuis six ans, l'image du seul homme que j'aimerai jamais.

— Vanda! s'écria le jeune homme éperdu, que voulez-vous dire?

— Rien, si vous ne me comprenez pas; sinon, que je suis bien malheureuse!

— Eh quoi? il serait possible! vous m'aimeriez! s'écria-t-il au comble de la joie.

— Peut-être en ai-je trop dit!... Armand, mon frère, parlez à notre mère: quant à présent, je vous en prie, brisons-là et causons comme frère et sœur.

Et sans doute pour adoucir ce que cette réponse avait de trop sévère, elle ôta son gant de la main droite et la tendit au jeune homme, qui la couvrit de baisers brûlants.

— Assez, assez! je vous en supplie, Armand, murmura-t-elle en retirant sa main, que le jeune homme essayait de retenir dans les siennes; je souffre! ajouta-t-elle en pâlissant légèrement.

Mais presque aussitôt ses fraîches couleurs reparurent, et elle fixa ses yeux pleins de douces langueurs sur le jeune homme avec une indicible tendresse.

Ils firent alors, comme d'un commun accord, tourner leurs chevaux.

— Où allons-nous, Armand? demanda Vanda avec un gai et frais sourire.

— Nous retournons à l'hôtel, répondit-il, y consentez-vous ?

— Oui, répondit-elle, notre promenade a assez duré.

— Le regrettez-vous donc, chère Vanda ?

— Non, Armand ; car, tôt ou tard, ce qui s'est passé entre nous aujourd'hui devait avoir lieu : une explication était indispensable, car nous n'aurions pas tardé à ne plus nous comprendre.

— Mais, maintenant, nous nous comprenons, n'est-ce pas ?

— Je l'espère, du moins, répondit-elle avec un charmant sourire.

Ils continuèrent à causer ainsi gaiement en galopant côte à côte.

Depuis quelques instants déjà, un cavalier galopait de l'autre côté de l'allée, presque en face d'eux, et suivant la même direction.

Ce cavalier était un homme de haute stature, déjà âgé, vêtu d'un élégant costume du matin, et montant une bête de grand prix.

Le visage de cet homme avait dû être fort beau ; il l'aurait même été encore, sans une énorme balafre, partant de la tempe gauche, et qui, après avoir creusé un profond sillon tout le long de la joue, allait se perdre dans sa barbe grisonnante, qu'il portait entière ; le haut de son visage était caché par les larges ailes d'un magnifique chapeau de Panama et ses yeux disparaissaient derrière un binocle qui les couvrait entièrement.

Cet homme paraissait appartenir au meilleur monde : il y avait dans toutes les allures de son corps une élégance innée, jointe à une certaine roideur de pose, qui dénotait au premier coup d'œil l'ancien officier de cavalerie.

Les deux jeunes gens, tout entiers à leur conversation, avaient à peine remarqué l'étranger, qui du reste ressemblait à un promeneur ordinaire, dont ils n'avaient pas à s'occuper.

Mais il n'en était pas de même de celui-ci.

Souvent il tournait la tête de leur côté et les examinait avec la plus sérieuse attention.

Plusieurs fois même, comme malgré lui, il avait fait un mouvement comme pour traverser la route et se rapprocher des deux jeunes gens.

Mais, chaque fois, il s'était arrêté et avait continué à suivre le côté de l'allée qu'il tenait, d'un air pensif.

Cependant, au moment où les jeunes gens allaient arriver au grand lac du bois de Boulogne, l'étranger se décida tout à coup.

Il traversa l'allée et mettant le chapeau à la main, il dit à Armand, avec une exquise politesse:

— Pardon, monsieur, un mot, s'il vous plaît ?

Armand se retourna, regarda l'inconnu, lui rendit son salut, et ralentissant l'allure de son cheval:

— Que désirez-vous, monsieur? lui répondit-il.

— Monsieur, reprit l'étranger, je vous prie tout d'abord d'excuser la question singulière que je désire avoir l'honneur de vous adresser.

Le jeune homme examina plus attentivement l'étranger, qu'il ne l'avait fait encore, et il ne dissimula que difficilement le mouvement de répulsion pour ainsi dire instinctif que lui causait cet homme.

— A qui ai-je l'honneur de parler, monsieur ? répondit-il.

L'inconnu hésita pendant une seconde.

— Je ne crois pas, répondit-il enfin, que, pour que vous répondiez à la question que je désire vous adresser, il soit nécessaire, monsieur, que je vous dise qui je suis.

— Vous vous trompez, monsieur, répondit avec un peu de hauteur le jeune comte, je n'ai pas l'honneur de vous connaître ; vous-même m'avez averti que cette question sera singulière ; il est donc indispensable que je sache qui vous êtes, afin de savoir à qui m'en prendre le cas échéant où cette question me semblerait inconvenante.

— Mon Dieu, monsieur, ne vous fâchez pas, je vous prie, reprit l'inconnu avec une pointe d'ironie ; je désirais tout simplement m'assurer que cette jeune personne est bien mademoiselle Vanda.

— Monsieur, répondit sèchement Armand, cette *jeune personne*, ainsi que vous vous permettez de la nommer, est ma sœur. Quel que soit le nom qu'il vous plaise de lui donner, je ne souffrirai, sous aucun prétexte, que vous la fassiez intervenir ainsi dans une conversation en plein air.

Et, s'adressant à Vanda :

— Laure, lui dit-il, rapproche-toi un peu des serviteurs, je te prie. Il est inutile que tu entendes ce que nous disons, monsieur et moi.

— Oh ! très inutile, mon frère, répondit la charmante espiègle.

Et, se retournant, elle s'éloigna aussitôt.

L'inconnu se mordit les lèvres jusqu'au sang et parut désappointé.

Cependant, après un instant, son front se rasséréna, et il reprit d'une voix railleuse :

— C'est sans doute à M. le comte Armand de Valenfleurs que j'ai l'honneur de parler ? dit-il.

— Je ne vous comprends pas, monsieur, répondit froidement le jeune homme, qui s'attendait à cette question : mais bien que je ne reconnaisse à personne le droit de m'interroger, et à vous moins qu'à tout autre, qui avez sans doute de bonnes raisons pour vouloir rester inconnu, je ne demande pas mieux que de vous dire qui je suis, mais seulement en présence du commissaire de police, où je vous prie de m'accompagner afin d'expliquer votre étrange conduite, et de vous faire connaître, vous aussi. Voici précisément deux gardiens du bois, sans doute ils ne refuseront pas de nous accompagner jusqu'au bureau de ce magistrat.

L'inconnu fronça les sourcils ; il pâlit affreusement et fit un mouvement comme pour prendre une arme cachée sous ses vêtements en poussant une exclamation étouffée.

Mais, se ravisant presque aussitôt, il tourna machinalement la tête ; il aperçut alors les deux gardiens arrêtés à quelques pas de là et qui semblaient l'examiner avec défiance.

Un peu plus loin, un cavalier venait d'apparaître au coude d'une allée et s'était arrêté, lui aussi, les regards curieusement fixés sur l'étranger.

Alors, par un puissant effort de volonté, cet homme maîtrisa instantanément la colère qui grondait au fond de son cœur; il réussit à reprendre son calme apparent, bien que son visage, sur lequel sa balafre tranchait en rouge, restât d'une pâleur cadavéreuse.

Il laissa retomber lentement sa main sur le pommeau de sa selle et, s'approchant du jeune comte qui était demeuré immobile et froid à la même place, il se pencha vers lui, et d'une voix sombre, dans laquelle on sentait vibrer une colère sourde à peine contenue:

— Nous nous reverrons, monsieur, lui dit-il.

— Soit, répondit railleusement le jeune homme, seulement, je vous avertis, monsieur, qu'à cette prochaine rencontre, j'aurai des revolvers sur moi.

— A bientôt ! dit l'inconnu d'une voix effrayante.

— Comme il vous plaira ! répondit le jeune homme toujours railleur.

L'inconnu mit les éperons aux flancs de son cheval; l'animal fit un bond prodigieux en hennissant de douleur et partit avec la rapidité d'un simoun africain.

Au moment où, rapide comme la foudre, il passait devant le cavalier dont nous avons parlé plus haut, celui-ci lui cria d'une voix goguenarde, dont l'expression est impossible à rendre :

— Ohé, Mayor ! prenez garde de vous rompre les os !

L'inconnu tourna machinalement la tête vers l'auteur de cette interprétation étrange.

— C'est lui ! j'en étais sûr, murmura le jeune homme qui avait entendu l'apostrophe singulière du cavalier; et en suivant du regard la course affolée de l'inconnu, le diable est déchaîné, ajouta-t-il ; il faut aviser !

Et il fit signe à Vanda de venir le rejoindre.

— Que pouvait donc nous vouloir ce brutal personnage ? demanda la jeune fille.

— C'est un fou ! répondit le jeune homme en riant.

— Il m'a fait peur, reprit Vanda.

— A quoi bon, chère sœur, nous occuper plus longtemps de ce maniaque ? reprit le jeune homme en haussant les épaules.

— Nous ne reviendrons pas au bois de Boulogne pendant quelque temps, n'est-ce pas, mon frère ?

— Pourquoi donc cela, petite sœur ?

— Parce que, je vous le répète, Armand, cet homme m'a fait une peur horrible ; je ne voudrais pas être exposée à le rencontrer de nouveau.

— Poltronne ! dit-il en riant.

— Promettez-le-moi, je vous en prie, Armand !

— Vous savez bien que je ne fais jamais que ce que vous voulez.

— Surtout n'en parlez pas à notre mère ; il est inutile de l'inquiéter.

— Quant à cela, chère Vanda, je ne puis vous le promettre, je dois, au contraire l'avertir.

— Il y a donc un danger alors ?

Armand éclata de rire.

— Aucun que je sache ; mais, dit-il gaiement, puisqu'à présent, à ce qu'il paraît, on laisse vaguer les fous en liberté, il est bon de se mettre sur ses gardes. Pour cela, on doit être averti. Vous sortez souvent seule avec notre mère, je ne voudrais pas pour rien au monde que, par ma faute, il vous arrivât, à l'une ou à l'autre, le plus léger accident.

— Il y a quelque chose là-dessous qui n'est pas clair. Vous me trompez, Armand ! dit la jeune fille en hochant sa charmante tête d'un air mutin.

— Que voulez-vous qu'il y ait, chère sœur ?

— Je ne sais pas, mais il y a certainement quelque chose.

Tout en causant ainsi à bâtons rompus, les deux

jeunes gens avaient quitté le bois de Boulogne et avaient atteint la place de l'Arc-de-Triomphe.

Armand était inquiet.

Malgré a gaieté qu'il affectait, il craignait que l'inconnu ne les eût suivis dans le but de découvrir leur demeure, ce qui ne lui aurait plus laissé aucun doute sur l'identité de la jeune fille.

Mais ce fut en vain qu'en arrivant sur la place de l'Arc-de-Triomphe, il la fouilla du regard.

Il n'aperçut pas l'inconnu.

Tout à coup Vanda se tourna vers le jeune homme, et le regardant avec des yeux pétillants de malice :

— A propos, mon frère, lui dit-elle en riant, pourquoi donc, lorsque vous m'avez parlé devant cet étranger, m'avez-vous donné, au lieu du mien, le nom de Laure ?

— Par la raison toute simple, chère sœur, répondit-il sérieusement, que le nom d'une jeune fille telle que vous ne doit jamais, sous aucun prétexte, être profané publiquement par la bouche d'un inconnu, et que je ne voulais pas que les soupçons d'un étranger se changeassent en certitude ; d'autant plus que lui-même s'était obstinément refusé à se faire connaître.

— Tout cela est bien singulier, n'est-ce pas, mon frère ? murmura Vanda d'un air peu convaincu. Que pouvait donc me vouloir cet homme ?

— Je l'ignore complètement, chère sœur, je suis même presque certain que probablement lui-même n'en savait pas davantage ; comment pourrait-on deviner quelles étranges lubies passent à chaque instant dans la cervelle détraquée d'un fou ?

La tête de la charmante jeune fille travaillait évidemment.

Quoi qu'il lui dît, les réponses d'Armand ne la satisfaisaient pas ; elle comprenait vaguement qu'il essayait de lui donner le change sur ce qui s'était passé entre lui et l'inconnu.

Le jeune comte, de son côté, commençait à être assez embarrassé par toutes les questions de sa sœur, à laquelle il ne savait plus trop que répondre.

Mais, heureusement pour lui, bientôt ils atteignirent l'hôtel de Valenfleurs.

Le déjeuner allait sonner.

Vanda se hâta de mettre pied à terre, et elle s'envola légère comme un oiseau, pour se débarrasser de son amazone et passer une robe pour paraître au déjeuner, devoir sérieux, qui rendit au jeune comte sa liberté dont il avait grand besoin, car il était à bout d'arguments.

Le jeudi de chaque semaine, les d'Hérigoyen et la famille Zumeta passaient la journée à l'hôtel Valenfleurs : c'était une coutume prise, et à laquelle personne ne manquait.

Souvent on se réunissait dès le matin à déjeuner, et l'on ne se séparait que le soir vers onze heures, et même minuit.

Le jeune comte se promit *in petto* de ne pas laisser échapper cette excellente occasion et de raconter, devant tous ceux que cela pourrait intéresser, la singulière rencontre qu'il avait faite le matin pendant sa promenade au bois de Boulogne.

Par un hasard singulier, dont le jeune homme se félicita, don Cristoval de Cardenas arriva quelques minutes avant que l'on se mît à table pour déjeuner.

Son fils l'accompagnait.

Don Pancho de Cardenas était alors un très beau cavalier de vingt-cinq à vingt-six ans, d'un brun doré, d'excellentes manières et d'une suprême élégance ; il était en grande faveur dans certains salons excentriques du demi-monde, qu'il fréquentait assez assidûment.

Après le déjeuner, les hommes firent quelques tours dans le parc, en causant et en fumant leur cigare.

Lorsque le jeune comte supposa que les promeneurs étaient complètement masqués par les charmilles et les massifs, il s'arrêta et les invitant d'un geste à l'écouter :

— Messieurs, leur dit-il, je vous demande pardon de venir jeter une note sombre dans notre réunion, mais je suis contraint de réclamer votre sérieuse attention pendant quelques minutes ; je désire vous faire une communication que je crois très importante.

Julian le regarda avec surprise.

— Est-ce donc à cause de cette communication que vous nous avez si adroitement amenés jusqu'ici, mon cher comte ? lui demanda-t-il d'un ton de bonne humeur.

— Ma foi, oui ; je vous l'avoue, cher monsieur d'Hérigoyen, répondit-il en souriant ; je tiens surtout à ne pas effrayer les dames.

— C'est grave, alors ?

— Oui, je le crois, cher monsieur Julian, très grave, je le crains ; du reste, vous en jugerez lorsque je me serai expliqué.

Julian réfléchit pendant un instant.

— Je suis un vieux coureur des bois, vous le savez, mon cher comte ? reprit-il en souriant ; en cette qualité, je me défie *à priori* de tout ce qui ressemble à un bois ou à une forêt ; on ne sait jamais ce que cachent les ramures feuillues d'un arbre ; or, comme je n'en doute pas, si l'affaire est aussi grave que vous nous l'annoncez, mon cher Armand, et si vous croyez que le secret doit être gardé....

— Je le pense, en effet, interrompit-il vivement.

— Alors, ne restons pas ici, reprit Julian, faisons mieux : entrons chez moi par la porte de communication, et rendons-nous dans mon fumoir ; là nous serons en sûreté, et nous pourrons causer tout à notre aise sans craindre d'être entendus.

— C'est parfait, dit Bernard ; les Peaux-Rouges, qui ne sont pas des niais, tant s'en faut, ont coutume de dire que les feuilles ont des yeux, les arbres des oreilles, et que derrière chaque brin d'herbe il y a un espion ; ma foi ! je n'oserais pas, pour ma part, affirmer que ce n'est pas.

— Est-ce aussi votre avis, messieurs ? demanda Julian, que la majorité décide !

— Oui ! fut-il répondu à l'unanimité.

Sans se presser, et continuant à causer de choses et

d'autres, les six promeneurs, toujours le cigare aux lèvres, revinrent doucement sur leurs pas.

Les dames s'étaient assises sous un immense bosquet de chèvrefeuille, de jasmin et de clématites, dont les feuilles et les fleurs entretenaient une douce fraîcheur, en tamisant les rayons déjà ardents du soleil.

Elles causaient gaiement entre elles tout en s'occupant à de délicats ouvrages de femmes.

Vanda et Mercédès, ravissantes toutes deux, assises un peu à l'écart, tenaient, sans doute par contenance seulement, chacune une broderie commencée, et qui n'avançait pas beaucoup, car elles chuchottaient à voix basse, comme deux charmants et espiègles oiseaux jaseurs qu'elles étaient.

Leurs confidences mutuelles allaient grand train.

Les jeunes filles, même les plus chastes, ont toujours quelque secret à se confier à l'oreille.

Julian s'approcha des dames.

— Cher comtesse, dit-il en souriant à madame de Valenfleurs, pardonnez-nous de vous abandonner pendant quelques instants; je vous enlève ces messieurs pour une heure; don Cristoval est curieux d'examiner certaines collections que j'ai reçues récemment du Pérou et de l'Amérique centrale.

— Allez, messieurs, vous êtes libres, répondit gracieusement la comtesse, mais ne nous abandonnez pas trop longtemps, je vous prie.

— Avant une heure, nous accourons vers vous.

Vanda leva les yeux et lança un regard pétillant de malice au jeune comte, en le menaçant de son doigt mignon, comme pour lui prouver qu'elle n'était pas dupe du prétexte donné par Julian et qu'elle avait deviné ce dont il s'agissait.

Le jeune homme sourit et lui fit un signe de tête.

Cinq minutes plus tard, nos six personnages étaient réunis dans le fumoir de Julian d'Hérigoyen, espèce de sanctuaire sacré où nul ne pénétrait sans y être autorisé.

Le jeune comte fut alors invité à s'expliquer.

Le jeune homme, mis ainsi en demeure, raconta dans ses plus minutieux détails la rencontre singulière qu'il avait faite le matin même dans une des allées du bois de Boulogne, et la scène étrange qui s'en était suivie.

Il fit le portrait exact de l'inconnu, sans oublier de mentionner l'interpellation plus que bizarre dont un cavalier, arrêté à quelques pas de là, avait salué l'inconnu lors de son passage à toute course devant lui, et termina son récit par ces mots :

— Dès le premier moment où je fus accosté par cet étrange personnage, j'eus le pressentiment que je me trouvais en face d'un ennemi de ma mère et de moi. Sans me rendre compte de cette impression, je me mis instinctivement sur mes gardes, lorsqu'il m'adressa son insolente question; bien que la colère commençât à gronder en moi, je conservai le plus grand sang-froid; car je compris que je ne m'étais pas trompé; alors, je m'appliquai à lui donner le change.

— Croyez-vous avoir réussi, mon cher Armand? demanda Julian.

— Je ne sais trop, répondit le jeune comte, cependant je le crois; du moins jusqu'à un certain point, je l'ai lu sur son visage. Un fait certain pour moi ressort de cette courte altercation : d'abord que, grâce à mes réponses claires, positives et faites sans hésitation, ses soupçons, s'il en a, n'ont pas été confirmés, c'est-à-dire ne se sont pas changés en certitude; ensuite, que, quel que soit cet homme, et surtout s'il est réellement le Mayor, il tient, pour des motifs fort graves, à conserver le plus sévère incognito, et, particulièrement, à ne pas entrer en relations avec la police française, dont les yeux d'argus feraient promptement tomber le masque derrière lequel il se cache.

— Oui, dit Bernard en riant, la police française est très curieuse, et elle a une haine invétérée pour les masques.

— Vous connaissez-vous quelque ennemi? demanda Julian au comte.

— En France? aucun; j'entre à peine dans la vie, je ne fréquente qu'un cercle très restreint de connaissances; comment pourrais-je avoir des ennemis?

— C'est juste, répondit Julian, et, pourtant, vous avez, au premier coup d'œil, reconnu cet homme pour votre ennemi.

— Oui, et je vous avouerai, cher monsieur Julian, au risque de vous faire sourire, que lorsque l'interpellation du cavalier étranger a frappé mon oreille, j'ai reconnu le nom que je cherchais à retrouver dans ma mémoire, et que la certitude que cet homme était bien réellement le Mayor est aussitôt entrée comme un coin dans mon esprit.

— Mon cher Armand, reprit affectueusement Julian, je vous félicite : malgré votre jeunesse, vous vous êtes conduit dans cette circonstance comme bien peu d'hommes beaucoup plus âgés que vous peut-être l'auraient fait; la situation était très difficile, vous en êtes sorti à votre honneur.

— Monsieur, véritablement...

— Je dis la vérité, mon ami, vous avez fait preuve non-seulement de beaucoup de sagacité, mais surtout d'habileté; vous avez montré une rare présence d'esprit. Je trouve comme vous cette affaire très grave; je vous remercie de ne pas avoir hésité à nous la communiquer; et, pour tout dire, je crois comme vous que cet homme est en effet le Mayor.

— Et moi, je l'affirme, dit nettement Bernard; ce misérable veut jouer sa dernière partie. Eh bien! soit, il nous trouvera prêts à lui faire face; nous ne sommes pas dans le désert ici; nous saurons l'atteindre, quoi qu'il fasse pour nous échapper: cette fois il mourra, je le jure!

— Aujourd'hui même, dit le docteur, je me réserve de faire une visite à la Préfecture de police, où j'ai quelques vieux amis qui ne me refuseront pas leur aide.

— A quoi bon nous adresser à la police ? reprit vivement Bernard ; faisons nos affaires nous-mêmes, cela vaudra mieux sous tous les rapports : nous sommes, Julian et moi, sans compter mon ami Armand, vous, don Pancho, Charbonneau et mon Comanche Tahera, nous sommes tous d'anciens coureurs des bois ; nous savons suivre une piste. La forêt parisienne est peut-être plus dangereuse que celles de l'Arizona, mais nous saurons bien, quand il le faudra, y retrouver les traces de nos ennemis.

— Certes, dit Julian, je suis complètement de ton avis, mon ami ; cependant j'approuve l'idée de mon père de s'adresser à la Préfecture de police, ne serait-ce que pour établir que nous sommes dans le cas de légitime défense. D'ailleurs nous entreprenons une expédition terrible, une chasse à l'homme. Les fauves que nous poursuivons emploieront contre nous tous les moyens, même les plus désespérés. Ils se retourneront contre nous ; ils essaieront de revenir sur leurs brisées ; les limiers de police sont hardis et adroits ; ils nous serviront de rabatteurs.

— Bravo ! s'écria le docteur ; bien parlé, fils.

— Je crois comme don Bernardo, dit alors don Cristoval, qu'une piste peut se suivre à travers Paris avec autant et même peut-être avec plus de succès que dans la savane.

— C'est aussi mon avis, señor don Cristoval, reprit Julian ; mais dans une lutte sans merci, comme celle que nous allons prochainement engager, il est indispensable de mettre autant que possible toutes les chances de son côté. Si nous méprisons la police, elle nous deviendra hostile et nous contrecarrera par tous les moyens dont elle dispose, et ils sont immenses ; si nous feignons, au contraire, d'avoir besoin d'elle et de lui demander son aide, elle deviendra aussitôt notre alliée, et, autant qu'elle le pourra, elle aplanira les obstacles qui se dresseront à chaque pas devant nous : donc, l'idée de mon père est bonne. Je l'engage à faire sans retard sa visite à la Préfecture de police, aux vieux amis dont il nous a parlé. Qu'en pensez-vous, messieurs ?

— Oui, répondit Bernard; je crois maintenant, grâce à tes explications, que cela ne pourra nous faire que du bien; mais je demande à agir de mon côté.

— Tu sais bien que nous ne faisons jamais rien l'un sans l'autre, répondit Julien en riant.

— A la bonne heure! s'écria Bernard en se frottant joyeusement les mains; sur ma foi de Dieu! cette fois, je crois que nous allons un peu nous divertir...

— Mais, dans tout cela, fit observer le docteur, je ne vois pas cette hideuse chenille de Felitz Oyandi!

— Soyez tranquille, père, reprit sérieusement Julian; vous ne tarderez pas à voir ce misérable rentrer en scène, lui et le Mayor ne se quittent pas.

Et, se penchant vers Armand, il ajouta :

— Monsieur le comte, avez-vous prévenu madame votre mère?

— Non, monsieur, répondit le jeune homme, je n'en ai pas eu le temps; d'ailleurs, je désirais vous demander conseil à ce sujet.

— Votre mère doit tout savoir; cela est important. Mais ne vous en occupez pas; je me charge de l'instruire.

— Je vous en remercie; je préfère que cela vienne de vous.

— Rapportez-vous-en à moi, lui dit-il en lui serrant la main.

Et, élevant la voix :

— Messieurs, ajouta-t-il, ces dames doivent être inquiètes sur notre compte; je crois qu'il est temps de les rejoindre.

La séance fut alors levée et l'on rejoignit les dames.

D'ailleurs, celles-ci n'avaient pas à se plaindre de leurs cavaliers; ils ne s'étaient pas éclipsés pendant plus d'une demi-heure; aussi leur retour fut-il salué par les plus charmants sourires.

V

DANS LEQUEL JULIAN COMMENCE SES OPÉRATIONS

Julian d'Hérigoyen avait à son service un domestique basque, qu'il avait engagé lors de son voyage dans les Basses-Pyrénées, pour monter la maison de don Cristoval de Cardenas de serviteurs parlant la langue espagnole.

Joseph Etcheverry, ainsi se nommait ce domestique de confiance, ne portait pas la livrée.

C'était un grand et très vigoureux gaillard de trente-quatre à trente-cinq ans, ancien maréchal des logis de cuirassiers, d'une bravoure à toute épreuve et d'une conduite irréprochable.

Il était né à Louberria; Julian l'avait connu tout enfant et l'aimait beaucoup.

Joseph était fils d'anciens métayers de la famille d'Hérigoyen, fort pauvres, mais très honnêtes; ils ne vivaient que des bienfaits du docteur d'Hérigoyen. Pour leur assurer une vieillesse tranquille, le docteur les avait installés en qualité de gardiens dans sa maison de Louberria, lorsqu'il l'avait quittée pour se fixer définitivement à Paris avec Denizà, après la condamnation de son fils, à la suite du Coup d'Etat de décembre 1851.

Le dévouement de Joseph Etcheverry pour son maître touchait presque au fanatisme.

C'était un véritable séide, prêt à se faire tuer sans hésiter sur un mot et sur un signe de Julian. Celui-ci avait en lui une entière confiance.

Le lendemain du jour où le jeune comte de Valenfleurs avait été si singulièrement accosté au bois de Boulogne, vers huit heures du matin, Julian, levé depuis longtemps déjà, était dans son cabinet en train de cacheter quelques lettres qu'il venait d'écrire, tout en levant de temps en temps les yeux vers la pendule pour regarder l'heure, lorsque la porte s'ouvrit et Joseph parut.

— Ah! te voilà, lui dit Julian en repoussant les papiers qu'il avait devant lui, et faisant faire une demi-conversion à son fauteuil; eh bien! quoi de nouveau?

— Les ordres de monsieur sont exécutés, répondit Joseph en saluant respectueusement son maître.

— Comment, tous?

— Oui, monsieur.

— Mais c'est un véritable miracle! conte-moi un peu cela, voyons...

Julian tutoyait Joseph qu'il avait, ainsi que nous l'avons dit, connu enfant. Cette familiarité amicale de son maître faisait la joie de l'ancien maréchal des logis.

Nous constaterons en passant que, à l'époque où nous sommes, c'est seulement en Bretagne et dans le pays Basque, ces deux rudes contrées où la fidélité est de tradition, que l'on peut encore trouver de pareils serviteurs, mais chaque jour, malheureusement, ils deviennent plus rares.

Joseph se préparait à obéir aux ordres de son maître, lorsque celui-ci lui dit avec bonté en lui montrant une chaise :

— Assieds-toi là et fais vite, nous sommes pressés. Tu avais bien peu de temps pour terminer tant d'affaires.

— C'est vrai, mais monsieur sait qu'à Paris tout se fait quand on a l'argent à la main, et ce n'était pas cela qui me manquait, puisque monsieur m'avait ordonné de réussir à n'importe quel prix.

— C'est juste, et tu as réussi?

— Complètement, oui, monsieur.

— Alors, tout est bien; je suis content de toi.

— J'ai fait de mon mieux.

— Je le sais bien; voyons donc, comment t'es-tu tiré d'affaires?

— Monsieur sait que l'on bâtit beaucoup dans les nouveaux quartiers, ceux que l'on nomme excentriques;

c'est dans un de ces quartiers que je suis allé tout droit. J'étais bien inspiré ; au bout d'une heure, j'avais trouvé ce que je cherchais : une vieille maison située entre cour et jardin, noyée pour ainsi dire sous les hautes futaies, impossible à deviner du dehors, et semblant faite tout exprès pour ce que monsieur en veut faire. Le propriétaire m'a dit que c'était une petite maison qui avait appartenu, il y a bien longtemps, au duc de Bellegarde ; je n'ai pas compris ce que cet homme voulait dire avec sa petite maison, car elle est grande, admirablement disposée, et à l'intérieur c'est un véritable palais : ce n'est que marbres, glaces, dorures et peintures ; il y a un jardin d'hiver, des communs séparés de la maison, écuries et remises, enfin tout ce qu'il faut ; sans comparaison, c'est presque aussi beau qu'ici ; seulement, les appartements sont plus petits, et du dehors ça a l'air d'une bicoque. Le propriétaire m'a dit que c'était fait exprès, et que les murs de clôture ont été surélevés afin qu'on ne pût rien voir du dehors : comprenez-vous, monsieur ?

— Parfaitement, mon ami, j'espère que tu n'as pas hésité, et que tu as acheté ce bijou ?

— Oui, monsieur, il paraît que le propriétaire est très gêné, et que c'est pour cela qu'il voulait vendre ; il a l'air d'un brave homme, cela lui déchirait le cœur de se séparer de sa maison : figurez-vous qu'il habite les communs pour ne pas abîmer les meubles, qu'il passe son temps à brosser et à essuyer.

— Comment ! la maison est meublée ?

— Oui, monsieur, mais ce sont tous des meubles anciens, et je ne sais pas si j'ai eu raison de les avoir achetés aussi, mais le propriétaire a insisté ; il ne voulait vendre que le tout ensemble. La maison me plaisait ; elle me semblait remplir les conditions exigées par monsieur ; de plus, le temps me pressait : ma foi, je me suis laissé aller, espérant que monsieur me pardonnerait.

— Tu as très bien fait, au contraire ; je t'en aurais voulu de laisser échapper cette occasion unique.

— Alors, tout va bien ; le propriétaire était pressé, lui

aussi, de sorte que l'affaire a été tout de suite conclue ; mais c'est cher.

— Combien ?

— Il voulait six cent cinquante mille francs du tout, mais si l'on payait tout de suite, il consentait à un rabais de cinquante mille francs.

— Alors ?

— Dame, je l'ai conduit tout droit chez le notaire de monsieur : l'acte de vente a été dressé séance tenante, j'ai remis au notaire la lettre que monsieur m'avait donnée pour lui ; il a compté six cent mille francs au propriétaire, et la maison est à monsieur.

— C'est pour rien ; bravo, Joseph !

— Alors, monsieur est content ?

— Enchanté, mon ami ; tu t'es fort bien acquitté de ta commission. Ensuite ?

— J'ai recommandé au propriétaire de ne pas donner d'autre nom que le mien, si ses amis ou n'importe qui lui demandait le nom de l'acquéreur de sa maison ; il me l'a promis. J'ai acheté six chevaux et trois voitures différentes, un coupé, un landau et un fiacre commun, ainsi que monsieur me l'a ordonné, et les harnais nécessaires ; puis du foin, de la paille. Quant au linge, il n'en manque pas, ainsi que la vaisselle, etc. Seulement, j'ai été obligé d'acheter de l'argenterie. Les chevaux, les voitures, etc., seront livrés aujourd'hui, à trois heures au plus tard. J'ai prié le propriétaire de garder la maison pendant que je viendrais rendre compte à monsieur. Les fournitures sont toutes soldées. Le tout s'élève, le vin et l'argenterie compris, à la somme de quarante-huit mille francs.

— C'est bien ; où est située la maison ?

— Rue de Reuilly, 229, dans le faubourg Saint-Antoine.

— Bon ; parmi tes camarades, en connais-tu quelques-uns sur lesquels nous puissions compter ?

— Monsieur n'a pas besoin de choisir ; tous ses gens lui sont également dévoués.

— Tu prendras alors ceux qui te conviendront le

mieux, un cocher, deux valets de chambre, un cuisinier et un aide, deux valets de pied et deux palefreniers; seulement, choisis-les solides et braves, on ne sait pas ce qui peut arriver; tu leur feras quitter ma livrée, et tu leur en donneras une autre de fantaisie, assez sombre.

— Monsieur sera content de moi; je reviendrai ici ensuite ?

— Non, tu resteras là-bas, au contraire; j'ai besoin d'un homme sûr, tu seras mon majordome.

— Comme il plaira à monsieur; cependant, j'aurais bien désiré rester près de monsieur.

— Jaloux ! C'est précisément pour t'avoir près de moi que je te fais majordome, ou intendant, si tu aimes mieux.

— Oh ! alors, je ne me plains plus.

— A propos, tu sais conduire ?

— Pardi ! un ancien maréchal de logis de cuirassiers !

— C'est vrai, je ne sais ce que je dis; les armes? les costumes ?

— Tout a été acheté; je n'ai rien oublié.

— A la bonne heure ! Pars maintenant, et emmène avec toi ceux de tes camarades que tu auras choisis; seulement, bouche cousue.

— Quand monsieur viendra-t-il rue de Reuilly ?

— Aujourd'hui même, attends-moi vers deux heures.

— Dans une heure, je serai à mon poste et je ne bougerai plus.

— Vas maintenant; bientôt tu me verras.

Joseph se leva, salua respectueusement son maître et sortit.

Julien n'avait de secret ni pour sa femme ni pour son père.

A déjeuner, lorsque les domestiques se furent retirés après avoir servi le café, Julien fit part de sa nouvelle acquisition à Deniza et au docteur.

— Je n'ai pas encore vu cette maison, ajouta-t-il en terminant, mais si c'est une ancienne petite maison de ce voluptueux seigneur que l'on nommait le duc de Bellegarde, si j'en crois les renseignements donnés par Joseph, et je n'ai aucun motif de douter de leur exactitude, ce doit être une merveille; et véritablement je l'aurai eue presque pour rien.

— En effet, dit le docteur; mais cependant, il faut voir.

— C'est ce que je compte faire aujourd'hui même.

— Tout cela est très bien, dit Denizà en souriant, mais j'avoue que pour moi, ce nom de petite maison m'intrigue fort, et même m'inquiéterait beaucoup si je n'étais aussi persuadée de l'amour de mon mari.

— Bien, chère Denizà, je te remercie de me rendre ainsi justice ; je n'ai aimé, je n'aime et je n'aimerai jamais que toi, tu le sais.

— Tout au moins je l'espère ; mais, cependant, messieurs, vous avez, en fait d'amour, des théories si excentriques parfois, des principes de morale si élastiques, et une façon toujours si jésuitique de vous innocenter de vos trahisons matrimoniales et de nous prouver, clair comme le jour, que même vos infidélités sont des preuves de votre grand amour pour nous, que, si certaine que se croie une femme de l'amour de son mari, et surtout de sa fidélité à toute épreuve, il est cependant de son devoir de veiller sur son bien et de défendre son bonheur.

— Prenez garde, ma fille, dit le docteur en plaisantant, ceci est bel et bien de la jalousie.

— Je ne dis pas non, reprit-elle sur le même ton, la jalousie n'est d'ailleurs que la consécration de l'amour; elle en émane directement : on ne peut aimer véritablement et, quoi qu'en disent certains moralistes très forts sur les paradoxes, le vieux proverbe de nos pères : « On n'est jaloux que de ce qu'on aime », est rigoureusement vrai. Il en est de l'amour comme de toutes les autres choses de la vie, plus on aime, plus on tient à conserver ce qu'on possède, et on fait tout pour ne pas le laisser passer au pouvoir d'un autre. Quand on est confiant, c'est que l'amour s'en va sans même qu'on s'en aperçoive; plus la confiance grandit en amour, plus l'indifférence augmente, ceci est indiscutable.

— Pour vous peut-être, mon charmant avocat ; mais discuter avec une femme c'est, si complètement raison que l'on aie d'ailleurs, se préparer une défaite.

— Voilà ce que vous dites tous, messieurs.

— Parce que cela est vrai, chère fille. Votre sexe, si aimable et si aimé, possède au plus haut degré la logique de l'illogisme et du paradoxe à outrance, ce qui est chez vous un charme, j'en conviens, mais qui, en bonne synthèse, ne vaut pas le diable, et rend toute discussion suivie impossible, fit-il en riant. Vous autres, femmes, vous êtes essentiellement des êtres de nerfs et de sensations ; vous raisonnez avec des impressions, ne révélant jamais votre pensée véritable, battant les buissons *ab hoc et ab hac*, afin d'égarer la discussion, de la faire dévier et de l'embrouiller si bien, qu'il soit impossible de revenir à son point de départ, tout en poursuivant opiniâtrement le but secret que vous vous proposez toujours d'atteindre quand même envers et contre tout, ce qui amène des péripéties inattendues, mais tellement extraordinaires et hors de toute logique raisonnable, que vos interlocuteurs, complètement désorientés et surtout agacés, sont, de guerre lasse, contraints de se reconnaître vaincus pour en finir.

— Eh ! eh ! fit Julian en se frottant les mains, que dis-tu, mignonne, de ces coups de boutoir si vertement assénés ?

— Je dis, répondit-elle avec un petit air pincé, que notre bon père plaisante comme toujours, d'une façon charmante, mais que je le trouve beaucoup trop sévère pour notre sexe, si injustement calomnié.

— Pauvres victimes ! dit le docteur d'un air narquois ; et la preuve que j'ai raison, voulez-vous que je vous la donne ?

— Je serai curieuse de la connaître, cher père.

— Rien de plus facile, et surtout de plus simple, chère enfant. Au lieu d'exprimer nettement votre pensée, tout à l'heure, vous vous êtes, out exprès, de parti pris, perdue dans des divagations à perte vue, parce que vous n'avez pas osé émettre franchement votre proposition, et cela, quoi que vous en disiez, précisément parce qu'elle vous tient fort à cœur.

— Je ne vous comprends pas, mon père,

— Pauvre petite ! que si, que vous me comprenez fort bien, au contraire; vous savez que votre mari vous aime au-dessus de tout, vous n'êtes pas jalouse, et de plus, vous connaissez trop bien votre empire sur lui pour l'être jamais; mais vous êtes curieuse. Cette petite maison trotte dans votre charmante tête, et y produit d'incalculables ravages ; vous voulez prosaïquement deux choses : voir cette maison d'abord, et savoir pourquoi votre mari l'a achetée; ai-je raison, madame? Rien de plus simple que d'adresser ces deux questions à votre mari, qui, j'en suis certain, se serait empressé de vous répondre à votre satisfaction; mais comme vous aviez honte de les faire, parce que votre orgueil de femme en aurait souffert, vous avez louvoyé, comme disent les marins, afin de tourner la situation et essayer adroitement de l'amener tout doucement à répondre de lui-même à ces deux questions sans que vous les lui ayez faites, ce qui sauverait votre amour-propre et le mettrait à l'abri de tout froissement; et alors vous vous êtes lancée dans une foule de phrases embrouillées à plaisir, et dont vous n'auriez jamais réussi à sortir, si je n'étais si bénévolement venu à votre secours.

— Votre père dit-il vrai, ma chère Deniza? demanda gaiement Julian.

— Eh bien, oui ! fit-elle avec une moue qui la faisait plus attrayante encore, mais notre père est d'une méchanceté aujourd'hui que je ne lui connaissais pas, et qui m'a fait beaucoup de peine.

— Oublie cette petite taquinerie, ma chérie, et avoue-moi gentiment pourquoi tu ne m'as pas dit tout franchement ce que tu désirais ?

— Mon Dieu, mon ami, dit-elle avec un léger embarras,

je ne sais vraiment, et puis cela me semblait, en vérité, si ridicule, que...

— Là ! interrompit joyeusement le docteur, voilà donc enfin le grand mot lâché : C'est si ridicule ! Voilà le criterium où l'on reconnaît le motif vrai de toutes les actions des femmes : elles ne discutent pas, elles ne font pas telle ou telle chose, parce que c'est si ridicule ! Aussi essaient-elles constamment de s'en débarrasser sur nous, en nous enguirlandant de leurs sophismes ; toutes leurs pensées tendent vers ce but... Mais laissons cela, chère enfant, je n'ai voulu que vous taquiner un peu, et j'y ai réussi ; je vous aime, et mieux que personne je connais tout ce qu'il y a de vraiment noble et bon en vous ; nul plus que moi ne vous rend pleine et entière justice, ne me gardez donc pas rancune de cette petite pique, et tendez-moi votre main mignonne, que j'ai tant de plaisir à serrer dans les miennes.

— Non, mon père, je ne vous donnerai pas ma main, répondit-elle en se levant, je vous embrasserai, car je ne saurai trop vous aimer, mais je trouve le mot : pique un peu faible, et vous ne m'avez pas piquée, mais vigoureusement mordue, méchant père ; enfin, à tout péché miséricorde, voyons, monsieur, embrassez votre fille, et surtout n'y revenez plus !

— Tu le vois, fils, dit le docteur, en riant : elle a toujours raison.

Et il embrassa la jeune femme, qui ne se fit nullement prier pour lui rendre ses caresses.

— Là, dit gaiement Julian, maintenant que la paix est faite, revenons à nos moutons, c'est-à-dire à ma nouvelle maison.

— Oui, dit le docteur sur le même ton ; je t'avoue que je suis très intrigué, moi aussi, et que je ne serais pas fâché de savoir à quoi m'en tenir sur cette mystérieuse affaire.

— Mes affaires n'auront jamais rien de mystérieux ni pour Denizà ni pour vous, mon père, puisque mes affaires seront toujours les vôtres ; il y aurait longtemps

20.

que vous sauriez tout si l'on m'avait laissé m'expliquer.

— Très bien ! ne recommençons pas. Fils, nous t'écoutons, parle.

— Tout d'abord, je dois vous avouer que j'ignore moi-même pourquoi j'ai fait cette acquisition.

— Comment ! tu l'ignores ? Deviens-tu fou ?

— Je ne crois pas. Voilà le fait : nous commençons, dès aujourd'hui, une lutte désespérée avec le Mayor ; je ne puis savoir encore comment cette expédition sera menée, et quelles en seront les conséquences. J'ai pensé qu'à un moment donné, peut-être, il serait bon que nous possédassions une retraite ignorée de tous, où notre amie, madame de Valenfleurs, serait pour quelques heures seulement peut-être, ou même pendant plusieurs jours, à l'abri de toute attaque et de toute surprise de la part de notre implacable ennemi. Vous connaissez cet homme, vous savez qu'il ne reculera devant rien, et qu'il nous fera une guerre de Peaux-Rouges, absolument comme si nous étions encore dans les savanes de l'Ouest lointain. Or, il m'a semblé qu'ayant devant soi un tel adversaire, aucunes précautions, si étranges qu'elles soient, ne doivent être négligées : voilà pourquoi, mon père, j'ai acheté cette maison, sans savoir encore si j'en aurais besoin et à quoi elle me servira.

— Eh mais ! cela me paraît très bien imaginé ; ton idée me semble heureuse et surtout habile. Où est-elle située, cette maison ?

— Dans un quartier perdu, tout au fond du faubourg Saint-Antoine, rue de Reuilly, 229, je ne l'ai pas encore vue.

— Comment, tu achètes une maison sans la voir, et une ancienne petite maison encore ? fit-il en riant.

— Rien n'est plus vrai, cependant. Voici comment la chose s'est passée : hier, après notre entretien, j'ai fait appeler Joseph, et je l'ai chargé de m'acheter une maison dans les vingt-quatre heures, si cela était possible, et de l'acheter meublée. Je lui expliquai dans quelles conditions cet achat devait être fait. Joseph se mit en quête ; vous savez combien il est adroit et dévoué. Le hasard le conduisit comme par la main à la maison en question, qui lui sembla réunir toutes les conditions de sécurité que j'exigeais : c'est, paraît-il, une ancienne petite maison construite par les ordres du duc de Bellegarde, vers le milieu du dix-huitième siècle ; elle est encore meublée comme elle l'était du temps de son premier propriétaire. Il paraît qu'elle est admirable de luxe et de confort à l'intérieur ; Joseph l'acheta toute meublée et la paya séance tenante six cent mille francs ; c'est pour rien, elle vaut le triple ; c'est donc une bonne affaire sous tous les rapports. Aujourd'hui, à trois heures, elle sera prête à me recevoir. D'après ce que m'a dit Joseph, rien n'y manquera ; je compte aller la visiter ; voulez-vous m'accompagner, ainsi que Denizà, dans cette longue promenade ? C'est tout Paris à traverser.

— Ma foi, je ne dis pas non ; qu'en pensez-vous, chère fille ? voilà une excellente occasion de satisfaire votre curiosité.

— Non, je n'en profiterai pas, dit-elle résolument, quant à présent du moins.

— Bon ! pourquoi cela, ma belle capricieuse ?

— Pour une raison que je crois excellente. Ainsi que l'a dit Julian, nous sommes en guerre avec le Mayor ; peut-être l'hôtel est-il surveillé par des espions invisibles, chargés d'épier toutes nos actions ; il est possible que nous soyons suivis, et, alors que deviendrait cette retraite sûre, que nous voulons offrir à notre amie, la comtesse de Valenfleurs, si elle est contrainte d'abandonner son hôtel à l'improviste : toutes les précautions prises par nous seraient ainsi déjouées ; si grand que soit mon désir de visiter cette merveille, j'attendrai pour le faire que tout danger soit conjuré ; et si vous m'en croyez, mon père, vous suivrez mon exemple. C'est déjà assez, et peut-être trop, que mon mari soit contraint d'aller là-bas, rarement je l'espère ; car certainement, ses démarches seront épiées, et il aura besoin de toute son expérience et de toute sa finesse pour donner le change aux espions du Mayor.

— Chère enfant, quand cela vous plaît, vous raisonnez comme un ange que vous êtes : on ne saurait donner un conseil plus sage et plus prudent, surtout dans les circonstances où nous sommes ; il n'est pas probable que nous ayons déjà les espions du Mayor à nos talons, cependant il est bon que nous nous tenions sur nos gardes ; nous attendrons donc et nous remettrons cette promenade à plus tard.

—Ainsi, c'est bien décidé, vous ne m'accompagnez pas ?

— Non, mon ami, dit Denizà ; mieux vaut que tu sois seul ; nous t'embarrasserions, et le hasard, dont nous devons surtout nous méfier, nous procurerait peut-être quelque désagréable aventure.

— Oui, mieux vaut s'abstenir, ajouta le docteur.

— Soit, je sortirai seul. Je vous avoue que je préfère qu'il en soit ainsi ; je serai plus libre de mes allures ; du reste, je vous dirai ce soir ce que j'aurai vu et fait.

Il se leva alors de table, mit un baiser au front de sa femme, serra la main de son père et quitta la salle à manger.

Julian se rendit dans son cabinet où son valet de chambre l'attendait. Il se fit habiller en tenue de ville, prit deux mignons revolvers à six coups, véritables chefs-d'œuvre d'armurerie, les glissa dans les poches américaines de son pantalon, y joignit un poignard court à lame fine comme une aiguille et d'une trempe excellente, qu'il plaça dans une poche de côté de sa redingote, puis il mit ses gants, son chapeau et prit une badine fort inoffensive, en apparence, mais très flexible, et dont la pomme était en plomb recouvert d'or.

Ainsi armé, Julian n'aurait pas craint d'affronter plusieurs bandits.

— Je sors à pied, dit-il à son valet de chambre ; vous donnerez l'ordre que le coupé bleu m'attende à partir de cinq heures sur la place du Théâtre-Français, devant l'entrée des artistes.

Le valet de chambre salua et Julian, quittant son cabinet, descendit le perron, traversa la cour d'honneur, sortit de l'hôtel par le guichet et tourna du côté de l'avenue de Wagram d'un pas assez relevé.

A peine avait-il fait une vingtaine de mètres qu'il crut remarquer qu'il était suivi.

Julian continua à marcher du même pas sans paraître s'apercevoir qu'il avait un espion à ses trousses.

C'était l'heure de la promenade ; une foule de voitures encombraient la chaussée.

Julian fit signe à un cocher de remise, celui-ci s'arrêta aussitôt.

Julian s'engagea sur la chaussée, échangea quelques mots rapides avec le cocher en lui mettant un louis dans la main, puis il monta dans la voiture dont il baissa les stores.

Mais, entré par la portière gauche, pendant que le cocher arrangeait ses rênes et s'enveloppait les jambes dans une couverture, il ouvrit la portière droite, sauta sur la chaussée, et se faufila entre les voitures.

Quand il fut à une dizaine de pas, il se retourna ; un individu d'assez mauvaise mine s'était cramponné derrière la voiture, qui s'éloignait au grand trot.

Julian ne s'était pas trompé : il avait un espion à ses trousses.

Mais cet espion filait, en ce moment, sur l'avenue de la Grande-Armée, pour ne s'arrêter qu'au rond-point de Courbevoie, où le cocher avait ordre de se rendre.

Fort satisfait d'avoir dépisté un espion et de s'être assuré ainsi que déjà le Mayor s'était mis en campagne, l'ancien coureur des bois, sachant qu'il devait maintenant redoubler de prudence, appela un autre cocher et se fit conduire au passage de l'Opéra.

Là, il descendit, traversa le passage, et reprit une troisième voiture, qu'il congédia à la barrière de Reuilly.

Lorsque la voiture se fut éloignée, Julian se dirigea à pied vers la maison qu'il avait achetée, et dans laquelle il pénétra sans avoir attiré sur lui l'attention des rares passants qu'il avait croisés.

Joseph l'attendait.

Tout était terminé, les fournisseurs avaient livré toutes leurs marchandises.

La visite commença ; elle fut longue.

Julian était enthousiasmé.

Cette maison dépassait toutes ses prévisions ; c'était une véritable merveille.

Du dehors, elle avait l'air d'une masure ; de la rue, il était impossible de l'apercevoir au milieu du fouillis de verdure où elle était cachée.

Julian remarqua avec une surprise fort agréable que les serrures des portes d'entrée de la maison et de chaque appartement n'étaient que des serrures de parade, elles ne servaient à rien ; les portes s'ouvraient et se fermaient au moyen de ressorts secrets, si adroitement dissimulés dans la muraille, qu'il fallait être absolument certain de leur existence pour les apercevoir.

De plus, ces portes étaient d'une solidité à toute épreuve ; il aurait presque fallu du canon pour en avoir raison ; elles étaient en fer, et recouvertes à l'intérieur et à l'extérieur de planches très minces en bois de citronnier, et chargées de sculptures admirablement ajustées.

Dans certaines pièces, il aperçut des peintures et des statues fort belles, à la vérité, mais qu'il donna l'ordre à Joseph d'enlever immédiatement ; car elles auraient blessé les yeux des dames qui se seraient risquées à visiter cette délicieuse demeure.

Julian fut intérieurement satisfait que Denizà eût refusé de l'accompagner ; car la jeune femme aurait été grandement scandalisée si ses chastes regards étaient, ce qui serait arrivé, tombés sur ces peintures et les sculptures par trop voluptueuses.

Julian fit encore d'autres observations aussi justes et aussi sensées, dont Joseph prit bonne note.

Il y avait surtout dans la salle de bains, magnifique

pièce décorée à la mode romaine, des amours, des nymphes et de satyres d'une perfection rare, mais que Julian ordonna de faire disparaître sous des tentures de haute lisse de vieux Beauvais. Et cela, sous deux jours, tout en prenant bien garde de les endommager ; car c'étaient de véritables chefs-d'œuvre de peinture.

Bref, sauf ces légères taches, qui n'en étaient pas, bien au contraire, dans une petite maison, Julian était ravi, les meubles, les tableaux et les tentures valaient seuls presque le double de ce qu'il avait payé la maison.

Aussi rendit-il Joseph heureux en le félicitant à plusieurs reprises de cette belle acquisition.

Le brave garçon n'avait pas tout d'abord aperçu les détails érotiques qui, ensuite, avaient frappé ses yeux.

Aussi, dans son for intérieur, était-il très inquiet de l'impression qu'ils feraient sur son maître.

Cette longue visite enfin terminée à la satisfaction du maître et du serviteur, Julian ordonna à Joseph de faire atteler le fiacre, et de prendre un costume convenable à l'emploi qu'il allait remplir ; c'était lui qui devait conduire.

Dix minutes plus tard, le fiacre était attelé. C'était un coupé de louage véritable, assez sale à l'extérieur, mais fort soigné en dedans.

Il était attelé d'un cheval excellent, mais sans apparence.

Julian faillit éclater de rire en voyant paraître Joseph : il ressemblait à s'y méprendre à un cocher de la compagnie des Petites-Voitures.

— Il y a un revolver à six coups dans chacune des poches de la voiture, dit-il à son maître ; j'en ai autant sur le siège.

— Très bien, répondit Julian ; faites-en autant pour les autres voitures.

— C'est fait. Où faut-il conduire monsieur ?

— Devant le perron du Palais-Royal.

— Faudra-t-il attendre monsieur ?

— Non, vous reviendrez ici tout droit; marchez vite, je suis en retard.

— Monsieur verra Fleur-de-lys, quoiqu'il ne paye pas de mine.

A cinq heures dix minutes, Julian entra dans le café de la Rotonde, en ce moment rempli de consommateurs.

C'était l'heure de l'absinthe.

Julian jeta un regard indifférent autour de lui, et alla s'asseoir à une table, où ne se trouvait qu'une seule personne ayant un grog américain devant elle, et semblant complètement absorbée par la lecture du *Times*.

— Que désire monsieur ? demanda le garçon.

— Un vermouth et le *Galignani's Messenger*, répondit Julian à voix haute.

Le lecteur du *Times* leva légèrement la tête et jeta à la dérobée un regard d'une expression singulière sur Julian.

Le garçon revint presque aussitôt, apportant le vermouth et le journal.

Julian choisit un cigare dans un délicieux étui en paille de Panama, et, se penchant vers le lecteur du *Times*, près duquel se trouvaient les allumettes :

— Vous permettez, monsieur, dit-il en anglais.

— Comment donc, monsieur, répondit l'autre dans la même langue ; faites, je vous prie.

Et se rapprochant, en même temps que de son côté Julian en faisait autant, il lui présenta les allumettes.

— Mille grâces, monsieur, répondit Julian.

Les deux hommes se trouvaient alors placés en face l'un de l'autre.

Cependant, contrairement à ce qu'on aurait été en droit de supposer, tout se borna à cet échange rapide de compliments, puis chacun s'abîma dans la lecture de son journal.

Dix minutes s'écoulèrent ainsi.

Puis le lecteur du *Times* jeta le journal sur la table, vida son grog d'un trait, appela le garçon, paya, et sortit après avoir porté la main à son chapeau pour saluer Julian.

Celui-ci lui rendit son salut, puis, à son tour, il vida son verre de vermouth, posa le *Galignani's Messenger* sur le *Times*, paya le garçon et sortit.

Bientôt il aperçut son voisin de table traversant le jardin en biais, lentement, sans se presser, le cigare aux dents, en promeneur désœuvré qui n'a d'autre préoccupation que de respirer l'air à pleins poumons.

Julian le suivit à distance, et sans en avoir l'air.

L'autre ne se retourna pas une seule fois.

Tous deux s'engagèrent ainsi dans la galerie des Proues, et, à une demi-minute de distance, ils pénétrèrent dans la cour des Fontaines.

L'inconnu obliqua à gauche et entra dans une maison située à l'angle gauche de la cour.

Julian le suivit sans hésiter, et s'engagea dans un escalier assez raide et fort malpropre.

Il entendait au-dessus de lui les pas de l'inconnu qui montait sans se presser.

En atteignant le quatrième étage, Julian n'entendit plus le bruit sur lequel jusque-là il s'était guidé, mais il vit une porte ouverte précisément en face de lui sur le palier.

Julian s'arrêta devant cette porte, assez indécis, ne sachant pas s'il devait entrer ou continuer son ascension.

Mais heureusement une voix forte vint presque aussitôt mettre un terme à ses hésitations, en lui criant en anglais :

— Ayez bien soin de ne pas laisser la porte ouverte.

Il entra alors, ferma la porte, ainsi qu'on le lui avait recommandé, et après avoir traversé une espèce d'antichambre complètement dépourvue de meubles, il pénétra dans une assez belle pièce, confortablement meublée, et prenant air par deux larges fenêtres sur la cour des Fontaines.

Cette pièce ressemblait à la fois à un fumoir, à un cabinet de travail, à un atelier d'artiste, et à une chambre à coucher

C'était un pêle-mêle, un tohu-bohu sans nom des objets les plus disparates, placés çà et là sans ordre.

Quelques tableaux de prix garnissaient les murs, une esquisse assez bonne à demi terminée était posée sur un chevalet.

Dans un coin, il y avait une commode-toilette en palissandre; dans un autre, une table en chêne sculpté, chargée de papiers et de livres avec plumes, encrier, etc.

Cette table était surmontée d'une bibliothèque renfermant une centaine de volumes choisis avec goût.

Dans un troisième, une autre table, mais celle-ci, en acajou, était une table de jeu.

Enfin, dans le quatrième angle, un piano en palissandre, chargé de partitions nouvelles.

Au-dessus du piano, il y avait un magnifique trophée d'armes de tous les pays, et une véritable collection de cannes, dont quelques-unes devaient, dans une main vigoureuse, devenir des armes redoutables.

Une cheminée, sur laquelle se trouvait une très belle garniture; en face, un divan-lit sur lequel, au besoin, on pouvait dormir.

Et au mur, placés sans ordre, des rateliers de pipes, des palettes, des bois de cerfs, de daims, d'élans, etc., le tout alternant avec les tableaux. Çà et là, sur les meubles, des couteaux catalans et des revolvers étaient oubliés, ou peut-être ainsi disposés, pour être, au besoin, trouvés sous la main.

De doubles rideaux aux fenêtres et une portière à la porte, qui, en apparence du moins, était la suite de la pièce.

L'ameublement de ce singulier logement était complété par plusieurs excellents fauteuils de formes différentes. Du plafond, fort élevé, tombait un très beau lustre.

Il ne fallut qu'un coup d'œil à Julian pour embrasser l'ensemble de ce singulier pandémonium.

L'inconnu était confortablement enveloppé dans une robe de chambre en cachemire et étendu dans un fauteuil.

Sur son invitation muette, Julian s'assit en face de lui.

— Permettez-moi de vous souhaiter la bienvenue, monsieur d'Hérigoyen, dit l'inconnu d'un air affable, veuillez en même temps recevoir toutes mes excuses pour la maussade promenade que j'ai été contraint de vous obliger à faire.

— Vous ne me devez aucunes excuses, monsieur Fillmore, bien au contraire, car grâce à cette courte promenade, j'ai constaté avec joie vos habitudes de prudence, répondit Julian avec un sourire de bonne humeur.

— La prudence est plus que jamais à l'ordre du jour, monsieur d'Hérigoyen. Nous vivons sous un prince très ennemi de la fraude, qui s'est entouré de chenapans comme lui, et a élevé l'espionnage à la hauteur d'une institution : si cela continue, la moitié de la France espionnera l'autre ; les mouchards semblent sortir de dessous chaque pavé. C'est un beau travail ! Jamais gouvernement n'a aussi carrément protégé les voleurs aux dépens des honnêtes gens.

— Hum ! ce que vous me dites là n'est pas rassurant, cher M. Fillmore, dit Julian en riant.

— Que voulez-vous ? la police tout entière est occupée à surveiller les honnêtes gens qui trouvent que tout n'est pas pour le mieux dans cette saturnale impériale, digne des plus mauvais temps du Bas-Empire, aussi les coquins pullulent et s'en donnent à cœur joie, puisqu'on leur laisse la bride sur le cou.

— Vous êtes depuis longtemps à Paris ?

— J'y suis arrivé précisément le jour même de l'enterrement de Victor Noir, si lâchement assassiné, comme vous le savez, par le prince Pierre Bonaparte ; depuis lors j'ai bien souvent regretté nos savanes de l'Ouest lointain : au moins là, sauf les jaguars, les ours gris, les Peaux-Rouges et les civicos, on pouvait vivre à peu près tranquille ; mais ici il n'y faut pas songer. La forêt parisienne, je le sais maintenant par expérience, est bien autrement dangereuse que les prairies américaines, toutes peuplées de fauves ; au moins, là-bas, nous avions le juge Lynch, pour nous rattraper un peu !

— Allons, je vois que vous avez conservé votre charmant esprit du temps où vous étiez Navaja.

— C'était le bon temps ! celui-là, fit-il avec un soupir étouffé.

— Peut-être, mais pardon, est-on en sûreté ici ? Peut-on parler franchement ?

— Parfaitement ; mes précautions sont prises en conséquence ; ce pied-à-terre, où l'on me croit Américain, est à l'abri de tout espionnage, d'autant plus que je suis sous la protection de mon ambassadeur, vous savez que je suis naturalisé américain ?

— Oui, en effet, je crois me souvenir que vous m'avez dit quelque chose à ce sujet.

— Vous venez me parler du Mayor, n'est-ce pas ?

— Oui, est-il véritablement à Paris ?

— Oui, depuis deux ans ; mais ce n'est que hier que j'ai acquis la certitude qu'il est venu se jeter dans la gueule du loup. Je l'ai rencontré hier matin dans le bois de Boulogne.

— C'est donc vous qui lui avez crié son nom aux oreilles d'une façon si désagréable. Pourquoi diable avez-vous fait cela ?

— Pour être bien certain que je ne me trompais pas, en l'obligeant par surprise à tourner la tête de mon côté, ce qu'il n'a pas manqué de faire en entendant son nom.

— Vous avez eu tort, je ne reconnais pas là votre prudence.

— Pourquoi cela, je vous prie, monsieur ?

— Dam ! il me semble que si vous l'avez reconnu, il a pu très bien vous reconnaître aussi.

— Non, monsieur, je suis certain du contraire, voici pourquoi. Depuis quelques jours, je savais que le Mayor avait pris l'habitude de faire tous les matins, de bonne heure, une promenade au bois de Boulogne ; je voulais m'assurer que l'on ne m'avait pas trompé en m'annonçant sa présence à Paris, à laquelle je ne pouvais pas croire : malgré son audace, je ne pouvais m'imaginer qu'il oserait commettre une aussi grave imprudence. Je pris mes précautions pour ne pas être reconnu par lui, si le hasard nous mettait en présence : une perruque blonde, une fausse barbe et des lunettes suffirent pour me rendre méconnaissable. Ces précautions prises, je me suis mis en embuscade à l'entrée du bois, mais sans succès. Le bois de Boulogne a plusieurs entrées ; le Mayor, sans doute, entrait tantôt par l'une, tantôt par une autre, et cela sans que je le visse. Fatigué de l'attendre ainsi en vain, hier j'eus la pensée de m'embusquer aux environs du lac ; mon inspiration était bonne. Bientôt je l'aperçus ; j'étais trop loin pour entendre et même pour bien distinguer ce qui se passait. Le Mayor semblait avoir une sérieuse altercation avec un jeune homme qui accompagnait une dame ; j'attendis. Tout à coup, je ne sais à quel propos, le Mayor partit comme un trait. Sa course ressemblait fort à une fuite ; il passa ventre à terre à moins de cinq pas de moi. J'employai alors cette vieille ruse, qui pourtant réussit presque toujours, de lui cracher à l'improviste son nom au visage. Elle réussit ; machinalement, sans probablement s'en rendre compte lui-même, il tourna la tête de mon côté : pour un instant nous fûmes face à face. Je le reconnus, le doute n'était plus possible : c'était bien lui ; seulement il est très changé ; il a beaucoup vieilli, et a sur le visage une énorme balafre que je ne lui connaissais pas ; mais il est une chose qui ne saurait changer en lui : c'est l'expression si glauque et si morne de son regard effrayant.

» La rapidité de la course avait fait tomber son binocle. Je le reconnus à ses yeux, si reconnaissables pour qui les a vus une fois. Chose étrange ! un seul homme, que je sache, possède un regard semblable : c'est l'empereur Napoléon III. Après cela, me direz-vous, ajouta-t-il en riant, les deux font la paire ; ils se ressemblent sur tant de points, qu'il n'y a rien d'étonnant qu'ils aient encore cela de commun entre eux. Bref, pour en finir, voilà comment je suis en mesure de vous affirmer que le Mayor habite Paris.

— Je vous remercie, monsieur, de m'avoir donné ces détails, qui détruisent tous les doutes que j'avais à cet égard. Vous souvenez-vous du rendez-vous que vous m'aviez assigné lors de notre dernière entrevue, au cas où j'aurais besoin de vos services.

— Parfaitement, monsieur, et ce qui le prouve, c'est votre présence ici. Seulement, vous me permettrez de vous faire observer que vous avez bien tardé.

— Vos paroles mêmes me serviront de justification, monsieur. Ne m'avez-vous pas dit, en propres termes, ces paroles : « Si vous avez besoin de moi, n'importe à quelle époque, vous me rencontrerez, chaque jour, de cinq heures à cinq heures et demie, au café de la Rotonde, au Palais-Royal. » Tant que rien n'est venu troubler ma tranquillité, j'ai pensé que mieux valait ne pas vous ennuyer de ma présence ; mais maintenant c'est autre chose : le Mayor menace non pas moi, mais une personne à laquelle je suis attaché par les liens de la plus vive reconnaissance ; je me suis engagé à défendre cette personne, êtes-vous toujours disposé à me servir ?

— Plus que jamais, monsieur, soyez-en certain.

— Je vous remercie de cette réponse franche ; elle me prouve que nous nous entendrons facilement.

— Très facilement, en effet, monsieur ; mais permettez-moi de m'expliquer clairement.

— Faites, monsieur ; je vous écoute.

— Monsieur d'Hérigoyen, je vous ai dû la vie d'abord, et ensuite la fortune dont je jouis aujourd'hui, car je possède près de soixante mille livres de rente, ce qui, vous en conviendrez, est un fort beau denier pour un homme dont la jeunesse a été plus qu'orageuse, et surtout a été émaillée de péripéties assez étranges : je vous dois donc tout cela, mais je vous dois plus encore.

— Monsieur...

— Permettez-moi de finir, je vous prie !

— Allez donc, puisque vous le voulez.

— Je vous dois, monsieur, de m'être réhabilité dans ma propre estime, en un mot, d'être redevenu un honnête homme. Depuis mon départ du Mexique, je n'ai pas eu l'ombre d'une faute à me reprocher ; voilà donc ma dette bien établie. Je suis prêt à vous servir en tout, même au péril de ma vie, dans la lutte que vous entamez contre le Mayor, vous avez ma parole, et vous savez que vous pouvez compter sur moi.

— Je le sais depuis longtemps, voilà pourquoi je suis...

— Pardon, monsieur, un mot encore ; je vous servirai, mais sans aucun marché semblable à celui que nous avons fait, il y a quelques années, entre nous au Mexique, ma résolution en est prise.

— Cependant, monsieur...

— N'insistez pas, je vous en supplie. J'ai fait un serment, je le tiendrai à tout prix, quoi qu'il arrive. En vous servant, je combats pour ma propre cause, et c'est encore un service que vous me rendez, puisque, selon toute probabilité, grâce à vous je parviendrai à tenir mon serment.

— Laissons donc cette question de côté, puisque vous l'exigez.

— Je l'exige, oui, monsieur, car dans le cas contraire je serais forcé de rester neutre dans votre querelle avec mon implacable ennemi, ce qui me chagrinerait fort.

— C'est bien, monsieur, tout est dit à ce sujet ; mais vous accepterez tout au moins de me serrer la main.

— Oh ! de grand cœur, monsieur, répondit-il avec émotion, en pressant dans sa main celle que lui tendait Julian, vous ne pouviez, monsieur, me causer une plus grande joie et me mieux récompenser de ce que j'espère faire pour amener la réussite de vos projets.

— Maintenant que tout est réglé entre nous, dit Julian gaiement, avez-vous quelques renseignements à me fournir sur notre ennemi commun ?

— Aucun, ou du moins très peu jusqu'à présent : ce n'est que depuis ce matin que je me suis mis en campagne décidément ; mais j'attends ce soir même des renseignements positifs. Tout ce que je puis vous apprendre en ce moment, c'est que ce drôle de Calaveras, l'âme damnée du Mayor, est à Paris, lui aussi.

— Comment ce misérable n'est donc pas mort !

— Comment, mort ?

— Oui, ce Félitz Oyandi, car tel est son nom, était déserteur de l'armée française ; il a dû être fusillé à Urès.

— Non pas ; il est bien vivant à Paris, où il trame on ne sait quelle affaire mystérieuse.

— Sans doute de compte à demi avec le Mayor ?

— C'est probable ; du reste, nous le saurons bientôt. Ah ! il se nomme Félitz Oyandi ; c'est bon à savoir.

— Je le connais depuis l'enfance ; nous sommes du même pays. Mais soyez prudent. Êtes-vous bien sûr de votre espion ?

— Comme de moi-même ; lui aussi a juré de se venger du Mayor ; notre haine commune nous a rapprochés. Mais à propos, vous le connaissez ?

— Moi, allons donc ?

— C'est Sébastian, cet ancien matelot qui...

— Mais il a été tué ! Je me le rappelle très bien ; il comparaissait devant le juge Lynch et faisait sa confession à haute voix.

— Quand il a reçu un coup de feu ?

— C'est cela même.

— Eh bien ! pendant que l'on courait après son assassin, lui, il s'est échappé.

— Pardieu ! voilà qui est bizarre ; et il est à Paris ?

— Depuis deux ans ; il suit le Mayor à la piste.

— Il doit être pauvre.

— Non pas, le drôle avait un magot caché en lieu sûr ; il est très à son aise.

— C'est étrange, tous les ennemis du Mayor semblent ressusciter pour l'accabler.

— On le croirait.

— Enfin, nous verrons ! Maintenant entendons-nous bien, où et comment nous rencontrerons-nous ?

— Nous nous rencontrerons demain entre quatre et cinq heures au café du Helder. Je vous parlerai le premier, je possède un grand talent de grime, je viendrai déguisé en officier en demi-solde ; en nous quittant, nous conviendrons d'un nouveau rendez-vous. De cette façon nous dépisterons les espions ; il est important que nous ne soyons pas reconnus : quel costume porterez-vous ?

— Pour demain, aucun autre que celui-ci ; plus tard, nous verrons. Le Mayor ne m'a vu qu'une fois ; je portais toute ma barbe très longue, les cheveux tombant sur les épaules, et j'étais vêtu en coureur des bois. Il y a quatre ans de cela, je n'ai rien à risquer.

— C'est vrai ; ainsi, à demain. Surtout, à moins d'un cas pressant, ne nous voyons jamais ici. Si vous avez à m'écrire, adressez vos lettres boulevard Poissonnière, 88, où je demeure

— Très bien. Quant à moi, je demeure...

— C'est inutile, je connais votre adresse, monsieur.

— Alors, adieu, et à demain à trois heures, au café du Helder.

Julian prit alors congé. Il alla retrouver sa voiture, qui l'attendait à la place du Théâtre-Français, et il rentra à son hôtel.

VI

DANS LEQUEL LE MAYOR NE VEUT CROIRE NI AUX SORCIERS NI AUX MIRACLES

Pendant que Julian d'Hérigoyen, fort inquiet de voir une fois encore le bonheur de madame la comtesse de Valenfleurs mis en question, et par conséquent celui de Denizà et le sien menacés, préparait activement son entrée en campagne contre le Mayor — car l'ancien coureur des bois était déterminé à en finir, cette fois, n'importe par quel moyen, avec cet implacable et insaisissable ennemi qui, nouveau et monstrueux Protée, semblait se jouer de lui et prenait toutes les formes pour se dresser constamment railleur et menaçant devant lui — celui-ci, de son côté, ne restait pas oisif, et mettait tout en œuvre pour gagner cette partie, qu'il comprenait, lui aussi, devoir être la dernière.

La rencontre, si longtemps attendue par le Mayor, du comte de Valenfleurs et de Vanda au bois de Boulogne, avait été loin de tourner comme il l'avait espéré.

Il s'était flatté d'intimider par sa morgue hautaine un jeune homme de l'âge du comte Armand, et d'en avoir ainsi facilement raison.

Au lieu de cela, il s'était trouvé en présence d'un homme d'une fermeté froide et tranchante, qui avait nettement répondu à ses indiscrètes questions de façon à lui prouver qu'il ne s'en laisserait pas imposer facilement, et avait ainsi fait comprendre au Mayor que ses calculs étaient faux, et qu'au lieu d'un enfant, il avait en face de lui un adversaire redoutable, avec lequel il lui faudrait sérieusement compter.

Cette découverte, en éveillant la colère du Mayor, l'avait mis hors de lui.

Il s'était abandonné à toute la violence de son caractère, malgré toutes ses résolutions contraires; imprudence qu'il regrettait d'autant plus amèrement, que l'interpellation que lui avait lancée à l'improviste un cavalier mystérieux, entendue par le jeune comte, en déchirant brutalement l'incognito derrière lequel il s'abritait, donnerait l'éveil aux ennemis qu'il s'était flatté de surprendre, les mettrait sur leurs gardes, et détruirait ainsi tous les plans qu'il avait formés pour obtenir enfin cette vengeance que depuis si longtemps il désirait.

Tout en galopant, effaré, à travers les allées du bois de Boulogne, le Mayor essayait de reprendre son sang-froid et de remettre de l'ordre dans ses idées bouleversées par la scène étrange dans laquelle, il était forcé d'en convenir, il avait joué un si piteux rôle.

Cependant, peu à peu son sang recommença à circuler avec moins de violence dans ses veines, ses artères cessèrent de battre.

L'air frais du matin, en le frappant au visage, lui rendit un calme relatif, qui lui permit d'envisager plus froidement et surtout plus sainement la situation dans laquelle il se trouvait jeté à l'improviste par sa faute.

Il s'arrêta.

Son cheval haletant et couvert d'écume, butait à chaque pas et avait besoin de reprendre haleine.

Dans le premier moment, le Mayor, épouvanté d'être reconnu, s'était lancé à fond de train ; il avait fui pour fuir, sans tenir aucune direction, pour échapper au plus vite à la vue de ceux qu'il avait offensés et qui, peut-être, surtout après avoir entendu son nom, se préparaient à lui faire un mauvais parti.

Mais un instant de réflexion suffit pour le rassurer.

Aucun danger immédiat ne pouvait le menacer ; quant à présent du moins, il n'avait rien à redouter de personne.

Plus maître de lui maintenant, il sourit de la terreur folle à laquelle il s'était laissé aller ; toute son audace lui revint aussitôt. Il alluma un cigare et regarda autour de lui pour s'orienter.

Ainsi qu'il arrive presque toujours en pareil cas, le Mayor avait, pendant près d'une heure, presque constamment tourné dans le même cercle.

Son cheval était arrêté en face du parc des Dames.

Après avoir réfléchi pendant deux ou trois minutes, il tourna la tête de sa monture du côté de la Muette et il repartit, mais cette fois au trot, et en affectant les allures dégagées d'un promeneur.

Après avoir franchi les fortifications, il se dirigea lentement vers Paris.

Tout en fumant, le Mayor songeait ; il se disait, à part lui, certaines vérités cruelles qu'on ne se ménage pas quand on est seul avec soi-même, mais que jamais on ne souffrirait de s'entendre dire par un tiers.

Le résumé de ses réflexions se traduisit par ces quelques mots qu'il prononça entre haut et bas :

— Définitivement, je suis un niais ; j'ai fait une école impardonnable, digne d'un enfant de dix ans ; il n'y a que lui qui peut arranger cela en me donnant un bon conseil ; on n'est pas plus sot que je l'ai été ; le diable soit de moi, avec mes colères stupides ! Est-ce que je baisserais par hasard ?

Il hocha la tête deux ou trois fois, en faisant tomber avec son petit doigt la cendre de son cigare, et il ajouta avec un sourire d'une expression singulière :

— Eh non ! je ne baisse pas ; au contraire, je suis toujours le même ; malheureusement, quoi que je fasse, je ne puis me courber aux exigences stupides de la vie civilisée, ni me résigner à ses mièveries stupides, voilà tout !

Après avoir tourné dans plusieurs rues encombrées de voitures et de piétons, car il était près de onze heures, le Mayor s'engagea dans une ruelle assez sale et complètement déserte.

Sans descendre de cheval, du pommeau de sa cravache, il frappa deux coups espacés, et trois autres précipités contre une porte, percée dans un mur de clôture à droite et presque au fond de la ruelle.

Puis il mit pied à terre, attacha la bride de son cheval à un anneau et rebroussa chemin.

A peine eut-il fait quelques pas dans cette nouvelle direction, que la porte à laquelle il avait frappé s'ouvrit, un homme parut, détacha l'animal, le rentra et referma la porte.

Le Mayor, certain que son cheval était en sûreté, fit quelques pas encore et s'arrêta devant une seconde porte.

Mais cette fois, il tira une clé microscopique de sa poche et l'introduisit dans la serrure.

La porte s'ouvrit ; il entra et referma la porte de la ruelle en la poussant seulement.

Un bruit sec, semblable à celui du fer frappant contre le fer, se fit entendre.

Aussitôt un homme parut, tenant une lanterne à la main.

L'endroit où se trouvait le Mayor était un corridor étroit, assez long et complètement obscur.

Ce corridor était coupé à égale distance dans sa largeur par deux herses en fer, d'une solidité à toute épreuve.

— Ah ! c'est vous ? cria l'homme à la lanterne ; je vous attendais.

— Tant mieux, répondit le Mayor, ouvrez-moi alors.

— Voici, répondit l'autre en touchant un ressort invisible.

Les deux herses s'abîmèrent aussitôt sans produire le moindre bruit, et disparurent sous le sol comme ces décors de féeries, disposés pour les changements à vue.

Le Mayor passa et rejoignit l'homme à la lanterne, qui allait un peu en avant et lui servait de guide dans cet inextricable dédale.

Enfin, après dix minutes de tours et détours, les deux hommes pénétrèrent dans une pièce que nous ne décrirons pas, par la raison toute simple que cette pièce était le cabinet où, la nuit précédente, ce bon M. Romieu avait reçu le Loupeur.

L'homme à la lanterne, le lecteur l'a deviné, était M. Romieu.

Le seul changement qu'on remarquât dans le cabinet consistait en ceci : que les fenêtres, si complètement calfeutrées pendant la nuit, n'avaient plus leurs volets et laissaient par conséquent pénétrer les rayons du soleil tamisés par d'épais rideaux de laine.

— Bonjour. Est-ce que vous sortez, Oyandi ? demanda le Mayor en se laissant tomber sur le canapé de crin : vous voilà tout de noir habillé comme un notaire qui va faire un testament.

— Non, Mayor ; je ne sors pas, je rentre.

— Comment ! à cette heure ? Où diable êtes-vous allé ?

— Au rond-point des Champs-Elysées, où m'attendait un drôle que j'espérais ne pas y rencontrer, et auquel j'ai remis un chèque de quatre cent mille francs.

— Et que, sans doute, il a accepté avec reconnaissance ?

— Pas le moins du monde ; il ne m'a même pas dit merci.

— Diable ! une si belle somme valait au moins un remerciement.

— Non ; c'était une affaire.

— Ah! alors, c'est autre chose; vous faites de belles affaires, à ce qu'il paraît...

— Moi, non pas, je vis tranquille avec le peu que je possède.

— Hum! le peu!... Enfin, passons; cependant, cette somme de quatre cent mille francs?

— Cinq cent mille; j'ai remis cette nuit cent mille francs à ce même drôle.

— Vous voyez bien que vous faites des affaires, reprit le Mayor en allumant un cigare.

— Non pas, s'il vous plait, cher ami; j'ai payé, c'est vrai, mais pour votre compte.

— Hein? que dites-vous donc là? fit-il, l'allumette d'une main et le cigare de l'autre.

— Dam! la vérité; avez-vous donc perdu la mémoire?

— Non, certes, mais une si grosse somme...

— Eh! dit Félitz Oyandi avec son ricanement habituel, vous n'en serez pas quitte à si bon marché; cela coûte gros pour lever une armée.

— Enfin, si nous réussissons, ce ne sera que demi-mal, dit philosophiquement le Mayor.

— Oui, si nous réussissons; mais je crains bien que cette fois encore nous ne payions les pots cassés, et cela par votre faute, comme toujours.

— Bon! pourquoi cela?

— N'est-ce pas vous qui avez insisté pour me faire traiter avec le Loupeur?

— Certainement; cet homme est le chef avoué de tous les malandrins de Paris.

— C'est vrai; mais connaissez-vous bien cet homme?

— Je le connais pour un bandit de la pire espèce, très intelligent, dont l'esprit est rempli de ressources, adoré de tous ces drôles qui se sont volontairement placés sous ses ordres. Je me suis trouvé trois ou quatre fois avec lui sans qu'il me connût. Il me croyait un des siens arrivant à Paris après s'être évadé de Cayenne.

— Etes-vous bien sûr de ne pas être connu de lui?

— Comment me connaîtrait-il ?

— Je l'ignore, ce qui est certain, c'est que moi, il me connaît.

Le Mayor fit un bond sur le canapé.

— Il vous connaît ? s'écria-t-il en devenant livide.

— Oui, j'avais eu avec lui une longue conversation, pendant laquelle il m'avait traité d'une façon plus que blessante. Pendant toute notre entrevue, j'avais dissimulé ma colère, résolu à me venger de lui dès que l'occasion s'en présenterait ; grâce à certains moyens dont je dispose, j'avais réussi à savoir qu'il se nommait Montréal ou de Montréal, qu'il appartenait à une excellente famille du Nivernais, et qu'à la suite d'événements sur lesquels je ne pus obtenir aucun éclaircissement, il avait été contraint de se jeter dans le monde des voleurs, où il se cachait sous le pseudonyme de Loupeur. Bref, en le reconduisant, notre entretien terminé, jusqu'à la porte de la rue, et prenant congé de lui, je lui dis, afin de lui prouver que j'avais percé son incognito : — Bonsoir, monsieur de Montréal.

— Hum ! vous avez commis là une grave imprudence.

— C'est vrai, mais il était trop tard. Le drôle se mit à rire et me cria à pleine voix : — Bonsoir, monsieur Félitz Oyandi.

— Comme moi ! s'écria involontairement le Mayor ; ah ! ça, tout le monde nous connaît donc ?

— Hein ! que voulez-vous dire ?

— Rien ; vous le saurez bientôt, achevez ; comment se fait-il que vous ne l'ayez pas tué raide ?

— Il était trop loin pour que je pusse l'atteindre ; d'ailleurs, je fus atterré de cette interpellation ; je restai pendant quelques instants sans avoir conscience de moi-même. Lorsque je revins à moi, il était entré chez un marchand de vins ; cependant je ne désespérai pas. Cinq minutes plus tard, il avait à ses trousses un de nos plus résolus bandits, auquel j'avais remis cent francs.

— Eh bien ?

— Je l'ai revu ce matin au rendez-vous qu'il m'avait

assigné ; il se moqua de moi et de ma tentative d'assassinat sur sa personne ; je niai, mais il ne fut pas ma dupe.

— De sorte ?...

— Que nous sommes à la merci de ce drôle, qui sans doute essaiera de nous faire chanter.

— Diable ! diable ! la situation n'est pas couleur de rose. Est-ce tout ?

— Trouvez-vous donc que ce ne soit pas assez ?

— Caraï ! je trouve que c'est beaucoup trop. Maintenant, écoutez-moi à votre tour : quand vous m'aurez entendu, vous aviserez à ce qu'il convient de faire dans les circonstances où nous nous trouvons ; car mon cas a une singulière ressemblance avec le vôtre, et peut-être est-ce le même individu qui, à quelques heures de distance, nous a craché nos noms à la figure.

— Comment ! s'écria Félitz Oyandi avec épouvante ; mais alors nous sommes perdus ! Il faut fuir au plus vite.

— Taisez-vous, trembleur, et écoutez-moi ; nous verrons ensuite quelles mesures nous devons prendre.

— Oui, c'est cela, parlez, parlez au plus vite !

Le Mayor haussa les épaules en souriant avec mépris, et, faisant tomber la cendre de son cigare, il raconta dans tous ses détails ce qui, le matin, s'était passé au bois de Boulogne.

— J'étais précisément venu chez vous, ajouta-t-il en terminant, pour vous mettre au courant de cette affaire, et vous demander conseil, ou plutôt m'entendre avec vous à propos de cette affaire. Voyons, qu'en pensez-vous ?

Félitz Oyandi avait écouté avec la plus sérieuse attention le récit du Mayor, les sourcils froncés et la pâleur au front.

— Mon avis, dit-il après un court silence, mon avis est bien simple : abandonner tout, fuir et nous mettre en sûreté au plus vite.

— Allons donc ! cœur de poulet que vous êtes ! Convient-il de jeter ainsi le manche après la cognée ? L'argent que nous avons déboursé sera donc perdu ?

— Il vaut mieux perdre une somme, si importante qu'elle soit, que risquer sa tête.

— Raisonnons froidement.

— Je ne demande pas mieux, ce que vous feignez de prendre pour un manque de courage n'est en réalité que de la prudence, et si vous voulez m'écouter pendant cinq minutes seulement, je me fais fort de vous le prouver.

— Eh bien, soit, parlez, je vous écoute ; mais soyez bref et surtout allez droit au but, vous savez que je n'aime pas les longs discours.

— Soyez tranquille, je n'abuserai pas de votre patience : nous ne sommes pas ici dans les grandes savanes américaines de l'Ouest lointain...

— Bon ! interrompit vivement le Mayor, arrêtez-vous, cher ami, vous n'avez pas besoin d'aller plus loin.

— Pourquoi cela ?

— Parce que je sais ce que vous allez dire, pardieu ! Il ne faut pas être sorcier pour le deviner.

— Oh ! oh ! dit Félitz Oyandi avec incrédulité.

— C'est comme cela, cependant ; nous ne sommes pas au désert, où la loi du plus fort prime tout, où l'on jouit de la liberté, ou, si vous le préférez, de la licence la plus complète ; où l'on tue ou l'on est tué sans que personne s'en préoccupe, et où l'impunité est assurée d'avance à celui qui sait se faire craindre et s'imposer aux autres : non, nous sommes à Paris, au centre de la civilisation où la loi règne en maîtresse ; où le gouvernement dispose d'une police admirablement organisée, nombreuse et aguerrie ; où l'homme qui commet non pas un crime, mais seulement un simple délit, est aussitôt recherché, et, si habile qu'il soit et si riche qu'il puisse être, ne saurait parvenir à s'échapper, tant toutes les issues lui sont fermées... N'est-ce pas cela que vous vouliez me dire ?

— C'est cela, en effet, répondit Félitz Oyandi en baissant affirmativement la tête.

— Il y aurait beaucoup de choses à répondre sur l'organisation de cette police tant vantée et son habileté incomparable. Je pourrais vous prouver, par des chiffres d'une exactitude incontestable, qu'un tiers au moins des malfaiteurs poursuivis passent, comme en se jouant, à travers les mailles de ce filet, en apparence si étroites. On fait grand bruit de ceux dont on réussit à s'emparer; mais ceux qui s'échappent, on n'en parle jamais. Quand je ne citerais à l'appui de mon dire, que vous et moi, ce serait déjà une preuve, il me semble. Souvenez-vous de nos compagnons des savanes: combien comptions-nous de ces contumaces dans nos rangs ? Navaja, Masamora, Sebastian et tant d'autres encore que nous ne connaissions pas, — tous ceux-là, et bien d'autres encore, avaient, comme nous, passé à travers les mailles du filet.

— D'accord; mais combien y sont restés engagés ?

— Par leur faute, cher ami; ceux-là sont des niais qui n'ont pas su se tirer d'affaire, voilà tout. Mais venons à ce qui nous regarde personnellement, et, comme je vous le disais tout à l'heure, raisonnons froidement.

— Allez, je suis curieux de savoir comment vous me prouverez que nous n'avons rien à craindre ?

— Facilement, je l'espère, et il ne me faudra pas de grands efforts d'imagination pour y réussir. Vous et moi, nous avons été reconnus par deux hommes, ou peut-être même par un seul : voilà la question, n'est-ce pas ?

— Parfaitement.

— Très bien. Ceux qui nous ont reconnus nous connaissent. D'où nous connaissent-ils ? Evidemment d'Amérique, où ils nous ont vus à l'œuvre. Peut-être même ont-ils servi sous nos ordres; mais j'irai plus loin : j'admets à la rigueur cette hypothèse impossible, qu'ils nous aient connus avant notre départ de France.

— Pourquoi cette hypothèse vous semble-t-elle impossible ?

— Tout simplement parce qu'elle est absurde; avant que nous quittions la France, nous n'avions rien à redouter, parce que tout le monde ignorait ce que nous avions pu faire. Je ne parle pas de moi; depuis je ne sais combien d'années on me croit mort. Ceux qui nous ont reconnus sont donc des gens placés dans la même situation que nous, qui, par un motif ou pour un autre, ont de très fortes raisons pour ne pas mettre la police dans leurs affaires ; peut-être la redoutent-ils plus que nous, car enfin nous avons une position au grand jour et bien assise, nos papiers sont parfaitement en règle : de plus nous sommes à la fois très riches et étrangers. Jusqu'à présent, on n'a pas à nous reprocher la plus légère peccadille ; au lieu que ces gens dont nous parlons ont tout à redouter. Ce sont des outlaws ; ils se cachent dans des bouges infects, afin de mieux échapper aux regards de cette police qu'ils ont mille raisons de redouter ; ils nous dénonceraient qu'on ne les croirait pas. Croyez-moi, on y regarderait à deux fois avant seulement de nous soupçonner.

— Et vous concluez ?

— Tout simplement, cher ami, que nous n'avons rien à redouter de personne, sauf peut-être quelques tentatives de chantage qui avorteront misérablement devant notre audace et notre fermeté. Grâce à Dieu, nous savons comment ces drôles doivent être menés. Que dites-vous de ce raisonnement ?

— Il est juste jusqu'à un certain point.

— Pourquoi cette réticence ?

— Parce que vous avez oublié, peut-être volontairement, nos ennemis les plus redoutables.

— Ah ! très bien, vous voulez parler de Julian d'Hérigoyen et de son ami Bernardo ?

— Tout juste ; ceux-là, il me semble, n'ont aucune raison qui les puisse engager à nous ménager et à ne pas s'adresser à la police ?

— Ils n'ont aucune raison, en effet.

— Ah ! vous voyez bien !

— Oui, mais ils ne le feront pas.

— Oh ! oh ! vous pourriez vous tromper !

— Non, j'en suis sûr, dit-il nettement.

— Pourquoi cela, s'il vous plaît ?

— Parce que ces deux hommes sont d'anciens coureurs des bois, accoutumés comme nous à la vie des savanes ; ils se considèrent comme ayant une partie engagée contre nous ;

ils nous poursuivront à outrance, j'en suis certain, par tous les moyens en leur pouvoir ; mais jamais ils n'accepteront le concours de la police ; ils prétendront agir seuls sans aucun aide, autre que leur courage, leur habileté et leur adresse ; ce qui déjà sera très embarrassant pour nous. La guerre que nous leur voulons faire, ils nous la feront ; ce sera un duel mortel, une lutte sans merci, de ruse et de finesse, je l'admets, mais pas autre chose. Je ne saurais vous prouver mon dire, mais j'ai la conviction qu'il en sera ainsi.

— J'ai de la peine à croire qu'ils tiendront cette conduite.

— Ce sera comme cela, cependant ; vous le verrez.

— Entre nous, c'est de la sottise. Quand on tient ses ennemis comme ils nous tiennent sans doute, on doit les écraser sous le talon de sa botte ; quant à moi, j'agirais ainsi.

— C'est possible, chacun a sa nature ; eux, ils n'auront même pas la pensée de nous dénoncer.

— Oh ! oh ! vous allez bien loin.

— Nous sommes en vendetta, comme disent les Corses ; ils nous combattront loyalement, avec les armes qu'ils ont entre les mains, sans même songer à en trouver d'autres.

— Hum ! cela est bien étonnant.

— Non, donné le caractère de ces deux hommes, c'est au contraire rigoureusement logique ; à moins d'être un lâche, on ne charge pas la police de venger ses injures. Ceci posé, quoi qu'il arrive, je resterai ; quant à vous, vous êtes libre de renoncer à votre chère Denizà et à la vengeance que vous vous promettez depuis si longtemps et que, je vois, vous n'obtiendrez jamais, grâce à votre prudence, ajouta-t-il avec une mordante ironie.

Fèlitz Oyandi tressaillit sous ce coup de fouet si rudement asséné.

Son regard lança un fulgurant éclair et regardant le Mayor bien en face :

— Soit, dit-il, d'une voix heurtée, je resterai ; mais

souvenez-vous que je vous ai averti et que vous avez refusé de me croire. J'ai le pressentiment que nous périrons à la tâche.

— Qu'importe, si nous réussissons ! dit le Mayor d'une voix sombre.

— Oui, mais réussirons-nous ?

— Enfin, le sort en est jeté. Il est trop tard maintenant pour reculer ; il faut agir avec vigueur et surprendre nos ennemis par la rapidité de notre attaque.

— Ainsi, nous attaquons ?

— Oui, si vous êtes prêt ?

— Je le suis ; je n'attends plus qu'un ordre de vous pour mettre le feu à la mine qui, peut-être, nous fera sauter. Cet ordre, le donnez-vous ?

— Que comptez-vous faire ?

— Exécuter le plan que nous avons dressé en commun ; mais en en modifiant quelques détails, à cause de ce qui s'est passé aujourd'hui. Depuis six mois, mes espions surveillent sans relâche nos ennemis ; nous avons des intelligences jusque dans la domesticité de l'hôtel d'Hérigoyen et de l'hôtel de Valenfleurs ; nos ennemis ne font point un pas sans que je sois immédiatement prévenu.

— Ce qui nous donne un immense avantage sur eux, puisqu'ils ne savent rien de nous, excepté nos noms ; et vous désespériez ! Allons donc, vous êtes fou ! nous avons tous les atouts en mains, sachons nous en servir à propos, et nous réussirons.

— Peut-être dites-vous vrai ; du reste, l'avenir nous apprendra qui de nous deux a tort ou raison.

— Soit ; puis-je compter sur vous ?

— En tout et pour tout : je ne vous abandonnerai pas ; ma résolution est prise, j'irai jusqu'au bout ; d'ailleurs, cette existence de complots continuels commence à peser lourdement sur mes épaules ; c'est un fardeau dont je veux à tout prix me débarrasser : vous serez content de moi, laissez-moi faire.

— Ne vous ai-je pas donné carte blanche ? Ainsi, nous attaquons ?

— Dans vingt-quatre heures au plus tard nous serons à l'œuvre.

— A la bonne heure ! je vous retrouve. Ne craignez rien, nous réussirons.

— Je ferai tout pour que cela soit ; mais, je vous le répète, je ne l'espère pas.

— Le diable soit de l'entêté ! dit le Mayor en riant.

— Ce n'est pas de l'entêtement, reprit Félitz Oyandi en hochant mélancoliquement la tête, c'est une conviction.

— Voyons, il y a quelque mystère là-dessous ; vous me cachez quelque chose, avouez-le ?

Félitz Oyandi tressaillit ; un frisson courut par tout son corps, une contraction nerveuse crispa les muscles de son visage, devenu subitement plus pâle encore.

— Vous le voyez bien que vous ne dites pas tout. Voyons, nous ne sommes pas seulement des complices, mais encore des amis dévoués. Je n'ai jamais eu de secrets pour vous.

— Je le constate, Mayor ; vous m'avez toujours et partout témoigné la plus entière confiance.

— Alors, puisque vous en convenez, pourquoi n'agissez-vous pas de même avec moi ?

— Parce que le pressentiment qui me serre la gorge est absurde, qu'il ne repose sur rien de raisonnable, et que si je vous le révélais, vous vous railleriez de moi, — et je l'aurais mérité, ajouta-t-il en essayant de sourire.

— Allons donc ! vous n'êtes ni un fou, ni un visionnaire, mon camarade. Confessez-vous à moi : loin de vous rire au nez, je vous aiderai à vous débarrasser de vos papillons noirs, car j'espère que ce n'est pas autre chose, mort diable ! Mon ami, quand on entame une lutte comme celle que nous commençons, il faut mettre de côté toutes préoccupations et, surtout, ne pas se laisser aller à ses nerfs comme une jeune femme coquette.

— Si je fais ce que vous me demandez, vous ne rirez

pas de ma crédulité et vous ne la tournerez pas en ridicule?

— Non, sur l'honneur! Ah! c'est de ce côté que souffle le vent. Eh bien! parlez sans crainte. Savez-vous bien quel est le secret de cette audace, de ce courage indomptable que mes amis eux-mêmes reconnaissent en moi? Eh bien! c'est une prophétie qui m'a été faite dans mon enfance par une bohémienne.

— Vous ne plaisantez pas? s'écria vivement Oyandi.

— Jamais je n'ai été plus sérieux, mille diables! Il me semble la voir encore, cette atroce mégère, avec ses yeux chassieux et éraillés, brillant d'une flamme sombre, son nez recourbé en bec de perroquet, sa bouche édentée et sans lèvres, avec son teint de suie et ses cheveux gris flottant au vent, et les horribles guenilles dans lesquelles elle se paquetait tant bien que mal; il y a bien des années de cela et pourtant cette horrible femme est encore aussi présente à ma mémoire que si c'était hier que je l'eusse rencontrée. J'avais à peine dix-huit ans alors; j'étais à l'Ecole Militaire; je lui avais, en passant près d'elle, jeté une pièce de vingt sous; elle me remercia, et me prit la main pour la baiser; elle la serrait si fort, que je ne pus la lui faire lâcher d'abord; mais bientôt, elle la laissa aller en hochant tristement la tête. Je lui demandai d'où lui venait cette tristesse subite et ce qu'elle avait vu de singulier dans ma main; je riais, j'insistais pour vaincre son mutisme obstiné, et je réussis enfin en lui donnant une pièce de cinq francs. « Tu le veux, me dit-elle, sois satisfait; ta main est rouge; tu nageras dans une mer de de sang; ta vie se résume ainsi : gloire, crimes et trahisons; redoute surtout les morts que tu auras faits; ton seul ami, trahi et tué par tes ordres, apparaîtra à tes yeux pour te frapper et t'entraîner avec lui dans l'enfer. » Ce fut en vain que je voulus contraindre cette misérable femme à s'expliquer; je ne pus rien tirer de plus : elle m'échappa et s'enfuit en criant d'une voix stridente: « Crains les morts! » Je m'éloignai en riant. Que peuvent les morts contre moi? Aussi, toute sinistre que soit en apparence cette prophétie de la Bohémienne, elle me laisse bien tranquille; si je dois être tué par un ami mort par mon ordre, comme jamais je n'ai eu d'autre ami que vous, mon camarade, et que grâce à Dieu ou au diable vous êtes bien vivant, j'ai encore bien des années devant moi avant de rejoindre tous ceux que j'ai tués. Vous confesserez-vous à votre tour, maintenant?

— C'est bizarre, répondit Felitz Oyandi comme s'il se fût parlé à lui-même, toutes ces prophéties, en apparence absurdes dans la forme, se réalisent presque toujours à la lettre. Vous êtes Basque comme moi; mieux que tout autre, vous comprendrez cette superstition, qui forme pour ainsi dire le fond de mon caractère, et dont jamais je n'ai réussi à me débarrasser entièrement...

— Ce n'est pas étonnant, notre pays pullule de sorcières. Dès nos premiers jours, nos nourrices nous bercent avec des contes absurdes, où sorciers et sorcières, diables ou diablotins jouent toujours le premier rôle, avec les fantômes ou les spectres : on serait superstitieux à moins... Surtout, lorsque, comme vous, on est né et on a été élevé dans un village perdu dans les montagnes et par cela même réfractaire à tout progrès.

— Ce doit être cela; ce qui est certain, c'est que malgré tous mes efforts et les raisonnements les plus sensés, je suis aujourd'hui ce que j'étais étant enfant, c'est-à-dire crédule, infatué de toutes ces stupidités et me laissant plus que jamais dominer par elles.

— Cela me semble très naturel; voyons, de quoi s'agit-il?

Félitz Oyandi sembla se recueillir un instant.

Puis, il reprit d'une voix rauque et basse, étreinte par une émotion intérieure vainement combattue.

— Vous vous rappelez sans doute cette hutte des Montagnes-Rocheuses, appartenant au Canadien La Framboise?

— Vous et moi, mon camarade, dit le Mayor en fronçant le sourcil, nous avons de terribles raisons de nous en souvenir!

— C'est juste; je vous ai raconté comment, la nuit que vous savez, après de nombreux efforts, j'avais presque réussi à m'échapper, lorsque deux horribles molosses m'avaient assailli à l'improviste, et m'auraient dévoré si le Cœur-Sombre et La Framboise lui-même ne m'avaient pas retiré, pantelant et à demi-mort, de leurs furieuses étreintes.

— Oui, je sais cela.

— Mais ce que vous ignorez, c'est la vengeance que je tirai de ces affreux molosses?

— J'ai entendu dire vaguement, que La Framboise avait péri ainsi que sa famille dans un incendie.

— Cet incendie avait été allumé par moi; je n'en voulais pas à La Framboise, ni aux siens; il m'avait soigné pendant plusieurs mois avec un dévouement que je me plais à reconnaître. Lorsque je fus rétabli de mes blessures, il me donna des armes, des vivres et un cheval, c'était bien; je n'avais donc aucun motif de haine contre lui; mais j'avais juré de tuer les chiens; pour y réussir, il me fallait brûler la hutte, car jamais je ne me serais hasardé à portée de leurs redoutables mâchoires.

— Mort-diable! et pour vous débarrasser des molosses, vous avez brûlé le nid et rôti toute la couvée?

— C'était une terrible nécessité; j'hésitai bien longtemps, mais j'avais juré.

— Et un galant homme n'a que sa parole, fit le Mayor en riant; et combien étiez-vous pour ce chef-d'œuvre?

— J'étais seul; si j'avais eu des complices, ils auraient parlé, et je voulais que cette affaire demeurât toujours à l'état d'énigme indéchiffrable.

— Et vous avez parfaitement réussi; mille diables! vous êtes un rude homme. Nous étions bien faits pour nous entendre. Je n'aurais pas mieux fait, moi qui m'en pique; recevez mes sincères compliments. Cela me donne bon espoir pour notre affaire; je vois avec plaisir qu'au besoin vous savez être homme d'action; tant mieux! car peut-être serons-nous obligés de mettre les mains à la pâte. Mais continuez : je ne comprends pas encore bien clairement quel rapport cette aventure peut avoir avec les pressentiments dont vous m'avez parlé tout à l'heure.

— Vous allez voir comme tout s'enchaîne, et quelle étrange révélation m'a été faite, il y a un mois à peine, ici même à Paris.

— Voyons, je suis tout oreille.

— Donc, il y a un mois, j'avais accepté, je ne sais comment, une invitation à dîner chez mon banquier. Au dessert, la conversation, assez languissante jusque-là, s'anima, et ce fut alors que j'entendis parler, par hasard, d'une sorcière, une espèce d'illuminée que tout le monde semblait connaître et qui, disait-on, racontait le passé et prédisait l'avenir avec une certitude effrayante ; cela piqua ma curiosité.

— Bigre ! je le crois bien.

— Poussé, je ne sais pourquoi, par un sentiment plus fort que ma volonté, je demandai à mon voisin de table l'adresse de cette femme. Vous savez combien je vis retiré, loin du monde, et, à part nos affidés, ne connaissant pas à Paris dix personnes ?

— C'est exact.

— Cependant je réussis à obtenir certains renseignements qui tous corroboraient ce que d'abord on m'avait dit ; aussi je résistai longtemps, cette clairvoyance me faisait peur.

— Je comprends cela ; quand on a une existence aussi accidentée que l'a été la nôtre, on n'aime pas à se l'entendre raconter de but en blanc par des étrangers : cela peut être dangereux.

— Je fis toutes ces réflexions, mais ma curiosité fut la plus forte. Je résolus enfin d'aller consulter cette femme. Elle habitait tout en haut du faubourg Saint-Jacques ; la course était longue. Je ne vous décrirai pas l'horrible taudis dans lequel je fus introduit. Cette maison, fort vieille, ne semblait tenir que par artifice et tremblait au plus léger souffle de vent. Je fus sur le point de retourner sur mes pas, mais je pris mon courage à deux mains ; et, après avoir traversé un long corridor presque obscur, je montai un escalier boueux, en me retenant à une corde graisseuse servant de rampe.

» La sybille habitait le deuxième étage ; je m'arrêtai devant une porte sur laquelle étaient écrits ces deux mots : *Madame Chéramy*. Je tirai un cordon de soie rouge, terminé par un pied de biche : la porte s'ouvrit aussitôt, et une fort gentille petite fille, à l'air espiègle et mutin, âgée d'une douzaine d'années, me demanda ce que je voulais ; je le lui dis. Elle me fit entrer dans une antichambre fort propre, et après avoir refermé la porte, elle me pria d'attendre un instant, et me laissa seul. Son absence fut courte. Elle reparut, et me dit : Venez. Je la suivis.

» Elle m'introduisit alors dans une pièce assez bien meublée, en acajou, tenant le milieu entre un salon et un cabinet de travail. Tout était propre et soigné. Je remarquai, non sans surprise, qu'il y avait un piano de Pleyel. Il était ouvert et chargé de partitions et de morceaux choisis. Cette pièce était éclairée par deux fenêtres. Devant chacune de ces fenêtres se trouvait un perchoir : sur le premier, il y avait un hibou ; sur le second, un corbeau ; le deux oiseaux semblaient sommeiller.

— Singulier antre pour une sorcière, ne put s'empêcher de dire le Mayor, bien qu'il se trouvât intéressé malgré lui à ce récit bizarre. Mais c'est la Pythonisse que je suis curieux de connaître !

— Elle ne se fit pas attendre. Presque aussitôt une portière se leva, et une femme parut : cette femme était grande, admirablement faite ; elle paraissait avoir de quarante à quarante-cinq ans au plus, elle était encore fort belle ; mais c'était une de ces beautés pour ainsi dire sculpturales, qui imposent et font froid au cœur. Elle était très pâle ; son œil noir, plein de feu, regardait avec une fixité étrange : son costume avait quelque chose d'apprêté et presque théâtral ; sa démarche était lente, gracieuse et majestueuse à la fois ; un foulard était chiffonné sur ses magnifiques cheveux, d'un noir bleu, sur lesquels il tranchait d'une façon bizarre. Elle me salua et m'examina un instant avec une telle attention que je ne pus m'empêcher de tressaillir. Un sourire hautain, presque méprisant entr'ouvrit ses lèvres ; et de son pas de statue, elle alla s'asseoir sur une espèce de trépied assez haut, placé devant une table en chêne, de forme ancienne, sur laquelle se trouvaient des tarots et plusieurs petits sacs renfermant des graines, ainsi que je l'appris bientôt ; alors elle se tourna à demi vers moi :

» — Que voulez-vous savoir ? me dit-elle d'une voix harmonieuse, mais avec un accent glacial : le passé, le présent ou l'avenir.

» — L'avenir, répondis-je.

» — Les trois se tiennent, me répondit-elle. Pour vous dire l'avenir, il me faudra fouiller dans le passé et le présent.

» — Ceci vous regarde, répondis-je ; moi, je ne veux que l'avenir.

» — Soit, reprit-elle, vous aurez le grand jeu ; mettez un louis dans cette coupe.

» Et elle me désigna une coupe en agate, montée sur un pied en bronze et placée près de moi sur la table.

» — Voici deux louis, repris-je en prenant deux louis dans mon porte-monnaie et les laissant tomber dans la coupe.

— Caraï ! dit le Mayor, voilà une sorcière selon mon cœur ; on dirait la Pythonisse d'Endor.

Le Mayor était *empoigné* malgré lui, — qu'on nous passe cette expression, — il raillait pour dissimuler son émotion.

— Pendant que je cherchais mon argent, elle avait pris un jeu de tarots, dont elle disposait nonchalamment les cartes, continua Félitz Oyandi. Tout à coup elle brouilla les cartes d'un revers de main, et, se tournant vers moi :

» — Reprenez ces deux louis, me dit-elle ; il y a du sang dessus, je ne saurais les prendre.

» Je voulus me récrier, elle m'imposa silence d'un geste.

» — N'insistez pas, reprit-elle avec hauteur, et surtout

ne croyez pas m'intimider ; je n'ai rien à redouter de vous. Sur un signe de moi, il me viendrait des défenseurs. Je vous dirai tout, mais je ne veux rien recevoir de vous.

» Je ne sais ce qu'elle lut sur mon visage, mais aussitôt elle appuya un doigt sur un bouton caché dans les moulures de la table.

» Au même instant, deux portes que je n'avais pas remarquées, tant elles étaient bien dissimulées, s'ouvrirent sans bruit, et deux hommes parurent : ils avaient des masques sur le visage ; ils se tinrent immobiles près des portes n'attendant sans doute qu'un signe pour se ruer sur moi.

— Caraï ! s'écria le Mayor, voilà qui se corse singulièrement ; sur mon âme, je veux aller consulter cette sorcière !

— Vous ne la retrouveriez pas ; le lendemain de ma visite, elle a disparu ; et il m'a été impossible de découvrir sa nouvelle adresse.

— Mort diable ! elle vous a donc dit des choses bien extraordinaires pour avoir si grand peur de vous...

— Vous en jugerez, si vous voulez bien m'écouter encore pendant cinq minutes ; d'ailleurs, cette prédiction vous intéresse indirectement. Je vous avoue que j'ai hâte de terminer ce récit, que peut-être je n'aurais pas dû commencer.

— Continuez, mon ami ; ce récit m'intéresse vivement ; ce que j'ai entendu jusqu'à présent me prouve que vous avez eu affaire à une maîtresse femme, et qui connaît très bien son métier.

— Bientôt, vous en conviendrez avec plus de raison, dit Félitz Oyandi avec son ricanement railleur. La Sybille reprit :

» — Ces hommes ne parlent et ne comprennent que le français : en quelle langue voulez-vous que je vous réponde.

» Je ne sais quelle pensée bizarre traversa en ce moment mon esprit.

» — En langue basque, lui dis-je.

— Ah! diable, voilà qui dut singulièrement l'embarrasser.

— Pas le moins du monde, elle haussa légèrement les épaules, et changeant aussitôt de dialecte :

» — Soit, me dit-elle, écoutez-moi donc.

» Elle prit tour à tour deux jeux de tarots, elle les battit, me fit couper de la main gauche, étala, dans un certain ordre, les deux jeux devant elle, puis, prenant un des sacs, qui se trouva rempli de petit blé, elle le versa jusqu'à la moitié sur le jeu de gauche, de façon à couvrir toutes les cartes ; elle remit le sac à moitié vide en place, en prit un autre rempli de graines de chervis et fit la même opération sur le jeu de droite :

» — *Schem-Ednin*, cria-t-elle d'une voix claire.

» Aussitôt le corbeau ouvrit les yeux, battit des ailes, s'envola du perchoir et vint se poser sur la table en face de la sorcière :

» — Va, lui dit-elle, en langue basque.

» Le corbeau s'avança alors en sautillant, et se mit avec une rapidité extrême à gober les grains, non pas au hasard, mais en découvrant certaines cartes et saisissant les autres couvertes ; ce manège se prolongea pendant près de dix minutes, puis le corbeau croassa trois fois, reprit son vol et regagna son perchoir.

» La sorcière enleva les cartes sur lesquelles la graine était restée, balaya les graines, et fit un paquet des tarots qu'elle avait mis à part, puis elle appela *Severas!* Le hibou vint aussitôt se poser devant elle et, après l'avoir regardée, il s'approcha du paquet de cartes, les écarta d'un coup de patte, puis il les prit dans son bec les unes après les autres, et les étendit de façon à former un triangle ; cela fait, il sauta sur l'épaule de sa maîtresse, à laquelle il sembla communiquer je ne sais quoi à l'oreille, son bec remuait et laissait échapper un son modulé d'une façon étrange. Au fur et à mesure que cette scène singulière se prolongeait, la sorcière pâlissait davantage, et, au moment où le sinistre oiseau s'envola, elle eut un tressaillement nerveux qui secoua tout son corps ; la sueur perlait à ses tempes; elle resta silencieuse et les yeux fixés sur le triangle pendant un instant; et sans me regarder, elle me dit d'une voix rauque :

» — Le meurtre et l'incendie dans les déserts des pays d'outre-mer, l'Océan franchi pour exécuter un complot horrible; peur et hésitation, mais le mauvais génie veille, il faut lui obéir. Ce que n'ont fait qu'à moitié dans les montagnes ceux dont vous portez les marques, ils l'achèveront cette fois tout à fait : dévoré vivant. Prenez garde au saint Bernard.

» Je me sentis pâlir, moi aussi, et je lui demandai d'une voix rauque quand cela s'accomplirait.

» — Trois mois, jour pour jour, après le coup de poignard de la voiture! ajouta-t-elle avec un accent sinistre.

— Tout cela est un tissu de mensonges absurdes! s'écria le Mayor en frappant du pied avec colère.

— Ce fut ce que je lui répondis; elle tourna vers moi sa tête pâle et elle prononça lentement ces paroles d'une voix tranchante et qui me fit frémir malgré moi :

» — Le vingt-neuvième jour après celui-ci, pendant que vous ferez à votre mauvais génie le récit de notre entrevue, Dieu vous enverra un signe, dernier et suprême avertissement de sa miséricorde; mais vous n'en tiendrez pas compte.

Félitz Oyandi se tut comme si la voix lui eût manqué tout à coup.

— Eh bien, parlez donc! s'écria le Mayor avec impatience; que vous dit encore la sorcière?

— Oui, mieux vaut en finir, reprit-il en épongeant avec son mouchoir la sueur dont son visage était inondé; elle continua ainsi :

» — Au premier coup de midi sonnant à l'église voisine de votre demeure, la grande glace placée au-dessus du canapé de crin sur lequel sera assis ce démon, dans votre cabinet, cette glace tombera et se brisera en morceaux innombrables. Maintenant, allez, ajouta-t-elle en m'indiquant la porte d'un geste dominateur; je n'ai plus rien à vous dire. Et, se tournant vers les deux hommes toujours immobiles : Reconduisez monsieur, dit-elle en français.

» Et, laissant tomber sa tête sur sa poitrine, elle sembla s'absorber dans de sombres rêveries. Je sortis pâle, effaré, trébuchant comme un homme ivre. Je ne me rappelle pas comment je réussis à descendre et à regagner ma maison. Et maintenant vous savez tout. Que pensez-vous de cette aventure ?

— Je pense, mon ami, que c'est tout simplement stupide. Cette soi-disant sorcière est sans aucun doute une femme née dans notre pays, peut-être même dans votre village : vous savez comme moi que la langue basque est presque impossible à apprendre pour un étranger.

— C'est vrai ; cette femme me l'a parlée avec une grande pureté.

— Raison de plus pour qu'elle soit notre compatriote ; je la suppose même plus encore probablement une ancienne maîtresse abandonnée par vous, qui vous a reconnu et a voulu se venger, en vous effrayant par quelques faits groupés avec art, et que peut-être elle a appris sur vous, depuis que vous avez quitté la France. Vos escapades au Mexique ont eu un grand retentissement dans le corps expéditionnaire ; on a dû les apprendre, du moins en partie, là-bas dans les Pyrénées. Cette prétendue sorcière s'est amusée à vos dépens ; en un mot, elle vous a fait *poser*... Moi, à votre place, en rentrant chez moi, je me serais aussitôt assuré que la glace était solidement scellée à la muraille.

— Je n'y ai pas manqué non plus ; j'ai fait venir un miroitier, et le cadre de la glace a été garni de je ne sais combien de pattes en fer.

— Cela était prudent, d'autant plus que l'espion, quel qu'il soit, qui l'a si bien renseignée sur les dispositions de votre appartement, pouvait fort bien avoir, par l'ordre de cette femme, préparé lui-même ce coup de théâtre.

— Cette pensée m'est venue. La réunion était nombreuse quand on a parlé devant moi de la prescience extraordinaire de cette femme ; je n'ai pas caché ma surprise et mon désir de la voir et de la consulter; j'ai demandé son adresse, qui m'a été donnée avec empressement.

— Tout s'explique alors. Ces soi-disant sorciers, dans l'intérêt même des impostures qu'ils débitent, entretiennent à grands frais des prôneurs et des espions sur tous les échelons de l'échelle sociale: prévenue à l'avance de votre visite, elle vous attendait; en vous voyant, elle vous a reconnu, et alors l'idée d'une vengeance a germé dans son esprit, et elle l'a mise aussitôt à exécution. Vous avez été la dupe de cette femme, mon camarade; cela est pour moi clair comme le jour. Dans tous les cas, il y a un fait certain, c'est que le coup de théâtre, que sans doute elle avait préparé, a complètement manqué.

— Comment cela?

— Ne m'avez-vous pas dit qu'il y a un mois déjà que vous êtes allé chez cette soi-disant sorcière?

— C'est vrai, je vous ai dit cela; mais, en réalité, le mois n'est pas encore écoulé, il s'en manque d'un jour.

— Ainsi, c'est aujourd'hui le vingt-neuvième jour, celui où doit tomber la glace au premier coup de midi?

— Oui, mon ami.

— Ah! pardieu! voilà qui est bizarre, sur ma foi! Je ne suis pas fâché d'être présent à cette expérience.

— Elle a dit que vous y seriez.

— C'est juste, fit-il en riant, le mauvais génie, le démon! Eh bien, la mise en scène est complète: nous n'avons plus qu'à attendre l'événement. Voyons quelle heure est-il? ajouta-t-il en sortant sa montre, midi moins cinq; bon! nous n'aurons pas longtemps à attendre.

— Moi, j'ai midi moins trois, dit Félitz Oyandi qui avait imité son mouvement.

— Vous avancez; mais, peu importe, puisque c'est l'horloge de l'église qui doit donner le signal.

— Croyez-vous que la glace tombera?

— Je ne puis rien préjuger, dit le Mayor en ricanant, mais qu'elle tombe ou non, ma conviction restera la même.

— C'est-à-dire?

— Que je considérerai cette chute comme une jonglerie habilement exécutée, voilà tout.

— Oh! pouvez-vous parler ainsi? murmura Félitz Oyandi, dont le regard ne quittait plus la glace.

Le Mayor haussa les épaules, se leva et alla choisir un cigare dans la boîte posée sur le bureau.

— Croyez-moi, mon camarade, dit-il, tout en allumant le cigare qu'il avait choisi : nous ne sommes pas assez bien notés dans le ciel pour que le bon Dieu se soucie de nous et s'amuse à faire des miracles en notre faveur et à nous crier : Casse cou!

En ce moment, trois coups furent vigoureusement appliqués sur la muraille.

— Qu'est cela? demanda le Mayor, est-ce que vous attendez quelqu'un? Cela a l'air d'un signal.

— Je n'attends personne, balbutia Félitz Oyandi en frissonnant.

— Alors, ce sont les trois coups frappés par le régisseur derrière la toile, dit le Mayor en riant. La farce va commencer. Attention!

— Comment pouvez-vous parler ainsi dans une circonstance aussi terrible? reprit Félitz Oyandi, dont les dents claquaient de terreur.

— Mort diable! je n'ai jamais vu animal aussi poltron que vous! Je rirais bien si le diable vous tordait le cou!

— Oh! fit l'autre, dont la terreur croissait à chaque seconde; regardez! s'écria-t-il en montrant la glace.

Elle oscillait lentement.

Tout à coup, le premier coup de midi se fit entendre.

— Prenez garde! prenez garde! s'écria Félitz Oyandi en tombant à genoux.

Le Mayor se recula nonchalamment, tout en continuant à fumer.

— Eh bien! cela ne va donc pas? dit-il, en ricanant.

Soudain, la glace pencha en avant et tomba avec fracas sur le plancher.

Félitz Oyandi poussa un cri terrible et s'abattit la face contre terre.

— E finita la comedia ? Bravo ! bravissimo ! s'écria le Mayor en riant. Allons, la chose a été bien exécutée ; je ne puis pas dire le contraire. Voyons, relevez-vous, poltron ? dit-il à son complice, en le poussant du pied ; tout est fini.

Mais Félitz Oyandi ne répondit pas, l'épouvante lui avait fait perdre connaissance.

— Quelle brute ! murmura le Mayor en le regardant avec mépris, s'il avait été seul il serait mort de peur !

Il se pencha sur son compagnon, le souleva et le replaça dans son fauteuil.

Et regardant avec ironie les débris de la glace réduite en poussière :

— Pardieu ! voilà une belle affaire ! dit-il, toujours riant et aspirant la fumée de son cigare : le véritable miracle aurait été de la renverser en la laissant intacte ; sur ma foi ! j'aurais peut-être cru à ce soi-disant avertissement !

Et il haussa dédaigneusement les épaules.

VII

OU LES AFFAIRES SE COMPLIQUENT DE PLUS EN PLUS POUR FÉLITZ OYANDI ET SON AMI LE MAYOR.

Le Mayor avait repris sa place sur le canapé, que la glace avait à peine effleuré dans sa chute.

La scène singulière à laquelle il venait d'assister un instant auparavant semblait n'avoir produit aucune impression sur son esprit.

Le haut du corps un peu rejeté en arrière, le dos appuyé contre le dossier du canapé, la jambe droite croisée sur la jambe gauche, de la main droite il agitait, d'un mouvement machinal, sa cravache qu'il n'avait pas lâchée, de la gauche, il tenait délicatement son cigare au tiers consumé, dont il aspirait la fumée avec une parfaite insouciance, la tête tournée un peu de côté, les sourcils légèrement froncés; il restait le regard fixé sur Félitz Oyandi avec une expression mêlée de mépris, de raillerie et de pitié.

Et tout en regardant, les lèvres plissées par un sourire de démon, ou plutôt un rictus de damné, son complice, toujours évanoui et immobile sur le fauteuil où il l'avait déposé, il philosophait à part lui :

— Quel bizarre amalgame de sentiments divers que le cœur de l'homme! murmurait-il, en secouant délicatement avec le petit doigt la cendre de son cigare; quel tohu-bohu indéchiffrable d'intérêts disparates, d'instincts contraires! quel mélange illogique de force, de faiblesse, de courage, de lâcheté, de stupidité, d'intelligence, de sottise, de vanité et de bassesse! Qui jamais pourra sonder la profondeur de cet abîme incommensurable, où tout se heurte, se choque, se froisse et se confond, où le raisonnement tient la plus petite place, où les instincts physiques de la matière dominent tyranniquement le moral, où tout se résume par une question de nerfs plus ou moins sensibles et solides, où ce qu'on est convenu d'appeler la conscience, n'est qu'une face de la lâcheté de la brute, et le remords, le regret d'un crime avorté ; et ces deux sentiments réunis et poussés à leur paroxysme font de l'homme le plus faible et le plus incomplet des animaux créés par un caprice inconscient de la nature... Voilà un homme, relativement fort et intelligent, d'une férocité devant laquelle celle du tigre ne serait de que de la douceur, qui ne croit à rien, que les crimes les plus atroces, médités froidement, et plus froidement exécutés, laissent calme et impassible. Eh bien ! ce monstre qui a à peine figure humaine, surpris par une jonglerie idiote, plus ou moins bien exécutée, sans avoir la force ou le courage de raisonner, est pris du vertige de la peur; sans savoir même pourquoi cette peur, qu'il ne saurait analyser ; frappé d'une secousse essentiellement illogique et stupide, il s'évanouit comme un enfant... Sur ma foi ! ce serait à me dégoûter de l'espèce humaine, s'il me restait encore quelques illusions, et si, depuis longtemps déjà, je ne savais à quoi m'en tenir sur son compte !

Il fit une pause et demeura un instant pensif, puis il reprit :

— Décidément il ne reprend pas connaissance ; quelle frayeur il a dû avoir, murmura-t-il en haussant les épaules, le diable soit de l'idiot ! Enfin !... Je suis un niais ! s'écria-t-il tout à coup en assénant sur le canapé un coup de poing qui le fit gémir dans toutes ses jointures ; au lieu de rester ici à regarder ce vilain masque qui, décidément, est hideux, ne vaudrait-il pas mieux faire des recherches et découvrir les moyens employés par les acolytes de cette satanée sorcière, qu'il faudra que je retrouve le plus tôt possible pour l'obliger à m'avouer les motifs qui l'ont poussée à exécuter cette sotte jonglerie ? Pardieu ! je vais me mettre à l'œuvre pendant qu'il fait *la carpe ;* quand j'aurai trouvé, rien ne me sera plus facile que de lui prouver qu'il a été pris pour dupe ; alors j'en ferai tout ce que je voudrai. C'est cela ; allons, sans plus perdre de temps.

Il jeta un dernier regard sur Félitz Oyandi toujours immobile, se leva et ouvrant la porte du cabinet, il sortit et referma doucement la porte derrière lui.

Le Mayor connaissait depuis longtemps les aîtres de la demeure de son complice ; il n'avait aucunement besoin de guide pour se diriger dans ce dédale, qui, pour tout autre que lui, aurait été inextricable.

Après avoir traversé plusieurs pièces reliées entre elles, soit par des passages secrets, soit par des corridors, le Mayor pénétra enfin dans une pièce assez grande, éclairée par deux fenêtres garnies de forts barreaux de fer à l'extérieur.

Cette pièce, meublée avec un certain luxe de mauvais goût, servait de chambre à coucher à Félitz Oyandi.

Le lit était placé dans une profonde alcôve, ayant une double porte qui pouvait se fermer au besoin, de sorte que le lit disparaissait, et que la chambre à coucher devenait un salon.

Dans l'alcôve, il y avait deux portes, une à la tête du lit et l'autre au pied.

Ces portes étaient vitrées et munies à l'intérieur de rideaux de mousseline.

La première ouvrait sur un cabinet de toilette, la seconde sur un cabinet servant de porte manteau ; c'était là où Félitz Oyandi accrochait ses vêtements.

Ce porte manteau était directement placé derrière le cabinet de travail de Felitz Oyandi, avec lequel il devait certainement communiquer par quelque issue secrète, mais ignorée du Mayor.

— C'est ici que doit être le pot aux roses, dit celui-ci en riant ; seulement il s'agit de le découvrir. Essayons.

Mais comme ce cabinet, assez grand, était presque obscur, car il ne recevait le jour que par la porte vitrée, le Mayor, avant d'y entrer, chercha une allumette, l'enflamma et alluma une bougie, placée dans un flambeau sur une table de nuit.

Mais au moment où il saisissait le flambeau, un bruit presque imperceptible frappa soudain son oreille et éveilla son attention, toujours sur le qui-vive.

Sans faire un mouvement qui aurait trop tôt donné l'alarme, le Mayor se contenta de tourner légèrement la tête.

Il aperçut alors un homme sortant à pas de loup du cabinet.

Cet homme était *embossé* dans les plis d'un épais manteau espagnol ; les larges ailes d'un chapeau de feutre rabattues sur ses yeux, ne laissaient voir aucun des traits de son visage.

Se voyant découvert, cet homme s'arrêta.

Le Mayor éclata de rire, et croisant les bras sur sa large poitrine :

— Mort diable ! dit-il, l'aventure est curieuse, sur ma foi ! Je suis charmé de me rencontrer face à face avec le rusé démon qui a fait si grand'peur à mon pauvre camarade !

— Passage ! répondit l'autre d'une voix basse et sourde, mais avec un ton de menace.

— Ceci, compagnon, est autre chose, reprit le Mayor

toujours riant ; je suis prêt à vous laisser aller en paix ; mais, auparavant, il y a une légère formalité à remplir...

— Passage ! interrompit l'autre.

— Je ne demande pas mieux que de vous livrer le passage que vous me demandez, reprit le Mayor sans autrement s'émouvoir ; seulement, ce ne sera que lorsque je saurais qui vous êtes. Quant à ce que vous êtes venu faire ici, je crois le savoir.

— Passage ! dit l'inconnu pour la troisième fois.

— Non ! Quel entêté ! dit le Mayor toujours riant.

— Au diable, alors ! s'écria l'inconnu.

Et il se rua, tête baissée, sur le Mayor.

Le choc fut des plus rudes, mais le bandit s'y attendait, et il le reçut sans broncher, ni reculer d'une semelle.

Il y eut alors entre les deux hommes une lutte acharnée de deux ou trois minutes.

Ils s'étaient saisis corps à corps, leur poitrine haletait, tant leurs efforts étaient désespérés, mais cette lutte était muette.

Ni l'un ni l'autre des deux adversaires ne laissait échapper un mot.

Tout à coup l'inconnu tomba, et un rayon de soleil éclaira son visage.

Le Mayor lâcha prise et recula avec stupeur.

— Sébastian ! s'écria-t-il d'une voix rauque, Sébastian ici !

— Oui, répondit l'ancien matelot avec un ricanement sinistre, Sébastian que tu as fait lâchement assassiner dans le brûlis de la Hulotte-Bleue ! Sébastian sorti de son tombeau pour se venger !

Un poignard brilla dans sa main et s'abattit, rapide comme la foudre, sur le Mayor, qui tomba en poussant un soupir, mais sans jeter un seul cri.

L'assassin, sans plus se préoccuper de sa victime, se précipita vers une des fenêtres, qu'il ouvrit ; les barreaux de fer, sans doute sciés à l'avance, cédèrent à la première secousse et tombèrent au dehors.

Sebastian, car c'était bien lui, enjamba la fenêtre et sauta dans le jardin.

Mais, en même instant, le Mayor se releva d'un bond et parut à la fenêtre, un revolver à la main ; il tira.

Sébastian eut un tressaillement ; et, sans arrêter sa course effarée à travers les plates-bandes qu'il ravageait impitoyablement dans sa fuite, il se retourna.

— Bien tiré, mal visé ! cria-t-il d'une voix goguenarde.

— Attends ! cria le Mayor.

Et, deux autres fois, il déchargea son revolver sur le fuyard ; mais celui-ci, sans répondre, redoubla de vitesse.

Bientôt il atteignit une porte percée dans la muraille de clôture, qu'il ouvrit en un tour de main.

— Nous nous reverrons, Mayor, cria-t-il d'une voix stridente.

Le Mayor tira une quatrième fois, mais trop tard.

Sébastian avait disparu et la porte était refermée.

— Je dois l'avoir touché, murmura le Mayor ; mais j'ai tiré trop précipitamment.

En ce moment, il sentit qu'on le touchait légèrement à l'épaule. Il se retourna.

Félitz Oyandi, pâle, hâve, les traits bouleversés par la terreur se tenait, à deux pas de lui, la main droite appuyée sur un meuble pour se retenir.

— Que faites-vous ici ? demanda-t-il d'une voix tremblante ; que se passe-t-il donc ?

— Ah ! vous voilà, dit le Mayor en ricanant ; vous êtes donc enfin sorti de votre évanouissement ?

— Oui, j'ai entendu plusieurs coups de feu ; je me suis empressé d'accourir ; qu'est-il donc arrivé ?

— Il est arrivé que, ne croyant ni aux sorciers ni aux miracles, j'ai voulu découvrir comment et pourquoi votre glace était tombée.

— Eh bien ?

— J'ai découvert ce que je cherchais, voilà pourquoi vous avez entendu des coups de feu.

— Ainsi, vous savez tout ?

— Oui, plus même que je n'espérais.
— Quoi donc ?
— Le complice de la sorcière était caché dans ce cabinet, attendant sans doute le moment propice de s'en aller ; peut-être même espérait-il vous assassiner ; malheureusement ou heureusement, comme il vous plaira, je l'ai surpris ; alors il a voulu fuir, nous nous sommes colletés ; il a essayé de me poignarder pour se débarrasser de moi.
— En effet, vous êtes blessé !
— Ce n'est rien, une égratignure, pas davantage ; la force du coup m'a renversé sans haleine, mais je me suis prestement relevé, et j'ai tiré quatre coups de revolver sur ce démon : ce qui me chagrine, c'est que je ne l'ai pas tué ; cependant, je crois l'avoir touché. Du reste, je vais m'en assurer tout de suite.
— Mais, comment ?
— Vous allez voir.

Et sans plus de cérémonie, laissant là Félitz Oyandi, tremblant de tous ses membres, le Mayor sauta délibérément dans le jardin.

Les traces laissées par l'ancien matelot dans sa fuite étaient parfaitement visibles.

Le Mayor les suivit dans tous leurs méandres.

Bientôt il aperçut des gouttes de sang ; elles augmentaient et formaient une ligne rouge non interrompue jusqu'à la porte.

Le Mayor essaya, mais en vain, de l'ouvrir.

Sébastian l'avait refermée du dehors.

Le Mayor revint alors vers la fenêtre où Félitz Oyandi s'était accoudé et suivait avec anxiété tous ses mouvements.

— Il en tient ! je ne m'étais pas trompé, murmurait le Mayor tout en marchant ; j'ai dû le toucher deux fois, mais légèrement, c'est un rude mâtin ! Comment se fait-il qu'il ne soit pas mort ? Caraï ! voilà un ennemi qui me tombe du ciel, ou me vient des enfers, et dont je me serais bien passé ! Hum ! ajouta-t-il en hochant la tête, cela va mal ; je suis forcé d'en convenir. Il faut que je retrouve ce démon et sa complice au plus vite, et que je les fasse disparaître par n'importe quel moyen ! Sans cela !...

Il n'acheva pas, il était arrivé devant la fenêtre.

— Eh bien, qu'avez-vous découvert ? lui demanda Félitz Oyandi.

— Ce que je cherchais, répondit le Mayor, mon bras commence à me faire souffrir, passez-moi une cuvette et de l'eau, et venez me rejoindre ici avec ce qu'il faut pour soigner cette égratignure. J'ai à causer avec vous, et, après ce qui s'est passé, j'aime mieux parler en plein air ; j'ai une peur horrible des espions.

— C'est bien, attendez-moi, dans un instant je suis à vous.

Et après avoir passé au Mayor une cuvette et un pot rempli d'eau, il quitta la fenêtre.

Le Mayor porta les deux objets dans un bosquet placé au milieu du jardin, et garni d'une table, d'un banc et de deux ou trois chaises en fer.

Félitz Oyandi parut presque aussitôt.

— Avez-vous la clef de cette porte ? lui demanda le Mayor en la lui désignant du doigt.

— Oui, pourquoi ?

— Pendant que je me panserai tant bien que mal, observez un peu au dehors, vous me direz ce que vous aurez vu.

— Cette porte donne sur une ruelle déserte.

— Raison de plus, les traces seront faciles à reconnaître ; allez et ne soyez pas long.

Félitz Oyandi posa sur la table les différents objets qu'il avait apportés, et il obéit sans dire mot.

Le Mayor visita alors sa blessure : le coup avait bien porté, mais il avait été dérangé par un mouvement du Mayor, et n'avait fait qu'entamer légèrement les chairs.

C'était en réalité une égratignure, qui fut pansée en un instant.

Le Mayor se lava les mains, alluma un cigare, et s'assit tranquillement sur une chaise.

L'absence de son complice ne fut pas longue; il reparut au bout de dix minutes.

— Asseyez-vous, et contez-moi vos découvertes, lui dit le Mayor.

— Ce ne sera pas long, répondit l'autre en s'asseyant. Les traces de sang que j'ai soigneusement suivies m'ont conduit jusqu'à l'extrémité de la ruelle, où une voiture a dû stationner longtemps; du foin et de l'avoine retrouvés à terre, m'ont fait comprendre que l'homme sur lequel vous avez tiré l'avait appostée là : c'était une voiture à quatre roues. Les traces de sang s'arrêtent précisément à la place où devait se trouver la portière ouverte : la trace de ses pieds est parfaitement visible dans la boue.

— Est-ce tout?

— Pas tout à fait; je suis entré chez le charcutier qui est au coin de la ruelle, et j'ai dit à la dame du comptoir que j'avais oublié un paquet dans une voiture de place, dont malheureusement je n'avais pas pris le numéro, que cette voiture, après avoir longtemps stationné à l'entrée de la ruelle, était partie il y avait à peine une demi-heure.

— Ah! ah! voilà qui n'est pas trop bête, cher ami; et que vous a répondu cette brave femme?

— Elle m'a dit qu'elle avait en effet remarqué cette voiture, et qu'elle avait, sans y apporter d'importance, remarqué le numéro inscrit derrière; que ce numéro, composé de trois chiffres seulement, était 107 ou 109, elle n'était pas certaine du dernier chiffre, à cause de la distance, mais que ce devait être un 7 ou un 9. Je ne voulus pas insister davantage, et je me retirai après l'avoir remerciée.

— Très bien, mon camarade, peut-être, grâce à ce numéro, retrouverons-nous notre homme.

— A quoi cela nous servira-t-il?

— A nous débarrasser de lui.

— A quoi bon nous occuper de ce misérable? Son coup est manqué; peut-être est-il dangereusement blessé: cette leçon lui suffira; nous ne le retrouverons pas sur notre route.

— Vous êtes bien clément! Est-ce la peur que vous avez eue qui vous rend si doux aujourd'hui?

— Non, ce n'est pas cela, bien que, j'en conviens, j'ai véritablement eu très peur, mon esprit était prévenu, et...

— Passons, il est inutile de revenir là-dessus.

— J'aime autant cela, ce qui me fait vous demander de ne pas vous occuper davantage de ce drôle, c'est d'abord que je suis convaincu qu'il ne peut nous nuire en rien ; et de plus que nous avons déjà assez d'affaires très sérieuses sur les bras sans que nous nous embarrassions encore de celle-là.

Le Mayor se mit à rire.

— Mon cher Oyandi, vous êtes, sur ma parole, la nature la plus extraordinaire que je connaisse. Jamais je n'ai vu chez aucun homme un mélange aussi bizarre de folle audace et de poltronnerie ridicule.

— Bon ; cela vous plaît à dire?

— Non pas, cela est.

— Admettons, mais pourquoi cette sortie tout au moins blessante pour moi?

— A propos de ce que vous me dites.

— Je ne comprends pas?

— Voyons, supposez-vous de bonne foi que ce soit pour mon plaisir que j'aie tiré quatre coups de revolver au risque d'attirer la police chez vous, et que j'aie tenté de tuer cet homme ; car, s'il court encore, vous comprenez, n'est-ce pas, que ce n'est pas de ma faute, et que mon intention était bien de le tuer?

— Cela ne fait pas un doute pour moi.

— Eh bien! alors, comment se fait-il que vous ne compreniez pas que si j'ai tiré sur cet homme, malgré les risques sérieux que je pouvais vous faire courir ainsi qu'à moi, c'est que j'avais des raisons de la plus haute importance pour agir ainsi?

— Soit ; mais enfin cet homme est seul, ou à peu près. Il voulait me jouer un tour indigne, j'en conviens: il a été poussé à cela par cette maudite sorcière, que le diable confonde! mais maintenant c'est fini, il ne se hasardera plus à recommencer.

— Peut-être ?

— Hein! que dites-vous donc? Serait-il donc véritablement à craindre ?

— Oui, beaucoup plus que vous ne le supposez, mon camarade.

— Mais, pourtant...

— Le connaissez-vous, cet homme ?

— Comment le connaîtrais-je, mon ami? Je ne l'ai même pas vu.

— C'est vrai, mais je l'ai vu, moi, et je l'ai reconnu, qui plus est; et c'est précisément parce que j'ai prononcé son nom maudit, qu'il a tenté de me poignarder.

— Oh! oh! c'est donc sérieux, alors ?

— Oui, sérieux, trop même. Cet homme tient votre vie et la mienne dans ses mains; et, ne vous y trompez pas, il est capable de se perdre lui-même pour nous entraîner dans sa chute, et nous faire, près de lui, monter sur l'échafaud.

— Ah! çà, mais quel est donc ce misérable? Vous ne m'avez pas dit son nom encore; je le connais donc, moi aussi ?

— Oui, et depuis bien longtemps, malheureusement.

— Mais enfin, quel est-il? quel est son nom?

— Vous voulez le savoir ?

— Certes, je le veux.

— C'est Sébastian.

— Sebastian, votre matelot ?

— Oui.

— Mais vous m'avez dit qu'il était mort.

— Je le croyais.

— Et vous êtes bien sûr que c'est lui.

— Le doute n'est pas possible.

— Oh! oh! voilà une mauvaise affaire!

— Ah! vous en convenez, maintenant ?

— Que faire ?

— Découvrir au plus vite la nouvelle adresse de votre sorcière !

— Ce ne sera pas chose facile : son changement de domicile prouve qu'elle se méfie de nous.

— Pardieu ! après la guerre qu'elle nous a déclarée.

— Vous croyez donc ?...

— Je crois qu'il faut nous en débarrasser, ainsi que de Sébastian, nous les prendrons l'un par l'autre.

— Oui, quand nous aurons réussi à nous emparer d'eux.

— Oyandi, mon camarade, vous baissez considérablement ; prenez garde à cette faiblesse à laquelle vous vous laissez aller ; elle vous jouera un mauvais tour.

— C'est qu'en vérité, je perds pied, dans cet enchevêtrement inexplicable de revers qui, depuis quelque temps, semble comme à plaisir fondre de tous les côtés sur nous.

— Parce que vous manquez d'énergie. Procédez vigoureusement, et tous ces revers cesseront : on fait tout ce que l'on veut quand on est adroit, déterminé, et surtout quand on a de l'argent, et nous en avons à foison.

— Je ne dis pas non, mais il y a des circonstances...

— Les circonstances on les fait soi-même, vous le savez aussi bien et mieux que moi... Ne me contez donc pas de ces niaiseries-là, fit-il en haussant dédaigneusement les épaules ; nous sommes en ce moment dans une impasse dont il nous faut sortir à tout prix.

— Je le sais bien, mais comment ?

— La chose est très facile, si vous voulez vous en donner la peine.

— Je suis prêt à tout faire, dit-il d'un air piteux.

Au fond, il avait une peur atroce.

— Ecoutez-moi, je ne vous ai pas dissimulé un seul instant, n'est-ce pas, les dangers terribles de notre entreprise ?

— Lorsque je vous ai retrouvé en Sonora, et que vous m'avez empêché de mourir de faim, vous m'avez effectivement expliqué votre plan.

— Que vous avez trouvé excellent, soit dit en passant ;

à Cuba, après l'insuccès de notre tentative d'abordage contre la *Belle-Adèle*, je vous ai proposé de rompre notre association et de vous laisser à Régla. Je vous ai fait comprendre que je me préparais à rentrer à tous risques en France, et à engager contre nos ennemis une partie suprême dans laquelle je n'hésitais pas à mettre ma tête pour enjeu... C'est vous, alors, qui avez insisté pour me suivre, en prétendant que vous étiez autant que moi intéressé dans cette partie. Je ne voulais pas vous emmener ; c'est presque malgré moi que vous m'avez suivi. Tout cela est-il vrai ? Répondez.

— Tout cela est exact, mon ami, je le reconnais.

— Eh bien, maintenant, il n'est plus temps de reculer ; il faut marcher en avant, quand même, à tous risques, quoi qu'il arrive, et cela tout de suite, sans plus de retard, car le terrain brûle sous nos pieds. Notre partie n'est pas perdue encore, tant s'en faut, mais elle est compromise par votre faute ; vos hésitations et votre incroyable mollesse ont donné à nos ennemis le temps de se préparer à la lutte. Si nous ne les attaquons pas, ils nous attaqueront ; prenez-y garde ! Il ne faut pas que cela soit, car cette fois nous serions perdus sans rémission. N'oubliez pas que la défaite pour nous, c'est la mort ; nous en sommes arrivés à ce point, toujours grâce à vos tergiversations, que nous allons combattre littéralement la corde au cou.

— J'ai eu tort, mon ami, je le vois maintenant. Mais vous-même l'avez dit, il n'est pas trop tard encore pour réparer mes torts, et je les réparerai, je vous le jure. Aujourd'hui même, je convoquerai le ban et l'arrière-ban de nos hommes, et j'entrerai immédiatement en campagne. Ma résolution est prise, je n'en changerai pas ; bientôt vous me verrez à l'œuvre.

— A la bonne heure ; je compte sur vous.

— Soyez tranquille, je réparerai le temps perdu.

— J'y compte.

— Nos bandits n'attendent que mes ordres ; ils les recevront ce soir même.

— Est-ce dans cette maison que vous les recevrez?

— Les principaux, oui ; avant une heure, tous les dégâts faits par ce démon de Sébastian seront réparés. Je vais faire le signal convenu avec la Marlouze pour prévenir nos hommes de la réunion de ce soir : avant deux heures, tous auront été convoqués.

— Voilà qui est bien. Nous nous reverrons dans la soirée, chez moi, afin d'arrêter les dernières mesures.

— Bien, vers quelle heure ?

— Entre minuit et une heure du matin, à ma rentrée du cercle.

— C'est entendu ; d'ailleurs, si vous n'étiez pas rentré je vous attendrais.

— C'est cela. Ah ! un mot encore, avez-vous écrit au Hâvre ?

— Oui, tout est prêt ; une embarcation pontée et disposée comme vous le désirez, attendra à Rouen et restera à vos ordres à compter de vendredi prochain, c'est-à-dire dans trois jours.

— Hum ! C'est bien loin Rouen, comment les conduire jusque-là ?

— J'ai tout prévu : un narcotique les mettra à notre discrétion, et pour éviter tout embarras, un bateau à vapeur microscopique, acheté par moi et monté par trois hommes sûrs, stationnera au Point-du-Jour et les prendra à son bord.

— C'est parfait.

— Vous êtes toujours pour l'enlèvement.

— Oui, plus que jamais ; quand je les tiendrai en pleine mer, nul ne les sauvera.

— Mais Vanda ?

— Vanda ignorera tout. Quant à sa mère, qu'elle y prenne garde ! Cette femme n'est plus la même : son amour s'est éteint et a fait place à une haine implacable. Je la soupçonne de vouloir me trahir ; sa passion pour sa fille l'a rendue presque folle ; malheur à elle, si j'acquiers la preuve de sa trahison...

— Comment pourrait-elle vous trahir ? La pauvre femme

ne comprend pas un mot de français; elle ne voit et ne fréquente personne; depuis son arrivée à Paris, elle n'a pas mis le pied hors de l'hôtel, sauf pour aller le dimanche à la messe.

— Oui, mais malheureusement, à Hermosillo, lors de notre expédition contre l'hacienda, quand j'étais pour ainsi dire entre la vie et la mort, j'eus la faiblesse de tout lui dire, de lui avouer que sa fille vivait, de lui révéler le nom de la comtesse.

— Oh! oh! voilà une imprudence dont je ne vous aurais pas cru capable, mon ami.

— Que voulez-vous? j'étais malade, affaibli par la perte de mon sang; je n'avais pas la plénitude de ma raison. Cette femme m'avait sauvé la vie. Je me laissai aller je ne sais comment à cette confidence. Mais j'en fus promptement et cruellement puni, car ce fut depuis ce jour que ses manières changèrent complètement envers moi. Elle ne pensa plus qu'à sa fille dont elle me parlait constamment. J'essayai plusieurs fois de revenir sur ma confidence et de lui donner le change, mais ce fut en vain: je ne réussis qu'à la persuader davantage que d'abord je lui avais dit la vérité, et elle se cramponne à cette idée, dont rien ne peut à présent la faire revenir.

— Mais sachant cela, comment avez-vous été assez imprudent pour l'amener avec vous à Cuba, et de là en France? N'aurait-il pas mieux valu la laisser à Hermosillo dans sa famille? Vous auriez ainsi évité tous les embarras qu'elle vous donne, et peut-être ceux, plus grands encore, qu'elle vous donnera dans l'avenir?

— Que voulez-vous, mon ami? Je l'aimais encore, à cette époque, j'espérais, que sais-je! qu'elle oublierait, peut-être. Elle me supplia de ne pas la laisser seule; je n'eus pas la force de refuser. Ce fut une faute; je me la reproche tous les jours. Mais alors, elle n'était pas encore ce qu'elle est devenue plus tard. Aujourd'hui, elle a fait de notre intérieur un véritable enfer! C'est une lionne; elle ne veut rien écouter. Les choses en sont venues à ce point, que je redoute à chaque instant qu'elle ne commette quelque sottise qui amène une catastrophe ; aussi, je suis contraint de ne pas la perdre de vue une seule minute, et quand je suis obligé de sortir, de la faire surveiller par ses domestiques.

— Cela est intolérable; une telle existence est impossible!

— C'est ce que je me dis sans cesse; aussi suis-je bien résolu à en finir avec elle, quoi qu'il puisse en advenir, à la première occasion, dès que j'aurais acquis la certitude complète qu'elle veut me trahir : je me le suis juré à moi-même, et vous savez que jamais je n'ai manqué à ma parole.

— Je la plains, mais c'est elle qui l'aura voulu, et nous sommes dans une situation où les moindres ménagements pourraient nous perdre.

— Voilà précisément pourquoi je serai implacable, mais j'espère que tout sera bientôt terminé, bien ou mal, et que je pourrai éviter une fâcheuse extrémité; car, après tout, je ne puis oublier que cette femme, que je hais aujourd'hui, est la seule que j'aie jamais aimée.

— Dieu veuille que nous n'ayons pas bientôt des complications regrettables de ce côté. Voulez-vous déjeuner avec moi?

— Non, cela m'est impossible. Je suis sorti à sept heures du matin, et il est maintenant plus d'une heure de l'après-dîner ; il faut que je rentre au plus vite à l'hôtel. Qui sait ce qui se sera passé pendant ma longue absence!

— Allez donc, mon ami, je ne vous retiens plus. N'oubliez pas notre rendez-vous de ce soir, ou plutôt de cette nuit?

— Soyez tranquille; c'est convenu. De votre côté, faites diligence.

— Vous serez content de moi.

Les deux hommes quittèrent alors le jardin et rentrèrent dans la maison.

Le Mayor reprit son chapeau et sa cravache qu'il avait laissés dans le cabinet.

Mais, au lieu de sortir par le chemin qu'il avait suivi

pour entrer, le Mayor fit jouer un ressort dissimulé dans un angle de la cheminée du cabinet : une porte secrète s'ouvrit.

Le Mayor prit congé de son complice, franchit le seuil de cette porte secrète, disparut dans les ténèbres et la porte se referma sur lui.

Dix minutes plus tard, il sortait paisiblement d'une maison située rue Sainte-Claire, n° 9.

Il avait complètement changé de vêtements ; il était en grande toilette.

Il descendit au petit pas la rue Sainte-Claire, et arriva sur une place.

A l'angle de la rue, une voiture de maître stationnait ; un valet de pied attendait près de la portière ouverte ; le Mayor monta dans la voiture, le cocher toucha, et les chevaux partirent au grand trot dans la direction du Trocadéro.

Le Mayor semblait soucieux ; évidemment les événements de la matinée le préoccupaient vivement.

Soudain, il fut tiré de ses réflexions par le brusque arrêt de sa voiture ; la portière s'ouvrit, le Mayor descendit ; il se trouvait devant l'église de la Trinité.

Le Mayor pénétra dans l'église, après avoir jeté, en passant, un louis à un pauvre assis sous le porche, un goupillon à la main.

L'église était déserte, sauf un bedeau en train d'éteindre quelques cierges, et un homme assis sur une chaise en face du chœur, et paraissant complètement absorbé dans une rêverie religieuse ou autre.

Cet homme était, malgré la chaleur, enveloppé dans un épais manteau, dont le collet relevé lui cachait tout le bas du visage ; le haut, seul visible, se composait d'une chevelure ébouriffée en broussailles, et d'une paire de lunettes vertes posée d'aplomb sur un nez rouge et retroussé ; le tout surmonté d'un abat-jour en taffetas vert.

Après avoir pendant une minute ou deux promené un regard indifférent autour de lui, le Mayor traversa l'église et alla s'asseoir auprès de l'homme aux lunettes ; celui-ci ne sembla pas s'apercevoir de sa présence, et ouvrit un livre de prières crasseux posé devant lui, sur une chaise.

Deux ou trois minutes s'écoulèrent pendant lesquelles les deux hommes ne parurent pas faire attention l'un à l'autre.

Le Mayor retira d'une poche de côté de son habit un élégant bréviaire et murmura à voix basse, comme s'il se fût parlé à lui-même.

— C'est fâcheux, je suis arrivé trop tard, la dernière messe doit être dite depuis longtemps?

— On peut toujours prier, dit aussitôt son compagnon à demi-voix.

Le Mayor fit un haut-le-corps et feuilleta le bréviaire qu'il tenait.

— Ah! murmura-t-il, je vais lire les Vêpres.

— Mieux vaudrait Complies, dit l'autre sans tourner la tête.

— Il fait froid ici? reprit le Mayor.

— Le soleil ne pénètre que difficilement dans les églises, fit l'autre; mais on peut causer sans crainte d'être entendu.

— Peut-être, mais je ne cause que quand on me montre patte blanche.

— Et moi que lorsque je vois du papier Joseph, dit aussitôt l'homme aux lunettes.

— C'est bien; je vois que nous nous entendons.

— Et moi aussi.

— Y a-t-il du nouveau?

— C'est selon; où est le billet de cinq?

— En voici un de dix; mais donnant donnant.

— Soit!.. Votre parole que vous ne me tromperez pas?

— Je vous la donne.

— C'est bien! Interrogez.

— Y a-t-il du nouveau? reprit le Mayor en répétant sa phrase.

— Beaucoup.

— Parlez!

— La personne en question est venue ce matin à la

messe de neuf heures; elle s'est assise près d'une dame brune de quarante ou quarante-cinq ans, très belle encore, dont la chaise touchait presque la chaire : « Avez-vous l'adresse? » a dit la personne que vous savez en s'asseyant. « Oui, si vous avez les mille francs », a répondu la dame. La question et la réponse avaient été faites en langue espagnole. La première a ouvert un charmant portefeuille, et l'a présenté à la seconde; celle-ci, après s'être assurée du contenu du portefeuille, l'a serré dans sa poche et a dit ceci : « Hôtel de Valenfleurs, à côté de l'hôtel d'Hérigoyen, boulevard de Courcelles, près de l'avenue de Wagram.

— Cette adresse est-elle exacte?
— Oui, je m'en suis assuré.
— Très bien. Est-ce tout?
— A peu près, je ne sais trop si le reste vous intéressera?
— Dites toujours. Souvent les choses les plus indifférentes en apparence sont très importantes.
— Après avoir donné l'adresse en question, la dame a salué, s'est levée, et a aussitôt quitté l'église. Je tenais à gagner honnêtement la récompense promise. Je suivis cette femme sous le porche, un homme enveloppé d'un manteau attendait. En apercevant la dame à sa sortie de l'église; il s'approcha d'elle : « Eh bien ? lui demanda-t-il. — C'est fait, répondit-elle en riant, mais toujours en espagnol. — Très bien, répondit l'homme, rentre chez toi; moi, je me rends à Passy, je te raconterai ce soir ce qui se sera passé là-bas; je crois que nous rirons. — Bien, ne sois pas trop longtemps; je t'attendrai entre neuf et dix heures du soir; surtout frappe trois coups à la porte, et prononce ton nom en ajoutant : C'est moi; pour plus de sûreté, ne parle qu'en langue basque. — C'est convenu, à ce soir, reprit l'homme, n'aie aucune crainte, je serai prudent, je sais mieux que toi à quel démon nous avons affaire. » Là-dessus ils se sont séparés, ont monté chacun dans une voiture, et sont partis dans une direction différente.

— Ah ! diable, c'est fâcheux ; ami Caboulot, je ne vous reconnais pas là !

— C'était donc sérieux ?

— Tellement sérieux, que vous ne toucherez que cinq cents francs, au lieu de mille, que je me préparais à vous donner, tant j'étais satisfait de vous.

— Bien vrai ?

— Sur l'honneur !

— Eh bien ! rien ne vous empêche de me donner le billet de mille, mon maître.

— Pourquoi cela ?

— Parce que j'ai flairé un mystère, et que j'ai suivi la dame en question.

— Bien vrai, jusque chez elle ?

— Dam ; c'était le seul moyen de connaître son adresse ; elle m'a fait rudement trimer, par exemple. J'en ai eu pour six francs cinquante de voiture ; elle est entrée dans je ne sais combien de magasins, où elle a fait des achats de toutes sortes. Enfin, je l'ai remisée. Elle demeure à Montmartre, rue des Abbesses, 103, dans une maison à allée, au troisième, la porte à droite ; la maison n'a pas de portier. Elle a emménagé il y a un mois environ ; elle a payé le terme d'avance, ce qui fait que l'on n'a pas été aux renseignements ; elle ne couche que très rarement dans son appartement, qu'elle quitte tous les soirs à peu près vers minuit pour ne rentrer que le lendemain vers huit heures. Elle part et revient toujours en voiture. Son existence est très mystérieuse ; elle ne parle à personne dans la maison ; elle passe pour fière ; elle n'est pas aimée. Elle ne reçoit personne, sauf un individu de cinquante à cinquante-cinq ans, d'assez mauvaise mine, qui vient la voir tous les jours, mais jamais à la même heure ; quelquefois, quand ils sortent ou rentrent ensemble, ils causent entre eux dans une langue que personne ne comprend et qui, dit la locataire dont je tiens ces renseignements, ne ressemble à aucune langue connue. Je suis monté ; il y a à la porte un guichet avec une grille très épaisse, une serrure à secret et un verrou de sûreté dont j'ai pris les empreintes à tout hasard. Elle s'appelle ou se fait appeler, ce qui revient au même, madame Irma Langevin, rentière. Son appartement est fort beau, dit-on, quoique personne n'y soit entré. Elle a huit cents francs de loyer. Voilà, mon maître ; ai-je bien gagné le billet de mille ?

— Très bien ; le voilà !

Et il le tendit au bandit.

— Merci, répondit Caboulot, en le faisant adroitement disparaître ; c'est plaisir de travailler pour vous, mon cher maître.

— Ainsi, tu es content ?

— Bigre ! je serais difficile si je ne l'étais pas.

— Cela te ferait-il plaisir d'en gagner trois fois autant ?

— En voilà une question, par exemple !

— Crois-tu pouvoir ouvrir la porte de l'appartement de cette dame, malgré la serrure à secret et le verrou de sûreté ?

— J'en réponds, mais il me faut du temps.

— Combien ?

— Deux jours, est-ce trop ?

— Non, c'est juste le temps dont j'ai besoin ; il faudra trouver aussi le moyen d'ouvrir l'allée ?

— C'est la moindre des choses.

— Tu auras cinq cents francs pour tes déboursés, en sus de ce que je t'ai promis.

— Je ne demande pas mieux.

— Seulement, il faut filer cet homme et cette femme de façon à savoir où ils demeurent véritablement, soit ensemble, soit séparément ; est-ce compris ?

— Très bien, on le saura.

— Demain soir, de une heure du matin à deux heures, tu te rendras chez Brébant.

— Le restaurant, boulevard Poissonnière ?

— Oui.

— Et puis, mon maître ?

— Tu demanderas le cabinet numéro 25 et tu me feras passer ton nom. Je t'attendrai.

— Mon nom ? Caboulot ? fit-il en riant.
— Ton nom de guerre. Tu dois en avoir un ?
— J'en ai dix. Il faudra être ficelé, n'est-ce pas ?
— Oui ; tenue de viveur riche.
— Soyez calme, ce sera fait. Vous attendrez le vicomte de Carlhias. Voici une de mes cartes pour que vous n'oubliez pas.

Et il lui mit dans la main un carré de bristol sur lequel étaient imprimés, surmontés d'une couronne de vicomte, ces mots en lettres gothiques : « Vicomte de Carlhias, » et au-dessous, en lettres microscopiques : « Attaché à la légation de la République de San-Marino. »

Le Mayor lut la carte et la mit en riant dans sa poche.
— C'est bien, dit-il, je n'oublierai pas ; le garçon sera prévenu. Je te donnerai mes derniers ordres. Selon ce que tu m'apprendras, nous agirons tout de suite ou nous remettrons l'affaire à vingt-quatre heures plus tard ; n'oublie pas de choisir trois hommes solides, et dont tu puisses me répondre.
— Est-ce qu'il y aura mort d'homme ?
— Et de femme, probablement.
— Hum ! cela sera cher !
— Combien à peu près ? Ne me trompe pas.
— Trois cents francs au moins par homme.
— Mais solides ?
— J'en réponds.
— C'est bien ; voici trois mille francs, mille francs pour tes hommes, cinq cents francs pour tes déboursés et quinze cents francs d'avance sur les trois mille promis : tu vois que je ne lésine pas ? Mais, pas de tromperie ; tu me connais ; je ne te manquerais pas.
— Cela suffit, mon maître ; j'ai trop à gagner en vous servant fidèlement pour avoir seulement la pensée de vous tromper.
— Cela te regarde, tu es prévenu ; au revoir. Demain, entre onze heures et minuit, chez Brébant, cabinet n° 25.
— J'y serai.

Le Mayor se leva et quitta l'église.

— Sapristi ! murmura Caboulot lorsqu'il fut seul ; c'est une vraie mine d'or que ce gaillard-là ; il peut être tranquille je ne le lâcherai pas, bigre ! j'y perdrais trop !

Et à son tour, il se leva et sortit de l'église, non sans avoir fait dévotement le signe de la croix.

VIII

DE L'ÉTRANGE VISITE QUE REÇUT LA COMTESSE DE VALENFLEURS ET COMMENT ELLE SE TERMINA.

Nous quitterons maintenant le Mayor, que nous ne tarderons pas à retrouver, et nous reviendrons à l'hôtel de Valenfleurs.

Madame la comtesse de Valenfleurs, quand elle ne sortait pas, ou ne recevait point de visites, passait la plus grande partie de ses journées dans un délicieux boudoir-salon qu'elle affectionnait tout particulièrement, et dont elle avait fait une espèce de salle d'études pour sa fille adoptive.

Un piano de Pleyel et un orgue harmonium Alexandre, pliant sous les partitions les plus nouvelles, étaient placés face à face.

Sur un guéridon s'entassaient tous les journaux et les revues de modes, pêle-mêle avec les plus délicieux albums.

Sur une table s'étalaient tous les godets, pinceaux, couleurs, etc. ; enfin ce monde d'objets indispensables à la gouache, l'aquarelle, à la sepia, ou le dessin au fusain.

Une bibliothèque renfermait quelques centaines d'ouvrages choisis, et principalement nos grands poètes anciens et contemporains.

Aux murs étaient accrochées, dans de riches cadres,

quelques toiles signées Troyon, Rousseau, d'Aubigny, Français, Diaz, Decamps, de Dreux et d'autres noms aussi célèbres.

Ce boudoir-salon était donc un délicieux réduit, où les heures s'écoulaient douces, calmes et heureuses pour la comtesse de Valenfleurs, en travaillant à quelque ouvrage d'aiguille ou de broderie, ayant à ses côtés sa fille adoptive Vanda et la demoiselle de compagnie de celle-ci, avec lesquelles elle causait tout en surveillant d'un œil indulgent les travaux des jeunes filles ; car elle ne souffrait pas qu'elles demeurassent inoccupées.

La comtesse riait des folies de sa chère Vanda, qui, impatiente de tout frein, bondissait comme une jeune gazelle effarouchée à travers le salon, s'asseyant tantôt au piano, tantôt à l'orgue, touchant une sonate, chantant une chansonnette, puis, se levant comme elle s'était assise, sans autre but que de changer de place, et se mettant à peindre ou à dessiner, pour reprendre sa broderie qu'elle abandonnait un instant après, pour aller faire un collier de ses beaux bras blancs au cou de la comtesse, ou aller embrasser sa demoiselle de compagnie, qu'elle aimait beaucoup.

Et toujours ainsi, sans que les remontrances amicales de la comtesse parvinssent à obtenir d'elle qu'elle demeurât tranquille à la même place pendant seulement dix minutes.

Ainsi que le disent les vieilles gens, la jeune fille semblait avoir du vif argent dans les veines et des fourmis dans les jambes.

Mais un jour, il y avait de cela sept ou huit mois, Vanda avait changé subitement.

Plus d'espiègleries, de joyeuses cascatelles, de rires cristallins ; plus de bonds de chevrette étourdie et folle : elle était devenue calme, reposée, rêveuse, rêveuse surtout, et même parfois non pas positivement triste, mais mélancolique.

La seule chose qui n'avait pas changé en elle, sinon peut-être pour s'accroître, c'était sa tendresse profonde pour sa bienfaitrice, que chaque jour elle semblait aimer davantage.

La comtesse avait suivi d'un regard attentif cette métamorphose singulière, qu'elle ne savait d'abord à quoi attribuer, et dont elle avait été presque effrayée.

Mais bientôt elle s'était rassurée et avait souri intérieurement. Ces subites langueurs de ses grands yeux de gazelle, ses rougeurs sans causes apparentes qui envahissaient subitement son visage, les soulèvements indiscrets de son sein virginal sous la gaze qui le voilait, avaient révélé le secret de la chaste enfant mieux peut-être que Vanda ne se l'expliquait à elle-même.

Parfois une larme fortuite tremblait comme une perle liquide à l'extrémité de ses longs cils de velours; et si la comtesse lui demandait pourquoi cette larme, elle répondait qu'elle n'en savait rien,

Et cela était vrai; elle l'ignorait, et elle cachait son charmant visage dans le sein de sa bienfaitrice en lui murmurant à l'oreille, avec un accent que celle-ci ne lui avait jamais connu jusqu'alors :

— Oh! mère! mère! que tu es bonne et que je t'aime! Que je suis heureuse près de toi!

Quant à la demoiselle de compagnie, elle ne comprenait rien, ou ce qui est probable, elle semblait ne rien comprendre au drame intime qui se jouait devant elle.

Disons en quelques mots ce qu'était cette demoiselle de compagnie, qui est appelée à jouer un certain rôle dans la troisième partie de cette histoire.

Elle était Américaine ; elle était née à New-York et appartenait à une famille puritaine de cette ville, où les puritains sont en si grand nombre.

Elle avait vingt ans à peine, d'admirables cheveux blonds cendrés, dont au besoin elle aurait pu se faire un manteau, de grands yeux d'azur, languissants et rêveurs, une bouche charmante, aux lèvres rouges, un peu épaisses, garnie d'une double rangée de perles, une physionomie de madone; grande, bien faite, cambrée, très bien proportionnée, avec une démarche un peu lente et pleine de majesté.

En somme, c'était une adorable jeune fille.

La comtesse de Valenfleurs l'avait engagée toute jeune à New-York, pour servir de compagne à sa fille adoptive.

Vanda l'avait prise en amitié et la traitait en amie ; les deux jeunes filles se tutoyaient ; elles ne se quittaient jamais.

C'était par hasard qu'un jour Vanda avait fait sa promenade matinale au bois de Boulogne, seule, avec Armand de Valenfleurs.

Ce jour-là, miss Lucy Gordon s'était trouvée légèrement indisposée et n'avait pu l'accompagner.

Le comte Armand venait quelquefois, mais très rarement, surprendre les dames dans leur délicieux gynécée.

Il les égayait alors par ses saillies et les anecdotes qu'il apportait du dehors, et qu'il contait avec un entrain véritablement endiablé, qui divertissait beaucoup les dames.

Un observateur aurait trouvé ample matière à réflexions en surprenant le double regard que les deux jeunes filles lançaient au jeune homme dès que celui-ci paraissait sans être annoncé sur le seuil du salon d'études.

Vanda relevait vivement la tête, ses joues se rosaient subitement, son sein se soulevait à battements précipités, sa physionomie devenait tout à coup joyeuse, son regard semblait s'illuminer ; puis soudain elle détournait la tête et baissait les yeux comme si elle avait été honteuse d'avoir laissé si clairement voir sa joie.

Miss Lucy Gordon, au contraire, demeurait immobile, la tête penchée sur sa broderie ; un léger et imperceptible frisson courait sur tout son buste, admirable de formes et de modelé ; son visage pâlissait légèrement, les commissures de ses lèvres se plissaient ; à travers ses longs cils soyeux, elle jetait un regard d'une expression étrange sur sa compagne, puis ses yeux s'animaient, ils semblaient lancer des flammes, et sans presque relever la tête, elle fixait pendant quelques secondes son regard brûlant sur le jeune homme.

Mais tout ce provoquant manège n'avait que la durée d'un éclair.

Presque aussitôt, la jeune et séduisante Américaine redevenait calme, froide et indifférente, ainsi qu'elle le paraissait toujours.

Naturellement, ces regards que nous avons si soigneusement analysés passaient inaperçus de la comtesse de Valenfleurs, et surtout de son fils Armand, bien entendu, pour ce qui concernait miss Lucy Gordon.

D'ailleurs la pauvre enfant, pour ainsi dire, ne comptait pas pour la mère et le fils ; ils traitaient à la vérité la jeune fille avec beaucoup d'égards et de politesse ; la comtesse de Valenfleurs était même remplie de charmantes attentions pour elle.

Mais, en somme, pour tout dire, la comtesse et son fils étaient accoutumés à la regarder beaucoup plus comme une chose, un meuble ou un agrément indispensable à la position qu'ils occupaient, que comme un être raisonnable et pensant ; par conséquent on éprouvait pour elle la plus complète indifférence ; et en réalité la jeune demoiselle de compagnie n'avait aucune place sérieusement marquée dans l'intimité de la famille.

Du reste, la comtesse de Valenfleurs, malgré son exquise bonté, disait naïvement et complaisamment, avec cet égoïsme cruel du grand monde, dont elle n'avait pas conscience :

— A quoi bon s'occuper de cette petite ? La pauvre fille n'aurait jamais osé rêver un bonheur aussi grand que celui dont elle jouit près de moi. Je l'ai sauvée de la misère affreuse dans laquelle elle croupissait au milieu de sa famille ; elle a suivi les leçons que d'excellents professeurs ont données à ma fille adoptive ; elle en a bien profité ; elle est aujourd'hui très instruite et, par conséquent, en mesure de se suffire par son travail, si elle me quittait. Elle a chez moi un appartement confortablement meublé ; elle s'asseoit à ma table, elle est toujours habillée à la dernière mode, elle partage tous les plaisirs que je donne à ma fille ; de plus, elle a six mille francs d'appointements, sans compter les cadeaux, ce qui, pour une pauvre fille comme elle, est une véritable fortune.

Tout cela était strictement vrai ; seulement madame la comtesse de Valenfleurs oubliait que miss Lucy Gordon avait vingt ans à peine, qu'elle était admirablement belle, et que, à cet âge, et dans de pareilles conditions, on recherche d'autres joies que celles que donne l'argent.

Armand de Valenfleurs, suivant en cela les conseils de sa mère, s'était mêlé au mouvement de la haute vie parisienne.

Il fréquentait les salles d'armes, les écoles de tir, où il faisait l'admiration des prévôts et rendait jaloux les plus adroits tireurs.

Il allait aux courses, s'était fait recevoir dans plusieurs cercles, avait sa place dans la loge infernale, et s'était plus ou moins lié avec ce que Paris comptait de mieux en excentriques.

Mais doué d'un caractère ferme, élevé à la rude école des grands déserts américains, l'expérience lui était venue vite.

Les mièvreries de ce que l'on est convenu d'appeler la haute vie parisienne ne le séduisaient que très médiocrement : si parfois il approchait ses lèvres de la coupe soi-disant enivrante des plaisirs du high-life, il ne faisait qu'y tremper ses lèvres et ne l'épuisait jamais.

D'ailleurs, en dehors de toutes autres considérations sérieuses, l'amour profond qu'il avait au cœur pour Vanda aurait suffi pour le retenir sur la pente scabreuse où tant d'autres trébuchaient et finissaient par sombrer.

Dieu sait pourtant que les occasions ne lui manquaient pas, bien au contraire !

Les tentations l'enveloppaient de toutes parts ; mais toutes ces tentatives répétées faites contre son cœur échouaient misérablement.

Le beau ténébreux, ainsi que le nommaient, entre elles, les coryphées de la haute gomme, ainsi que l'on dirait aujourd'hui, se défendait en riant et en plaisantant, et s'échappait de la meilleure grâce du monde de tous ces filets plus ou moins adroitement tendus.

Du reste, il était bon convive, beau joueur, excellent camarade, toujours prêt à obliger dans certaines limites, gai, spirituel, railleur sans amertume ni méchanceté ; tirant l'épée comme Saint-Georges, le pistolet comme Monte-Christo, montant à cheval comme un centaure ; il ne disait jamais de mal de personne, pas même des femmes.

Que pouvait-on exiger de plus de lui ?

Quelques jours après la promenade du bois de Boulogne, dont nous avons rendu compte au lecteur, Armand pénétra à l'improviste, vers deux heures de l'après-dîner, dans le salon d'études où, selon sa coutume, sa mère se tenait en compagnie des deux jeunes filles.

Dès que madame de Valenfleurs aperçut son fils, elle fit un signe, perceptible seulement pour miss Lucy Gordon.

La jeune fille se souvint aussitôt que le courrier des États-Unis partait le soir même, et qu'elle avait à écrire à sa mère ; elle demanda à la comtesse la permission de remonter dans son appartement, permission que la comtesse lui accorda, bien entendu, en souriant.

— Ah çà ! ma mère, dit gaiement le jeune homme, serait-ce moi, par hasard, qui mets en fuite cette charmante miss Lucy Gordon ?

— A peu près, mon fils, répondit la comtesse sur le même ton. J'ai à vous entretenir sérieusement, Armand : j'ai pensé qu'une étrangère, si intime qu'elle fût à certains titres dans la maison, ne devait pas cependant assister à notre conversation. Voilà pourquoi j'ai renvoyé miss Lucy Gordon.

— Tout ce que vous faites est bien fait, ma mère, répondit le jeune homme en lui baisant respectueusement la main. Je suis à vos ordres ; j'écouterai toujours avec déférence ce qu'il vous plaira de me dire. Parlez donc, je vous en prie, ma mère. De quoi s'agit-il ?

— De vous, Armand.

— En effet, ma mère, j'aurais dû le deviner tout d'abord, vous ne vivez et ne pensez que pour vos enfants, et votre joie suprême est de les voir heureux près de vous. Mais, j'y songe, aurais-je été assez malheureux pour mériter vos reproches ? La vie que je mène est peut-être, dans votre pensée, un peu trop mondaine. S'il en est ainsi, ma mère, veuillez, à l'avance, agréer toutes mes excuses, et être assurée que je ferai tout pour vous satisfaire.

— Je n'ai aucun reproche à vous adresser, mon fils, répondit-elle en souriant avec tendresse ; votre conduite est celle d'un gentilhomme jaloux de l'honneur de son nom. Il s'agit de vous, je le répète... et d'une autre personne, ajouta-t-elle avec un fin sourire, en lançant un regard de côté sur Vanda, qui, la tête baissée et le front rougissant, semblait travailler avec ardeur à sa broderie.

— Je ne vous comprends pas, ma mère, dit le jeune homme avec un léger tremblement dans la voix.

— En êtes-vous bien sûr, mon fils ? reprit-elle avec une légère pointe de raillerie ; mais redevenant presque aussitôt sérieuse, car elle adorait ses deux chers enfants : Je sais tout ! ajouta-t-elle.

Armand baissa la tête sans répondre.

L'aiguille à broder s'échappa des doigts tremblants de Vanda.

La comtesse examina pendant un instant les deux beaux jeunes gens avec une expression d'indicible tendresse mêlée de regret.

— Pourquoi prendre ainsi devant moi une attitude qui ne convient qu'à des coupables, mes enfants ? reprit-elle avec une angélique douceur ; de quoi pourrais-je me plaindre ? quels reproches aurais-je à vous adresser ? Ce qui arrive devait arriver tôt ou tard. Élevés ainsi l'un près de l'autre, vous vous êtes aimés, cela était fatal. Avant vous-mêmes, j'avais deviné ce mutuel amour ; j'en suivais dans mon cœur les développements, et, vous le dirais-je ? j'en étais et j'en suis heureuse...

— Ma mère! s'écrièrent les deux jeunes gens avec âme. Et par un mouvement spontané, irréfléchi, ils tombèrent à ses genoux, s'emparèrent chacun d'une de ses mains qu'elle leur abandonna, et qu'ils couvrirent de baisers brûlants.

La comtesse les considérait avec une joie ineffable. Ils étaient si beaux ainsi!

— Que c'est bon, la jeunesse! murmurait-elle; que c'est grand l'amour chaste et pur qui vient du cœur! Enfants, aimez-vous, c'est la loi divine : aimez-vous, c'est la joie, le bonheur de la vie, le reste n'est rien qu'illusion et mensonge! Aimer, c'est vivre!

— Vous consentez! s'écrièrent-ils les yeux pleins de larmes et en redoublant de caresses.

— Oui, enfants, répondit-elle; je consens à nous rendre heureux tous les trois. Vous serez unis si Dieu le permet; et, attirant à elle et les joignant dans les siennes les mains des deux jeunes gens : Dès ce moment, ajouta-t-elle, considérez-vous comme fiancés, mes enfants.

Armand et Vanda étaient au comble de leurs vœux.

Leur joie tenait du délire; ils accablaient leur mère de douces caresses, et ne trouvaient pas de mots pour exprimer tout ce qu'ils éprouvaient de bonheur.

Une heure auparavant, ils étaient si loin de s'attendre à un aussi prompt et surtout à un aussi heureux résultat!

— Me permettez-vous, ma mère, dit Armand, lorsque sa première émotion fut un peu calmée, me permettez-vous d'annoncer cette nouvelle, qui nous comble de joie, à nos amis?

— Je la leur annoncerai moi-même, mon fils, demain à la fin du dîner auquel je les ai conviés; ils seront tous là, près de nous.

— Merci, ma mère, dirent les jeunes gens d'une seule voix.

— Vous êtes bonne et vous avez toutes les délicatesses du cœur, ma mère, dit Armand en l'embrassant.

— Tu l'aimes donc bien? lui murmura-t-elle à l'oreille.

— Plus que tout au monde, ma mère! s'écria l'ardent jeune homme.

— Je vous dois plus que la vie, ma mère, dit Vanda, les yeux pleins de douces larmes. Je vous dois d'être heureuse. Jamais je ne vous aimerai assez, pour tout le bien que vous m'avez fait et celui que vous me faites aujourd'hui, le plus grand de tous. Ils seront unis, mais vos enfants ne se sépareront jamais de vous!

— Vanda a raison, ma mère; il faut nous promettre de ne nous quitter jamais.

— Je vous le promets, mes enfants; c'est mon plus cher désir. Hélas! sans vous, que deviendrais-je? Vous le savez, je ne vis que pour vous et par vous.

Il y eut un court silence, plein de charme et de douces rêveries: chacun des deux jeunes gens savourait dans son cœur son bonheur inespéré, dans un religieux recueillement.

— Mes enfants, dit enfin la comtesse, reprenez vos places: je n'ai pas fini encore, il me reste quelque chose à vous dire.

— Nous sommes si bien à vos genoux; laissez-nous ainsi, mère, dit doucement Vanda de sa voix la plus câline.

La comtesse lui mit un baiser sur le front.

— Assieds-toi, mignonne; nous avons à parler sérieusement, lui dit-elle.

Les jeunes gens obéirent.

Mais ils se placèrent à sa droite et à sa gauche.

La comtesse leur sourit et reprit aussitôt:

— Mes chers enfants, vous êtes fiancés, dit-elle; il s'agit maintenant de fixer définitivement l'époque de votre mariage.

— Oh mère, qu'elle soit la plus rapprochée possible! s'écria Armand avec ferveur.

La jeune fille rougit et joignit les mains sans rien dire.

La comtesse hocha tristement la tête.

— Ecoutez-moi attentivement, dit-elle, car ce que vous allez entendre est très sérieux.

Les deux jeunes gens sentirent leur cœur se serrer; un triste pressentiment leur gonfla la poitrine; leurs regards inquiets se fixèrent avec anxiété sur leur mère.

La comtesse comprit cette interrogation qui, pour être muette, n'en était que plus éloquente.

Elle continua:

— Mes enfants, dit-elle en prenant sa voix la plus douce et son accent le plus insinuant, vous êtes encore bien jeunes tous les deux pour contracter un acte aussi sérieux que celui du mariage, où il s'agit du bonheur de la vie toute entière.

— Nous nous aimons tant, ma mère! dit Armand de sa voix la plus caressante.

— Je le sais bien; c'est une raison, reprit-elle en souriant, malheureusement, peut-être n'est-elle pas suffisante aux yeux du monde: toi Armand, tu as à peine vingt et un an; Vanda n'en a pas encore seize. Mais s'il n'existait que cette raison, si grave qu'elle soit, on pourrait à la rigueur ne pas en tenir compte et passer outre; mais il y en a une autre beaucoup plus grave, et celle-là, mes enfants, il n'est point possible de ne pas la respecter.

Les deux jeunes gens à ces paroles, qui leur prouvaient qu'ils ne s'étaient pas trompés, échangèrent un regard triste et plein de larmes.

— Ne vous chagrinez pas ainsi, mes enfants, reprit la comtesse avec bonté, vous m'enlèveriez le peu de courage qui me reste. Ecoutez-moi tranquillement et surtout ne vous effrayez pas ainsi.

» Bientôt vous reconnaîtrez que la révélation que je dois vous faire n'est pas aussi terrible que, sans doute, vous vous l'imaginez, fit-elle en essayant de sourire.

» Vanda, ma fille chérie, lorsque Dieu te confia à moi dans la Savane, je compris aussitôt toute la gravité du devoir qui m'était imposé; je t'adoptai dans mon cœur pour ma fille et je fis devant Dieu deux serments sacrés: le premier, que je mettrais tous mes soins à te rendre heureuse.

— Ce serment, vous l'avez noblement et religieusement tenu, ma mère, interrompit vivement la jeune fille, en embrassant la comtesse avec ferveur. Jamais enfant n'a été plus heureuse que je l'ai été près de vous, ma mère, et n'a reçu de soins aussi touchants; et jamais, j'en ai la conviction, jamais, grâce à vous, femme ne sera aussi heureuse que je le serai.

La comtesse lui rendit ses caresses en souriant, et lui fit doucement reprendre sa place.

Puis elle continua:

— Mon second serment fut celui-ci, et c'était un devoir que l'honneur exigeait impérieusement de moi, dans ton intérêt même, chère enfant : je jurai de tenter les plus grands efforts pour m'assurer de l'existence ou de la mort de tes parents, et de te les rendre, si cela m'était possible. Jusqu'à présent, je dois en convenir, toutes mes recherches ont été infructueuses ; mais les mystères de l'avenir sont insondables ; qui sait ce qui peut survenir demain? dans une heure peut-être? J'ai des agents à la fois au Mexique et aux États-Unis, et même jusque dans l'Utah. Dapuis six ans, ils continuent leurs recherches ; elles peuvent aboutir d'un moment à l'autre. Deux résultats sont à obtenir: Ou tes parents, chère petite, vivent encore, et on les aura retrouvés, ou ils sont morts, et l'on m'en fournira les preuves dans un cas comme dans l'autre, ma chérie. Ton mariage avec Armand ne court aucun risque. Seulement, si la preuve de la mort de tes parents m'était donnée, je consentirais à t'unir avec mon fils aussitôt que tu atteindrais tes dix-sept ans.

— Mais, ma mère, permettez-moi de vous faire respectueusement observer que ces recherches ne peuvent ainsi se prolonger indéfiniment? Si vous les faites continuer, sans jamais rien apprendre sur le sort de ces parents disparus depuis si longtemps déjà, nous faudra-t-il donc toujours attendre ?

— Non, rassure-toi, mon enfant répondit doucement la comtesse ; dans le cas où les recherches n'aboutiraient pas, Vanda se mariera avec toi, à ses dix-huit ans accomplis.

— Deux ans à attendre encore, dit tristement le jeune homme.

— Oui, c'est vrai, dit vivement Vanda, deux ans ; mais deux ans pendant lesquels nous nous verrons chaque jour, à toute heure, où nous pourrons causer et nous promener côte à côte, la main dans la main, comme des fiancés qui s'aiment. Est-ce donc un si grand supplice, monsieur? Et notre mère, qui a tant fait pour nous, ne pouvons-nous donc pas faire cela pour elle ? Vous avez raison toujours, chère maman ; nous vous obéirons sans nous plaindre ; nous attendrons, nous attendrons patiemment, je vous le promets en notre nom à tous deux !

— Décidément, je suis un affreux égoïste et un sans-cœur, dit Armand, avec un sourire un peu contraint ; je ne pense qu'à moi seul, comme toujours ! pardonnez-moi, chère mère. Vanda a raison ; cela ne pouvait pas être autrement : ce qu'elle vous a dit, je le ratifie et je l'approuve.

La comtesse sourit :

— Non, tu n'es pas un égoïste, mon Armand, lui dit-elle avec tendresse ; mais tu aimes, et tu es impatient et surtout volontaire comme un enfant gâté que tu es, et que tu as toujours été.

— C'est de votre faute, ma mère : pourquoi, au lieu de me corriger, avez-vous été constamment si bonne pour moi ? répondit-il en riant.

En ce moment, Clairette, après avoir doucement gratté à la porte pour annoncer sa présence, l'ouvrit, souleva la portière, s'approcha de madame de Valenfleurs et lui dit quelques mots à voix basse ; la comtesse fit un geste d'assentiment, et Clairette se retira.

— Donnez-vous le baiser des fiançailles, mes enfants, dit la comtesse avec bonté.

Armand mit un baiser sur le front de la jeune fille, qui le lui rendit timidement.

— Vas retrouver miss Lucy Gordon, chère mignonne,

dit la comtesse ; elle doit avoir fini d'écrire à sa famille. Elle sourit, et ajouta : Surtout ne lui dis rien.

La jeune fille embrassa sa noble protectrice, salua Armand d'un doux regard, et s'envola légère comme un oiseau.

— Quant à toi, Armand, monte à cheval et vas faire un tour au bois ; je crois qu'un peu d'exercice te fera du bien, reprit la comtesse.

— Et moi aussi, ma mère, répondit-il gaiement, j'ai les nerfs très agacés ; j'ai besoin d'être un peu seul, afin de réfléchir sur ce qui vient de se passer ici.

Le jeune homme salua sa mère et sortit.

Madame de Valenfleurs quitta alors le salon d'études, et elle se dirigea vers un des grands salons de réception du rez-de-chaussée de l'hôtel.

Un valet de pied se tenait devant la porte, qu'il ouvrit aussitôt qu'il aperçut sa maîtresse.

La comtesse entra.

Une dame était assise, presqu'au centre du salon, dans un fauteuil.

En voyant entrer la comtesse, cette dame se leva et fit quelques pas au-devant d'elle.

La comtesse examinait à la dérobée avec un vif intérêt la dame étrangère, au fur et à mesure qu'elle se rapprochait d'elle, et que, par conséquent, elle pouvait mieux la voir.

C'était une femme très élégamment vêtue, à la dernière mode, toute petite et toute mignonne ; autant qu'il était possible de s'en apercevoir, admirablement faite et pétrie de grâces ; ses moindres gestes avaient une élégance naturelle, indicible ; elle avait dû être admirablement belle.

La coupe de son visage était essentiellement espagnole : bien qu'elle eût tout au plus trente-deux ans, et qu'ainsi elle fût encore jeune, ses traits émaciés par la souffrance, des rides précoces et la pâleur d'ivoire de son visage la vieillissaient et laissaient deviner d'amères douleurs souffertes en secret.

Cependant, malgré sa tristesse navrante, elle était encore fort belle : l'expression de sa physionomie était d'une grande douceur et essentiellement sympathique ; elle avait des dents éblouissantes, des mains et des pieds d'enfant, on l'eût prise à sa tournure, gracieusement voluptueuse, pour une Andalouse de Séville ou de Grenade.

La comtesse salua la jeune femme, avec une grande courtoisie, lui indiqua un siège du geste et en prit un autre pour elle-même.

Il y eut un instant de silence entre les deux dames.

L'inconnue regardait la comtesse avec une admiration qui se peignait sur son visage et qu'elle n'essayait pas de dissimuler.

— Vous êtes bien belle, madame ! s'écria tout à coup l'inconnue en langue espagnole, je sais que vous êtes bonne, et je vous en remercie de tout mon âme.

La comtesse fit un mouvement de surprise.

— Vous êtes étrangère, madame ? demanda-t-elle à l'inconnue, en adoptant, comme elle, la langue espagnole.

— Oui, madame, répondit-elle avec une émotion à peine contenue ; je suis née bien loin d'ici, de l'autre côté de la mer, au fond du Mexique.

La comtesse tressaillit, et, regardant l'inconnue avec plus d'attention :

— Au Mexique ! répéta-t-elle machinalement, en proie à une vive surprise.

— Ma famille est d'Hermosillo, dans l'État de Sonora, reprit l'inconnue, les larmes aux yeux.

— Je connais ce pays, madame ; j'y suis allée.

— Je le sais, madame, murmura l'inconnue, presque à voix basse ; et, se penchant vers la comtesse en fondant en larmes : Oui, vous êtes allée dans ce pays lointain, madame, heureusement pour ma fille, ma pauvre enfant, que vous avez sauvée d'une mort horrible, et à laquelle vous avez voulu servir de mère.

Et, saisissant les mains de la comtesse, elle les couvrit de baisers ardents.

— Et quoi ! s'écria la comtesse en proie à une vive émotion et au comble de la surprise ; vous seriez ?...

— Je me nomme doña Luz Allacuesta y Morales ; je suis la mère de Vanda ; oui, madame, reprit-elle d'une voix plaintive.

— Mais Vanda m'a raconté que vous étiez morte, qu'elle vous avait ensevelie sous un monceau de feuilles !

— Tout cela est vrai, hélas ! Mieux eût valu que je fusse morte alors. Les fatigues d'une fuite précipitée à travers le désert, la douleur qui me mordait le cœur, les appréhensions de toutes sortes dont mon esprit était assiégé, les blessures reçues en fuyant : toutes ces causes réunies amenèrent en moi une telle révolution, que tout mon organisme en fut bouleversé ; je tombai en catalepsie. Ma fille me crut morte.

» En effet, j'avais toutes les apparences de la mort ; oh ! quelles tortures horribles je souffris pendant cette épouvantable attaque ! Ma pauvre enfant pleurait, se désolait, agenouillée près de moi, essayant vainement de me réchauffer par ses caresses et ses baisers, m'appelant avec des larmes...

» Je la voyais, je l'entendais, je voulais lui crier, et je lui criais du fond de mon âme : Ne pleure pas, je vis ; console-toi. Mes lèvres restaient muettes ; en vain je faisais des efforts désespérés pour secouer cette torpeur affreuse, cette immobilité de statue dans laquelle j'étais garottée toute vivante, je ne pouvais faire un mouvement, mes lèvres refusaient de s'entrouvrir pour laisser passer un cri, un seul, qui m'eût sauvée ! Ma pauvre enfant pleurait toujours, et je ne pouvais répondre à ses plaintes touchantes. Oh ! madame ! plutôt mille morts qu'une aussi atroce souffrance !

— Pauvre mère, murmura la comtesse les yeux pleins de larmes d'attendrissement.

— Oh ! oui, pauvre, bien pauvre mère, en effet, madame, reprit doña Luz avec tristesse. Cela dura ainsi pendant un long jour et une nuit plus longue encore. Ma pauvre chère enfant s'obstinait à demeurer près de moi ; son cœur lui disait sans doute que je n'étais pas morte ! Elle m'embrassait, elle m'appelait avec des sanglots convulsifs, et moi je restais froide, inerte, paralysée, morte enfin ! Le désespoir de mon impuissance me tordait le cœur dans des souffrances sans nom !

» Vanda me couvrit de feuilles ; toute la nuit elle pleura. Le matin du deuxième jour, elle s'agenouilla près de moi ; elle adressa à Dieu une fervente prière, enleva les feuilles qui recouvraient mon visage ; elle m'appela encore une fois, m'embrassa à plusieurs reprises, puis elle remit pieusement les feuilles, et elle s'éloigna enfin en sanglotant. Chaque pas du cheval retentissait dans mon cœur et le brisait ! Tout à coup je n'entendis plus rien ; l'énergie qui jusque-là m'avait soutenue m'abandonna subitement ; je tombai dans un anéantissement complet ; cette fois, je crus mourir ! Je remerciai Dieu de mettre enfin un terme à ces effroyables douleurs ; malheureusement, il n'en fut rien.

» Le lendemain, au moment où je commençais à revenir à moi, le hasard amena un bandit, ami de mon mari, près de l'endroit où j'étais ; il me sauva et me ramena près de lui, dans une grotte ignorée de la *sierra de Pajarros*. Ce fut alors seulement que j'appris, avec un indicible horreur, ce qu'était véritablement l'homme que j'avais épousé, et que j'aimais, hélas ! de toutes les forces de mon âme.

» J'avais à peine quinze ans lorsqu'il me demanda à mes parents ; il se dit *gambucino*, et se fit passer pour Espagnol. Il paraissait riche ; mes parents m'engagèrent à l'accepter pour mari : moi je l'aimais, je consentis.

— Il vous mentait, pauvre enfant ! et il vous rendit malheureuse ; c'est hélas ! notre lot, à nous autres femmes, de quelque pays que nous soyons, murmura tristement la comtesse.

— Non ; au contraire, jusqu'au jour où notre maison fut incendiée et pillée par des bandits, je fus la plus heureuse des femmes. Il m'aimait avec passion ; moi, je l'aimais de même ; je ne lui reprochais que ses longues absences et ses courtes et rares visites ; mais il me donnait n'importe quel prétexte plus ou moins plausible, et je le croyais.

— Oui, cela est ainsi, on croit tout de celui qu'on aime, dit la comtesse avec un soupir douloureux

— Mon mari, à son arrivée dans la grotte, me reçut avec la joie la plus vive ; il me croyait morte, et il me pleurait. Mais, cette fois, quelles que fussent les précautions qu'il prit pour me donner le change, cela lui fut impossible ; d'ailleurs, son ami, celui-là même qui m'avait sauvée, un être hideux, repoussant, dont l'âme est encore plus affreuse que le corps, me révéla en riant l'effroyable vérité.

» J'avais épousé, moi, pure et chaste jeune fille, un des bandits les plus redoutables des Savanes américaines, dont les atrocités m'avaient maintes fois fait tressaillir d'horreur, lorsque, devant moi, je les avais, par hasard, entendu raconter. Enfin, sachez, madame, je l'avoue à ma honte, que j'étais la femme du Mayor, ce monstre sans pitié, dont...

— Le Mayor ! s'éria la comtesse avec douleur ; oh ! mon Dieu ! mon Dieu !

— Oui, le Mayor ! Son exécrable réputation est venue jusqu'à vous, madame ; peut-être l'avez-vous vu ?...

— Je l'ai entrevu une fois, dit machinalement la comtesse.

— Eh bien ! cet homme m'aimait ; et, malgré son amour, il avait trompé mon père, il m'avait menti, à moi ! Son ami, son complice, dans quel but, je l'ignore, ou plutôt je veux l'ignorer, m'avoua tout. Ce misérable n'était pas Espagnol, il était Français : marié en France, il avait assassiné lâchement sa femme et s'était fait passer pour mort ; il m'avait épousée sous un faux nom et une fausse nationalité, de sorte que je n'étais même pas sa femme, mais seulement sa maîtresse.

» Mon amour, si violent qu'il fût, ne résista pas à cette honte ; il fit place à une haine plus violente encore ! Je remerciai Dieu d'avoir perdu ma fille ; je voulus fuir, il m'en empêcha.

» Que vous dirai-je, madame ? Pendant six ans, ma vie

fut une épouvantable torture de chaque minute, de chaque seconde. Souvent ce bandit me contraignait à assister à des scènes de meurtres et à d'ignobles orgies : il avait complètement jeté le masque et se montrait à moi dans toute sa hideur; plusieurs fois il faillit m'assassiner. J'ignorais alors pourquoi il m'épargnait; je le sais aujourd'hui : voilà pourquoi je viens vous implorer, madame.

— Que voulez-vous dire, madame?

— Écoutez-moi, je vous en supplie, madame, fit-elle avec prière; il faut que vous sachiez tout. Il y a un an, après une longue absence dont jamais je n'ai connu les motifs, cet homme fréta un navire aux Angeles; il chargea dessus le fruit de ses immenses rapines, et il partit pour l'Angleterre en m'emmenant avec lui. Il ne séjourna que très peu de temps à Londres, qu'il me contraignit de quitter avec lui. Il se rendait à Paris; je l'y suivis. Il prit un nom d'emprunt et se fit passer pour un grand d'Espagne.

» Je ne sais quel moyen il a employé, mais il a réussi à se faire recevoir à l'ambassade Espagnole où il est très considéré; tout le monde croit qu'il est réellement ce qu'il paraît être. Mais cet homme si fort, si cruel, auquel rien ne résiste, qui brise sans pitié tout ce qui ose se dresser devant lui, a des nuits effroyables; il a des cauchemars affreux; il redoute de rester seul et sans lumière dans sa chambre à coucher; il m'oblige à coucher sur un lit dressé près du sien avec ordre de l'éveiller aux premiers mots qui lui échappent pendant son sommeil.

— Il parle ! s'écria nerveusement la comtesse; n'avez-vous rien entendu, madame?

— Peu de choses; presque toujours il parle en français, et je ne comprends pas cette langue; cependant j'ai réussi à découvrir ceci: vous avez sauvé ma fille; il compte sur mon amour maternel pour l'aider à vous l'enlever; car ce monstre, chose horrible, incroyable, aime sa fille avec passion, avec frénésie.

— Oh ! malheureuse enfant ! s'écria la comtesse avec épouvante, la livrer à ce misérable, ce serait effroyable !

— Madame, je suis la mère de Vanda; j'aime ma fille au-dessus de tout ; et pourtant, madame, bravant résolument tous les risques que je puis courir, car je suis épiée et suivie, je le sais, je me suis échappée pour vous prévenir des mauvais desseins de ce misérable, et vous supplier, au nom de Dieu, madame, de ne jamais vous séparer de Vanda, sur laquelle je vous donne tous mes droits.

Et, sortant de dessous son châle un paquet de papiers assez volumineux, elle le présenta à la comtesse :

— Prenez ces papiers, je vous en prie, madame.

— Mais, quels sont ces papiers ?

— L'acte de naissance de ma fille, son extrait de baptême, enfin toutes les pièces nécessaires pour établir son état-civil au point de vue de la législation française, puis des pièces émanant de la chancellerie mexicaine, un acte notarié par lequel je vous nomme tutrice de ma fille; enfin, un testament écrit tout entier de ma main, où je raconte tout au long ma triste histoire, et dans lequel je la fais héritière de tous les biens qui doivent me revenir à la mort de mes parents. Vous trouverez là tous les papiers nécessaires, en espagnol et traduits en français ; toutes ces pièces sont légalisées en due forme, et ne peuvent pas être taxées de mensongères. J'ai eu beaucoup de peine à me les procurer, mais les voici enfin en sûreté entre vos mains ; je n'ai pas besoin de vous dire, madame, qu'une seule de ces pièces suffirait pour perdre ce misérable, s'il ose s'attaquer à vous.

— J'accepte votre dépôt, madame, pour le bonheur de votre fille ; mais croyez bien que je serai toujours prête à vous la rendre, si vous me la demandez un jour.

Doña Luz hocha la tête avec tristesse.

— Je vous supplie, madame, de la garder près de vous : surtout il ne faut pas qu'elle connaisse son père, ni qu'elle sache jamais qu'elle est la fille d'un tel monstre.

— J'admire votre dévouement, madame, mais vous?...

— Moi, hélas! que suis-je pour ma fille aujourd'hui?

Elle ne me connaît plus, elle me croit morte : mieux vaut pour elle qu'elle continue à le croire. Ma vie lui appartient, je lui en ai fait le sacrifice en venant ici : car, je vous l'ait dit, cet homme me soupçonne. Je suis épiée ; s'il découvre que je suis entrée chez vous, cette fois il me tuera, j'en ai la conviction...

— Nous sommes à Paris, madame ; on n'y assassine pas comme dans les savanes.

— Le Mayor brise tout ce qui lui fait obstacle, madame ; mais vous me le jurez, quoi qu'il arrive, vous n'abandonnerez jamais ma fille ! s'écria-t-elle en joignant les mains avec prière.

— Je vous le jure, madame, notre Vanda a deux mères à présent.

— Oui, répondit-elle avec amertume, deux mères qui la chérissent, mais dont, hélas ! l'une, probablement, n'existera plus demain !

— Chassez ces sinistres pensées, madame, et, elle ajouta doucement : Voulez-vous la voir?

— Oh ! madame ! ce serait pour moi une grande consolation et un ineffable bonheur.

— Attendez, reprit la comtesse avec un charmant sourire.

Elle sonna ; un valet de pied parut.

— Que l'on prévienne mademoiselle que je désire lui parler et que je l'attends dans ce salon ; allez, dit la comtesse.

Le valet de pied salua et sortit.

— Placez-vous derrière cet écran chinois, dit la comtesse, afin qu'en entrant Vanda ne vous voie pas tout d'abord.

Doña Luz obéit, pâle, anxieuse et tremblante ; elle maîtrisait à grand'peine l'émotion qui lui brisait le cœur, à la seule pensée qu'elle allait voir sa fille.

Vanda entra presque en courant dans le salon, et alla se pendre au cou de la comtesse, en lui disant, de sa voix si harmonieusement sympathique :

— Me voici, mère, que désirez-vous de votre fille?

— Eh bien, folle, dit la comtesse en souriant, que dites-vous donc ? Ne remarquez-vous pas que je ne suis pas seule ?

— Oh ! c'est vrai, ma mère ! s'écria la jeune fille un peu confuse.

Elle s'approcha alors de doña Luz et la saluant respectueusement avec une grâce inimitable :

— Pardonnez-moi, madame, dit-elle avec un délicieux sourire, mais je n'avais vu que ma mère ; je la croyais seule, et je n'ai songé qu'à l'embrasser ! C'est si bon d'embrasser sa mère !

Doña Luz soupira, baissa la tête pour cacher ses larmes et lui rendit son salut sans répondre.

— Chère petite, se hâta de dire la comtesse, je crois avoir oublié mon flacon dans ma chambre à coucher ; si tu ne l'y trouves pas, il sera sans doute dans le boudoir ; fais-moi le plaisir de le chercher, je te rejoindrai dans un instant.

— Oui, mère chérie, répondit la jeune fille.

Elle fit un mouvement comme pour quitter le salon, mais, se ravisant tout à coup, elle se dirigea vers doña Luz, et s'inclinant vers elle :

— Madame, lui dit-elle en espagnol, car jusque-là on n'avait parlé que cette langue, je n'ai pas l'honneur de vous connaître, mais je ne sais quelle irrésistible sympathie m'attire vers vous : permettez-moi, je vous en prie, de vous embrasser avant de me retirer ; je serai certaine alors que vous ne m'en voulez pas de mon impolitesse involontaire.

— Oh ! de grand cœur, chère enfant ! s'écria doña Luz d'une voix étouffée.

Et tendant les bras à la jeune fille elle la serra contre son sein en l'embrassant à plusieurs reprises, retenant ses larmes à grand'peine, pour ne pas faire naître des soupçons dans l'esprit de Vanda.

— Nous nous connaissons maintenant, Madame, dit la jeune fille en se dégageant doucement des liens qui l'enlaçaient, vous verrez que nous serons bientôt de bonnes amies ; car, je l'espère, je vous reverrai bientôt.

Et faisant une gentille révérence, elle s'envola légère et gaie comme un oiseau.

La comtesse s'élança vers doña Luz qui défaillait et lui fit respirer des sels.

— Merci ! oh, merci ! madame, s'écria la Mexicaine avec âme : comme elle est belle et comme elle semble vous aimer ! Maintenant je puis mourir, j'ai vu ma fille et je sais qu'elle sera heureuse !

— Je vous le promets encore, madame ; mais laissez-moi espérer que je vous reverrai souvent. Vous le voyez, Vanda vous aime déjà, son cœur vous a devinée, et, avec le temps, peut-être arriverons-nous...

— Non, interrompit la jeune femme avec tristesse, ne faisons pas de projets : l'avenir n'existe plus pour moi ; je le sens là, ajouta-t-elle en portant la main sur son cœur, que je vais mourir ! Prenez ce portefeuille, que j'ai réussi à soustraire à cet homme. Il semble y attacher un grand prix ; j'ignore ce qu'il contient, mais il le porte constamment sur lui ; peut-être vous sera-t-il utile.

La comtesse prit le portefeuille et le cacha dans sa poitrine.

— Merci et adieu, madame, parlez quelquefois à Vanda de sa malheureuse mère, qui jamais plus ne la reverra... Adieu encore, soyez heureuse : le Tout-Puissant vous protégera !

— Et vous de même, je l'espère, madame, quoi que vous en disiez ; j'espère vous revoir, et je ne veux pas vous dire adieu, ce mot si triste de la séparation éternelle, mais au revoir, le salut de la joie et de l'espérance, répondit la comtesse avec émotion.

Les deux femmes tombèrent dans les bras l'une de l'autre et se tinrent un instant embrassées.

Puis, après un dernier et navrant adieu, doña Luz baissa son voile et quitta le salon.

La comtesse la suivit du regard de l'une des fenêtres du salon qu'elle avait ouverte.

Elle vit la Mexicaine traverser la cour, sortir et monter dans une voiture de remise qui stationnait devant le guichet.

Dès que la jeune femme fut montée, la portière fut brusquement fermée de l'intérieur et le cheval partit à fond de train.

Au même instant, un horrible cri d'agonie traversa l'espace.

Tous les domestiques de l'hôtel s'étaient élancés effarés au dehors.

— Mon Dieu ! s'écria la comtesse avec angoisse, la pauvre femme aurait-elle donc dit vrai ? Oh ! ce serait trop horrible !

Et elle s'affaissa à moitié évanouie sur un fauteuil qui, heureusement, se trouva par hasard derrière elle.

FIN DU TOME DEUXIÈME

TABLE DES MATIÈRES

DEUXIÈME PARTIE

LES FAUVES DES SAVANES

(Suite)

XIV.	D'un conseil de guerre qui fut tenu à la Florida et comment il se termina	1
XV.	Dans lequel il est prouvé qu'en Amérique on peut apprendre bien des choses et faire de singulières rencontres, quand on se promène dans un jardin avant le lever du soleil.	23
XVI.	Comment le docteur d'Hérigoyen et Bernard Zumeta revinrent à l'hacienda, et ce qui s'ensuivit.	45
XVII.	Où il est prouvé que les réceptions se suivent, mais ne se ressemblent pas.	64
XVIII.	Ce qui se passa dans le brûlis de la Hulotte bleue à propos de Sébastian	86
XIX.	Comment Navaja fit son rapport au Mayor, et ce qui s'ensuivit.	106
XX.	Dans lequel le Mayor tombe de fièvre en chaud mal	125
XXI.	Comment Navaja soupa avec Sébastian qu'il avait tué, et lui sauva la vie	147
XXII.	De quels singuliers divertissements sont parfois accompagnés les mariages sur la frontière Indienne.	168
XXIII.	Comment le Mayor perdit sa partie et Navaja gagna la sienne ; ce qui prouve une fois de plus que le malheur des uns fait le bonheur des autres.	189

XXIV. — Comment, sur le point d'arriver à Hermosillo, madame la comtesse de Valenfleurs croisa, sans s'en douter, son plus terrible ennemi. 211
XXV. — Comment Julian et ses amis s'embarquèrent sur la *Belle-Adèle*, et comment se fit la traversée. . . . 232

TROISIÈME PARTIE

LES MORTS-VIVANTS

I. — Comme quoi, sans quitter Paris, on peut visiter la Cour de Rome 259
II. — Qui était en réalité ce bon M. Romieux. 280
III. — Dans lequel reparaissent plusieurs de nos anciens personnages 302
IV. — Comment Armand de Valenfleurs et Vanda s'expliquèrent et ce qui s'ensuivit. 326
V. — Dans lequel Julian commence ses opérations. . . . 345
VI. — Dans lequel le Mayor ne veut croire ni aux sorciers ni aux miracles. 369
VII. — Où les affaires se compliquent de plus en plus pour Felitz Oyandi et son ami le Mayor. 395
VIII. — De l'étrange visite que reçut la comtesse de Valenfleurs et comment elle se termina. 417

ÉMILE COLIN — IMPRIMERIE DE LAGNY